Le Polonais

Collection Sans Peine

par **Barbara KUSZMIDER**

Illustrations de J.-L. Goussé

B.P. 25
94431 Chennevières-sur-Marne Cedex
FRANCE

 ISBN 978-2-7005-0315-9

Méthodes 

Volumes reliés, abondamment illustrés
et enregistrés sur compact discs

"Sans Peine"

L'allemand
L'américain sans peine
L'anglais
L'arabe
L'arménien sans peine
Le brésilien sans peine
Le bulgare sans peine
Le chinois sans peine (tome 1)
Le chinois sans peine (tome 2)
L'écriture chinoise
Le coréen sans peine
Le danois sans peine
L'espagnol
L'espéranto sans peine
Le finnois sans peine
Le nouveau grec sans peine
Le grec ancien
L'hébreu
Le hindi sans peine
Le hongrois sans peine
L'indonésien sans peine
L'italien
Le japonais sans peine (tome 1)
Le japonais sans peine (tome 2)
Le japonais : l'écriture kanji
Le latin
Le nouveau néerlandais sans peine
Le norvégien sans peine
Le persan
Le polonais
Le nouveau portugais sans peine
Le roumain sans peine
Le nouveau russe sans peine
Le serbo-croate sans peine
Le suédois sans peine (tome 1)
Le suédois sans peine (tome 2)
Le swahili sans peine
Le tamoul sans peine
Le tchèque sans peine
Introduction au thaï
Le turc sans peine
Le vietnamien sans peine

"Perfectionnement"

Perfectionnement allemand
Perfectionnement anglais
Perfectionnement espagnol
Perfectionnement italien
La pratique du néerlandais

"Langues régionales"

L'alsacien sans peine
Le basque unifié (initiation)
Le breton
Le corse sans peine
Le créole sans peine
L'occitan sans peine

"Affaires"

Le nouvel anglais des affaires
L'espagnol des affaires

"Civilisations"

Apprenez l'Amérique ! (Langue et civilisation)

Assimil "Plus"

L'anglais par l'humour

"Expressions idiomatiques"

Plus anglais que ça...
Plus espagnol que ça...

Sommaire

Introduction

Bienvenue dans ***Le Polonais*** **Collection Sans Peine** ! Nous sommes très heureux de vous accueillir au seuil de cet ouvrage, simple et convivial, qui va vous permettre en peu de temps d'acquérir les bases de la langue polonaise, de comprendre ce qui se dit autour de vous et de vous exprimer avec aisance, bref, d'aller à la rencontre d'un peuple traditionnellement hospitalier et attaché à la culture française.

Par rapport à la précédente édition, ***Le Polonais*** apporte plusieurs changements destinés à rendre votre apprentissage plus facile. Nous avons simplifié la présentation des règles grammaticales, limité le vocabulaire aux termes les plus couramment utilisés, tout en intégrant les évolutions récentes de la langue liées aux changements économiques et aux innovations technologiques. Nous avons aussi tenu à vous faire connaître les transformations de la société, grâce à de nombreuses notes culturelles qui vous familiariseront avec la vie quotidienne des 40 millions de Polonais vivant en Pologne… sans oublier toutes celles et ceux qui résident à l'étranger !

Vous rencontrerez dans ***Le Polonais*** des personnes évoluant dans de nombreuses situations de la vie courante : sur la route, en visite touristique, chez le médecin, au spectacle, avec des collègues de travail ou des proches. Ces différents contextes vous feront côtoyer plusieurs générations et toutes sortes de milieux, et vous emmèneront dans les principales villes ou régions de Pologne – Varsovie, Cracovie, Gdansk, la Mazurie, les Tatras, etc. Vous découvrirez ainsi, jour après jour, la richesse de la langue, la variété des us et coutumes, les traditions et les nouveautés, en un mot l'âme de ce peuple qui fait désormais partie de la grande famille européenne.

À travers ce voyage, nous vous souhaitons un bon apprentissage. Et surtout n'hésitez pas à vous sentir chez vous, car il n'y a pas, répétons-le, de gens plus hospitaliers que les Polonais !

Le Polonais Collection Sans Peine, mode d'emploi

La méthode ASSiMiL se fonde sur la capacité d'acquérir une langue de manière intuitive par une pratique progressive et régulière qui, petit à petit, conduit à son assimilation. C'est cette démarche que nous vous proposons de suivre. De jour en jour, vous avancerez sans même vous en apercevoir. Après seulement quelques semaines, vous serez surpris des progrès accomplis et, parvenus au terme de la méthode, vous pourrez vous enorgueillir de posséder réellement la langue polonaise.

Pour atteindre ce résultat, il vous faudra toutefois vous conformer à un certain nombre de règles, qui ont déjà largement fait leurs preuves et constituent l'originalité de la méthode ASSiMiL. La première d'entre elles – la plus importante –, c'est la régularité. Chaque jour, vous devrez consacrer un peu de temps à votre apprentissage. En général, une demi-heure par jour suffit. Mais il vous faudra, en revanche, veiller à ne pas manquer un seul de vos rendez-vous, car vous risqueriez d'interrompre le travail d'imprégnation de la langue, qui s'effectue, de façon presque inconsciente, dans votre esprit. Inversement, ne cédez pas à la tentation d'en faire trop à la fois, ce qui vous conduirait à surcharger votre mémoire d'informations qu'elle ne peut enregistrer efficacement. Bref, restez modeste et régulier et suivez à la lettre les quelques autres règles rappelées ci-dessous.

1. La première vague

Elle correspond à la phase dite "passive" de votre apprentissage et nécessite de procéder de la façon suivante :

Écoutez d'abord attentivement le dialogue, en essayant de percevoir la musique de la langue, ses intonations, son accent. Pour ce faire, le meilleur moyen est de recourir aux enregistrements ou, à défaut, de faire appel à un locuteur polonais qui lira les textes pour vous.

Lisez ensuite lentement le dialogue, phrase après phrase, en vous aidant de la transcription pour bien prononcer les mots, et de la traduction pour bien comprendre. Afin de vous faciliter cette compréhension, nous avons indiqué le mot-à-mot entre parenthèses et ajouté entre crochets les mots absents du texte polonais mais qui rendent la formulation française plus correcte.

Répétez les phrases après les avoir lues et entendues. Faites-le de préférence à haute voix, en cherchant à vous rapprocher le plus possible de la prononciation et de l'intonation originales. Servez-vous, pour cela, de la prononciation figurée qui accompagne chaque leçon. (Il s'agit d'une phonétique simplifiée "à la française".) N'hésitez pas non plus à vous mettre en situation, à "jouer" les scènes présentées dans les dialogues, sans crainte du ridicule. Plus vous vivrez le texte, plus votre progression sera rapide et agréable !

Lisez aussi soigneusement les notes qui suivent chaque dialogue. Conçues de manière simple et pratique, elles vous aideront à progresser dans la connaissance du vocabulaire et la structure de la langue, à comprendre des points essentiels de grammaire, à intégrer des expressions courantes.

Ne faites surtout pas l'impasse sur les exercices. Prenez le temps qu'il faut, car ils sont là pour renforcer votre apprentissage et consolider vos acquis issus des dialogues de la leçon en cours ou des précédentes.

Toutes les sept leçons, vous trouverez une leçon de révision. Vous devez la travailler avec le même sérieux que les autres, en lisant et répétant notamment le dialogue à haute voix. Mais vous pourrez surtout y faire le point sur l'état de vos connaissances, grâce à des informations complémentaires – de vocabulaire ou de grammaire – présentées de manière plus systématique.

2. La deuxième vague

Après la quarante-neuvième leçon, vous entrerez dans une deuxième phase de votre apprentissage, dite "active". Après avoir vu la cinquantième leçon, vous reprendrez la première, en revoyant également les notes et les exercices. Puis, en cachant le texte polonais, vous traduirez le dialogue à partir du français. Vous le ferez d'abord oralement, puis, si vous le souhaitez, par écrit. Et vous procéderez ainsi à chaque nouvelle leçon : la cinquante et unième avec la seconde, la cinquante-deuxième avec la troisième, et ainsi de suite. Grâce à cette deuxième vague, vous constaterez tout le chemin parcouru depuis le début, en vous étonnant des progrès réalisés. Par cette révision quotidienne et le travail sur les nouvelles leçons, vous consoliderez vos connaissances et parlerez chaque jour un peu plus de manière naturelle et fluide.

3. Les enregistrements

Bien que la méthode ASSiMiL puisse être étudiée à l'aide du seul manuel que vous tenez entre vos mains, nous vous conseillons vivement d'utiliser les enregistrements des dialogues et exercices qui ont été réalisés par des locuteurs natifs et professionnels. Grâce à ces enregistrements, vous n'aurez aucune hésitation sur la prononciation ou l'intonation, vous pourrez mieux vous imprégner du rythme de la langue, et aurez tout le loisir, une fois la leçon faite, de la réentendre autant de fois que vous le souhaitez. Dans les quatorze premières leçons, les textes sont répétés deux fois et à un rythme très lent.

L’écriture et la prononciation

La langue polonaise a la mauvaise réputation d'être imprononçable ! En effet, il faut bien reconnaître qu’elle contient – malheureusement – des sons difficiles à articuler pour un étranger, quelle que soit sa langue maternelle. C’est pourquoi vous trouverez ci-dessous toute une série d’indications qui vous permettront de vous repérer dans l’écriture, l’intonation et la prononciation du polonais.

1. Différences entre l'alphabet polonais et l'alphabet français

Certaines lettres polonaises comportent des signes particuliers, dits “diacritiques”, qui les distinguent des autres lettres de l'alphabet latin.
Ces signes sont :
un accent ou un point au-dessus de certaines lettres, comme dans **ć**, **ń**, **ó**, **ś**, **ź**, **ż** ;
une cédille dans le cas des deux voyelles nasales **ą** et **ę** ;
une barre transversale pour **ł**.

Par ailleurs, pour noter certains sons, on emploie parfois deux lettres dont l’une peut comporter un accent ou un point : **dz**, **dź**, **dż**.

2. Intonation

L'accent porte normalement sur l'avant-dernière syllabe, sauf dans certains mots d'origine étrangère, par exemple **Ameryka**, **muzyka**, **biblioteka**, et dans les formes passées des verbes (1re et 2e personnes du pluriel) : **byliśmy**, *nous étions*, **pisaliście**, *vous écriviez*).

3. Prononciation

Voici toutes les lettres ou groupes de lettres qui se prononcent autrement qu'en français.

Lettre	mot exemple	correspondant français	transcription phonétique
ą	1. **są** *ils sont*	comme dans "son"	*on*
	2. **kąpiel**, **stąd** *bain, d'ici*	comme dans "comme", "tonne"	*o'm, o'n*
c	**noc** *nuit*	*ts* comme dans "tsé-tsé"	*ts*
ch	**chleb** *pain*	*h* aspiré comme en anglais "house"	*H*
ć, ci	**nić**, **cień** *fil, ombre*	comme dans "ciao" (c'est un son "mouillé", c'est-à-dire accompagné d'un "i")	*ts'*
cz	**czek** *chèque*	comme dans "tchèque"	*tch*
dz	**dzwon** *cloche*	"ts" sonore comme dans "pizza"	*dz*
dź	**dźwig** *grue*	c'est un "dz" mouillé, comme dans "Luiggi"	*dz'*
dż	**dżem** *confiture*	comme dans "Djerba"	*dj*
ę	1. **mięso** *viande*	comme dans "mien"	*in*
	2. **ręce**, **tępy** *mains, obtus*	comme dans "Rennes" et "thème"	*èn/èm*
	3. **idę** *je vais*	comme "è"	*è*
g	**galeria** *galerie*	toujours comme "g" + a, o, u	*g*
h	**herbata** *thé*	*h* aspiré, pratiquement identique à "**ch**", comme dans "house"	*H*
j	**ja** *moi*	comme "y" dans "il y a"	*y*
ł	**łapa** *patte*	comme dans "watt"	*w*

ń, **ni**	**koń**, **nie** *cheval, non*	comme “gn” dans “cogne”	*gn*
ó	**góra** *montagne*	comme “ou”	*ou*
rz	**rzeka** *rivière*	comme “j” dans “jour”	*j*
ś, **si**	**ślad**, **siedem** *trace, sept*	un peu comme dans “chien”, mais encore plus mouillé	*s'*
sz	**szafa** *armoire*	comme dans “chat”	*ch*
u	**uwaga** *attention*	toujours comme “ou”, le son “u” n'existant pas	*ou*
w	**walizka** *valise*	comme “v”	*v*
y	**ty** *toi*	entre “é” dans “thé” et un “i” en plus dur comme dans “very”	*é*
ź, **zi**	**źle**, **zima** *mal, hiver*	comme “gi” dans “magie” mais plus mouillé	*z'*
ż	**żaba** *grenouille*	identique à **“rz”** (comme dans “jour”)	*j*

En outre, il faut savoir que toutes les lettres se prononcent, mais que certains sons subissent des modifications :

1) Chaque consonne sonore devient automatiquement sourde à la fin du mot, c'est-à-dire que “b” se prononce “p”, “d” se prononce “t”, etc. (Pour prononcer une consonne sonore, les cordes vocales vibrent, ce qui n'est pas le cas pour une sourde.) En voici quelques exemples :

chleb	(*Hlèp*)	pain
ogród	(***o**grout*)	jardin
jedz	(*yèts*)	mange
idź	(*its'*)	vas-y
róg	(*rouk*)	coin

malarz	(*malache*)	peintre
rów	(*rouf*)	ravin
zakaz	(*zakas*)	interdiction
weź	(*vès'*)	prends
garaż	(*garache*)	garage

2) Par la loi d'assimilation, les consonnes sonores deviennent sourdes devant ou après les sourdes : **twój** (*tfouille*), ton, **łyżka** (*ouéchka*), cuiller.

3) De même, la consonne sourde, au contact d'une sonore, s'assimile à cette dernière : **także** (*tagjè*), aussi, **prośba** (*proz'ba*), requête.

4) Quelquefois, l'une des consonnes devient muette et la prononciation est simplifiée : **jabłko** (*iapko*), pomme.

5) Toutes les voyelles se prononcent et leur prononciation est la même, où qu'elles se trouvent dans le mot. Les voyelles doubles se prononcent séparément : **auto** (*a'outo*), **Europa** (*èouropa*).

Avant de commencer, il est absolument nécessaire de lire l'introduction qui précède, même si vous êtes faux débutant.

1 Lekcja pierwsza (*lektsya pierfcha*)

Miło mi ①

1 – Dzień **do**bry ②.
2 Na**zy**wam ③ się ④ **Ma**rek **No**wak.
3 – **Mi**ło mi. **An**na Ko**wal**ska.

Wymowa

miwo mi
*1 dz'ègn **do**bré. 2 na**zé**va'm s'è **ma**rek **no**vak. 3 **mi**wo mi. a'**n**na kova**l**ska.*

Voici quelques remarques de prononciation sur certains mots du dialogue. Elles vous guideront, surtout si vous ne disposez pas d'enregistrement. En assimilant progressivement ces quelques principes généraux, vous verrez qu'en dépit des apparences et contrairement à sa réputation, la prononciation polonaise obéit à quelques règles très simples.
*D'abord, n'oubliez pas de toujours accentuer **l'avant-dernière syllabe**, indiquée en gras, et non pas la dernière, comme en français.*

Notes

① Pour dire "Enchanté", on emploie en polonais la formule **Miło mi** (litt. "agréablement à moi"). Il s'agit d'une version abrégée, mais qui est en même temps la plus usuelle. C'est une bonne chose, non ?

② Remarquez que dans **dzień dobry**, litt. "jour bon", l'ordre des mots est inversé par rapport au français.

③ Voici une information qui vous intéressera sûrement, car il s'agit d'une simplification non négligeable : habituellement, on n'uti- ▶

Première leçon 1

Enchanté

1 – Bonjour.
2 [Je] m'appelle (*appelle me*) Marek Nowak.
3 – Enchantée. Anna Kowalska.

Titre - **3** Remarquez que la lettre **ł** se prononce comme le premier son des mots "whisky" ou "week-end". Pensez-y quand vous verrez soit *w* soit *ou* dans la transcription phonétique.
1 Le son correspondant à la lettre "y" est proche du *i* mais en plus sourd, car il est articulé dans la partie postérieure du palais. Pour vous éviter des erreurs, nous utilisons la lettre *é* qui, prononcée de manière très fermée, permet d'obtenir un son comparable.
1 - **2** Les consonnes suivies d'un **i** ou surmontées d'un accent correspondent à un son (inexistant en français) dit "mouillé", c'est-à-dire dont l'articulation, assez molle, s'accompagne d'un léger *i*. Pour le transcrire, et surtout ne pas le confondre avec les sons "durs", nous avons adopté le symbole "*i*".

▸ lise pas de pronoms personnels sujets ("je", "tu", "il", etc.) devant les verbes. C'est une question d'économie, car les terminaisons verbales suffisent pour identifier la personne.

④ Encore une bonne nouvelle : **się** est la forme unique pour tous les pronoms "me", "te", "se", etc. De plus, sa place est libre : il peut se mettre, comme ici, après le verbe, mais il peut également, tout comme en français, le précéder.

1 4 – **Pa**ni ⑤ tu sama ⑥?
5 – Tak, a pan?
6 – Ja też. □

*4 **pa**gni tou **sa**ma? 5 tak, a pa'n? 6 **ya** tèch.*

Pierwsze ćwiczenie (***pierf**chè ts'fi**tchè**gnè*) – *Premier exercice*
Proszę przetłumaczyć (***pro**chè pchètou**ma**chéts'*) – *Traduisez*

❶ Nazywam się Marek Nowak. ❷ Miło mi. ❸ Dzień dobry. ❹ Ja też.

Drugie ćwiczenie (***drou**guiè ts'fi**tchè**gnè*) – *Deuxième exercice*
Wpisać brakujące słowa (***fpi**ssats' brakou**yon**tsè **souo**va*)
Écrivez les mots manquants. Chaque point représente une lettre.

❶ Bonjour.
Dzień . . . . . .

❷ Enchanté(e).
. . . . mi.

4 – Vous êtes seule ici (*madame ici seule*) ?
5 – Oui, et vous (*et monsieur*) ?
6 – Moi (*je*) aussi.

Notes

⑤ L'équivalent de la forme de politesse "vous" est en polonais **pani**, *madame*, pour le féminin, et **pan**, *monsieur*, pour le masculin (prononcé comme dans "panne") suivi du verbe à la 3e personne du singulier.

⑥ Vous avez là une nouvelle simplification : le verbe "être" est souvent omis, surtout dans les phrases à la 3e personne du singulier. Ne trouvez-vous pas qu'il y a en polonais beaucoup de choses qui rendent la vie plus facile ?

Corrigé du premier exercice

❶ Je m'appelle Marek Nowak. ❷ Enchanté. ❸ Bonjour. ❹ Moi aussi.

❸ Je m'appelle Kowalska.
Nazywam . . . Kowalska.

❹ Moi aussi.
. . też.

Corrigé du deuxième exercice – Mots manquants

❶ – dobry ❷ miło – ❸ – się – ❹ Ja –

⟨Le⟩kcja druga *(lèktsya drouga)*

Smacznego!

1 – Co **po**dać ①?
2 Mamy **zu**py ②, schab...
3 – A jest **bi**gos ③?
4 – Tak. A co do **pi**cia?
5 – **Pro**szę ④ **pi**wo.
6 – **Pro**szę. **Bi**gos i **Ży**wiec ⑤.
7 Smacz**ne**go!
8 – Dzię**ku**ję.

Wymowa

*smatch**nè**go*
***1** tso **po**dats'? **2 ma**mé **zou**pé, sHap... **3** a yest **bi**gos? **4** tak. a tso do **pi**ts'a? **5 pro**chè **pi**vo. **6 pro**chè. **bi**gos i **jé**vyèts. **7** smatch**ne**go. **8** dz'ink**ou**yè.*

2 - Pour prononcer le **ch** polonais (que nous transcrivons à l'aide d'un *H* majuscule), faites comme si vous vouliez chasser fortement l'air de votre bouche. Imaginez, par exemple, que

Notes

① Pour formuler une question du type **Co podać?**, *Que puis-je vous servir ?*, vous avez à votre disposition un procédé très économique qui évite le recours à la forme personnelle du verbe. Il suffit d'ajouter l'infinitif (que l'on reconnaît à la terminaison **-ć**) au mot interrogatif **co**, *que*, *quoi*. De fait, le verbe à la 1re personne du singulier, correspondant à *je peux* ou *je dois*, est sous-entendu. N'est-ce pas une façon astucieuse de se simplifier la tâche pour demander ce qu'on peut ou ce qu'on doit faire ?

② Vous pouvez constater que le polonais ne connaît ni l'article défini, ni l'article indéfini. Tous les noms s'emploient donc seuls sauf, bien sûr, s'ils sont accompagnés d'un adjectif. Dans **zupy**, ▶

Bon appétit !

1 – Que [puis-je vous] servir ?
2 [Nous] avons [des] soupes, [du] filet de porc pané...
3 – Et y a-t-il (*est*) [de la] choucroute polonaise ?
4 – Oui. Et comme boisson (*quoi à boire*) ?
5 – S'il vous plaît [une] bière.
6 – Je vous en prie. [Une] choucroute polonaise et [une] Żywiec.
7 Bon appétit !
8 – Merci.

vous venez de fournir un effort physique et que vous avez envie de pousser un soupir de soulagement. L'articulation du **b** final obéit au principe du moindre effort et correspond à un son sourd *p*.

5 - 6 - 8 - La lettre **ę** correspond à un son nasal comparable à celui qu'on a dans "vin" ou "pain". Toutefois, placé à la fin d'un mot, **ę** se prononce généralement comme s'il s'agissait d'un **e**. Celui-ci est toujours ouvert en polonais et se dit donc comme dans "lait" ou "prêt".

▸ *soupes*, la terminaison -**y** indique le pluriel. Le singulier est **zupa** et c'est un nom féminin que l'on reconnaît à la terminaison -**a**.

(3) **jest** (3e personne du singulier du verbe "être") correspond, selon le contexte, à *est* ou à *il y a*.

(4) Le mot **proszę**, 1re personne du verbe **prosić**, *prier*, *demander*, est en fait une expression figée, très utile en toutes circonstances pour répondre à une demande ou pour s'adresser à quelqu'un de manière polie. Il correspond à "je vous en prie" ou à "s'il vous plaît".

(5) **Żywiec** est une marque de bière blonde très appréciée.

2 **Pierwsze ćwiczenie – Proszę przetłumaczyć**

❶ Co podać do picia? ❷ Proszę piwo i bigos. ❸ Jest też schab. ❹ Dziękuję. ❺ Smacznego!

Drugie ćwiczenie – Wpisać brakujące słowa

❶ S'il vous plaît, une bière.
Proszę . . . . .

❷ Nous avons aussi des soupes.
. . . . też . . . . .

❸ Qu'y a-t-il à boire ?
Co . . . . do . . . . . ?

❹ (*Puis-je vous*) servir [de la] choucroute polonaise ?
. . . . . bigos?

❺ Je vous en prie et bon appétit !
. . . . . . i . . . . !

Corrigé du premier exercice

❶ Que [puis-je vous] servir à boire ? ❷ Une bière et une choucroute polonaise, s'il vous plaît. ❸ Il y a aussi du filet de porc pané. ❹ Merci. ❺ Bon appétit !

Corrigé du deuxième exercice – Mots manquants

❶ – piwo ❷ Mamy – zupy ❸ – jest – picia ❹ Podać – ❺ Proszę – smacznego

Peut-être cette leçon vous a-t-elle laissé sur votre faim ? Ne vous en faites pas. On sait bien qu'apprendre la langue d'un pays, c'est comme apprendre ses mœurs, sa façon de vivre, sa gastronomie... Cela se fait peu à peu.
À ce propos, il faut savoir que les Polonais, à la fin d'un repas au restaurant, remercient toujours les compagnons de table pour leur présence. Ne l'oubliez pas, car ce dziękuję surprend toujours au début.
Les Polonais aiment beaucoup les soupes. On en sert toute l'année, comme entrée ou comme plat principal, car elles sont souvent consistantes et épaisses, cuisinées avec de la crème fraîche, des morceaux de légumes, de viande, etc. Il y a une autre véritable "institution" culinaire polonaise : c'est le fameux bigos, mélange de choucroute, de viandes diverses et de saucisses. Vous devez absolument goûter cette spécialité. Suivant les recettes, on y ajoute des champignons ou des pruneaux secs. Cuisiné pendant plusieurs heures, il est encore meilleur le lendemain ! Enfin, côté boisson, il n'y a pas que la traditionnelle vodka ! Vous trouverez de très bonnes bières – dont la Żywiec – qui est fabriquée dans une petite ville du même nom, dans le Sud de la Pologne.

3 Lekcja trzecia *(lèktsya t'chèts'a)*

Jutro

1 – Prze**pra**szam ①, pan z War**sza**wy ②?
2 – Nie. **Jes**tem u ro**dzi**ny ③.
3 – Na **dłu**go pan jest ④?
4 – Na **ty**dzień.

Wymowa

youtro
***1** pchè**pra**cha'm, pa'n s var**cha**vé? **2** gnè. **yès**tèm ou ro**dz'i**né. **3** na dw**ou**go pa'n yest? **4** na **té**dz'ègn.*

1 - Sous l'effet de l'entourage, certaines lettres ou certains groupes de lettres se prononcent différemment. Ainsi, **rz**, normalement prononcé comme *j* sonore devient *ch* sourd à cause de la proximité

Notes

① Voici la forme qui permet de s'excuser ou de demander pardon. Nous avons affaire ici à la 1re personne du singulier du verbe **przepraszać**, *s'excuser*, dont vous aurez remarqué la terminaison **-am**, la même que nous avons vue dans **nazywam się**, *je m'appelle*.

② Parlons un peu de la forme des noms. Contrairement au français, les noms polonais se déclinent : ils changent de terminaison suivant la fonction qu'ils occupent dans la phrase. Ces différentes fonctions sont appelées les "cas". Prenons un exemple. Comme vous le savez peut-être, la capitale de la Pologne se dit en polonais **Warszawa**. Il s'agit de la forme de base qu'on trouve dans le dictionnaire et qui correspond au cas sujet appelé nominatif*. La forme que nous avons ici, avec la terminaison **-y**, cor- ▸

Demain

1 – Excusez-moi, vous (*monsieur*) [êtes] de Varsovie ?
2 – Non. [Je] suis chez [ma] famille.
3 – Vous êtes [là] pour longtemps (*pour longtemps monsieur est*) ?
4 – Pour [une] semaine.

de **p**. De même **w**, normalement *v*, se transforme en *f*. Notez bien que cette règle d'assimilation n'est pas du tout faite pour vous embêter mais, au contraire, pour que vous ayez plus de facilité à parler en fournissant moins d'effort. Pratique, non ?

2 - **6** - Une petite astuce : pour prononcer le **e** de **nie**, nous vous suggérons de le dire comme dans “niais” plutôt que comme dans “nier”.

▸ respond au cas dit génitif* que l'on utilise lorsqu'un nom correspond à un complément (d'objet, circonstanciel, etc.). Sachez aussi que les cas sont souvent employés après les prépositions, comme ici après **z**, *de*, qui indique la provenance.

③ Vous avez sans doute deviné que **rodziny** est le génitif obtenu par la transformation du nominatif **rodzina**, *famille*.

④ Pour poser une question, on peut, comme dans cette phrase, conserver l'ordre sujet-verbe tout en utilisant l'intonation interrogative. Mais on peut aussi inverser cet ordre, ce qui donne : **jest pan?** Notez également que la place des mots interrogatifs n'est pas fixe. Ils peuvent se mettre au début de la phrase, comme dans notre dialogue, ou à la fin. Dans ce cas, on aurait : **Pan jest na długo?**

5 – Dosko**na**le, to do **ju**tra ⑤?
6 – Nie, **ju**tro wy**jeż**dżam. □

*5 dosko**na**lè, to do **you**tra? 6 gnè, **you**tro véy**èj**dja'm.*

Notes

⑤ Avec **jutra**, vous avez affaire au génitif de **jutro**, *demain*. Comme vous le voyez, nous sommes en présence d'une autre terminaison que dans le cas de **Warszawy** ou de **rodziny** ; c'est parce qu'il car il s'agit ici d'un mot du genre neutre*. Eh oui, c'est assez compliqué ! Mais surtout ne vous inquiétez pas ! Vous vous y habituerez au fur et à mesure, avec l'usage.

Pierwsze ćwiczenie – Proszę przetłumaczyć

❶ Jestem z Warszawy. ❷ Przepraszam, wyjeżdżam jutro. ❸ Pan tu na długo? ❹ Ja też na tydzień. ❺ Jest pani sama?

Drugie ćwiczenie – Wpisać brakujące słowa

❶ Bonjour, je suis seule.
Dzień . . . . . , jestem . . . . .

❷ [Êtes]-vous (*madame*) ici pour longtemps ?
Pani . . na . . . . . ?

❸ Oui, pour une semaine.
. . . , na . . . .

5 – Parfait(*ement*). Alors à demain ?
6 – Non, je pars demain (*demain pars*).

Corrigé du premier exercice

❶ Je suis de Varsovie. ❷ Excusez-moi, je pars demain. ❸ Êtes-vous ici (*monsieur ici*) pour longtemps ? ❹ Moi aussi pour une semaine. ❺ Êtes-vous (*est madame*) seule ?

❹ Excusez-moi, je pars de Varsovie.
. . . . , wyjeżdżam . Warszawy.

❺ Merci, moi aussi.
. . . . , ja . . . .

Corrigé du deuxième exercice - Mots manquants

❶ – dobry – sama ❷ – tu – długo ❸ Tak – tydzień. ❹ Przepraszam – z – ❺ Dziękuję – też

4 Lekcja czwarta *(lèktsya tchfarta)*

Bank ①

1 – **Pro**szę **pa**na ②,
2 jest tu gdzieś ③ bank?
3 – Bank jest już zamk**nię**ty,
4 **a**le **kan**tor **jesz**cze nie ④.
5 – To ⑤ **świet**nie.
6 – Tam jest też ban**ko**mat.
7 – Dzię**ku**ję, **bar**dzo pan **mi**ły ⑥. □

Wymowa

ba'nk
***1 pro**chè **pa**na, **2** yest tou gdz'es' ba'nk? **3** ba'nk yest iouch za'mk**gnèn**té, **4** alè **ka'n**tor* **yèch**tchè gnè. **5** to **s'fiet**gnè. **6** ta'm yest tech ba'n**ko**mat. **7** dz'ink**ou**yè, **bar**dzo pa'n **mi**wé.*

Titre - 2 - Ne vous laissez pas tromper par la ressemblance du

Notes

① Étant donné l'absence d'articles, ce sont les terminaisons des noms qui indiquent leur genre. Vous savez déjà que la majorité des noms féminins finissent en -**a**. En revanche, les noms masculins se terminent généralement par une consonne. Ainsi **bank**, *banque*, est masculin.

② Revoilà le mot **proszę**, *s'il vous plaît*, *je vous en prie*, qui sert ici à aborder quelqu'un (en l'occurrence un homme) de façon courtoise. S'il s'agissait d'une femme, on aurait **proszę pani**. La forme **pana** correspond au cas dit accusatif* de **pan**, *monsieur*. Pour l'instant, sachez seulement qu'on l'emploie d'habitude pour indiquer la fonction de complément d'objet direct*, c'est-à-dire après un verbe sans préposition. Dans notre exemple, il s'agit de la construction "prier quelqu'un".

③ En ajoutant simplement la terminaison **-ś** au mot relatif à un lieu **gdzie**, *où*, on obtient un indéfini **gdzieś**, *quelque part*. ▸

[La] banque

1 – S'il vous plaît, monsieur,
2 y a-t-il (*ici quelque part*) [une] banque par ici ?
3 – [La] banque est déjà fermée,
4 mais [le] bureau de change pas encore (*encore non*).
5 – C'[est] formidable(*ment*).
6 – Là-bas, il y a aussi [un] distributeur de billets.
7 – Merci, vous êtes très gentil (*très monsieur gentil*).

mot **bank** avec son équivalent français "banque" : séparez bien les sons *a* et *n*.
4 - Cette accumulation de consonnes n'est pas si effrayante que ça. De fait, on a deux sons *ch* et *tch* qui existent bel et bien en français, mais rarement à la suite, il faut bien l'avouer. Un exemple quand même pour voir ce que ça donne. Dites : "une hache tchèque". Vous voyez que ce n'est pas sorcier !

▸ De même, à partir de **co**, *quoi*, on dérive **coś**, *quelque chose*, etc. N'est-ce pas un procédé très économique pour élargir votre vocabulaire ?

(4) **nie** exprime la négation. Lorsqu'il est employé seul, il équivaut à "non" ou "pas" et s'il précède un verbe, à "ne... pas". Vous verrez plus tard qu'il peut aussi apparaître au début d'un mot (nom, adjectif ou adverbe) pour former le contraire de celui-ci.

(5) Vous connaissez déjà **to** comme équivalent de "alors" (voir leçon 3). Ici, vous avez un autre de ses emplois, en tant que démonstratif neutre* : "ce" dans l'expression "c'est...". Remarquez encore une fois l'omission du verbe "être".

(6) Vous rappelez-vous comment on dit "Enchanté" ? C'est bien sûr **Miło mi**. Comme vous l'avez sans doute deviné, avec **miły**, *gentil*, *agréable*, nous avons affaire à la même famille de mots.

4 **Pierwsze ćwiczenie – Proszę przetłumaczyć**
❶ Co to jest? ❷ To jest bankomat. ❸ Kantor jest zamknięty. ❹ Tam jest bank. ❺ Gdzie jest Warszawa?

Drugie ćwiczenie – Wpisać brakujące słowa

❶ Qu'y a-t-il là-bas ?
Co . . . jest?

❷ C'est une banque.
To . . . . bank.

❸ Où est la bière ?
. . . . . jest . . . . ?

❹ Je suis ici très longtemps.
. . . . . . tu . . . . . . długo.

❺ Moi, pas encore.
. . jeszcze . . . . .

Comme vous pouvez vous en douter, la chute du régime communiste en Pologne a entraîné de profondes transformations économiques dans le pays. Il n'est donc pas étonnant de constater la quasi totale disparition du marché noir des devises. À la place, pour répondre à la demande des touristes de plus en plus nombreux, on a vu fleurir de petites officines de change appelées kantor. On les trouve partout, quelquefois même dans des endroits plutôt insolites (épiceries, cafés, etc). Les taux de change y sont très intéressants, comparés à ceux que pratiquent les hôtels, les agences de voyage, voire certaines banques. Étant donné que les horaires d'ouverture des kantor sont plus souples que dans les banques, c'est une

Corrigé du premier exercice

❶ Qu'est-ce que c'est ? ❷ C'est un distributeur de billets. ❸ Le bureau de change est fermé. ❹ Là-bas, il y a une banque. ❺ Où est Varsovie ?

Corrigé du deuxième exercice - Mots manquants

❶ – tam – ❷ – jest – ❸ Gdzie – piwo ❹ Jestem – bardzo – ❺ Ja – nie

solution très pratique pour vous procurer des zlotys. À ce propos, connaissez-vous la signification du mot złoty ? C'est un adjectif, utilisé par ailleurs dans la langue courante, qui veut dire "en or". Cela nous rappelle l'époque, hélas révolue, où la valeur de la monnaie polonaise correspondait à la valeur de ce métal précieux. Ajoutons aussi que l'utilisation des cartes de crédit est de plus en plus répandue. On les accepte dans de nombreux magasins, restaurants et hôtels. Du coup, les distributeurs de billets se font de plus en plus nombreux, et on a même vu apparaître un nouveau mot dans le vocabulaire polonais : bankomat. Il s'agit d'un néologisme formé de bank + automat.

5 Lekcja piąta *(lèktsya pio'nta)*

Pomyłka

1 – **Ha**lo! **Słu**cham ①.
2 – **Do**bry **wie**czór ②. Jest **A**dam?
3 – Nie ro**zu**miem. Kto?
4 – Czy tu **miesz**ka **A**dam **Wol**ski ③?
5 – Nie, to **chy**ba po**mył**ka.
6 – Prze**pra**szam **bar**dzo ④.
7 – Nic nie **szko**dzi. Do wi**dze**nia ⑤. □

Wymowa

*po**mé**ouka*
***1 Ha**lo ! **swou**Ha'm. **2 do**bré **vyè**tchour. yest **a**da'm? **3** gnè ro**zou**myèm, kto? **4** tché tou **myèch**ka **a**da'm **vol**ski? **5** gnè, to **Hé**ba po**mé**ouka. **6** pche**pra**cha'm **bar**dzo. **7** nits gnè **chko**dz'i. do vi**dzè**gna.*

Notes

① Vous connaissez maintenant plusieurs verbes qui, comme **słucham**, *j'écoute*, prennent la terminaison **-am** à la 1re personne du singulier : **nazywam się**, *je m'appelle*, **przepraszam**, *je m'excuse*, **wyjeżdżam**, *je pars*.

② Avez-vous remarqué que dans **dobry wieczór**, l'ordre des mots est identique à son équivalent français "bonsoir" ? Souvenez-vous que pour **dzień dobry**, *bonjour*, c' est l'inverse.

③ Pour poser une question fermée, c'est-à-dire une question à laquelle on répond simplement par "oui" ou par "non", on peut utiliser en polonais le mot **czy**, *est-ce que*. Il se trouve en début de phrase, comme en français, mais l'ordre sujet-verbe n'est pas obligatoire. Pour résumer, il y a donc plusieurs variantes ▸

[Une] erreur

1 – Allô. [J']écoute.
2 – Bonsoir. Adam est là ? (*est Adam ?*)
3 – [Je] ne comprends [pas]. Qui ?
4 – Est-ce que (*ici habite*) Adam Wolski habite ici ?
5 – Non, c'[est] probablement [une] erreur.
6 – Excusez-moi (*beaucoup*).
7 – Cela ne fait rien (*rien ne fait tort*). Au revoir.

1 - 5 - Rappelez-vous que le son *H*, qui est toujours aspiré – c'est-à-dire prononcé avec un souffle – correspond à deux orthographes : **h** et **ch**. Ne faites pas l'erreur de prononcer ces deux dernières lettres à la française.

▸ pour ce genre de questions. En tenant compte des formes que vous connaissez déjà (intonation interrogative ou inversion de l'ordre sujet-verbe), cela donne : **Adam jest?**, **Jest Adam?**, **Czy Adam jest?**, **Czy jest Adam?** À vous de choisir...

④ **bardzo**, qui équivaut à "très", "beaucoup", peut accompagner un adjectif, un adverbe ou, comme ici, un verbe. Ce mot s'utilise très fréquemment, par exemple, avec **proszę**, *s'il vous plaît*, *je vous en prie*, sans rendre l'expression obséquieuse pour autant.

⑤ La place de **nic**, *rien*, est relativement libre. Si l'on veut insister sur ce mot, on le met au début. Ainsi **nic nie rozumiem**, *je ne comprends rien*, sera légèrement plus fort que **nie rozumiem nic**.

5 **Pierwsze ćwiczenie – Proszę przetłumaczyć**
❶ Dobry wieczór. ❷ Gdzie mieszka Marek? ❸ To chyba tam. ❹ Czy jest bigos? ❺ To nic nie szkodzi.

Drugie ćwiczenie – Wpisać brakujące słowa

❶ Est-ce que vous êtes seule ?
. . . pani . . . . ?

❷ Cela ne fait rien.
To . . . nie . . . .

❸ Où habitez-vous ?
. . . . . pan . . . . ?

❹ Excusez-moi, mais je ne comprends pas.
. . . . , ale . . . .

❺ C'est une erreur.
To . . . .

Corrigé du premier exercice

❶ Bonsoir. ❷ Où habite Marek ? ❸ C'est probablement là-bas. ❹ Est-ce qu'il y a du bigos ? ❺ Cela ne fait rien.

Corrigé du deuxième exercice - Mots manquants

❶ Czy – jest sama ❷ – nic – szkodzi ❸ Gdzie – mieszka ❹ Przepraszam – nie rozumiem ❺ – pomyłka

6 Lekcja szósta *(lèktsya chousta)*

Dokąd ① pani jedzie ②?

1 – Prze**pra**szam, to **miejs**ce jest **wol**ne ③?
2 – Tak, **pro**szę.
3 – **Do**kąd **pa**ni **je**dzie?
4 – Do ④ Kra**ko**wa, a pan?
5 – Ja do Zakopa**ne**go ⑤.
6 – To wa**ka**cje?
7 – Nies**te**ty nie. Konfe**ren**cja.
8 – Mam na**dzie**ję ⑥, że **bę**dzie cie**ka**wa. □

Wymowa

*do*ko'nt *pa*gni *yè*dz'è
*1 pchè**pra**cha'm, to **myèy**stsè yest **vol**nè? **2** tak, **pro**chè.*

Notes

① Deux mots correspondent en polonais à "où" : **gdzie**, que vous connaissez déjà (voir leçon 4) et **dokąd**. Le premier indique l'emplacement, un lieu où vous vous trouvez, le second, le lieu de destination.

② Le verbe "aller" a deux équivalents en polonais, suivant qu'il s'agit d'un déplacement à l'aide d'un moyen de locomotion ou à pied. Dans le premier cas (comme ici pour le voyage en train ou en car), on utilise **jedzie** à la 3e personne du singulier. Son homologue pour la marche à pied est **idzie**.

③ Vous savez déjà qu'un nom terminé en **-o** comme **jutro**, *demain*, est du genre neutre. Dans **miejsce**, *place*, vous avez une autre terminaison possible : **-e**, que l'on retrouve par ailleurs à la fin des adjectifs neutres, comme dans **wolne**, *libre*.

④ La préposition **do**, *à*, *pour*, qui sert à indiquer entre autres le lieu où l'on va, est toujours suivie du génitif. ▸

Où allez-vous ? (*madame va ?*)

1 – Excusez-moi, cette place est[-elle] libre ?
2 – Oui, je vous en prie.
3 – Où allez-vous (*madame va*) ?
4 – À Cracovie, et vous (*monsieur*) ?
5 – Moi (*je*) à Zakopane.
6 – C'[est les] vacances ?
7 – Malheureusement non. [Une] conférence.
8 – J'espère (*ai espoir*) qu'[elle] sera intéressante.

3 ***do****ko'nt* ***pa****gni* ***yè****dz'è? 4 do kra****ko****va, a pa'n?* ***5*** *ya do zakopa****nè****go.* ***6*** *to va****ka****tsyè?* ***7*** *gnè****stè****té gnè. ko'nfe****rèn****tsya.* ***8*** *ma'm na****dz'èyè****, jè* ***bègn****dz'è ts'è****ka****va.*

⑤ C'est encore d'un génitif qu'il s'agit, mais cette fois, la forme – dérivée de **Zakopane** –, correspond au génitif singulier des adjectifs neutres et masculins, car le nom de la ville signifie en fait "enfoui", "enterré".

⑥ Le verbe "avoir" (ici à la 1re personne du singulier **mam**) est suivi du complément d'objet direct, d'où l'apparition de l'accusatif **nadzieję**, dérivé du nom féminin **nadzieja**, *espoir*.

Pierwsze ćwiczenie – Proszę przetłumaczyć

❶ Czy lekcja jest ciekawa? ❷ Mam nadzieję, że tak. ❸ Świetnie, że jedzie pan do Warszawy. ❹ Proszę, tu jest wolne miejsce. ❺ Przepraszam, gdzie jest konferencja?

Drugie ćwiczenie – Wpisać brakujące słowa

❶ Cette place est encore libre.
To . . . . jest jeszcze . . . . . .

❷ Kowalski sera là demain.
Kowalski . . . . . . tu . . . . . .

❸ J'espère qu'il est gentil.
. . . nadzieję, . . jest . . . . .

❹ Malheureusement, c'est une erreur.
. . . . to . . . .

❺ La leçon est très intéressante.
Lekcja . . . . bardzo . . . .

---

7 Lekcja siódma *(**lèk**tsya **s'oud**ma)*

Révision

Faisons un petit arrêt pour voir ce que vous avez appris au cours de ces six premières leçons. Vous serez agréablement surpris de ce que vous savez déjà.
Désormais, nous vous proposerons ainsi, après chaque nouvelle série de six leçons, de revoir les principaux points qui ont été abordés. Surtout, ne cherchez pas à tout apprendre par cœur. Lisez simplement, et vous verrez que vous retiendrez les choses petit à

Corrigé du premier exercice

❶ Est-ce que la leçon est intéressante ? ❷ J'espère que oui. ❸ [C'est] parfait que vous alliez (*monsieur va*) à Varsovie. ❹ Je vous en prie, ici il y a une place de libre (*libre place*). ❺ Excusez-moi, où est la conférence ?

Corrigé du deuxième exercice - Mots manquants

❶ – miejsce – wolne ❷ – będzie – jutro ❸ Mam – że – miły ❹ niestety – pomyłka ❺ – jest – ciekawa

Que diriez-vous d'un petit voyage en Pologne ? Si vous êtes amateur de tourisme culturel, vous apprécierez tout particulièrement le Sud, une des régions sans doute les plus riches en histoire et traditions populaires. Vous serez émerveillé par la ville de Cracovie (Kraków) heureusement épargnée pendant la Seconde Guerre mondiale– et qui fut la capitale de la Pologne jusqu'en 1596. À 100 km de là, vers le sud, vous découvrirez, dans la chaîne de montagnes les Tatras, la petite ville de Zakopane, qui est à la fois un lieu de villégiature prisé et une célèbre station de ski. On l'appelle "la capitale d'hiver de la Pologne". La région aux alentours est célèbre pour ses danses et ses chants, ses chalets pittoresques, ses artistes populaires qui fabriquent de superbes objets en bois et en cuir. Au-delà du simple folklore, vous trouverez chez ces montagnards (górale) la chaleur et l'hospitalité légendaires des Polonais. Il ne nous reste plus qu'à vous souhaiter bon voyage !

Septième leçon 7

petit, de manière tout à fait étonnante.
D'abord, quelques remarques sur la ***prononciation****.*

1. Accent

Vous avez pu constater que tous les mots polonais sont accentués sur l'avant-dernière syllabe. Comme nous savons tous qu'il est

7 difficile de se défaire des habitudes prises dans sa propre langue, essayez de vous entraîner sur des mots faciles : **Kowalski**, **Nowak**, **telefon**, **radio**, etc.

2. Sons "mouillés"

Certaines consonnes (**c**, **n**, **s**, **z**) surmontées d'un accent ou suivies d'un **-i** s'articulent en avançant la langue vers la partie dure du palais. Afin de comprendre cette particularité phonétique, comparez la prononciation d'un **n** dur comme dans **nowa** *[nova]*, *nouvelle* et d'un **n** "mouillé" correspondant grosso modo au son "gn" dans "Pologne" : **dzień** *[dz'ègn]*, *jour*, **nie** *[gnè]*, *non*.

Vous rappelez-vous la prononciation (et la signification) des mots suivants :
ćwiczenie, **dziękuję**, **świetnie**, **tydzień** ?
(Voyez le corrigé à la fin de la leçon.)

Enfin, nous attirons votre attention sur des lettres ou groupes de lettres dont la prononciation est différente de celle du français. Soyez particulièrement vigilant et reportez-vous à la prononciation figurée ou aux enregistrements si vous en disposez.

Voyons maintenant ce que vous avez appris en **grammaire**.

1. Les cas

C'est sans doute une des principales difficultés du polonais. La forme des noms ainsi que celle des adjectifs et des pronoms – que vous trouvez dans le dictionnaire correspond au cas dit nominatif*. Cependant, dans le discours, on est souvent obligé de recourir à d'autres cas suivant la construction des verbes ou la nature de la préposition s'il y en a une. Ces différents cas (sept au total) se différencient par leur terminaison, elle-même fonction du genre et du nombre. C'est donc un apprentissage de longue haleine que suppose la maîtrise des cas, mais rassurez-vous, l'expérience montre que la pratique quotidienne permet d'acquérir très vite des automatismes sans passer par un effort de mémorisation long et fastidieux.

Voici une petite révision des cas que vous avez déjà rencontrés :

Le nominatif

C'est la forme de base. On l'appelle cas sujet, car il correspond à cette fonction dans les phrases :
Bank jest zamknięty, *La banque est fermée.*
Gdzie mieszka Kowalski?, *Où habite Kowalski ?*

Le génitif

Vous avez vu qu'on l'employait après certaines prépositions : **do**, *à*, *pour* ; **z**, *de* :
Jadę do Krakowa, *Je vais à Cracovie.*
Jestem z Warszawy, *Je suis de Varsovie.*

L'accusatif

C'est le cas qui indique l'objet direct. Il n'est donc pas étonnant de le trouver à la suite des verbes qui se construisent sans préposition. Nous l'avons rencontré après les verbes "prier" et "avoir" :
Proszę pana, *S'il vous plaît, monsieur.* (litt. "[Je] prie monsieur.")
Mam nadzieję, *J'espère.* (litt. "[J']ai [l']espoir.")

2. Le genre

Outre le masculin et le féminin, le polonais connaît le genre neutre. Sachez que l'appartenance d'un nom, pronom ou adjectif à l'un des trois genres n'est justifiée, de par la différenciation sexuelle, que pour les êtres animés : personnes et animaux. Toutefois les petits (humains ou animaux) sont du genre neutre. Pour tous les autres noms, le genre est fondamentalement arbitraire et ne correspond d'ailleurs que partiellement d'une langue à l'autre. Ainsi **bank** est du genre masculin en polonais. À l'inverse, **grupa** est féminin en polonais et masculin en français.

On peut facilement reconnaître le genre d'un nom grâce à sa terminaison. Ainsi les noms masculins se terminent généralement par une consonne : **pan**, *monsieur*, **bank**, *banque*, **bigos**, *choucroute*, **kantor**, *bureau de change* ; les noms féminins, par **-a** ou **-i** : **konferencja**, *conférence*, **zupa**, *soupe*, **pani**, *madame* ; les noms neutres, par **-o** ou **-e** : **jutro**, *demain*, **miejsce**, *lieu*. Nous verrons plus tard d'autres terminaisons possibles.

Ne vous inquiétez pas, nous reviendrons sur tout ce que vous venez de voir dans cette leçon et vous l'assimilerez progressivement. Il ne vous reste qu'à continuer à lire et à répéter sans chercher à tout savoir tout de suite !

Corrigé

ts'fi**tchè**gnè, *exercice*, dz'in**kou**yè, *merci*, **s'fièt**gnè, *parfait*, **té**dz'ègn, *semaine*.

*****

Dialog-powtórka

1 – Dzień **do**bry. **(1)** **Pro**szę. **(2)**
2 – Tu jest **wol**ne **miej**sce. **(6)**
3 – Dzię**ku**ję **bar**dzo. **(2) (4)**
4 – Co **po**dać? **(2)**
5 – **Pi**wo **pro**szę. **(2)**
6 – Prze**pra**szam, pan z Kra**ko**wa? **(3) (6)**
7 – Tak. Na**zy**wam się Ko**wal**ski. **(1)**
8 – **Mi**ło mi. **An**na Nowak. **(1)**

*****

Dialogue de révision

1 – Bonjour. Je vous en prie.
2 – Ici il y a une place de libre (*libre place*).
3 – Merci beaucoup.
4 – Que [puis-je vous] servir ?
5 – [Une] bière, s'il vous plaît.
6 – Excusez-moi, vous (*monsieur*) [êtes] de Cracovie ?
7 – Oui. [Je] m'appelle (*appelle me*) Kowalski.
8 – Enchanté[e]. Anna Nowak.

8 Lekcja ósma *(lektsya ousma)*

Zdjęcia ① z wakacji

1 – Co tam masz ②?
2 – **Zdję**cia z wa**ka**cji.
3 – **Mo**gę zobaczyć?
4 – **Jas**ne ③, **pro**szę.
5 – Kto to jest?
6 – To **mo**ja **ma**ma ④.
7 – **Ta**ka ⑤ **mło**da? A to twój **ta**ta ⑥?
8 – Nie, to mój brat.

□

Wymowa

zdyèn'ts'a z vakatsi
1 tso ta'm mach? 2 zdyèn'ts'a z vakatsi. 3 moguè zobatchéts'? 4 yasnè, prochè. 5 kto to iest? 6 to moya mama. 7 taka mouoda? a to tfouille tata? 8 gnè, to mouille brat.

2 - Dans certaines positions, notamment devant **c**, la lettre **ę** perd sa résonance nasale et se prononce comme s'il s'agissait

Notes

① Le singulier de **zdjęcia**, *photos* est **zdjęcie**. C'est un nom du genre neutre, comme l'indique sa terminaison **-e**. Sachez qu'au pluriel, les noms neutres se terminent presque toujours en **-a**.

② Vous connaissez déjà deux formes du verbe "avoir" : **mam**, 1re personne du singulier et **mamy**, 1re personne du pluriel. Voici la 2e personne du singulier : **masz**, *tu as*. Retenez bien la terminaison **-sz**, qui vous permettra de reconnaître les verbes employés pour tutoyer quelqu'un. Précisons qu'en polonais, on tutoie ses proches, ses amis ou ses collègues selon les mêmes règles qu'en français.

③ **jasne** est un terme courant pour exprimer son consentement ou confirmer quelque chose de façon très nette. Il fait partie de ces mots qui, à l'origine, sont des adjectifs du genre neutre, mais ▸

Photos de vacances

1 – Qu'est-ce que [tu] as là (*là as*) ?
2 – [Les] photos de vacances.
3 – [Je] peux voir ?
4 – Évidemment (*clair*), je t'en prie.
5 – Qui est-ce (*c'est*) ?
6 – C'[est] ma maman.
7 – Si jeune ? Et [lui], c'[est] ton papa ?
8 – Non, c'[est] mon frère.

d'un **e** suivi d'un **n**. De plus, comme vous le voyez, nous avons ici un **c** "mouillé", car il est suivi d'un **i**. Du coup, par assimilation, le **n** se transforme, lui aussi en un son mouillé *n'*.

7 - Vous avez là un autre exemple d'assimilation. Il concerne la prononciation de la lettre **w**. Lorsqu'elle est placée après un son sourd, comme c'est ici le cas du **t**, elle devient également sourde et se prononce *f*.

▸ qui s'emploient aussi seuls, en tant qu'adverbes placés en début de phrase, pour donner son avis.

④ Dans **moja mama**, *ma maman*, remarquez la terminaison **-a**, caractéristique du genre féminin. On la retrouve dans la majorité des noms singuliers, mais aussi dans tous les adjectifs féminins au nominatif singulier.

⑤ **taka**, dont vous aurez reconnu le genre féminin, est un mot très utile, car polyvalent. Ici, il sert à intensifier la qualité d'un adjectif et se traduit par "si", "tellement". Il s'emploie également comme adjectif ou pronom et correspond alors à "telle" ou "pareille". Ses équivalents masculin et neutre sont **taki** et **takie**.

⑥ Malgré les apparences, le mot **tata** n'est pas féminin. C'est l'homologue du diminutif français "papa" et non pas, comme on pourrait le penser, de "tante" !

8 **Pierwsze ćwiczenie – Proszę przetłumaczyć**
❶ Mam zdjęcia z wakacji. ❷ To moja rodzina. ❸ Proszę zobaczyć. ❹ To twój brat? ❺ Pani jest taka młoda!

Drugie ćwiczenie – Wpisać brakujące słowa

❶ Je peux voir les photos ?
. . . . zobaczyć . . . . ?

❷ Ma maman est jeune.
. . . . mama jest . . . . . .

❸ Où est ton papa ?
Gdzie . . . . twój . . . . ?

❹ Mon frère n'habite pas ici.
. . . brat . . nie . . . .

❺ Qui est-ce ?
. . . to . . . . ?

Corrigé du premier exercice

❶ J'ai des photos de vacances. ❷ C'est ma famille. ❸ Regardez, s'il vous plaît. ❹ C'est ton frère ? ❺ Vous êtes (*madame est*) si jeune !

Corrigé du deuxième exercice - Mots manquants

❶ Mogę – zdjęcia ❷ Moja – młoda ❸ – jest – tata ❹ Mój – tu – mieszka ❺ Kto – jest

9 Lekcja dziewiąta *(lektsya dz'evio'nta)*

Oczywiście

1 – Wie pan, gdzie jest u**li**ca **Jas**na ①?
2 – To **tu**taj ②. **Ja**ki **nu**mer?
3 – Dwa.
4 – Ja tam **właś**nie **miesz**kam.
5 Do **ko**go ③ pan **i**dzie?
6 – Do ko**le**gi ④, **Tom**ka No**wa**ka ⑤.
7 Zna go pan?
8 – Oczy**wiś**cie, to mój syn. □

Wymowa

*otché**vis**'ts'è*
***1** vyè pa'n, gdz'è iest ou**li**tsa **yas**na? **2** to **tou**taille. **ia**ki **nou**mèr? **3** dva. **4** ia ta'm vou**as**n'e **mièch**kam. **5** do **ko**go pa'n **i**dz'è? **6** do ko**le**gui, **tom**ka no**va**ka. **7** zna go pa'n? **8** otché**vis**'ts'è, to mouille sén.*

Notes

① Avez-vous reconnu, dans le mot **jasna**, *claire*, l'équivalent féminin de l'adjectif **jasne** de la leçon précédente ?

② **tutaj**, ici et **tu**, que vous connaissez déjà, sont synonymes.

③ Ne vous inquiétez pas de trouver ici une nouvelle traduction de la préposition **do**, dont vous connaissez l'équivalent "à". Dans le contexte présent, il équivaut à "chez" car il est question d'une personne. Par ailleurs, comme vous le savez, **do** entraîne systématiquement l'emploi du génitif et les pronoms polonais, malheureusement, n'échappent pas à la déclinaison. Cela explique la présence de la forme **kogo**, dérivée du nominatif **kto**, *qui*. ▸

Bien sûr

1 – Savez-vous (sait monsieur) où est [la] rue Claire ?
2 – C'[est] ici. Quel numéro ?
3 – Deux.
4 – J'y habite justement (justement habite).
5 Chez qui allez-vous (monsieur va) ?
6 – Chez [mon] ami, Tomek Wolski.
7 Vous le connaissez (connaît le monsieur) ?
8 – Bien sûr, c'est mon fils.

Titre - 8 C'est un mot très utile... alors cela vaut vraiment la peine d'apprendre à le prononcer. Faites surtout attention aux deux sons mouillés à la fin. Ils sont transcrits, comme vous le voyez, de deux manières : avec un accent pour le **ś** et avec la lettre **i** après le **c**. N'oubliez pas non plus la prononciation de **cz** qui fait *tch* , ainsi que celle du **e** final, toujours ouvert.

④ Le génitif **kolegi** vient de **kolega**, *ami*. Encore une fois, comme pour **tata**, *papa*, ce n'est pas un nom féminin, mais bien masculin. Rassurez-vous, leur forme est exceptionnelle, même s'il s'agit de mots très courants. En revanche, il ne faut pas oublier que ces mots fonctionnent comme des féminins, d'où la terminaison **-i** au génitif singulier.

⑤ Eh oui, les prénoms et les noms de famille polonais doivent aussi être déclinés ! Le nominatif **Tomek Nowak** prend ainsi au génitif la terminaison **-a**. Ce n'est pas la première fois que nous la voyons. Rappelez-vous la tournure **do Krakowa**, *à Cracovie*, dans la leçon 6.

Pierwsze ćwiczenie – Proszę przetłumaczyć

❶ Zna pan numer? ❷ Oczywiście, to moja ulica. ❸ Dokąd pan idzie? ❹ Gdzie mieszka twój kolega? ❺ To właśnie tutaj.

Drugie ćwiczenie – Wpisać brakujące słowa

❶ C'est mon ami.
To . . . kolega.

❷ Savez-vous quel numéro ?
. . . pan . . . . ?

❸ Je n'habite pas ici.
Nie . . . .

❹ C'est ma rue.
. . moja . . . . . .

❺ Bien sûr, c'est ici.
. . . . , to . . . . . .

Voici quelques remarques sur les prénoms polonais. Nous espérons qu'en lisant ces lignes, vous serez moins surpris par leur étonnante variété. Ce n'est pas qu'ils soient plus nombreux que dans d'autres langues, mais ils ont en général plusieurs versions. En effet, plutôt que d'utiliser la forme officielle, correspondant au nom du saint du calendrier, on préfère employer des diminutifs. Ainsi, le Tomek de notre dialogue est la forme usuelle de Tomasz. Ce n'est d'ailleurs pas la seule, car, suivant le degré de familiarité avec la personne, surtout si c'est un enfant, on peut aussi employer Tomuś ou

Corrigé du premier exercice

❶ Connaissez-vous le numéro ? ❷ Bien sûr, c'est ma rue. ❸ Où allez-vous ? ❹ Où habite ton ami ? ❺ C'est justement ici.

Corrigé du deuxième exercice - Mots manquants

❶ – mój – ❷ Wie – jaki numer ❸ – mieszkam tutaj ❹ To – ulica ❺ Oczywiście – tutaj

Tomeczek. Voyons donc un petit échantillon de ces diminutifs, très coutumiers : Anna - Ania, Barbara - Basia, Maria - Marysia, Jan - Janek, Edward - Edek, Roman - Romek.
Notez aussi que les mots pan, monsieur et pani, madame, peuvent être suivis du seul prénom : pan Adam, pani Ewa. Cet usage est beaucoup plus répandu en Pologne qu'en France et correspond plus ou moins à, une forme intermédiaire entre le vouvoiement et le tutoiement. On s'en sert entre personnes qui se connaissent bien tout en souhaitant garder une certaine distance.

10 Lekcja dziesiąta *(lektsya dzieso'nta)*

Szukam gazety ①

1 – Co **ro**bisz?
2 – **Szu**kam ga**ze**ty.
3 – **Mo**że ② jest na **biur**ku ③?
4 – Nie ma ④.
5 – To **mo**że na fo**te**lu ⑤?
6 – Też nie.
7 – A na **sto**le ⑥?
8 – Nie **wi**dzę. (...) O, jest.
9 Na**praw**dę, **trze**ba tu pos**przą**tać! □

Wymowa

***chou**ka'm ga**ze**té*
***1** tso **ro**bich? **2 chou**ka'm ga**ze**té. **3 mo**jè iest **na biour**kou?*
***4** gnè ma. **5** to **mo**jè na fo**te**lou? **6** tech gnè. **7** a na **sto**le?*
***8** gnè **vi**dzè. o iest. **9** na**pravdè, tche**ba tou pos**pcho'n**tats!*

9 - On dit souvent que la langue polonaise est imprononçable à

Notes

① Vous connaissez l'emploi du génitif après les prépositions **do**, *à*, *chez*, et **z**, *de*. Sachez que ce cas est utilisé aussi à la suite de certains verbes, dont **szukam**, *je cherche*. Le nominatif **gazeta**, *journal* (nom féminin), devient ainsi **gazety** au génitif singulier.

② **może**, *peut-être*, est également la 3e personne du singulier du verbe "pouvoir".

③ La préposition **na**, *sur*, exige l'utilisation d'un autre cas de déclinaison : le locatif*. Il a la particularité d'être toujours précédé d'une préposition, et, dans la plupart de ses emplois, il sert à marquer l'emplacement. Notez sa terminaison **-u** pour le nom du genre neutre **biurko**, *bureau*.

[Je] cherche [le] journal

1 – Qu'est-ce que [tu] fais ?
2 [Je] cherche [le] journal.
3 – Peut-être est-[il] sur le bureau ?
4 – [Il] n'[y] est pas.
5 – Alors, peut-être, sur le fauteuil ?
6 – Non plus (*aussi non*).
7 – Et sur [la] table ?
8 – [Je] ne [le] vois pas. (...) Ah, [il] est [là].
9 Vraiment, il faut faire le ménage ici (*ici faire le ménage*) !

cause de ces fameuses suites de consonnes. Nous pouvons vous assurer qu'il n'en est rien. Selon la règle très largement appliquée de "loi du moindre effort" deux consonnes se trouvant en contact phonétique s'assimilent l'une à l'autre à l'intérieur du mot. En général, c'est la consonne sonore, c'est-à-dire entraînant la vibration des cordes vocales, qui perd sa sonorité et devient sourde. Tel est le cas ici de **posprzątać**, où le **rz**, normalement prononcé *j*, se transforme en *ch*.

④ Lorsque **jest**, 3e personne du singulier du verbe "être", signifie "il y a", "se trouve", sa forme négative est **nie ma**.

⑤ Comme vous le voyez, le mot masculin **fotel**, *fauteuil*, prend également la terminaison **-u** au locatif singulier.

⑥ Comparons la tournure **na fotelu**, qu'on vient de voir, avec **na stole**, *sur [la] table*, issue du nominatif **stół**. Vous aurez remarqué qu'on est face à une autre terminaison du locatif singulier. Pourtant dans la seconde construction, il s'agit aussi d'un nom de genre masculin en polonais. Les choses ne sont donc pas si simples. En fait, l'utilisation de l'une ou l'autre de ces terminaisons est fonction de la consonne finale. Il va de soi que l'étude détaillée de toutes ces conditions d'emploi est beaucoup trop précoce à ce stade de votre apprentissage. Il vous suffit donc, pour l'instant, de retenir les exemples que vous rencontrez. C'est bien plus efficace !

10 Pierwsze ćwiczenie – Proszę przetłumaczyć

❶ To moja gazeta. ❷ Szukam kolegi. ❸ Naprawdę, nie widzę. ❹ Też nie ma. ❺ Może jest na fotelu?

Drugie ćwiczenie – Wpisać brakujące słowa

❶ Où est mon journal ?
Gdzie . . . . moja . . . . . . ?

❷ La photo est sur le bureau.
Zdjęcie . . . . na . . . .

❸ La bière est sur la table.
. . . . jest . . stole.

❹ Adam est là ? – Il n'est pas là.
. . . . Adam? – . . . .

❺ Je ne vois pas quel est le numéro.
Nie . . . . . , jaki . . . . . .

Corrigé du premier exercice

❶ C'est mon journal. ❷ Je cherche [mon] ami. ❸ Vraiment, je ne vois pas. ❹ Il n'y est pas non plus. ❺ Peut-être est-il sur le fauteuil ?

Corrigé du deuxième exercice - Mots manquants

❶ – jest – gazeta ❷ – jest – biurku ❸ Piwo – na – ❹ Jest – Nie ma ❺ – widzę – numer

11 Lekcja jedenasta *(lektsya ièdènasta)*

Mówisz jak moja mama!

1 – **Ha**lo!
2 – Cześć, to ja ①. Co **ro**bisz **dzi**siaj?
3 – Nic specjal**ne**go ②, a ty?
4 – Nie wiem **je**szcze.
5 – To co ③, i**dzie**my do **ki**na?
6 – **Dob**rze ④, już się u**bie**ram.
7 – **Jesz**cze nie **jes**teś ⑤ go**to**wy?
8 – Wiesz co, **mó**wisz jak **mo**ja **ma**ma! □

Wymowa

***mou**vich yak **mo**ya **ma**ma!*
***1 Ha**lo! **2** tches'ts', to ya. tso **ro**bich **dz'is**'aille? **3** gnits spètsyal**nè**go, a té? **4** gnè vyèm **yèch**tchè. **5** to tso, i**dz'è**mé do **ki**na? **6 dob**jè, youch s'è ou**byè**ra'm. **7 yèch**tchè gnè **yès**tes' go**to**vé? **8** vièch tso, **mou**vich yak **mo**ya **ma**ma!*

Notes

① Le français, comme vous le savez, fait la distinction entre les pronoms personnels utilisés avec les verbes ("je", "tu", etc.) et ceux que l'on peut employer seuls ("moi", "toi", etc.). En polonais, il n'y a qu'une seule forme, par exemple **ja**, pour la 1re personne du singulier. Rappelons que les pronoms sont généralement omis dans les formes personnelles des verbes, et qu'on ne les utilise que pour insister sur le sujet ou pour l'opposer à un autre.

② Vous souvenez-vous de la terminaison du génitif **-ego** ? Nous l'avons vue dans la leçon 6 en parlant de la ville de **Zakopane**, dont le nom est en réalité un adjectif neutre. C'est également le cas ici pour **specjalnego**, dérivé du nominatif **specjalny**. Retenez bien cette terminaison, car on la retrouvera systématiquement pour tous les adjectifs masculins et neutres.

③ Revoilà le mot **to** en tant qu'équivalent de "alors". Il apparaît ▸

[Tu] parles comme ma mère (*maman*) !

1 – Allô !
2 – Salut, c'[est] moi. Qu'est-ce que [tu] fais aujourd'hui ?
3 – Rien [de] spécial. Et toi ?
4 – [Je] ne sais pas encore.
5 – Alors (*quoi*), on va (*allons*) au cinéma ?
6 – Bien, je m'habille tout de suite (*déjà m'habille*).
7 – Tu n'es pas encore prêt (*encore n'es prêt*) ?
8 – [Tu] sais (*quoi*), [tu] parles comme ma mère (*maman*).

2 - Relisez nos conseils de prononciation dans la leçon 3, car ils valent aussi pour ce petit mot de salutation très usité.
3 - Pour ne pas prononcer ce mot "à la française", il faut bien insister sur l'articulation du **c**, que l'on doit entendre *ts*. On a la même configuration dans **lekcja**.

▸ dans une expression très courante qui, sous l'effet de **co**, *que*, *quoi*, traduit une certaine insistance. N'oubliez pas que **to** s'emploie aussi comme pronom démonstratif neutre.

④ Comme en français, la plupart des adverbes polonais sont formés à partir d'adjectifs : **dobrze**, *bien*, est issu de **dobry**, *bon*. Il arrive, comme c'est le cas ici, que le changement de terminaison s'accompagne au passage d'une légère modification du radical du mot : certaines consonnes ou voyelles sont remplacées par d'autres. C'est, en l'occurrence, ce qui se passe pour le **r** qui devient **rz**. Nous reviendrons progressivement sur ces transformations, appelées alternances*, qui sont un peu compliquées, mais reviennent malheureusement assez souvent.

⑤ Remarquez que la terminaison de la 2e personne du singulier du verbe "être" n'est pas **-sz**, comme partout ailleurs, mais **-ś**. Rassurez-vous, c'est la seule et unique fois qu'on la trouve !

12 **Pierwsze ćwiczenie – Proszę przetłumaczyć**

❶ Jesteś gotowy? ❷ Nie wiem, co mówisz.
❸ Adam idzie do kina. ❹ Co robisz tutaj?
❺ Nie idę jeszcze.

Drugie ćwiczenie – Wpisać brakujące słowa

❶ Adam est prêt.
. . . . jest . . . .

❷ Je ne sais pas ce que tu fais.
Nie . . . . , co . . . .

❸ Je vais au cinéma.
. . . do . . . . .

❹ Bien, on [y] va aujourd'hui.
. . . . . . idziemy . . . .

❺ Qu'est-ce que tu dis ?
Co . . . . . . ?

---

12 Lekcja dwunasta *(**lek**tsya dvou**na**sta)*

Imieniny ①

1 – A, **To**mek, cześć.
2 – Cześć **Jo**la. Nie przesz**ka**dzam?
3 – Nie, **do**brze, że **jes**teś.
4 – Tak? Dla**cze**go?

Wymowa

*imyè**n**'iné*
***1** **a**, **to**mek, tchès'ts'. **2** tchès'ts', **yo**la. gnè pchèch**ka**dza'm?*
***3** gnè, **dob**jè, jè **ies**tes'. **4** tak? dla**tchè**go?*

Corrigé du premier exercice
❶ Tu es prêt ? ❷ Je ne sais pas ce que tu dis. ❸ Adam va au cinéma. ❹ Que fais-tu ici ? ❺ Je n'[y] vais pas encore.

Corrigé du deuxième exercice - Mots manquants
❶ Adam – gotowy ❷ – wiem – robisz ❸ Idę – kina ❹ Dobrze – dzisiaj ❺ – mówisz

Douzième leçon 12

[La] fête

1 – Ah, Tomek, salut !
2 – Salut Jola. [Je] ne [te] dérange pas ?
3 – Non, [c'est] bien que [tu] sois (*es*) [là].
4 – Oui ? Pourquoi ?

Notes

① Le mot **imieniny** s'emploie pour célébrer la fête du saint dont on porte le nom. Vous trouverez en fin de leçon quelques remarques à ce sujet. Notez que le mot **imieniny** n'existe qu'au pluriel. Un certain nombre de mots français, tels que "fiançailles" ou "funérailles", présentent d'ailleurs la même particularité.

5 – Są ② **cias**tka i **do**bre **wi**no ③.
6 – To **ja**kaś ④ spec**jal**na o**kaz**ja?
7 – To **mo**je ⑤ imie**ni**ny. Za**pra**szam.
8 – Wszyst**kie**go najlep**sze**go ⑥. □

5 son ***ts'as****tka i* ***do****brè* ***vi****no.* ***6*** *to* ***ia****kas' spets****yal****na o****kaz****ya?* ***7*** *to* ***mo****yè imyè****n'i****né. za****pra****cha'm.* ***8*** *fchést****kye****go naillep****che****go.*

Notes

② Avez-vous remarqué que les verbes **są** et “sont” s’entendent de la même façon dans les deux langues ? En revanche, sur le plan du sens, **są**, tout comme son homologue singulier **jest**, peut s’employer pour “il y a”, comme c’est le cas ici.

③ Connaître le genre d’un nom permet beaucoup de choses en polonais : choisir la bonne forme d’un éventuel adjectif ou pronom, savoir décliner, etc. Jouons donc à une petite devinette. Quel est le genre du mot **wino**, *vin* ? C’est, bien sûr, un nom neutre. L’adjectif qui l’accompagne finit, lui, en **-e**. Vous comprendrez que si nous insistons tant, c’est qu’en absence d’article, seule la terminaison peut vous renseigner sur le genre. Continuez donc à vous entraîner à ce petit jeu, très utile. ▶

Pierwsze ćwiczenie – Proszę przetłumaczyć

❶ Może przeszkadzam? ❷ Cześć, mam ciastka. ❸ Wino jest na stole. ❹ Dlaczego to robisz? ❺ Dzisiaj są moje imieniny.

Il faut que vous sachiez qu’en Pologne, il n’est pas d’usage de fêter les anniversaires. En revanche, longue tradition catholique oblige : on fête le saint dont on porte le nom. Il existe tout de même une exception : l’anniversaire des 18 ans, qui marque le passage à l’âge adulte. Il n’est pas interdit, bien sûr, de souhaiter à quelqu’un son anniversaire, mais préparez-vous plutôt à dire ou à entendre Wszystkiego najlepszego *à l’occasion de* imieniny*. Pour le choix*

5 – Il y a [des] gâteaux et [du] bon vin.
6 – C'[est une] occasion spéciale (*spéciale occasion*) ?
7 – C'[est] ma fête. [Je t']invite.
8 – Meilleurs vœux (*tout meilleur*).

8 - Pour prononcer **wszystkiego**, n'oubliez pas notre petite règle d'assimilation. Le **w** se transforme en *f* car il est placé devant un **sz** qui correspond à un son sourd *ch*.

④ Nous retrouvons la terminaison **-ś** qui, ajoutée à l'adjectif **jaka**, *quelle*, permet d'en faire un indéfini : "une", "une quelconque".

⑤ Vous avez déjà appris deux possessifs à la 1re personne du singulier : **mój**, *mon*, et **moja**, *ma*. En voici un troisième, **moje**. Dans notre exemple, il est au pluriel, car il se réfère au mot **imieniny** (voir note 1). Nous n'avons certainement pas besoin de vous signaler que la même forme est utilisée pour le genre neutre. Vous l'aurez facilement deviné à sa terminaison **-e**.

⑥ Bravo si, dans cette formule de vœux, vous avez reconnu la terminaison du génitif singulier des adjectifs masculins (**-ego**) ! Sinon, retenez-la telle quelle ; elle est vraiment passe-partout.

Corrigé du premier exercice

❶ Je dérange, peut-être ? ❷ Salut, j'ai des gâteaux. ❸ Le vin est sur la table. ❹ Pourquoi fais-tu cela ? ❺ Aujourd'hui, c'est (*il y a*) ma fête.

du cadeau, il n'y a pas vraiment de règle. Comme en France, on peut offrir un bon vin, des chocolats ou un livre, sauf si on a une idée plus personnelle. Sachez aussi que si vous avez décidé d'offrir des fleurs – ce qui est très apprécié des Polonaises –, la tradition veut que l'on enlève l'emballage en cellophane avant de les remettre à l'heureuse destinataire !

Drugie ćwiczenie – Wpisać brakujące słowa

❶ Salut, j'ai du vin.
. . . . . , mam . . . . .

❷ Où sont les gâteaux ?
. . . . . są . . . . ?

❸ Savez-vous pourquoi ?
. . . pan . . . . ?

❹ Demain, c'est (il y a) ma fête.
Jutro . . moje . . . .

❺ Je sais que je ne dérange pas.
Wiem, . . nie . . . .

13 Lekcja trzynasta *(**lek**tsya tché**nas**ta)*

Pani mówi bardzo dobrze po polsku ①!

1 – Czy **pa**ni **mó**wi po **pol**sku?
2 – **Tro**chę **rozu**miem, **a**le **mó**wię ② **sła**bo ③.

Wymowa

*pani **mou**vi **bar**dzo **dob**jè po **pol**skou*
*1 tché **pa**ni **mou**vi po **pol**skou? 2 **tro**Hè ro**zou**mye'm, **a**lè **mou**vyè **swa**bo.*

Notes

① Voici la construction utilisée pour indiquer la langue étrangère qu'on parle : **po** + adjectif (voir note 5) avec la finale en **-u** : **po polsku**, *en polonais*.

Corrigé du deuxième exercice - Mots manquants
❶ Cześć – wino ❷ Gdzie – ciastka ❸ Wie – dlaczego ❹ – są – imieniny ❺ – że – przeszkadzam

Treizième leçon 13

Vous parlez (*madame parle*) très bien (*en*) polonais.

1 – Est-ce que vous parlez (*madame parle en*) polonais ?
2 – [Je] comprends un peu (*un peu comprends*), mais [je] parle mal (*faiblement*).

▸ ② Remarquez la terminaison -**ę** du verbe “parler” à la 1re personne du singulier : **mówię**. Profitons de cette occasion pour vous rappeler d’autres verbes, déjà appris, qui comportent cette terminaison : **proszę**, *je prie*, **dziękuję**, *je remercie*, **widzę**, *je vois*.

③ L’adverbe **słabo**, est issu de l’adjectif **słaby**, *faible*.

3 – Skąd ④ **pa**ni jest?
4 – Z Montre**a**lu.
5 – To zna **pa**ni fran**cu**ski ⑤?
6 – Tak, i an**giel**ski.
7 – To **dob**rze. Poz**wo**li **pa**ni, to **mo**ja **żo**na.
8 **O**na **mó**wi po fran**cu**sku.
9 – **Mi**ło mi. **Pa**ni **mó**wi **bar**dzo **dob**rze po **pol**sku! □

***3** sko'nt **pa**ni iest? **4** z montrè**a**lou. **5** to zna **pa**ni fra'n**tsou**ski? **6** tak, i a'n**guyèl**ski **7** to **dob**je. poz**vo**li **pa**ni, to **mo**ya **jo**na. **8** **o**na **mou**vi **bar**dzo **dob**jè po fra'n**tsou**skou. **9** **mi**wo mi. **pa**ni **mou**vi **bar**dzo **dob**jè po **pol**skou!*

Notes

④ Vous avez dû remarquer qu'il y avait, entre certains mots, un étonnant air de famille. Prenons ainsi **skąd**, *d'où*, et comparons-le à **dokąd**, *où*, déjà rencontré. Dans le second, on reconnaît facilement la préposition **do**, *à*, indiquant la destination. Le premier devrait donc tout naturellement comporter le contraire de celle-ci, c'est-à-dire **z**, *de*, marquant la provenance. C'est effectivement le cas : on la retrouve, mais transformée en version sourde, **s**, pour rendre compte de sa prononciation. ▸

Pierwsze ćwiczenie – Proszę przetłumaczyć

❶ Mówię trochę po francusku. ❷ Pan nie mówi po polsku? ❸ Skąd jesteś? ❹ Kto zna francuski? ❺ Rozumiem bardzo dobrze angielski.

3 – D'où êtes-vous ? (*madame est*) ?
4 – De Montréal.
5 – Alors, vous connaissez (*connaît madame*) [le] français ?
6 – Oui, et [l']anglais.
7 – C'[est] bien. Permettez, madame, c'est ma femme.
8 Elle parle (*en*) français.
9 – Enchantée. Vous parlez (*madame parle*) très bien (*en*) polonais !

⑤ L'adjectif masculin relatif à un pays indique en même temps la langue qu'on y parle : **polski**, *polonais*, **francuski**, *français*, **angielski**, *anglais*. Nous vous signalons toutefois que ces adjectifs ne s'emploient pas, comme en français, pour les habitants du pays, qui sont désignés par des noms spécifiques.

Corrigé du premier exercice

❶ Je parle un peu français. ❷ Vous ne parlez pas polonais ? ❸ D'où es-tu ? ❹ Qui connaît le français ? ❺ Je comprends très bien l'anglais.

14 Drugie ćwiczenie – Wpisać brakujące słowa

❶ D'où êtes-vous, monsieur ?
. . . . pan . . . . ?

❷ Connaissez-vous l'anglais ?
. . . pan . . . . ?

❸ Je comprends bien le français.
. . . . dobrze . . . .

14 Lekcja czternasta *(lektsia tchternasta)*

Révision

Comme d'habitude, nous vous proposons maintenant de récapituler vos acquis. Comme il est encore trop tôt pour vous accabler de règles, il suffit que nous observions tout simplement, ensemble, l'état de vos connaissances.

1. Le génitif

Ce cas est omniprésent en polonais. Vous connaissez maintenant bien son usage après la préposition **do**, *à*, *chez* : **do kolegi**, *chez un ami*, **do Tomka Nowaka**, *chez* **Tomek Nowak**, et **z**, *de* : **z Montrealu**, *de Montréal*. Nous l'avons également rencontré à la suite d'un verbe, dans **szukam gazety**, *je cherche le journal*.
Remarquez que les terminaisons rencontrées sont :
-y et **-i** pour les noms féminins (ou déclinés comme tels pour **kolega**) ;
-**a** et -**u** pour les noms masculins.

2. Le locatif

Ce nouveau cas de déclinaison porte bien son nom car son principal usage est d'indiquer l'emplacement. C'est dans ce type d'emploi que nous l'avons rencontré. Il apparaissait, souvenez-vous, après la préposition **na** ("sur") : **na biurku** ("sur le bureau"), **na fotelu** ("sur le fauteuil"), **na stole** ("sur la table").

❹ Je parle un peu polonais.
. . . . . trochę . . . .

❺ Ma femme parle anglais.
Moja . . . . mówi . . . .

Corrigé du deuxième exercice - Mots manquants
❶ Skąd – jest ❷ Zna – angielski ❸ Rozumiem – francuski ❹ Mówię – po polsku ❺ – żona – po angielsku

Quatorzième leçon 14

3. Les verbes

Vous comprendrez que nous n'en sommes pas encore à la conjugaison systématique. Cela dit, vous avez déjà un bagage considérable, surtout en ce qui concerne la 1re personne du singulier. On peut donc, dès à présent, dégager trois groupes, suivant la terminaison :

- verbes finissant en **-ę** : **idę**, *je vais*, **mogę**, *je peux*, **mówię**, *je parle*, **proszę**, *je prie*, **dziękuję**, *je remercie*, **widzę**, *je vois* ;
- verbes finissant en **-am** : **mam**, *j'ai*, **nazywam się**, *je m'appelle*, **mieszkam**, *j'habite*, **szukam**, *je cherche* ;
- verbes finissant en **-em** : **jestem**, *je suis*, **wiem**, *je sais*, **rozumiem**, *je comprends*.

Avec ces trois groupes de verbes, vous faites un premier pas vers une systématisation qui viendra en son temps.

À la 2e personne du singulier, vous avez aussi appris que tous les verbes, sauf “être” qui fait **jesteś**, prennent la terminaison **-sz** : **robisz**, *tu fais*, **wiesz**, *tu sais*, **mówisz**, *tu parles*.

À la 3e personne du singulier, vous devez savoir que tous les verbes se caractérisent par l'absence de terminaison et finissent donc par une voyelle : **idzie**, *il va*, **mieszka**, *il habite*, **ma**, *il a*, **wie**, *il sait*, **zna**, *il connaît*. Le verbe “être” est de nouveau une exception, avec sa forme **jest**.

Pour finir, vous avez vu pour l'instant un seul verbe à la 3e personne du pluriel : **są**, *ils sont*. L'avantage, c'est qu'il est facile à retenir, n'est-ce pas ?

Dialog-powtórka

1 – Cześć **(11)**, co **ro**bisz **(10)**?
2 – **I**dę do ko**le**gi **(9)**.
3 – Ja też **mo**gę **(8)**?
4 – Oczy**wiś**cie **(9)**.
5 – Dzień **do**bry, nie przesz**ka**dzam **(2)**?
6 – Nie, **pro**szę. (...) To **mo**ja **ma**ma **(8)**.
7 – Poz**wo**li **pa**ni **(13)**, to mój brat **(8)**.
8 On **mó**wi **tro**chę po **pol**sku **(13)**.
9 – **Dzi**siaj **(11)** są **mo**je imie**ni**ny **(12)**.
10 – Wszyst**kie**go najlep**sze**go **(12)**!

15 Lekcja piętnasta *(**lèk**tsya pyènt**nas**ta)*

Prezent

1 – Chcę **ku**pić **pre**zent dla ① ko**le**gi.
2 Czy **mo**że mi ② **pa**ni po**ra**dzić?

Wymowa

*pr**è**zènt*
*1 Htsè **kou**pits' **prè**zènt dla kol**è**gui. **2** tché **mo**jè mi **pa**gni po**ra**dz'its'?*

Notes

① Les prépositions exigent l'emploi de différents cas. Beaucoup sont suivies du génitif, comme **do**, *à* ou **z**, *de*. C'est maintenant le tour de **dla**, *pour*. ▸

Dialogue de révision

1 – Salut, qu'est-ce que [tu] fais ?
2 – [Je] vais chez [un] ami.
3 – Moi aussi [je] peux ?
4 – Bien sûr.
5 – Bonjour. [Je] ne [te] dérange pas ?
6 – Non, je t'en prie. (...) C'[est] ma mère (*maman*).
7 – Permettez, madame, c'est mon frère.
8 [Il] parle un peu (*en*) polonais.
9 – Aujourd'hui, [c'est] il y a ma fête.
10 – Meilleurs vœux (*tout meilleur*) !

Assez d'explications pour le moment. Lisez maintenant le dialogue de révision pour vous rappeler ce que vous avez appris et ensuite nous continuerons nos leçons.

Quinzième leçon 15

[Un] cadeau

1 – [Je] veux acheter [un] cadeau pour [un] ami.
2 Est-ce que vous pouvez me (*peut me madame*) conseiller ?

② Les pronoms polonais se déclinent comme les noms et les adjectifs. Certains suivent le modèle des adjectifs, d'autres ont une déclinaison propre. Mais comme il est encore trop tôt pour aborder cette question de front, contentez-vous de noter que **mi** est le datif* de **ja**, *je*. Avant de revenir plus en détail sur ce nouveau cas, sachez que c'est ici le verbe **poradzić**, *conseiller*, qui entraîne l'emploi du datif.

3 – **Mo**że zapal**ni**czkę ③?
4 – On nie **pa**li.
5 – A ④ ko**szu**lę?
6 – Nie wiem, **ja**ki **roz**miar.
7 – To **mo**że ten **bu**dzik?
8 – Dosko**na**ły **po**mysł ⑤! A jak on **dzia**ła?
9 – Nie wiem. Ja tu nie pra**cu**ję.
10 Zastę**pu**ję kole**żan**kę ⑥.

*3 **mo**jè zapal**gni**tchkè? 4 o'n gnè **pa**li. 5 a ko**chou**lè? 6 gnè vyèm, **ya**ki **roz**miar. 7 to **mo**jè te'n **bou**dz'ik? 8 dosko**na**oué **po**més[ou]! a yak o'n **dz'a**oua? 9 gnè vyèm. ya tou gnè pra**tsou**yè. 10 zastèm**pou**yè kole**ja'n**kè.*

Titre - 1 - Avec les mots qui semblent familiers, on court toujours le risque de vouloir les prononcer comme on le fait dans sa propre langue. Ne faites pas cette erreur : dans **prezent**, par

Notes

③ **zapalniczkę** est l'accusatif de **zapalniczka**, *briquet*. Il faut donc en déduire que ce mot assure la fonction d'objet direct dans la phrase, rôle qu'il assure en général. Comme vous le voyez, même en l'absence du verbe – qui n'est que sous-entendu –, la seule terminaison du complément peut donner beaucoup d'indications sur la construction de la phrase.

④ Le polonais possède deux conjonctions **i** et **a** qui correspondent toutes les deux à "et". Toutefois, tandis que la première permet simplement d'ajouter un élément à une énumération, la seconde contient, dans certains contextes, une idée d'opposition ou de contraste par rapport à ce qui précède.

⑤ Dans cette expression, la place de l'adjectif **doskonały**, *excellent*, coïncide dans les deux langues. Cette situation est plutôt exceptionnelle car à l'inverse de la plupart des adjectifs français, les adjectifs polonais précèdent généralement les noms.

⑥ Vous vous demandez peut-être pourquoi le masculin **kolega**, *ami* et le féminin **koleżanka**, *amie* au nominatif, sont si

3 – Peut-être [un] briquet ?
4 – Il ne fume pas.
5 – Et [une] chemise ?
6 – [Je] ne sais pas quelle taille [il fait].
7 – Alors, peut-être ce réveil ?
8 – Excellente idée ! Et comment il fonctionne ?
9 – [Je] ne sais pas. Je ne travaille pas ici (*je ici ne travaille*).
10 [Je] remplace [une] amie.

exemple, les trois dernières lettres correspondent à trois sons distincts *è-n-t*.
8 - Lorsque **ł** se trouve à la fin d'un mot, après une consonne, son articulation est très atténuée est ressemble à un léger *ou*.
10 - Voici un exemple où la lettre **ę** ne correspond pas à un son nasal. Dans cette configuration, c'est-à-dire devant un **p**, elle se prononce toujours comme un *è* suivi d'un *m*.

▸ différents. En réalité, lorsqu'un mot apparaît sous une autre forme, le changement **g/ż** se produit très fréquemment. Vous avez déjà pu le constater avec le verbe "pouvoir", qui fait **mogę** à la 1re personne du singulier et **może** à la 3e. Quant à la terminaison **-ka**, elle est typique de beaucoup de noms féminins dérivés des masculins.

16 **Pierwsze ćwiczenie – Proszę przetłumaczyć**
❶ Chcę kupić koszulę. ❷ To prezent dla kolegi.
❸ Jutro nie pracuję. ❹ Nie wiem, jak on działa.
❺ Mój brat nie pali.

Drugie ćwiczenie – Wpisać brakujące słowa

❶ Je veux acheter un réveil.
. . . . kupić . . . .

❷ Ma mère (maman) ne fume pas.
Moja . . . . nie . . . . . .

❸ Aujourd'hui, je travaille longtemps.
Dzisiaj . . . . długo.

❹ J'ai un cadeau pour un ami.
Mam . . . . dla . . . .

❺ Savez-vous comment il fonctionne ?
. . . pan, . . . on . . . . . . ?

---

16 Lekcja szesnasta (*lèktsya chesnasta*)

Kawiarnia

1 – Dzień **do**bry. Co **pań**stwo ① **bio**rą?

Wymowa
*ka**vyar**gna*
***1** dz'ègn **do**bré. tso **pagn**stfo **byo**ron?*

Corrigé du premier exercice
❶ Je veux acheter une chemise. ❷ C'est un cadeau pour un ami. ❸ Demain, je ne travaille pas. ❹ Je ne sais pas comment il fonctionne. ❺ Mon frère ne fume pas.

Corrigé du deuxième exercice - Mots manquants
❶ Chcę – budzik ❷ – mama – pali ❸ – pracuję – ❹ – prezent – kolegi ❺ Wie – jak – działa

Vous pourrez acheter en Pologne de nombreux souvenirs, le plus souvent à un prix très abordable. Nous vous recommandons tout particulièrement les magasins Cepelia, chaîne de boutiques d'artisanat qui regroupe les produits des différentes régions. Vous y trouverez une grande quantités d'articles de bonne qualité et pour tous les goûts : objets en bois sculpté et en osier, poupées en costume folklorique, tapis et couvertures tissés à la main, linge brodé, céramiques, figurines et babioles en tous genres. N'oubliez pas les bijoux en ambre, bursztyn. *On en trouve de très jolis un peu partout, mais surtout dans les régions proches de la mer Baltique. Si vous êtes intéressé par l'art, vous pourrez faire un tour dans les magasins Desa. Ils sont spécialisés dans les antiquités, les bibelots de valeur, l'argenterie ancienne et les objets d'art contemporain. Enfin, il y a de très belles affiches et posters,* plakaty, *les Polonais étant depuis toujours passés maîtres en la matière.*

Seizième leçon 16

[Un] café

1 – Bonjour. Que prenez-vous, messieurs dames (*messieurs dames prennent*) ?

Notes

① Voici, à côté de **pan**, *monsieur*, et **pani,** *madame*, un autre équivalent du "vous" de politesse. Cette fois-ci, il s'agit du pluriel, marqué à l'aide du nom **państwo**, *messieurs dames*. Comme l'indique la phrase du dialogue, lorsque **państwo** est le sujet, le verbe se met à la 3e personne du pluriel. Notez bien cette petite bizarrerie : c'est un accord, appelé "logique" en grammaire, qui se fait indépendamment de la forme du mot, ici singulier.

2 – Dla mnie ② her**ba**ta z cyt**ry**ną ③.
3 – **Pro**szę. A dla **pa**na?
4 – Dla mnie **lo**dy.
5 – **Ja**kie? Czekola**do**we, owo**co**we ④...?
6 – Owo**co**we. Z **bi**tą śmie**ta**ną ⑤.
7 – To **wszyst**ko?
8 – Nie, **pro**szę też **ka**wę ⑥.
9 – Ze śmie**tan**ką ⑦?
10 – O nie, **czar**ną ⑧! □

*2 dla mgnè, Her**ba**ta s tsé**tré**non. **3 pro**chè. a dla **pa**na? 4 dla mgnè **lo**dé. 5 **ya**kyè? tchèkola**do**vè, ovo**tso**vè...? 6 ovo**tso**vè. z **bi**ton s'myè**ta**non. 7 to **fchést**ko? 8 gnè, **pro**chè tech **ka**vè. 9 zè s'myè**ta'n**kon? 10 o gnè,*

Notes

② Le pronom personnel **ja**, *je*, devient **mnie** au génitif.

③ La préposition **z** signifie ici "avec" et elle est suivie de l'instrumental*. Vous n'aurez aucun mal à vous en souvenir, car le nom de ce cas est bien choisi : il indique le plus souvent le moyen ou la manière de faire quelque chose.

④ Dans cet usage, le mot **lody**, *glaces*, s'emploie toujours au pluriel. Pour désigner les différents parfums, on utilise des adjectifs, comme ici **czekoladowe**, **owocowe**. On les forme par l'ajout de **-owe** au radical des noms correspondants : **czekolada**, *chocolat*, **owoc**, *fruit*. Vous verrez d'ailleurs que pour traduire ce type d'adjectifs, on se sert très souvent des compléments de nom : "au chocolat", "aux fruits".

⑤ Comme vous le voyez, les terminaisons de l'instrumental singulier sont les mêmes au féminin pour les noms : **śmietaną** et ▸

2 – Pour moi, [un] thé avec [du] citron.
3 – Je vous en prie. Et pour monsieur ?
4 – Pour moi, [de la] (*des*) glace(s).
5 – [Laquelle] (*Lesquelles*) ? Au chocolat, aux fruits...?
6 – Aux fruits. Avec de la chantilly (*fouettée crème*).
7 – C'[est] tout ?
8 – Non, [donnez-moi] (*s'il vous plaît*) aussi [un] café.
9 – Avec [de la] crème ?
10 – Ah non, noir !

***tchar**non!*
N'oubliez pas que, selon la lettre qui suit, la préposition **z** se prononce de manière sonore *z* ou sourde *s*.

▸ les adjectifs : **bitą**. Les formes correspondantes du nominatif sont **śmietana** et **bita**.

⑥ Pour passer une commande au restaurant ou, plus généralement, demander un objet de manière polie, on utilise **proszę**, le mot passe-partout que vous connaissez bien maintenant. L'objet de la demande se met à l'accusatif, d'où **kawę**, issu du nominatif **kawa**, *café*, qui est féminin en polonais.

⑦ **ze** est une variante de la préposition **z**, utilisée devant un mot qui commence par un groupe de consonnes. La crème que l'on met dans le café se dit **śmietanka**. Ce mot est obtenu par l'ajout du suffixe **-ka** à **śmietana**, ce qui permet d'en faire un diminutif. On pourrait le traduire par "petite crème".

⑧ **czarną** est l'accusatif de l'adjectif féminin **czarna**, *noire*.

16 **Pierwsze ćwiczenie – Proszę przetłumaczyć**
1 Co podać dla pana? 2 Proszę lody z bitą śmietaną. 3 Dziękuję, to wszystko. 4 Państwo tu na długo? 5 Może kawę ze śmietanką.

Drugie ćwiczenie – Wpisać brakujące słowa

1 Êtes-vous (*messieurs dames sont*) de Varsovie ?
. . . . są . Warszawy?

2 Pour moi, des glaces au chocolat.
. . . mnie . . . . czekoladowe.

3 Un café noir, s'il vous plaît.
. . . . . . czarną . . . . .

4 Anna et Tomek prennent du vin.
Anna . Tomek . . . . . wino.

5 Vraiment, j'ai déjà tout.
Naprawdę, . . . już . . . .

Il faut savoir que beaucoup d'établissements portant le nom de bar ne servent pas d'alcool. C'est un faux ami, car il s'agit généralement d'une sorte de cafétéria en libre-service où on peut manger quelque chose sur le pouce dans la journée. D'ailleurs, s'il vous arrive d'entrer dans un bar mleczny, on vous proposera plutôt des plats sans viande. Dans un bar kawowy, vous trouverez un grand choix de pâtisseries et de glaces, ainsi que des boissons chaudes et froides. Enfin, si vous allez au koktail bar, on ne vous servira pas de vrai repas, mais vous pourrez prendre des gâteaux et goûter toutes sortes de boissons à base de lait ! Oui, le mot koktail est un

Corrigé du premier exercice

❶ Que puis-je servir pour monsieur ? ❷ [De la glace] (*Des glaces*) avec de la chantilly, s'il vous plaît. ❸ Merci, c'est tout. ❹ Êtes-vous (*messieurs dames*) ici pour longtemps ? ❺ Peut-être un café (*avec*) crème.

Corrigé du deuxième exercice - Mots manquants

❶ Państwo – z – ❷ Dla – lody – ❸ Proszę – kawę ❹ – i – biorą – ❺ – mam – wszystko

autre faux ami : il signifie "milk-shake". Bref, pour boire un verre tout en restant assis un moment, choisissez plutôt kawiarnia, endroit qui ressemble le plus au café en France.
Vous constaterez à cette occasion que les Polonais ont un faible pour l'herbata, le thé. Quant au café, il est souvent préparé à la turque. Si vous en commandez un, il est donc fort probable qu'on vous demande sous quelle forme vous le voulez : parzona, litt. "infusée" (rappelez-vous que, le mot kawa est féminin en polonais !) ou z ekspresu.

17 Lekcja siedemnasta (*lèktsya s'èdèmnasta*)

W hotelu

1 – **Do**bry **wie**czór. Czym ① **mo**gę **słu**żyć?
2 – Czy są **wol**ne po**ko**je?
3 – Dla dwóch ② **o**sób?
4 – Tak, na **jed**ną **do**bę ③.
5 – Mam komfor**to**wy **po**kój z ła**zien**ką i telewi**zo**rem ④.
6 – **I**le kosz**tu**je ⑤?
7 – **Pro**szę, **o**to **ce**na.
8 – **Mo**że ma pan **po**kój mniej komfor**to**wy?
9 – Nies**te**ty, nie. To os**tat**ni. □

Wymowa

*f Ho**tè**lou*
*1**do**bré **viè**tchour. tchém **mo**guè **swou**jéts'? **2** tché son **vol**nè po**ko**yè? **3** dla dvouH **o**ssoup? **4** tak, na **yèd**non*

Notes

① Vous entendrez souvent cette expression chez les personnes en contact avec des clients. Si vous êtes intrigué par sa forme grammaticale, sachez que **czym** est, tout simplement, l'instrumental de **co**, *que*, *quoi*.

② Les numéraux n'échappent pas à la règle : ils se déclinent. **Dwóch** est ainsi le génitif pluriel correspondant au chiffre **dwa**, *deux*.

③ Il arrive qu'une même préposition corresponde à deux usages distincts, ce qui en toute logique entraîne l'utilisation de cas différents. Nous l'avons vu pour **z**, qui demande le génitif lorsqu'il signifie "de" et l'instrumental lorsqu'il signifie "avec". De même **na**, que vous connaissez dans le sens de "sur", équivaut par ailleurs à "pour" : en conséquence, le locatif de la pre- ▸

À [l']hôtel

1 – Bonsoir. En quoi puis[-je vous] être utile ?
2 – Est-ce qu'il y a des chambres libres (libres chambres) ?
3 – Pour deux personnes ?
4 – Oui, pour une nuit (*24 heures*).
5 – [J']ai [une] chambre luxueuse avec salle de bains et télé.
6 – Combien coûte[t-elle] ?
7 – (*Je vous en prie*), voici [le] prix.
8 – Peut-être avez-vous (*a monsieur*) [une] chambre moins luxueuse ?
9 – Malheureusement non. C'[est la] dernière.

***do**bè. **5** ma'm konfor**to**vé **po**kouille z ouaz'**èn**kon i tèlèvi**zo**rèm. **6** **i**lè koch**tou**yè? **7** **pro**chè, **o**to **tsè**na. **8** **mo**jè ma pa'n **po**kouille mgneille konfor**to**vé? **9** gnès**tè**té, gnè. to os**tat**gni.*

mière acception est remplacé par l'accusatif dans la deuxième. On a donc la forme **jedną dobę**, dérivée du nominatif **jedna doba**. Il faut noter au passage que le chiffre "un" apparaît ici sous la forme féminine. Eh oui, contrairement au français où les numéraux sont invariables (sauf "un"/"une"), en polonais, certains d'entre eux s'accordent ! **Doba**, terme employé entre autres dans l'hôtellerie, correspond à une période de 24 heures.

(4) Notez la terminaison de l'instrumental singulier suivant le genre : **-ą** pour le féminin et **-em** pour le masculin.

(5) Pour demander ou indiquer le prix, on utilise un verbe qui n'existe qu'à la 3e personne. Dans notre exemple, il est employé au singulier : **kosztuje**, (*il/elle*) *coûte*. Mais il peut également être employé au pluriel : **kosztują**.

18 **Pierwsze ćwiczenie – Proszę przetłumaczyć**
❶ Ile kosztuje ten budzik? ❷ Ma pan pokój dla dwóch osób? ❸ Dla mnie, z telewizorem i łazienką. ❹ To ostatni numer. ❺ Jest bardzo komfortowy.

Drugie ćwiczenie – Wpisać brakujące słowa

❶ Je veux [une] chambre pour une nuit (24 heures).
Chcę . . . . . na . . . .

❷ Est-ce qu'[elle] est vraiment luxueuse (luxueux) ?
. . . . naprawdę . . . . ?

❸ Combien coûte ce vin ?
. . . . to . . . . ?

❹ C'est mon dernier jour ici.
. . mój . . . . dzień . . . . . .

❺ Je ne vois pas quel prix c'est.
. . . widzę, ... to . . . . .

---

18 Lekcja osiemnasta (*lèktsya os'èmnasta*)

Ulica Kopernika

1 – Prze**pra**szam, czy **mo**że mi pan **po**móc?
2 – Oczy**wiś**cie. **Słu**cham ① **pa**na.

Wymowa
oulitsa kopernika
***1** pchè**pra**cha'm, tché **mo**jè mi pa'n **po**mouts? **2** otché**vis**'ts'è. **swou**Ha'm **pa**na.*

Corrigé du premier exercice

❶ Combien coûte ce réveil ? ❷ Avez-vous une chambre pour deux personnes ? ❸ Pour moi, avec télé et salle de bains. ❹ C'est le dernier numéro. ❺ Il est très luxueux.

Corrigé du deuxième exercice - Mots manquants

❶ – pokój – jedną dobę ❷ Czy jest – komfortowy ❸ Ile kosztuje – wino ❹ To – ostatni – tutaj ❺ Nie – jaka – cena

Dix-huitième leçon 18

[La] rue Copernic

1 – Excusez-moi, [monsieur]. Est-ce que vous pouvez m'aider (*peut me monsieur aider*) ?
2 – Bien sûr. Je vous écoute (*écoute monsieur*).

Notes

① Vous savez déjà que le complément d'objet direct de la majorité des verbes polonais est exprimé par l'accusatif. Notez toutefois que quelques-uns, dont **słucham**, *j'écoute*, sont suivis du génitif.

18 **3** – Jak dojść ② do u**li**cy Koper**ni**ka?
4 – To **do**syć da**le**ko.
5 – Nie **szko**dzi. **Lu**bię **cho**dzić ③.
6 – Więc **pro**szę iść ④ **pro**sto do skrzyżo**wa**nia,
7 i nas**tęp**nie w **le**wo.
8 – A **po**tem?
9 – A **po**tem **pro**szę za**py**tać ④! □

***3** yak do'ys'ts' do ou**li**tsé koper**ni**ka? **4** to **do**sséts' da**le**ko. **5** gnè **chko**dz'i. **lou**byè **Ho**dz'its'. **6** vyènts **pro**chè is'ts' **pro**sto do skchéjo**va**gna, **7** i nas**tèm**pgnè v **lè**vo. **8** a **po**te'm? **9** a*

Notes

② Les verbes polonais possèdent presque toujours deux versions : l'une simple, l'autre composée, grâce à l'adjonction d'un préfixe. Ainsi l'infinitif **dojść**, *aller à*, est obtenu en ajoutant **do**, *à*, au verbe **iść**, dont vous connaissez déjà plusieurs personnes **idę**, *je vais*, **idzie**, *il va*, **idziemy**, *nous allons*. Vous pouvez donc constater que, sans être identique, le sens de chacun des deux verbes, **iść** et **dojść** est très proche. On est donc tenté de se demander ce qui peut bien les différencier. La réponse réside dans la spécificité du système verbal polonais qui permet d'indiquer si l'action est conçue dans la durée ou si elle est vue comme ayant un terme. Dans le premier cas, on utilise la forme simple du verbe (ici **iść**) ; dans le second, sa forme préfixée (**dojść**). Ce phénomène, appelé aspect verbal*, est très important en polonais – comme dans d'autres langues slaves – et nous ▶

Pierwsze ćwiczenie – Proszę przetłumaczyć

❶ Chcę iść do kina. ❷ Nie mogę chodzić sama. ❸ Mieszkam dosyć daleko. ❹ Może pan zapytać gdzie jest bank? ❺ Potem trzeba zobaczyć.

3 – Comment [puis-je] rejoindre (*aller à*) la rue Copernic ?
4 – C'[est] assez loin.
5 – Cela ne fait rien (*ne fait tort*). [J']aime marcher.
6 – Alors, allez (*s'il vous plaît aller*) tout droit [jusqu']au croisement,
7 et puis à gauche.
8 – Et ensuite ?
9 – Et ensuite, demandez (*s'il vous plaît demander*) !

pote'm prochè zapétats'!
4 - Ne succombez pas à la tentation de prononcer "à la française" : même placé entre deux voyelles, le **s** garde la prononciation *s*.

▸ y reviendrons largement par la suite. Ces remarques ne sont donc qu'une première approche, et si ce n'est pas encore tout à fait clair pour vous, il ne faut surtout pas vous inquiéter. Les choses, soyez-en sûr, se mettront en place petit à petit.

③ Comme nous le verrons dans le dialogue suivant, **chodzić** est généralement utilisé pour un déplacement à pied sans but précis ou à caractère habituel. Dans le contexte présent, il équivaut à "marcher".

④ Voici une nouvelle construction avec **proszę**. En le faisant suivre de l'infinitif, comme dans **proszę iść** ou **proszę zapytać**, on dispose *grosso modo* de l'équivalent de l'impératif français à la 2e personne du pluriel : "allez", "demandez". **Proszę** est décidément un mot à tout faire !

Corrigé du premier exercice

❶ Je veux aller au cinéma. ❷ Je ne peux pas marcher seule. ❸ J'habite assez loin. ❹ Pouvez-vous demander où est la banque ? ❺ Ensuite, il faut voir.

18 Drugie ćwiczenie – Wpisać brakujące słowa

1. Je peux aller chez un ami ?
   . . . . do . . . . ?

2. Je ne sais pas, mais je peux demander.
   . . . wiem, . . . mogę . . . .

3. À gauche, et puis tout droit.
   . . . . . , a . . . . . prosto.

4. Ce n'est pas loin.
   To . . . jest . . . .

5. Malheureusement, je n'aime pas marcher.
   Niestety, . . . lubię . . . .

Comme partout, les noms des rues et des places dans les villes sont souvent ceux d'un personnage célèbre, généralement polonais : ulica Kopernika (rue Copernic), ulica Jana-Pawła II (rue Jean-Paul II) ou, plus rarement, étranger : aleje Roosevelta (allées Roosevelt), ulica Mozarta (rue Mozart). On fait appel aussi aux événements historiques : plac Konstytucji 3 Maja (place de la Constitution du 3 Mai), ulica 11 Listopada (rue du 11 Novembre). Procurez-vous un plan récent, car après la fin de l'époque communiste, beaucoup de rues ont été rebaptisées.

Corrigé du deuxième exercice - Mots manquants

❶ Mogę iść – kolegi ❷ Nie – ale – zapytać ❹ W lewo – potem – ❹ – nie – daleko ❺ – nie – chodzić

Dans les nouveaux quartiers résidentiels, les noms donnés aux rues sont parfois regroupés autour d'un même thème, par exemple, des noms d'arbres : ulica Akacjowa (rue des Acacias), ulica Lipowa (rue des Tilleuls). On trouve également des adjectifs : ulica Zielona (rue Verte), ulica Cicha (rue Calme) ou des termes géographiques : ulica Gdańska (rue de Gdansk), ulica Śląska (rue de Silésie).
Pour indiquer l'adresse, on se sert des abréviations suivantes : ul. (pour ulica), pl. (pour plac), et al. (pour aleje). Il faut savoir que le nom de la rue précède le numéro. Enfin, pour des immeubles collectifs, on indique le numéro de l'appartement, en le faisant précéder de la lettre m. (pour mieszkanie, appartement), ce qui donne, par exemple : ul. Mickiewicza 6 m. 73.

19 Lekcja dziewiętnasta
(lèktsya dz'èvyètnasta)

Zakupy

1 – Co **trze**ba ① **ku**pić?
2 – **Du**żo **rze**czy. Tu jest **lis**ta.
3 – **Idzie**my **ra**zem?
4 – **Le**piej nie. Ja **bio**rę **wó**zek, a ty **ko**szyk ②.
5 – **Dob**rze. Co mam **ku**pić ③?
6 – Chleb, **mas**ło i **mle**ko ④.

Wymowa
*za**kou**pé*
***1** tso **t'chè**ba **kou**pits'? **2 dou**jo **jè**tché. tou yest **lis**ta.*

Notes

① Le terme impersonnel **trzeba** + infinitif sert à exprimer une obligation, un peu comme “il faut” en français. Nous l’avions déjà vu, rappelez-vous, en leçon 10, phrase 9.

② Si vous analysez la forme des noms qui suivent **biorę**, *je prends*, vous pouvez, par erreur, croire qu’ils sont au nominatif. Or, c’est d’un accusatif qu’il s’agit, car ce sont des compléments d’objet direct. La confusion s’explique du fait que les deux cas prennent la même forme. Ceci ne se produit que pour une partie des noms : au masculin, la catégorie des noms de choses, comme **wózek**, *chariot*, **koszyk**, *panier*. Il y a, en tout cas, un avantage à cette situation : cela réduit le nombre de terminaisons à retenir. Pratique, n’est-ce pas ? ▶

[Les] achats

1 – Que faut-il acheter ?
2 – Beaucoup [de] choses. Voici (*ici est*) [la] liste.
3 – On y va (*allons*) ensemble ?
4 – [Il vaut] mieux pas. Moi, [je] prends [le] chariot et toi, [le] panier.
5 – Bien. Que dois-[je] acheter ?
6 – [Du] pain, [du] beurre et [du] lait.

*3 idz'**è**mé **ra**zè'm? **4 lè**pyeille gnè. ia **byo**rè **vou**zèk, a té **ko**chék. **5 dob**jè. tso ma'm **kou**pits'? **6** Hlèp, **ma**ssouo i **mlè**ko.*

③ Quand on doit faire quelque chose, mais que la contrainte n'est pas très forte, on emploie le verbe "avoir" suivi de l'infinitif. C'est pourquoi la traduction littérale de **mam kupić** par "j'ai (à) acheter" est plus proche du sens réel que "je dois acheter", utilisé plus couramment, mais plus ambigu, car pouvant aussi véhiculer l'idée d'une nécessité à laquelle on ne peut se soustraire.

④ Toutes les remarques de la note 2 s'appliquent ici. De nouveau, **chleb**, *pain*, étant une chose, le nominatif = l'accusatif. Il faut y ajouter une catégorie supplémentaire : celle des noms neutres, tels que **masło**, *beurre*, et **mleko**, *lait*, qui relèvent aussi de ce phénomène.

7 A ja **i**dę po ⑤ o**wo**ce i wa**rzy**wa.
8 Spot**ka**my się przy **ka**sie ⑥.
(...)
9 – **Ma**my **wszyst**ko?
10 – **Chy**ba ⑦ tak. A gdzie **mię**so? □

*7 a ya **i**dè po o**vo**tsè i va**jé**va. **8** spot**ka**mé s'è pché **ka**s'è. **9 ma**mé **fchést**ko? **10 Hé**ba tak. a gdz'è **mien**sso?*

Notes

⑤ La préposition **po** a plusieurs emplois. Lorsqu'elle apparaît après un verbe de déplacement, ce qui est le cas ici, elle indique l'objet, le but recherché du déplacement. La préposition française la plus proche est alors "pour" mais, dans les faits, la phrase **idę po** correspond à la tournure "je vais chercher". L'objet recherché se met à l'accusatif. ▶

Pierwsze ćwiczenie – Proszę przetłumaczyć

❶ Trzeba kupić chleb i masło. ❷ Idziemy zobaczyć, czy są owoce. ❸ Ja biorę lody, a ty? ❹ Mam kupić dużo rzeczy. ❺ Gdzie się spotkamy?

Drugie ćwiczenie – Wpisać brakujące słowa

❶ Nous allons ensemble chercher de la viande.
Idziemy . . . . . po . . . . . .

❷ Je vais acheter du lait et des légumes.
Idę . . . . i . . . .

❸ Je prends une chemise pour un ami.
. . . . dla . . . .

7 Et moi, [je] vais chercher (*pour*) [des] fruits et [des] légumes. 19
8 Nous nous retrouvons (*nous rencontrons*) à côté de la caisse.
(...)
9 – [Nous] avons tout ?
10 – Je crois que (*probablement*) oui. Et où [est la] viande ?

⑥ Encore une préposition, **przy**, *à côté*, suivie cette fois-ci du locatif.

⑦ **chyba** est un terme qui marque, selon le contexte, une incertitude, une supposition ou une approximation. Il correspond à "peut-être", "probablement", ou "je suppose", "je crois".

Corrigé du premier exercice

❶ Il faut acheter du pain et du beurre. ❷ Nous allons voir s'il y a (*est-ce qu'il y a*) des fruits. ❸ Je prends des glaces, et toi ? ❹ Je dois acheter beaucoup de choses. ❺ Où [est-ce que] nous nous retrouvons ?

❹ J'ai déjà beaucoup de choses.
Mam . . . dużo . . . .

❺ Nous nous retrouvons demain.
. . . . się . . . . . .

Corrigé du deuxième exercice - Mots manquants

❶ – razem – mięso ❷ – kupić mleko – warzywa ❸ Biorę koszulę – kolegi ❹ – już – rzeczy ❺ Spotkamy – jutro

Vous pourrez le constater, les files d'attente devant les magasins ou les rayons désespérément vides ne font plus partie du paysage polonais. Même si ce n'est pas encore le paradis de la consommation, le pays s'approche à grands pas du modèle occidental. Il en résulte toutefois une conséquence dommageable : les petits commerces de proximité sont abandonnés au profit des grandes surfaces dont le nombre ne cesse d'augmenter. Car, outre la variété des produits qu'elles proposent, elles ont un autre avantage très apprécié des Polonais : elles sont ouvertes jusque tard dans la soirée, voire le dimanche. Au point que pour certains, les achats en famille au supermarché sont hélas devenus la principale distraction du week-end. Mais, quoi qu'il en soit, une chose est sûre : faire ses courses en Pologne n'est plus une corvée !

20 Lekcja dwudziesta *(lèktsya dvoudzesta)*

Ona jest Polką ①

1 – Po**do**ba ci ② się **Pol**ska?
2 – **Bar**dzo. **Jes**tem tu już **dru**gi raz.
3 – Jak **dłu**go **jes**teś?
4 – ... Dwa ty**god**nie ③.

Wymowa

*o**na yest **pol**kon*
***1** po**do**ba ts'i s'è **pol**ska? **2** **bar**dzo. **yes**tè'm tou youch **drou**gui ras. **3** yak **dwou**go **yes**tes'? **4** dva té**god**gnè.*

Notes

① Pour indiquer la nationalité, le nom qui suit le verbe **być**, *être*, se met à l'instrumental. On le reconnaît à la terminaison **-ą** au féminin singulier.

② Continuons notre petite collection de cas de déclinaison appliqués aux pronoms. Après **mi**, *me*, le datif de **ja** (leçon 15, note 2), voici ▶

Vingtième leçon 20

Elle est Polonaise

1 – La Pologne te plaît (*plaît te Pologne*) ?
2 – Beaucoup. [Je] suis ici déjà [pour la] deuxième fois.
3 – [Depuis] combien de temps (*combien longtemps*) [tu] es [là] ?
4 – ... Deux semaines.

▸ son homologue à la 2e personne du singulier : **ci**, *te*. Il est employé après le verbe **podoba się**, *plaît*, qui, comme vous l'avez sans doute remarqué, est en polonais un verbe pronominal.

③ Le pluriel **tygodnie**, *semaines*, est irrégulier. Le singulier est, rappelons-le, **tydzień**.

5 – I co **ro**bisz?
6 – **Cho**dzę do **ki**na ④, **słu**cham **ra**dia.
7 – A gdzie **miesz**kasz ? W ho**te**lu ?
8 – Nie, u **bab**ci. **O**na jest **Pol**ką.
9 – A, to dla**te**go tak ⑤ **dob**rze **mó**wisz po **pol**sku! □

***5** i tso **ro**bich? **6** **Ho**dzè do **ki**na, **swou**Ha'm **ra**dia. **7** a gdz'è **myèch**kach? f Ho**tè**lou? **8** gnè, ou **bap**ts'i. **o**na yest **pol**kon.*

Notes

④ Le polonais dispose d'une série spécifique de verbes de mouvement. Rappelons d'abord la distinction entre *aller à pied*, qui se dit **iść**, et *aller en véhicule*, **jechać**, dont vous connaissez déjà les formes **jadę**, *je vais*, et **jedzie**, *il/elle va*. De plus, chaque catégorie différencie le type de déplacement effectué : occasionnel ou orienté vers une destination concrète d'un côté, habituel ou n'ayant pas de but défini, de l'autre. Pour le déplacement à pied, **iść** s'oppose de ce point de vue à **chodzić**. Ainsi, **idę do kina** signifie "je vais (en ce moment) au cinéma" et **chodzę do kina** "je vais (parfois ou souvent) au cinéma". Comme vous le voyez, les deux verbes **iść** et **chodzić** véhi- ▶

Pierwsze ćwiczenie – Proszę przetłumaczyć

❶ Moja mama jest Polką. ❷ To chyba nie ostatni raz. ❸ Adam mieszka u babci. ❹ W hotelu są wolne pokoje. ❺ Polska mi się podoba.

5 – Et que fais-[tu] ?
6 – [Je] vais au cinéma, [j']écoute [la] radio.
7 – Et où habites-[tu] ? À [l']hôtel ?
8 – Non, chez [ma] grand-mère. Elle est Polonaise.
9 – Ah, voilà pourquoi (*ce pour cela*) tu parles si bien (*si bien parles en*) polonais !

***9** a, to dla**tè**go tak **dob**jè **mou**vich po **pols**kou!*

▸ culent chacun une information précise, qui s'ajoute au sens de base du verbe "aller". Il s'agit d'une distinction spécifique aux verbes de mouvement, indépendante de l'aspect.

⑤ **tak**, que vous connaissez comme équivalent de "oui", s'emploie aussi devant des adverbes pour insister sur leur sens : **tak dobrze**, *si bien*, **tak miło**, *si agréablement*. Rappelons aussi l'usage de la préposition **po** dans l'expression qui permet d'indiquer les langues que l'on parle : **mówię po polsku, po francusku**, *je parle (en) polonais, (en) français*. Nous en avons déjà vu un usage différent (leçon 19, note 5), mais elle en connaît encore beaucoup d'autres.

Corrigé du premier exercice

❶ Ma mère (*maman*) est Polonaise. ❷ Ce n'est sans doute pas la dernière fois. ❸ Adam habite chez sa grand-mère. ❹ À l'hôtel, il y a des chambres libres. ❺ La Pologne me plaît.

Drugie ćwiczenie – Wpisać brakujące słowa

1. Varsovie me plaît.
   . . . . mi . . . .
2. Ma femme est Polonaise.
   Moja . . . . jest . . . . . .
3. J'aime aller au cinéma.
   . . . . . chodzić . . . .
4. Je suis ici pour deux semaines.
   . . . . . . tu . . dwa . . . .
5. Je travaille à l'hôtel.
   . . . . w . . . .

21 Lekcja dwudziesta pierwsza
(***lèk**tsya dvou**dz'es**ta **pièrf**cha*)

Révision

Faisons le point sur vos nouvelles connaissances. Cela nous permettra de synthétiser vos acquis pour que vous puissiez vous rendre compte des progrès que vous faites.

1. Le mot proszę

Dire qu'il est très utilisé en polonais est un euphémisme, car c'est vraiment le mot à tout faire ! Vous l'avez vu vous-même, on le rencontre à tout bout de champ, dès qu'on s'adresse à quelqu'un. Une précision toutefois : on l'utilise principalement dans les formes de politesse, c'est-à-dire lorsqu'on vouvoie les gens. Selon ses multiples fonctions, les constructions dans lesquelles il apparaît sont différentes :

Corrigé du deuxième exercice - Mots manquants
❶ Warszawa – się podoba ❷ – żona – Polką ❸ Lubię – do kina ❹ Jestem – na – tygodnie ❺ Pracuję – hotelu

Vingt et unième leçon 21

Lorsqu'il est employé seul, il équivaut à "je vous en prie". On l'utilise, par exemple, lorsqu'on offre quelque chose à quelqu'un ou qu'on lui tend simplement un objet. C'est aussi une réponse positive à une demande, autorisant quelqu'un à faire quelque chose, comme dans l'échange : **Mogę zobaczyć?**, *Je peux voir ?*, **Proszę**, *Je vous en prie*.
Pour aborder quelqu'un, on fait suivre **proszę** du génitif. Cela donne **Proszę pani**, *S'il vous plaît, madame* et **Proszę pana**, *S'il vous plaît, monsieur*.
Pour demander un objet, ce dernier se met à l'accusatif : **Proszę piwo**, *Une bière, s'il vous plaît*, **Proszę kawę**, *Un café, s'il vous plaît*.
Enfin, employé devant un infinitif, il exprime un conseil ou une recommandation : **Proszę iść**, *Allez, s'il vous plaît*, **Proszę zapytać**, *Demandez, s'il vous plaît*.

2. L'instrumental

Vous avez rencontré ce nouveau cas pour désigner un élément d'accompagnement. Nous l'avons donc vu après la préposition **z**/**ze**, *avec* : **z cytryną**, *avec du citron*, **z łazienką**, *avec salle de bains*, **z telewizorem**, *avec télé*, **ze śmietanką**, *avec de la crème*. Vous verrez par la suite qu'il sert généralement, comme son nom l'indique, à désigner le moyen ou la manière de faire quelque chose. Il connaît également un autre emploi : après le verbe "être", il permet notamment d'indiquer la nationalité. Nous n'en avons vu pour l'instant qu'un seul exemple : **Ona jest Polką**, *Elle est Polonaise*.

3. L'accusatif

Ce cas n'a rien de nouveau pour vous. Comme vous le savez, il remplit la fonction de complément d'objet direct et apparaît donc après les verbes sans préposition. Voyons quelques phrases parmi celles que nous avons rencontrées dans cette série de leçons : **Zastępuję koleżankę**, *Je remplace une amie*, **Proszę kawę**, *Un*

*****

Dialog-powtórka

1 – Mam **ku**pić **pre**zent **(15)**. **Idzie**my **ra**zem **(19)**?
2 – Dosko**na**ły **po**mysł **(15)**.
3 – Czym **mo**gę **słu**żyć **(17)**?
4 – Chcę **ku**pić ko**szu**lę **(15)**.
5 Czy **mo**że mi pan **po**móc **(18)**?
6 – To dla **pa**na **(16)**?
7 – Nie, dla ko**le**gi **(15)**.
8 Po**do**ba mi się **(20)**. **I**le kosz**tu**je **(17)**?
9 – Tu jest **ce**na **(17)**.
10 – **Dob**rze, **bio**rę **(19)**. To **wszyst**ko **(16)**.

café, s'il vous plaît, **Biorę wózek, a ty koszyk**, *Je prends un chariot, et toi un panier*, **Trzeba kupić masło i mleko**, *Il faut acheter du beurre et du lait.*
Ce qui est pratique avec ce cas, c'est que pour tous les noms neutres, comme **masło** ou **mleko**, vous n'avez pas de terminaison particulière à retenir : la forme est la même qu'au nominatif. Cela concerne aussi les noms masculins de choses : **wózek**, **koszyk**.
Avant d'aborder les catégories restantes (personnes et animaux), vous avez juste à retenir la terminaison **-ę** du féminin : **koleżankę**, **kawę**.

4. Le datif

Il correspond généralement au complément d'objet indirect précédé de la préposition "à". Nous l'avons rencontré après les verbes **podobać się**, *plaire à quelqu'un* et **poradzić**, *conseiller à quelqu'un*. Rappelons les formes correspondant aux pronoms personnels "je" et "tu" : **mi**, *me*, **ci**, *te*. Nous l'avons vu également dans des expressions comme **po polsku**, *en polonais*.

*****

Dialogue de révision

1 – [Je] dois acheter [un] cadeau. On y va (*allons*) ensemble ?
2 – Excellente idée.
3 – En quoi puis[-je vous] être utile ?
4 – [Je] veux acheter [une] chemise.
5 Est-ce que vous pouvez m'aider (*peut me monsieur aider*) ?
6 – C'[est] pour monsieur ?
7 – Non, pour [un] ami.
8 [Elle] me plaît. Combien coûte-t[-elle] ?
9 – Voici (*ici est*) [le] prix.
10 – Bien. [Je la] prends. C'[est] tout.

22 Lekcja dwudziesta druga

*(**lèk**tsya dvou**dźes**ta **drou**ga)*

Wieczór w domu

1 – Co ro**bi**my dziś wie**czo**rem ①?
2 – Nie wiem. Masz **ja**kiś **po**mysł?
3 – **Trze**ba gdzieś pójść ②.
4 **Cią**gle sie**dz**imy ③ w **do**mu.
5 – Masz **ra**cję. **Mo**że pój**dzie**my ④ do **ki**na?
6 – Nic ciek**awe**go nie **gra**ją ⑤.
7 – A do te**a**tru?
8 – Nie wiem, jak się **u**brać.

Wymowa

***vyè**tchour v **do**mou*
***1** tso ro**bi**mé dźiś vyè**tcho**re'm? **2** gnè vyèm. mach **ya**kiś*

Notes

① Pour dire "ce soir", on emploie **dziś** (litt. "aujourd'hui"), suivi de la forme **wieczorem**. Notez que ce dernier mot correspond à l'instrumental de **wieczór**, *soir*, *soirée*.

② Comme pour **dojść** (voyez la note 2 de la leçon 18), **pójść** est obtenu par l'ajout d'un préfixe au verbe **iść**. De nouveau, nous sommes face à la notion d'aspect, puisque les deux formes **iść** et **pójść** correspondent à un seul verbe français, "aller".

③ Remarquez ici l'usage particulier du verbe **siedzimy**. Normalement, il renvoie à la position assise et signifie donc "nous sommes assis". Toutefois, dans la langue courante, il est ▸

[Une] soirée à [la] maison

1 – Que faisons [nous] ce (*aujourd'hui*) soir ?
2 – [Je] ne sais pas. As-[tu] une (*quelconque*) idée ?
3 – Il faut aller quelque part (*quelque part aller*).
4 Nous restons tout le temps (*tout le temps restons*) à [la] maison.
5 – [Tu] as raison. Si nous allions (*peut-être irons*) au cinéma ?
6 – On ne joue rien d'intéressant (*rien intéressant ne jouent*).
7 – Et au théâtre ?
8 – [Je] ne sais pas comment m'habiller.

***po**mésou? **3 t'chè**ba gdz'ès' **pouill**s'ts'. **4 ts'o'**nglè s'è**dz**'imé v **do**mou. **5** mach **ra**tsyè. **mo**jè pouill**dz'è**mé do **ki**na? **6** n'its ts'èka**vè**go gnè **gra**illon. **7** a do tè**a**trou? **8** gnè vyèm, yak s'è oubrats'.*

▸ fréquemment utilisé dans le sens plus général de "rester (quelque part)", "se tenir (dans un lieu)".

④ Voici un emploi qui permet de formuler une suggestion du type "si nous faisions quelque chose". On utilise pour cela un verbe perfectif à la 1re personne du pluriel, ici **pójdziemy**, nous irons, après le mot **może**, peut-être.

⑤ Parfois, la 3e personne du pluriel, ici **grają** (litt. "ils jouent"), s'emploie pour indiquer une construction impersonnelle qui correspond au français "on" : "on annonce du beau temps", "qu'est-ce qu'on vend ici ?", etc.

9 – To **mo**że na ⑥ **spa**cer?
10 – **A**le jest **zi**mno i **pa**da deszcz.
11 A **któ**ra jest go**dzi**na?
12 – Już **ós**ma ⑦! To co, **włą**czam tele**wi**zor? □

9 to ***mo****jè na* ***spa****tsèr?* ***10 a****lè yest* ***z'i'm****no i* ***pa****da dèchtch.* ***11*** *a* ***ktou****ra yest go****dz'i****na?* ***12*** *youch* ***ous****ma! to tso,* ***vouon****tcha'm tèlè****vi****zor?*

Notes

⑥ Voici une autre fonction de la préposition **na** qui, lorsqu'elle est suivie de l'accusatif, sert à indiquer la destination, le but. C'est donc, en quelque sorte, la concurrente de **do**, *à*, que vous connaissez déjà. Contentez-vous, pour l'instant, de retenir quelques exemples lorsque vous les rencontrez. C'est souvent le meilleur moyen d'apprendre ! ▶

Pierwsze ćwiczenie – Proszę przetłumaczyć

❶ Nie wiem, co dziś robimy. ❷ Może pójdziemy do teatru? ❸ Wieczorem jest bardzo zimno. ❹ Tutaj ciągle pada deszcz. ❺ Masz rację, trzeba się ubrać.

Drugie ćwiczenie – Wpisać brakujące słowa

❶ Je ne sais pas quelle heure il est.
. . . wiem, ... jest . . . .

❷ Tu as raison, il fait très froid.
Masz . . . . ., ... bardzo . . . . . .

❸ Si nous allions en promenade ?
Może . . . . na . . . . . . ?

9 – Alors peut-être une (*en*) promenade ?
10 – Mais il fait (*est*) froid (*froidement*) et il pleut (*tombe pluie*).
11 Et quelle heure est-il (*quelle est heure*) ?
12 – Déjà huit heures (*huitième*) ! Alors (*quoi*), j'allume (*branche*) [la] télé ?

▸ ⑦ Comme vous le voyez, les heures sont désignées à l'aide des chiffres ordinaux, tout comme les numéros des leçons. Puisque vous connaissez déjà ces derniers, vous n'aurez aucun mal à dire l'heure, même s'il ne s'agit, pour le moment, que des heures pleines. Mais c'est tout de même un bon début !

Corrigé du premier exercice

❶ Je ne sais pas ce que nous faisons aujourd'hui. ❷ Si nous allions au théâtre ? ❸ Le soir, il fait très froid. ❹ Ici, il pleut tout le temps. ❺ Tu as raison, il faut s'habiller.

❹ Je ne vois rien d'intéressant.
Nie ..... nic ....

❺ Ce soir, je vais au théâtre.
Dziś .... idę .. teatru.

Corrigé du deuxième exercice - Mots manquants

❶ Nie – która – godzina ❷ – rację jest – zimno ❸ – pójdziemy – spacer ❹ – widzę – ciekawego ❺ – wieczorem – do –

Les Polonais vont très souvent au théâtre et au cinéma, au point qu'il est parfois difficile de se procurer des billets pour les pièces ou les films à la mode. Les théâtres d'étudiants, beaucoup plus développés en Pologne qu'ailleurs, méritent de retenir votre attention.

23 Lekcja dwudziesta trzecia

*(**lèk**tsya dvou**dz'es**ta **t'che**ts'a)*

Pałac Kultury i Nauki

1 – **Pro**szę **pań**stwa ①, jes**teś**my w **cen**trum ② histo**rycz**nym War**sza**wy.

Wymowa

***pa**ouats koul**tou**ré i na**ou**ki*
***1 pro**chè **pagn**stfa, yes**tes'**mé f **tsèn**troum Histo**rétch**ném var**cha**vé.*

Notes

① Vous avez sans doute reconnu dans le mot **państwa**, le génitif de **państwo**, *messieurs dames*, rencontré dans la leçon 16. Rappelons que ce cas est employé après le mot **proszę**, quand il s'agit de s'adresser à quelqu'un (ici, à un groupe de personnes). ▸

Si vous êtes amateur de théâtre expérimental, nous vous recommandons vivement le Centre de recherches théâtrales de Wrocław. Vous pourrez y participer à des spectacles, des rencontres, ou assister à des conférences. Beaucoup de villes proposent par ailleurs des manifestations théâtrales sous forme de festivals. Citons, à titre d'exemple, celui de Varsovie – qui a lieu en janvier – ou le Festival international de théâtre de rue qui se tient en août à Cracovie. En revanche, l'opéra, le ballet ou les concerts sont moins populaires. Il ne sont fréquentés, la plupart du temps, que par des inconditionnels du genre. Nous vous signalons à ce propos qu'on y exige généralement une tenue élégante, voire de gala.
Si le folklore polonais vous intéresse, la Pologne possède de nombreux ensembles de danse et de chant réputés dans le monde entier. Enfin, les expositions de peinture ou de photos, surtout s'il s'agit d'artistes célèbres, sont très prisées.

Vingt-troisième leçon 23

[Le] Palais [de la] Culture et [de la] Science

1 – S'il vous plaît, messieurs dames, [nous] sommes dans [le] centre historique [de] Varsovie.

▸ ② Les noms empruntés au latin et qui finissent en **-um** au nominatif appartiennent au genre neutre. Ils possèdent la particularité d'être invariables au singulier. C'est pourquoi vous trouverez la même forme **centrum**, *centre*, pour tous les cas. Dans notre dialogue, il s'agit du locatif, utilisé après la préposition **w**, *dans*, et du génitif, **do**, *à*.

2 Przed **na**mi ③ **Sta**re **Mias**to.
3 – Co to jest?
4 – To **Za**mek Kró**lew**ski.
5 – A ten **pom**nik?
6 – Ko**lum**na **kró**la Zyg**mun**ta.
7 **Te**raz je**dzie**my do **cen**trum ② handlo**we**go.
8 – Co to za ④ bu**dy**nek?
9 – **Pa**łac Kul**tu**ry i Na**u**ki.
10 – **Bar**dzo **dzi**wny. **Trud**no po**wie**dzieć ⑤, czy **ład**ny czy **brzyd**ki. □

*2 pchèt **na**mi **sta**rè **myas**to. 3 tso to iest? 4 to **za**mèk krou**lef**ski. 5 a te'n **po'm**nik? 6 ko**loum**na **krou**la zég**moun**ta. 7 **tè**ras yè**dzè**mé do **tsèn**troum Ha'ndlo**vè**go 8 tso to za*

Notes

③ La préposition **przed**, *devant*, est suivie de l'instrumental, ce qui fait que le pronom personnel correspondant à "nous" prend la forme **nami**.

④ Remarquez, dans cette expression toute faite, le petit mot **za**. Comme l'illustre notre exemple, dans la langue courante, **za** permet de formuler une question lorsqu'on est un peu étonné ou intrigué par la présence de quelque chose ou de quelqu'un. C'est comme si on disait "qu'est-ce que c'est que ça ?". Il sert également à exprimer un avis admiratif ou critique **Co za dzień!**, *Quelle journée !*, **Co za pomysł!**, En voilà une idée !". ▸

Pierwsze ćwiczenie – Proszę przetłumaczyć

❶ Ten pomnik jest bardzo ładny. ❷ Dla mnie jest brzydki. ❸ Proszę mi powiedzieć, gdzie jest centrum. ❹ Podoba mi się ten pałac. ❺ To dziwny pomysł.

2 Devant nous, [la] Vieille Ville.
3 – Qu'est-ce que c'est ?
4 – C'[est le] château royal.
5 – Et cette statue ?
6 – [La] colonne du roi Sigismond.
7 Maintenant, [nous] allons au centre commercial.
8 – Qu'est-ce que c'est comme bâtiment ?
9 – [Le] Palais [de la] Culture et [de la] Science.
10 – Très bizarre. Difficile (*difficilement*) [de] dire s'[il est] beau ou s'[il est] laid.

*bou**dé**nèk? **9 pa**ouats koul**tou**ré i na**ou**ki. **10 bar**dzo **dz'i**vné. **troud**no pov**yè**dz'èts', tché **wad**né, tché **bjét**ki.*

⑤ Comme vous pouvez le constater, **powiedzieć et mówić** signifient tous deux “parler”, “dire”. Encore une fois, nous nous trouvons face à l'aspect verbal : la distinction entre la forme appelée traditionnellement imperfective*, c'est-à-dire indéterminée ou répétitive du verbe (ici **mówić**), et sa version dite perfective*, **powiedzieć**. Rassurez-vous, il est rare que les deux membres du couple soient différents. Dans la majorité des cas, vous trouverez une forme simple pour le premier aspect, et la forme préfixée pour le second.

Corrigé du premier exercice

❶ Cette statue est très belle. ❷ Pour moi, elle est laide. ❸ Dites-moi, s'il vous plaît, où est le centre. ❹ Ce palais me plaît. ❺ C'est une idée bizarre.

23 Drugie ćwiczenie – Wpisać brakujące słowa

1. Où sommes-nous maintenant ?
   . . . . . teraz . . . . ?
2. Excusez-moi, comment aller au centre[-ville] ?
   . . . . , jak . . . . . do . . . . ?
3. Le Château Royal est loin.
   . . . . . . Królewski . . . . daleko.
4. Pouvez-vous me dire ce que c'est ?
   Może . . pan . . . . , co . . jest?
5. La Vieille Ville me plaît.
   Podoba . . się . . . .

*Comment imaginer, lorsqu'on se promène dans les rues de Varsovie, qu'au lendemain de la seconde guerre, il n'y avait là qu'un champ de ruines ? Anéantie par la furie des bombardements allemands, la ville a en effet bénéficié, de la part de toute la nation, d'un véritable élan de solidarité. L'immense mobilisation et un effort de reconstruction acharné témoignent de l'attachement des Polonais à leur capitale et à son passé. Les pittoresques maisons des XVII*e *et XVIII*e *siècles du Rynek (la Place du marché) dans le quartier de Stare Miasto (La Vieille Ville) ont ainsi pu être refaites à l'identique. Saviez-vous, par exemple, que faute de plans ou d'archives, disparus dans les incendies, ce sont les tableaux de Rynek par des artistes italiens qui ont servi de modèle pour la reconstruction ? Les autres quartiers de la ville n'ont pas eu cette chance. La nécessité de construire vite explique sans doute l'étonnante prolifération de styles architecturaux et de plans d'urbanisation souvent faits*

Corrigé du deuxième exercice - Mots manquants

❶ Gdzie – jesteśmy ❷ Przepraszam – dojść – centrum ❸ Zamek – jest – ❹ – mi – powiedzieć – to – ❺ – mi – Stare Miasto

dans l'urgence. De plus, les dernières années ont vu apparaître dans le centre-ville beaucoup de nouvelles réalisations ultramodernes et clinquantes qui ont encore renforcé le côté hétéroclite de la capitale polonaise.
Mais la curiosité architecturale de Varsovie la plus remarquable est certainement Pałac Kultury i Nauki (le Palais de la Culture et de la Science). Cette étrange bâtisse, cadeau de Staline à la ville de Varsovie et réplique de l'Université Lomonosov à Moscou, domine le centre commercial du haut de ses 242 m. Comme la Tour Eiffel, elle a longtemps suscité des controverses. On raconte ainsi cette histoire de l'homme le plus heureux de Varsovie, le gardien du Palais, qui est le seul à ne pas voir le monument par sa fenêtre.

24 Lekcja dwudziesta czwarta

(lèktsya dvoudzˈesta tchfarta)

Co słychać ①?

1 – Ania! **Cie**szę się, że cię ② **wi**dzę.
2 **Co sły**chać?
3 – **Dzię**kuję. Wspa**nia**le ③.
4 – A mąż ④?
5 – Też dosko**na**le.
6 – Niemoż**li**we! Jak wy to ro**bi**cie ⑤?
7 – O, to **bar**dzo **pros**te ⑥.

Wymowa

*tso **swé**Hatsˈ?*
*1 **A**gna! **tsˈè**chè sˈè, jè tsˈè **vi**dzè. 2 tso **swé**Hatsˈ?*

Notes

① Pour demander à quelqu'un de ses nouvelles, on se sert de l'expression **Co słychać?** La terminaison **-ć** du second terme indique qu'il s'agit d'un infinitif, mais il faut savoir que ce verbe n'a pas de formes personnelles. Mis à part son emploi dans la question ci-dessus, il s'utilise uniquement dans les tournures correspondant à "on entend (un bruit)" ou "on dit que", lorsqu'il s'agit de rapporter une rumeur.

② **cię** correspond à l'accusatif du pronom personnel **ty**, *tu*. Notez une certaine ressemblance avec le datif **ci**, rencontré dans la leçon 20.

③ En réponse à la question **Co słychać?**, on peut utiliser toute une gamme d'expressions formulées, pour la plupart, à l'aide d'adverbes. On les reconnaît, rappelons-le, à la terminaison ▸

Comment ça va (Qu'entendre) ?

1 – Ania ! Ça me fait plaisir (*réjouis me*) de te voir (*que te vois*).
2 Comment ça va (*qu'entendre*) ?
3 – Merci. Très bien (*à merveille*).
4 – Et [ton] mari ?
5 – Très bien aussi (*aussi formidablement*).
6 – [Ce n'est] pas possible ! Comment faites-vous (*comment vous le faites*) ?
7 – Oh, c'[est] très simple.

3 dziinkouyè. fspagnalè. 4 a monch? 5 tèch doskonalè. 6 gnèmojlivè! yak vé to robits'è? 7 o, to bardzo prostè.

▸ **-e** ou **-o**. N'oubliez pas ceux que vous connaissez déjà et qui peuvent aussi servir dans ce contexte : **dobrze**, *bien*, **świetnie**, *parfaitement*.

(4) Contrairement au français, les adjectifs possessifs ne sont pas utilisés de manière systématique. Cela peut surprendre au début, mais on s'y habitue vite.

(5) Remarquez que les verbes prennent la terminaison **-cie** à la 2e personne du pluriel.

(6) Dans **proste**, utilisé ici au sens de "simple", la terminaison **-e** n'est pas un signe distinctif d'un adverbe, mais d'un adjectif singulier du genre neutre. L'adverbe correspondant est **prosto**. Nous l'avons déjà vu en tant qu'équivalent de "tout droit", son autre sens, dans la leçon 18, phrase 6.

8 Wys**tar**czy **do**bra **pra**ca i **do**bre **zdro**wie.
9 – To **do**brze, że **ma**cie i **jed**no i **dru**gie ⑦.
10 – To **zna**czy, ja mam **do**brą **pra**cę ⑧, a mąż, **do**bre **zdro**wie. □

*8 vés**tar**tché **do**bra **pra**tsa i **do**brè **zdro**vyè. **9** to **dob**jè, jè **ma**ts'è i **yè**dno i **drou**guyè. **10** to **zna**tché, ya ma'm **do**bron **pra**tsè, a monch, **do**bre **zdro**viè.*

Notes

⑦ Voyons un peu à quoi correspondent les termes de l'expression "l'un et l'autre" en polonais. Vous avez d'abord **jedno** : le numéral cardinal "un", au genre neutre. Remarquez sa terminaison **-o** qui prend exceptionnellement la place du **-e**. Vient ensuite l'ordinal **drugie** (litt. "deuxième"), toujours au neutre. Rassurez-vous, nous ne vous demandons pas de savoir jongler ▸

Pierwsze ćwiczenie – Proszę przetłumaczyć

❶ Cześć Jola. Co słychać? ❷ Co robicie jutro? ❸ Cieszę się bardzo, że jesteś gotowy. ❹ Mąż ma teraz dobrą pracę. ❺ Nie rozumiem, co to znaczy.

Drugie ćwiczenie – Wpisać brakujące słowa

❶ Ça me fait plaisir que tu parles polonais.
. . . . . . się, że . . . . . . po . . . .

❷ Je sais ce que cela signifie.
Wiem, . . to . . . .

❸ Vous le faites à merveille.
. . . . to . . . .

8 [Il] suffit [d'avoir un] bon travail et [une] bonne santé.
9 – C'[est] bien que vous ayez (*que avez*) et [l']un et [l']autre.
10 – C'est-à-dire (*cela signifie*) [que moi], j'ai [un] bon travail et [mon] mari, [une] bonne santé.

▸ avec toutes ces terminaisons ! Surtout dans des situations comme celle-ci, où l'on est face à un usage idiomatique. D'ailleurs, à ce stade de votre étude, il n'est pas question de vous souvenir de toutes les expressions que vous rencontrez. Il vous suffit de savoir les identifier. Le reste viendra en son temps.

⑧ Notez la terminaison de l'accusatif singulier au féminin : **-ę** pour les noms et **-ą** pour les adjectifs.

Corrigé du premier exercice

❶ Salut Jola. Comment ça va ? ❷ Que faites-vous demain ? ❸ Ça me fait plaisir que tu sois prêt. ❹ [Mon] mari a maintenant un bon travail. ❺ Je ne comprends pas ce que cela signifie.

❹ Bonjour, comment ça va ?
. . . . , co . . . . ?

❺ Je vois que vous avez une bonne santé.
. . . . . , że . . . . . dobre . . . .

Corrigé du deuxième exercice - Mots manquants

❶ Cieszę – mówisz – polsku ❷ – co – znaczy ❸ Robicie – wspaniale ❹ Dzień dobry – słychać ❺ Widzę – macie – zdrowie

25 Lekcja dwudziesta piąta
*(**lèk**tsya dvou**dz'es**ta **pio'n**ta)*

Ciocia Zosia

1 – Ktoś **dzwo**ni. To **pew**nie **cio**cia **Zo**sia.
2 – Pro**si**my ①. Jak **pod**róż? Nie zmę**czo**na?
3 – Nie, dos**ko**nale. A co u was ②?
4 – Dzięku**je**my ③. Nic ciek**awe**go.
5 **A**le **chy**ba nie **poz**nasz ④ **A**ni.
6 – To **A**nia?! Na**praw**dę? **I**le masz lat ⑤?

Wymowa

***ts'o**ts'a **zo**s'a*
*1 ktos' **dzvo**gni. to **pèv**gnè **ts'o**ts'a **zo**s'a. 2 pro**s'i**mé. yak*

Notes

① Vous rappelez-vous qu'en vous servant du mot **proszę**, vous utilisez en fait la 1re personne du singulier du verbe **prosić**, *prier* ? Lorsqu'on parle au nom de plusieurs personnes, on emploie **prosimy**, *nous prions*, dont les conditions d'emploi sont les mêmes que pour **proszę** : dans cette phrase, par exemple, il sert à inviter la personne à entrer. Vous l'entendrez donc très souvent en polonais, alors qu'en français on recourt beaucoup moins systématiquement à la forme du pluriel.

② La préposition **u**, *chez*, entraîne le génitif, ce qui explique la forme **was**, dérivée de **wy**, *vous*.

③ Pour **dziękujemy**, *nous remercions*, on a le même phénomène que pour **prosimy** : c'est la 1re personne du pluriel qui rem- ▶

Tata Zosia

1 – Quelqu'un sonne. C'[est] sûrement tata Zosia (*Sophie*).
2 – Entre (*prions*). Comment [a été le] voyage ? Pas fatiguée ?
3 – Non, très bien (*formidablement*). Et chez vous, quoi de neuf (*quoi chez vous*) ?
4 – Merci (*remercions*). Rien [d']intéressant.
5 Mais tu ne reconnaîtras sans doute pas (*sans doute ne reconnaîtras*) Ania.
6 – C'[est] Ania ?! Vraiment ? Quel âge as-tu (*combien as ans*) ?

__pod__rouch? gnè zmin__tcho__na? ***3*** *gnè, dosko__na__lè. a tso ou vas?* ***4*** *dz'ink__ou__yèmé. nits ts'èka__vè__go.* ***5*** *__a__lè __Hé__ba gnè __poz__nach __a__gni.* ***6*** *to __a__gna?! na__pravdè__? __i__lè mach lat?*

▸ place **dziękuję**. De nouveau, l'équivalent français le plus usuel est simplement “merci”.

④ Vous remarquerez que **poznasz**, *tu reconnaîtras*, renvoie au futur, ce qui implique le recours à l'aspect perfectif. Toutefois, contrairement aux apparences, cette forme n'est pas issue de l'adjonction d'un préfixe à la forme simple du verbe. Autrement dit, **poznasz**, dont l'infinitif est **poznać**, est indécomposable : c'est un verbe simple.

⑤ Pour demander l'âge de quelqu'un, on utilise, comme en français, le verbe “avoir”. Dans cette question, l'adverbe **ile**, *combien*, comme tous les termes de quantité, est suivi du génitif, d'où **lat**, issu de **lata**, *ans*, *années*.

7 – Pięć.
8 – No **pro**szę ⑥! Pa**mię**tam, jak **mia**łaś rok ⑦.
9 **Wi**dzę, że **jes**teś po**dob**na do ro**dzi**ców:
10 **us**ta ⑧ **ma**my, **o**czy **ta**ty...
11 – A **swe**ter **sios**try! □

*7 pyègnts'. **8** no **pro**chè! pa**myèn**ta'm, yak **mya**ouas' rok. **9 vi**dzè jè **yes**tes' po**dob**na do ro**dz'i**tsouf: **10 ous**ta **ma**mé, **o**tché **ta**té... **11** a **sfè**tèr **s'os**tré!*

Notes

⑥ Voici encore une expression avec **proszę**, qui exprime ici un sentiment d'étonnement ou d'admiration.

⑦ Notez cette petite irrégularité : le singulier correspondant à **lata** (note 5) est **rok**.

⑧ **usta**, *bouche*, est un mot qui n'a pas de singulier.

Pierwsze ćwiczenie – Proszę przetłumaczyć

❶ Nie pamiętam, jak on działa. ❷ Ile pan ma lat? ❸ Ciocia jest zmęczona. ❹ Jesteś podobna do siostry. ❺ Widzę, że masz ładny sweter.

Drugie ćwiczenie – Wpisać brakujące słowa

❶ Je ne me souviens pas quel âge tu as.
Nie . . . ., ile . . . . lat.

❷ Demain, nous allons chez [ma] sœur.
Jutro . . . . do . . . .

❸ Je ressemble à [ma] mère.
Jestem . . . . do . . . . . .

7 Cinq [ans].
8 – Tiens donc ! [Je] me souviens quand [tu] avais [un] an.
9 [Je] vois que tu ressembles (*es ressemblante*) à [tes] parents :
10 [la] bouche [de ta] mère, [les] yeux [de ton] père...
11 – Et [le] pull [de ma] sœur !

Corrigé du premier exercice

❶ Je ne me souviens pas comment il fonctionne. ❷ Quel âge avez-vous ? ❸ Tata est fatiguée. ❹ Tu ressembles à [ta] sœur. ❺ Je vois que tu as un joli pull.

❹ Je vois que tu es fatiguée.
Widzę, . . jesteś . . . .

❺ Comment ça va chez vous ?
Co . . . . . . u . . . ?

Corrigé du deuxième exercice - Mots manquants

❶ – pamiętam – masz – ❷ – idziemy – siostry ❸ – podobna – mamy ❹ – że – zmęczona ❺ – słychać – was

26 Lekcja dwudziesta szósta
*(**lè**ktsya dvou**dź es**ta **chous**ta)*

Poczta

1 – Czy są **kart**ki poczt**o**we ?
2 – Nie. **Mo**że je ① pan **ku**pić w **kios**ku.
3 – **Dob**rze. **Mo**gę **wys**łać tę **pacz**kę?
4 – **Pro**szę wy**peł**nić ten **blan**kiet.
5 – A czy **mo**że mi **pa**ni po**wie**dzieć, jak **dłu**go **i**dzie list do Ka**na**dy?
6 – Za**le**ży **ja**ki. **Zwy**kły, trzy-**czte**ry dni ②, a pole**co**ny **ty**dzień.
7 – W **ta**kim **ra**zie, **chciał**bym ③ **wys**łać fax.

Wymowa

potchta
*1 tché son **kart**ki potch**to**vè? 2 gnè. **mo**jè yè pa'n **kou**pits' f **kyos**kou. 3 **dob**jè. **mo**guè **vés**ouats' tè **patch**kè? 4 **pro**chè*

Notes

① Le complément **kartki pocztowe**, *cartes postales*, est remplacé dans cette phrase par le pronom personnel qui, comme vous le savez, doit se mettre ici à l'accusatif. Sa forme **je**, au féminin pluriel, correspond de fait aux deux pronoms français "les", utilisé pour les noms déterminés, et "en", pour les indéterminés. Autrement dit, en l'absence de cette distinction en polonais, **biorę je**, par exemple, se traduira, suivant le contexte, par "j'en prends" ou "je les prends". ▸

[La] poste

1 – Est-ce qu'il y a [des] cartes postales ?
2 – Non. Vous pouvez en (*peut les monsieur*) acheter dans [un] kiosque.
3 – Bien. Puis-[je] envoyer ce colis ?
4 – Remplissez (*s'il vous plaît remplir*) ce formulaire.
5 – Et est-ce que vous pouvez me (*peut me madame*) dire combien de temps (*comment longtemps*) met (*va*) [une] lettre pour [le] Canada ?
6 – [Ça] dépend laquelle. [La] normale, trois-quatre jours, [la] recommandée, [une] semaine.
7 – Dans ce (*tel*) cas, [je] voudrais envoyer [un] fax.

*vé**pèou**gnits' tèn **bla'n**kyèt. **5** a tché **mo**jè mi **pa**gni po**vyè**dz'èts', yak **dwou**go **i**dz'e list do ka**na**dé? **6** za**lè**jé **ya**ki. **zvé**koué, t'ché-**tchtè**ré dgni, a polè**tso**né, **té**dziègn. **7** f **ta**ki'm **ra**z'e, **Hts'aou**bém **vés**ouats' fax.*

② Vous savez déjà que la formation du pluriel peut parfois être irrégulière. Ainsi **dzień**, *jour*, fait **dni** – ou parfois **dnie**. À l'occasion, vous rappelez-vous que **tydzień**, *semaine*, fait au pluriel **tygodnie** ?

③ Rassurez-vous, nous n'en sommes pas encore au conditionnel, même si c'est une forme très utile dans une conversation. Sachez simplement que **chciałbym**, *je voudrais*, est employé ici par un homme, son équivalent féminin étant **chciałabym**.

8 – **Przy**kro mi ④, **a**le chwi**lo**wo nie **dzia**ła.
9 – To gdzie **moż**na ⑤ zadz**wo**nić ⑥?
10 – Na u**li**cy jest **bud**ka, **a**le te**le**fon jest zep**su**ty. □

*8 **pché**kro mi, **a**lè Hfi**lo**vo gnè **dz'a**oua. **9** to gdz'è **moj**na zadz**vo**gnits'? **10** na ou**li**tsé yest **bout**ka, **a**lè tè**lè**fo'n yest zep**sou**té.*

Notes

④ **przykro**, *désagréablement*, suivi du datif, est la manière la plus courante d'exprimer ses regrets ou sa peine. Rappelons que le datif fait **mi**, *à moi*, *me*, pour le pronom à la 1re personne du singulier.

⑤ Le mot **można** est une forme invariable, correspondant à la ▸

Pierwsze ćwiczenie – Proszę przetłumaczyć

❶ Gdzie można wysłać fax? ❷ Chciałbym kupić kartki. ❸ Mogę zadzwonić do Kanady? ❹ Przykro mi, telefon nie działa. ❺ Co można kupić w kiosku?

Drugie ćwiczenie – Wpisać brakujące słowa

❶ Je voudrais téléphoner au Canada.
. . . . zadzwonić . . Kanady.

❷ [Le] téléphone est dans [la] rue.
Telefon . . . . na . . . . . .

❸ Où peut-on envoyer [un] colis ?
Gdzie . . . . . wysłać . . . . . . ?

8 – Désolé (*désagréablement à moi*) mais momentanément, [il] ne marche pas.
9 – Alors où peut-on téléphoner ?
10 – Dans [la] rue, il y a [une] cabine, mais [le] téléphone est en dérangement (*cassé*).

▸ construction impersonnelle "il est possible", "on peut". Comme son homologue français, il est suivi de l'infinitif.

⑥ **zadzwonić**, *téléphoner*, est un verbe perfectif, dont l'homologue imperfectif est **dzwonić**.

Corrigé du premier exercice

❶ Où peut-on envoyer un fax ? ❷ Je voudrais acheter des cartes. ❸ Puis-je téléphoner au Canada ? ❹ Désolée, le téléphone ne fonctionne pas. ❺ Que peut-on acheter dans un kiosque ?

❹ Désolé, [le] fax est cassé.
. . . . , fax jest . . . .

❺ [Les] cartes postales sont dans [le] kiosque.
. . . . . . pocztowe . . w . . . .

Corrigé du deuxième exercice - Mots manquants

❶ Chciałbym – do – ❷ – jest – ulicy ❸ – można – paczkę ❹ Przykro mi – zepsuty ❺ Kartki – są – kiosku

27 Lekcja dwudziesta siódma

(*lèktsya dvoudźesta śoudma*)

Problemy z Nowakiem ①

1 – **Wszyst**ko w po**rząd**ku ②, **pa**ni **A**niu ③?
2 – Nie **bar**dzo, **pa**nie dyrek**to**rze.
3 – A co się **dzie**je?

Wymowa

*pro**blè**mé z no**va**kyèm*
***1 fchés**tko f pojo'**n**tkou, **pa**gni **a**gnou? **2** gnè **bar**dzo, **pa**gnè dérè**kto**jè. **3** a tso śe **dźè**yè?*

Notes

① Le nom de famille **Nowak** se décline comme un nom masculin, et devient donc **Nowakiem**, après **z**, *avec*, qui, dans ce contexte, est suivi de l'instrumental.

② Il faut vous faire à l'idée que le simple "ça va bien" français correspond à la tournure légèrement plus complexe : **wszystko w porządku**, dont la traduction littérale est "tout en ordre". Comme en français, cette expression sert aussi bien de question que de réponse.

Les kioski RUCH (ce dernier mot signifiant "mouvement") ne sont pas de simples kiosques à journaux, mais de véritables petits magasins de rue où vous trouverez un peu de tout : journaux et magazines, bien sûr, mais aussi cigarettes, cartes postales, timbres. On y vend également confiseries, jouets, produits d'hygiène, cosmétiques, etc. Souvent situés près des arrêts de bus ou de trams, ils vous permettent aussi d'acheter des tickets de transport. Ils sont ouverts toute la journée, voire, pour certains, le dimanche.

Vingt-septième leçon 27

[Des] problèmes avec Nowak

1 – Ça va bien (*tout en ordre*), madame Ania ?
2 – Pas tellement (*pas très*), monsieur le directeur.
3 – Et que se passe-[t-il] ?

▸ ③ Il existe en polonais un cas de déclinaison, le vocatif*, qui permet de s'adresser à quelqu'un. L'usage de ce cas est assez limité, puisqu'on ne le trouve que dans les dialogues, et il est presque exclusivement adressé aux personnes, car parler à des animaux, bien que possible, est tout de même marginal ! Les formes les plus usitées sont celles des prénoms (ici **Aniu**, dérivé de **Ania**), ainsi que celles des titres et fonctions (**dyrektorze**, de **dyrektor**). Ajoutons à cela les mots **pan** et **pani**, qui font au vocatif **panie** et **pani**.

4 – Są pro**ble**my z No**wa**kiem.
5 Klie**n**ci się **skar**żą.
6 **Mó**wią, że **wca**le nie odpo**wia**da na pytania ④.
7 – To **dzi**wne. **Zwy**kle jest **bar**dzo u**przej**my.
8 – To **praw**da, **a**le **myś**lę, że ma os**tat**nio kło**po**ty ze **słu**chem.
9 – To co zro**bi**my ⑤?
10 – Może go **da**my ⑥ do **dzia**łu rekla**ma**cji? □

*4 son pro**blè**mé z no**va**kyèm. 5 kli**ègn**ts'i s'è **skar**jon. 6 **mou**vyon, jè **ftsa**lè gnè otpo**vya**da na pé**ta**gna. 7 to **dz'i**vnè. **zvé**klè iest **bar**dzo ou**pchèy**mé. 8 to **pra**vda, **a**lè **més'**lè, jè*

Notes

④ La préposition **na** exige ici l'emploi de l'accusatif. Notez que pour **pytania**, *questions*, la forme est la même qu'au nominatif. Au singulier, les deux cas font **pytanie**.

⑤ Dans la leçon 22, vous avez rencontré le verbe **robimy**, *nous faisons*. Vous savez donc maintenant que **zrobimy** – qui appartient à l'aspect perfectif à cause du préfixe –, est la forme du futur. Précisons qu'en traduisant ce verbe en français, vous aurez le choix, suivant le contexte, entre "nous allons faire" (préférable ici), et "nous ferons".

⑥ **damy**, *nous donnerons*, vient du perfectif **dać**, *donner*.

Pierwsze ćwiczenie – Proszę przetłumaczyć

❶ Cieszę się, że wszystko jest w porządku. ❷ Wiesz, co się tu dzieje? ❸ Jak zwykle, mamy problemy. ❹ To dziwne, Kowalski jest ostatnio uprzejmy. ❺ Myślę, że telefon wcale nie działa.

4 – Il y a [des] problèmes avec Nowak.
5 [Les] clients se plaignent.
6 [Ils] disent qu'il ne répond pas du tout (*que pas du tout ne répond*) aux questions.
7 – C'[est] bizarre. D'habitude, [il] est très aimable.
8 – C'est vrai (*ce vérité*), mais [je] pense qu'[il] a depuis peu (*dernièrement*) des problèmes d'oreille (*ennuis avec ouïe*).
9 – Alors, qu'allons-nous faire ?
10 – Si on le mettait (*peut-être le donnerons*) au service [des] réclamations ?

ma ostatgno kouopoté ze ***swou****Hèm.* ***9*** *to tso zro****bi****mé?* ***10 mo****jè go* ***da****mé do* ***dz'a****ou rèkla****ma****ts'i?*

Corrigé du premier exercice

❶ Ça me fait plaisir que ça aille bien. ❷ Tu sais ce qui se passe ici ? ❸ Comme d'habitude, nous avons des problèmes. ❹ C'est bizarre, Kowalski est (*dernièrement*) très aimable depuis quelque temps. ❺ Je pense que le téléphone ne fonctionne pas du tout.

Drugie ćwiczenie – Wpisać brakujące słowa

1. Est-ce que chez vous ça va bien ?
   Czy . was . . . . w . . . . ?
2. [Nous] avons depuis peu (dernièrement) [des] problèmes.
   Mamy . . . . problemy.
3. Pouvez-vous me dire ce qui se passe ?
   Może . . pan . . . . , co . . . . ?

---

28 Lekcja dwudziesta ósma

*(**lè**ktsya dvou**dźes**ta **ous**ma)*

Révision

1. L'aspect verbal

Répétons encore une fois qu'il s'agit d'un phénomène essentiel pour comprendre le fonctionnement du système verbal polonais. Voyons donc ce que vous avez déjà appris.
La quasi totalité des verbes polonais forment des couples dont les deux membres ont le même sens. Ils correspondent donc tous les deux, comme vous avez pu le constater, à un seul verbe français :

iść - pójść, *aller*
dzwonić - zadzwonić, *téléphoner*

Dans ces deux exemples, la première forme, simple ou non préfixée (**iść**, **dzwonić**), appartient à l'aspect imperfectif. Cela signifie que l'action est vue dans son déroulement et qu'aucune limite n'est envisagée. L'autre membre du couple, (**pójść**, **zadzwonić**), relève de l'aspect perfectif. On l'obtient, comme vous le voyez, en ajoutant un préfixe à la forme simple. Pour ces verbes, l'action est conçue comme si elle avait un terme final. Autrement dit, elle apparaît comme accomplie.

❹ Pourquoi ne répond[-il] pas du tout ?
Dlaczego ..... nie .... ?

❺ Pour moi aussi, c'est bizarre.
Dla .... też to ....

Corrigé du deuxième exercice - Mots manquants
❶ – u – wszystko – porządku ❷ – ostatnio – ❸ – mi – powiedzieć – się dzieje ❹ – wcale – odpowiada ❺ – mnie – dziwne

Vingt-huitième leçon 28

Il existe quelques rares verbes qui ont des formes différentes pour les deux aspects :

mówić (imperfectif) - **powiedzieć** (perfectif), *parler, dire*

Pourquoi insistons-nous tant sur la distinction des deux aspects à l'infinitif ? La raison, comme vous vous en souvenez sans doute, c'est que l'emploi des formes personnelles pour les deux membres du couple n'est pas le même. En effet, en conjuguant l'imperfectif, on forme le présent :

idziemy, *nous allons*,
robimy, *nous faisons*

En revanche, la conjugaison du perfectif, c'est-à-dire l'emploi des mêmes terminaisons personnelles, produit les formes du futur :

pójdziemy, *nous irons*
zrobimy, *nous ferons*

Ce phènomène s'explique par la présence de la notion de limite contenue dans le préfixe, d'où l'impossibilité de marquer le présent. En effet, l'action actuelle est presque toujours présentée dans son déroulement et n'est donc pas compatible avec une idée d'accomplissement.

2. Les verbes au pluriel

À l'inverse du singulier, qui présente certaines irrégularités, le pluriel est très facile à retenir. On reconnaît les personnes du pluriel aux terminaisons qui, à une lettre près, sont toujours les mêmes :
la 1re personne, **-my** : **mamy**, *nous avons*, **prosimy**, *nous prions*, **robimy**, *nous faisons*, **siedzimy**, *nous restons*, **idziemy**, *nous allons à pied*, **jedziemy**, *nous allons en véhicule*,

*****

Dialog-powtórka

1 – Co **sły**chać **(24)**? **Wszyst**ko w po**rząd**ku **(27)**?
2 – Dzięku**je**my. A u was **(25)**?
3 – Nie **bar**dzo. **Ma**my os**tat**nio kło**po**ty **(27)**.
4 – **Przy**kro mi **(26)**. A co się **dzie**je **(27)**?
5 – **Trud**no po**wie**dzieć **(23)**.
6 **Chy**ba dla**te**go, że **cią**gle sie**dzi**my w **do**mu **(22)**.
7 – To **mo**że pój**dzie**my na s**pa**cer **(22)**?
8 – To niemoż**li**we **(24)**, **pa**da deszcz **(22)**.
9 – W **ta**kim **ra**zie **(26)**, **mo**że do **cen**trum handlo**we**go **(23)**?
10 – Dosko**na**le **(25)**, **a**le **i**dę sam.
11 **Żo**na jest zmę**czo**na **(25)**.
12 – Na**pra**wdę? To **dziw**ne **(27)**.

dziękujemy, *nous remercions* ;
la 2e personne, **-cie** : **macie**, *vous avez*, **prosicie**, *vous priez*, **zrobicie**, *vous ferez* ;
la 3e personne, **-ą** : **są**, *ils sont*, **biorą**, *ils prennent*, **grają**, *ils jouent*, **mówią**, *ils disent*, *ils parlent*, **skarżą się**, *ils se plaignent*.

Nous espérons que cette petite mise au point, entièrement consacrée au verbe, vous a permis d'y voir un peu plus clair. Retrouvons donc maintenant quelques expressions que vous venez de rencontrer.

*****

Dialogue de révision

1 – Comment ça va (*qu'entend-on*) ? Ça va bien (*tout en ordre*) ?
2 – Merci (*remercions*). Et chez vous ?
3 – Pas tellement (*pas très*). [Nous] avons (*dernièrement*) [des] ennuis depuis quelque temps.
4 – Désolé (*désagréablement à moi*). Et que se passe[-t-il] ?
5 – Difficile (*difficilement*) [à] dire.
6 Sans doute parce que [nous] restons tout le temps (*tout le temps restons*) à [la] maison.
7 – Et si nous allions (*alors peut-être irons*) en promenade ?
8 – C'[est] impossible, il pleut (*tombe pluie*).
9 – Dans ce (*tel*) cas, peut-être au centre commercial ?
10 – Très bien (*formidablement*), mais [j'y] vais seul.
11 [Ma] femme est fatiguée.
12 – Vraiment ? C'[est] bizarre.

29 Lekcja dwudziesta dziewiąta
*(**lèk**tsya dvou**dz'ès**ta dz'è**vyo'n**ta)*

Choroba

1 – Źle wy**glą**dasz ①. Co ci jest?
2 – Źle się **czu**ję. **Bo**li mnie **gło**wa.
3 – Na**pi**jesz się **cze**goś ②? **Zro**bię ci her**ba**ty ③.
4 – Nie, dzię**ku**ję. Nie mam o**cho**ty ④.
5 – **Bo**li cię **gar**dło?
6 – **Tro**chę. I **chy**ba mam go**rącz**kę.
7 – Tak, rzeczy**wiś**cie, **jes**teś **cho**ry.
8 Powi**nie**neś ⑤ iść do le**ka**rza.

Wymowa

La prononciation figurée ne portera désormais que sur les mots nouveaux ou présentant une difficulté particulière.

Notes

① Pour décrire l'apparence d'une personne ou d'une chose, on se sert du verbe **wyglądać**, *sembler*, *paraître*, *avoir l'air*. Étant donné qu'il s'agit d'un état, comme pour "être" ou "avoir", et non pas d'une action, le perfectif n'existe pas. **Wyglądać** + adverbe s'emploie dans de nombreuses expressions courantes : **wyglądasz dobrze**, *tu as bonne mine*, **wyglądasz wspaniale**, *tu as l'air en pleine forme*.

② Outre **pić** (imperfectif) et **wypić** (perfectif), le verbe "boire" possède une forme spéciale, à la fois préfixée et pronominale, **napić się**. L'action de boire est alors envisagée comme partielle : "boire un peu", d'où le génitif **czegoś**, dérivé de **coś**, *quelque chose*. **napić się** sert notamment à proposer ou commander une boisson. Notez la 1re personne du singulier : **napiję się**. ▸

Vingt-neuvième leçon 29

[Une] maladie

1 – Tu as mauvaise mine (*mal sembles*). Qu'est-ce que tu as (*que te il y a*) ?
2 – Je me sens mal (*mal me sens*). J'ai mal à la tête (*fait mal à moi tête*).
3 – [Tu] boiras (*te*) quelque chose ? [Je] vais te faire [du] thé.
4 – Non, merci. [Je] n'ai pas envie.
5 – Tu as mal à la gorge (*fait mal à toi gorge*) ?
6 – Un peu. Et j'ai sans doute (*sans doute ai*) [de la] fièvre.
7 – Oui, effectivement, [tu] es malade.
8 [Tu] devrais aller chez [le] médecin.

*Horo**ba***
***1** z'lè vé**glo**'**n**dach ... **2** ... **tchou**yè ... **gouo**va. **3** na**pi**yèch**...** **tchè**gos'? ... Her**ba**té. **4**... o**Ho**té. **5** ... **gar**douo? **6** **tro**Hè. ... go**ron**tchkè. **7** ... jètché**vis**'ts'è ... **Ho**ré. **8** povi**gnè**nès' is'ts' ...*

③ Le génitif **herbaty**, *thé*, est de nouveau lié à la notion sous-entendue de quantité : "un peu de", "une tasse de".

④ Le complément d'objet direct qui suit un verbe à la forme négative se met au génitif, d'où **ochoty**, issu de **ochota**, *envie*. Vous vous souvenez qu'à la forme affirmative, le nom est à l'accusatif : **mam ochotę**, *j'ai envie*.

⑤ Voici une manière de suggérer à quelqu'un de faire quelque chose. Selon le genre grammatical, les formes diffèrent légèrement. Pour le masculin, la base est **powinien**, *il devrait*. En y ajoutant les terminaisons personnelles, on obtient les autres personnes : **powinienem**, *je devrais*, **powinieneś**, *tu devrais*. Du féminin singulier, **powinna**, *elle devrait*, dérivent respectivement **powinnam** et **powinnaś**.

9 – Nie. Na **ra**zie, **pój**dę ⑥ spać.
10 Zoba**czy**my ⑦ **jut**ro. □

9 razie ***pouill****dè spats'.*

Notes

⑥ Vous avez certainement deviné que **pójdę**, *je vais aller*, vient du perfectif **pójść**. Rappelons que son homologue imperfectif est **idę**, *je vais*, issu de **iść**.

⑦ **zobaczymy** vient de **zobaczyć**, *voir*, dont l'imperfectif ▸

Pierwsze ćwiczenie – Proszę przetłumaczyć

❶ Jestem chory, boli mnie gardło i głowa. ❷ Czuję się trochę zmęczona. ❸ Powinieneś iść spać. ❹ Na razie nie mam ochoty. ❺ Nie lubię chodzić do lekarza.

Drugie ćwiczenie – Wpisać brakujące słowa

❶ Je me sens très bien.
Czuję . . . bardzo . . . .

❷ Demain, j'irai chez le médecin.
Jutro . . . . . do . . . .

❸ Je n'ai pas envie d'aller dormir.
. . . mam . . . . . . iść . . . . .

❹ Je ne sais pas encore, nous verrons plus tard.
Nie . . . . jeszcze, ... potem.

❺ Je ne peux pas, mon frère est malade.
Nie . . . . , mój . . . . jest . . . . . .

9 – Non. Pour [le] moment, [je] vais aller dormir.
10 [Nous] verrons demain.

correspondant est une forme différente, **widzieć**. Les deux verbes appartiennent à la même conjugaison et comme vous connaissez déjà **widzę**, l'équivalent de "je vois", vous déduirez facilement que "je verrai" se dit **zobaczę**.

Corrigé du premier exercice

❶ Je suis malade, j'ai mal à la gorge et à la tête. ❷ Je me sens un peu fatiguée. ❸ Tu devrais (masc.) aller dormir. ❹ Pour le moment, je n'ai pas envie. ❺ Je n'aime pas aller chez le médecin.

Corrigé du deuxième exercice - Mots manquants

❶ – się – dobrze ❷ – pójdę – lekarza ❸ Nie – ochoty – spać ❹ – wiem – zobaczymy – ❺ – mogę – brat – chory

Lekcja trzydziesta *(lèktsya t'chédz'èsta)*

Zaproszenie na koncert ①

1 – Co **ro**bisz w **przy**szły ponie**dzia**łek ②?
2 – A dla**cze**go **py**tasz?
3 – Chcę cię za**pro**sić na **kon**cert.
4 – Nies**te**ty, **jes**tem za**ję**ta. **Mo**że we **wto**rek ③.
5 – Już **pat**rzę. Nie, **i**dę na **ba**sen.
6 – A w środę ④?
7 – **Jes**tem **wol**ny. Zo**ba**czę, co jest w pro**gra**mie ⑤.
8 **Lu**bisz Mo**zar**ta ⑥?
9 – U**wiel**biam. Gdzie się spot**ka**my?
10 – U mnie, o dzie**wią**tej ⑦.
11 – Dosko**na**le. To do **śro**dy.

Wymowa

*zapro**chè**gnè na **ko'n**tsert*
*1 ... **ro**bich f **pché**choué pognè**dz'a**ouèk? **2** ... **pé**tach? **3** Htsè*

Notes

① Revenons un instant sur la préposition **na**, utilisée en concurrence avec **do** pour indiquer un lieu à atteindre, un but. Parmi les cas où **na** remplace **do**, citons celui où la destination est un spectacle, une représentation ou une manifestation culturelle, sportive ou autre. C'est ce que vous avez ici avec **na koncert**, *au concert*.

② Les jours de la semaine, lorsqu'ils servent de complément de temps, c'est-à-dire en réponse à la question "quand", s'emploient à l'accusatif et sont précédés de la préposition **w**, *en*, *dans*.

③ Devant un mot commençant par un groupe de consonnes dont la première est **w** ou **f**, la préposition **w** prend la forme **we**, d'où **we wtorek**, *mardi*.

[Une] invitation à [un] concert

1 – Que fais-[tu] lundi prochain (*en prochain lundi*) ?
2 – Et pourquoi demandes-[tu] ?
3 – [Je] veux t'inviter à [un] concert.
4 – Malheureusement, [je] suis occupée. Peut-être (*en*) mardi.
5 – Je regarde tout de suite (*déjà regarde*). Non, [je] vais à [la] piscine.
6 – Et (*en*) mercredi ?
7 – [Je] suis libre. [Je] vais voir ce qu'il y a au programme.
8 Aimes-[tu] Mozart ?
9 – [J']adore. Où nous retrouvons (*retrouverons*)-nous ?
10 – Chez moi, à neuf heures (*neuvième*).
11 – Formidable(*ment*). Alors, à mercredi.

*ts'è za**pros**'its' ... **5** ... **pa**t'chè... **ba**ssèn. **6** a f **s'ro**dè? **7** ... zo**ba**tchè... f pro**gra**myè. **9** ou**vyèl**bya'm. ... **10** ou ... dz'è**vyo'n**teille. **11** ... **s'ro**dé.*

④ Certains jours de la semaine, comme **środa**, *mercredi*, sont du genre féminin, ce qui explique la terminaison **-ę** à l'accusatif.

⑤ La finale **-e** du locatif singulier peut, après certaines consonnes, prendre la forme **-ie**, d'où **w programie**, *au programme*.

⑥ Ne vous étonnez pas de voir les noms propres d'origine étrangère – ici **Mozart** – déclinés comme les noms polonais. La forme **Mozarta** correspond à l'accusatif.

⑦ Pour dire "à telle heure", on emploie la préposition **o** + le locatif de l'adjectif numéral ordinal au féminin. Sa terminaison **-ej** est la même que celle des adjectifs qualificatifs.

30 **Pierwsze ćwiczenie – Proszę przetłumaczyć**

❶ Spotkamy się w domu, o dziewiątej. ❷ Czy dzisiaj jest pan wolny? ❸ W przyszły wtorek jestem zajęty. ❹ Uwielbiam chodzić na basen. ❺ U mnie nic ciekawego.

Drugie ćwiczenie – Wpisać brakujące słowa

❶ Lundi et mardi, je suis occupé.
W . . . . i we . . . . . . jestem . . . .

❷ Tu es libre mercredi ?
Jesteś . . . . . w . . . . . ?

❸ Si nous allions à la piscine ?
. . . . pójdziemy . . . . ?

❹ Je peux t'inviter au cinéma.
. . . . cię . . . . do . . . . . .

❺ Au programme, il y a un concert de Mozart.
W . . . . jest . . . . Mozarta.

La culture étant très vivante en Pologne, vous y trouverez beaucoup de manifestations culturelles fort intéressantes. Dans le domaine musical, par exemple, les mélomanes en tout genre séjournant à Varsovie en été seront comblés. Pour les amateurs de musique classique, il y a le Festival Mozart, le Festival d'orgue Jean-Sebastien Bach, et surtout les concerts Frédéric Chopin, de mai à octobre, au parc de Łazienki et au château de Wilanów. Ceux qui aiment la musique contemporaine pourront se rendre à l'Automne de Varsovie. Enfin, le Festival de jazz, en octobre, sera un régal pour les fanas de cette musique. Mais les autres grandes villes ne sont pas en reste : toutes mettent en place divers événements, journées, concerts ou récitals. Cracovie vous offre, entre autres, les Journées Beethoven

Corrigé du premier exercice

❶ Nous nous retrouverons à la maison, à neuf heures. ❷ Est-ce que vous êtes libre aujourd'hui, monsieur ? ❸ Mardi prochain, je suis occupé . ❹ J'adore aller à la piscine. ❺ Chez moi, rien d'intéressant.

Corrigé du deuxième exercice - Mots manquants

❶ – poniedziałek – wtorek – zajęty ❷ – wolny – środę ❸ Może – na basen ❹ Mogę – zaprosić – kina ❺ – programie – koncert –

à Pâques, les Journées de la musique d'orgue en avril-mai ou encore le Festival de musique de la vieille ville en août. La ville de Poznań organise le prestigieux Festival international de violon Henryk Wieniawski, celle de Wrocław, son fameux Festival international Jazz sur Oder, et son Festival d'oratorios et de cantates. Enfin, si vous vous trouvez au mois d'août à Sopot, près de Gdańsk, allez au Festival international de la chanson. Il se déroule en plein air dans un amphithéâtre de verdure, dit Opera Leśna (Opéra Sylvestre).

31 Lekcja trzydziesta pierwsza
*(**lè**ktsya t'ché**dz'è**sta **pierf**cha)*

Wakacje

1 – Gdzie **by**łaś ① na wa**ka**cjach?
2 – W tym **ro**ku, **by**łam nad ② **mo**rzem, **ko**ło **Gdań**ska.
3 – No i co ③?
4 – **By**ło ④ **bar**dzo ⑤ **du**żo **lu**dzi.
5 Dla**te**go w **przysz**łym **ro**ku, chcę po**je**chać na Ma**zu**ry.
6 – **Wi**dzę, że **lu**bisz **wo**dę.

Wymowa
*va**ka**tsyè*
***1** ... **bé**was' ... va**katsy**aH? **2** f tém ... **bé**wa'm nat **mo**jèm,*

Notes

① Vous serez agréablement surpris d'apprendre que le polonais n'a qu'un temps passé et que sa formation est régulière, à quelques exceptions près. Il n'y a qu'une seule singularité, qui peut certes dérouter au début : les formes sont différentes suivant le genre grammatical du sujet. Contentons-nous pour le moment de remarquer que **byłaś**, *tu as été*, s'emploie pour le féminin, que l'on reconnaît facilement à la lettre **a** dans la terminaison du singulier.

② **nad** signifiant normalement "au-dessus" apparaît également dans quelques expressions toutes faites, comme ici **nad morzem**, *au bord de la mer*. Le nom qui suit, vous l'aurez constaté, est à l'instrumental.

③ Voici une expression très courante pour s'enquérir de quelque ▸

Trente et unième leçon 31

[Les] vacances

1 – Où as-[tu] été en vacances ?
2 – (*En*) cette année, [j']ai été au bord de [la] mer, à côté [de] Gdansk.
3 – Et alors ?
4 – Il y avait (*était*) énormément de monde (*très beaucoup gens*).
5 C'est pourquoi (*pour cela*), l'année prochaine (*en prochaine année*), [je] veux aller en Mazurie.
6 – [Je] vois que [tu] aimes [l']eau.

***ko**wo **gdagn**ska. 4 **bé**wo ... **dou**jo **lou**dz'i. 5 ... **pché**chouém ... Htsè po**yè**Hats' ... ma**zou**ré. 6 ... **lou**bich **vo**dè.*

chose. Retenez-la telle quelle, sans en décomposer les trois éléments.

④ Au passé, la 3e personne du singulier possède aussi le genre neutre, qui se caractérise, comme vous le voyez dans **było**, *il/elle était*, par la terminaison **-o**.

⑤ Vous vous êtes sûrement aperçu que **bardzo** se traduit par "très" ou "beaucoup", selon le mot qu'il accompagne. Dans le premier cas, il s'agit généralement d'un adjectif : **bardzo uprzejmy**, *très aimable*, **bardzo proste**, *très simple*, et, dans le second, d'un verbe : **dziękuję bardzo**, *merci beaucoup*. Par ailleurs, à "beaucoup" – en tant qu'adverbe de quantité – correspond **dużo** (ex. **dużo ludzi**, *beaucoup de monde*). Pour une grande quantité, on dit donc **bardzo dużo**.

7 – No **pew**nie. **Wszy**scy to **lu**bią.
8 **Ką**piel i **spor**ty **wod**ne to na**praw**dę **wiel**ka przy**jem**ność.
9 – To za**le**ży, mnie to **wca**le nie intere**su**je.
10 – A co cię intere**su**je? **Mo**że **gó**ry?
11 – Nie, pod**ró**że za gra**ni**cę ⑥. W tym **ro**ku **by**łem w **Gre**cji.
12 – I nie **mia**łeś ⑦ kło**po**tów z ję**zy**kiem?
13 – Ja nie, **a**le **Gre**cy tak. □

*7 ... **pè**vgnè. **fchés**tsé to **lou**bion. 8 **ko'm**pyèl i **spor**té **vod**nè ... na**prav**dè **vyèl**ka pché**yè'm**nos'ts'. 9 ... za**lè**jé, ... i'ntèrè**ssou**yè. 10 ... **gou**ré? 11 ... pod**rou**jè za gra**gni**tsè. ...*

Notes

⑥ La traduction littérale de **za granicę** est "derrière la frontière". Lorsque, comme ici, l'expression "à l'étranger" implique une idée de déplacement, la préposition **za** est suivie de l'accusatif. En revanche, s'il s'agit d'indiquer l'emplacement, comme dans "j'habite à l'étranger", on utilise l'instrumental : **mieszkam za granicą**. Signalons enfin, pour éviter toute erreur, qu'il existe aussi un mot, **zagranica**, qui lui, signifie "pays étrangers".

⑦ **miałeś**, *tu as eu*, correspond au masculin, le féminin étant **miałaś**.

Pierwsze ćwiczenie – Proszę przetłumaczyć

❶ Moja siostra mieszka nad morzem. ❷ W przyszły poniedziałek, jadę za granicę. ❸ Już byłem w centrum Warszawy. ❹ W tym roku jest bardzo dużo ludzi. ❺ Nie miałeś ochoty zadzwonić?

7 – Évidemment. Tout le monde l'aime (*tous l'aiment*). 31

8 [La] baignade et [les]sports nautiques, c'[est] vraiment [un] énorme plaisir.

9 – Ça dépend. Moi, ça ne m'intéresse pas du tout.

10 – Et qu'est-ce qui t'intéresse ? Peut-être la montagne (*les montagnes*) ?

11 – Non, [les] voyages à l'étranger. (*En*) cette année, [j']ai été en Grèce.

12 – Et [tu] n'as pas eu [de] problèmes avec [la] langue ?

13 – Moi non, mais [les] Grecs, oui.

***bé**wè'm v **grè**tsi. 12 ... **mia**ouès' kouo**po**touf z yin**zé**kyè'm?*
*13 ... **grè**tsé...*

Corrigé du premier exercice

❶ Ma sœur habite au bord de la mer. ❷ Lundi prochain, je vais à l'étranger. ❸ J'ai déjà été dans le centre de Varsovie. ❹ Cette année, il y a beaucoup de monde. ❺ Tu n'as pas eu envie de téléphoner ?

32 **Drugie ćwiczenie – Wpisać brakujące słowa**

1. L'année prochaine, je vais à l'étranger.
 . przyszłym . . . . jadę . . . .
2. Maintenant, j'habite au bord de la mer.
 Teraz . . . . nad . . . .
3. Le soir, il y avait beaucoup de monde.
 Wieczorem . . . . dużo . . . . . .

Au nord du pays, sur les bords de la Baltique, Gdańsk doit sa renommée aux célèbres chantiers navals, d'où est partie en 1980, Lech Wałęsa en tête, la révolte contre le régime communiste. Mais la ville tire aussi sa réputation d'un riche patrimoine architectural qui attire chaque année de nombreux touristes étrangers. À ne pas manquer : la rue Mariacka, avec ses maisons à terrasses auxquelles on accède par un escalier en pierre.
Située à une vingtaine de minutes de Gdańsk, Sopot – surnommée "la Deauville de la Baltique" – est une station balnéaire très courue. On vient y profiter des plages de sable fin, de l'eau à 18

32 Lekcja trzydziesta druga
*(**lèk**tsya t'ché**dz'ès**ta **drou**ga)*

Rozrywki

1 – Co lu**bi**cie **ro**bić po (1) **pra**cy?
2 – Ja **bar**dzo **lu**bię **czy**tać.
3 **Czy**tam prak**tycz**nie **wszyst**ko : bio**gra**fie, po**wieś**ci, po**e**zję.

Wymowa
*roz**réf**ki*
***1**... lou**bi**ts'è ... **pra**tsé? **2** ... **tché**tats'. **3** **tché**ta'm prak**tétch**gnè ... bio**gra**fiè, po**vyès**'ts'i, po**è**zyè.*

❹ Je suis désolé, mais j'ai été malade.
Przykro . ., ale . . . . . chory.

❺ Ça me fait plaisir que le travail t'intéresse.
. . . . . . się, . . praca . . . interesuje.

Corrigé du deuxième exercice - Mots manquants
❶ W – roku – za granicę ❷ – mieszkam – morzem ❸ – było – ludzi ❹ – mi – byłem – ❺ Cieszę – że – cię –

degrés en été et du fameux molo, une très longue jetée qui s'avance dans la mer et sert de lieu de promenade.
En allant vers l'est, la Mazurie (Mazury) est une région de lacs, de bois et de rivières, où vivent, protégés dans des parcs nationaux, élans, loups, lynx et autres espèces rares. De nombreuses petites îles abritent des réserves naturelles d'oiseaux aquatiques : cormorans, cygnes sauvages, hérons. Le site, très peu urbanisé, est un véritable paradis pour les pêcheurs, les campeurs et tous les amoureux de la nature.

Trente-deuxième leçon 32

[Les] distractions

1 – Qu'est-ce que [vous] aimez faire après [le] travail ?
2 – Moi, j'aime beaucoup (*beaucoup aime*) lire.
3 [Je] lis pratiquement tout : biographies, romans, poésie.

Notes

① Nous l'avons déjà signalé : la préposition **po** figure malheureusement parmi celles qui possèdent beaucoup d'emplois assez disparates. En voici un nouveau, où elle équivaut à "après" et demande le locatif.

32

4 – Ja **chę**tnie **cho**dzę ② do te**a**tru i do o**pe**ry.
5 – A ja oso**biś**cie **wo**lę **cho**dzić ③ do **ki**na.
6 Szcze**gól**nie **lu**bię **fil**my przygo**do**we.
7 – A **mo**je **ho**bby to sport.
8 Gram w te**ni**sa, **jeż**dżę ④ na ro**we**rze.
9 A **zi**mą, na nartach ⑤.
10 – Ja, **praw**dę **mó**wiąc, nie **lu**bię **a**ni **spor**tu, **a**ni te**a**tru, **a**ni czy**ta**nia.
11 **Mo**ja ulu**bio**na roz**ryw**ka, to gra w **kar**ty.
12 – Tak? To się **dob**rze **skła**da, my też to lu**bi**my. □

*4 ... **Hèn**tgnè ... o**pè**ré. 5 ... osso**bis'**ts'è **vo**lè **Ho**dz'ts' ... 6 chtchè**goul**gnè ... **fil**mé pchégo**do**vè. 7 ... **Ho**bbi ... sport. 8 gra'm f tè**ni**ssa, **ièj**djè na ro**vè**jè. 9 ... **z'i**mon ... **nar**taH.*

Notes

② Rappelons que pour la marche à pied, on dispose en polonais de deux verbes à l'imperfectif. Vous connaissez ainsi (leçon 20, note 4) la distinction entre **idę** et **chodzę**, pour "je vais", suivant le type de déplacement : unique pour **idę** et répété pour **chodzę**. Il arrive parfois que le contexte ajoute un élément supplémentaire à l'information portée par le verbe lui-même. On voit, par exemple dans cette phrase, grâce au mot **chętnie**, *volontiers*, que **chodzę** signifie bien une action habituelle. L'emploi de **idę** est en effet incompatible avec **chętnie**.

③ Contrairement à la phrase précédente, seul le verbe **chodzić** permet de dire qu'il ne s'agit pas ici d'une action spécifique. Dans le cas d'un souhait portant sur un déplacement unique, on dirait : **A ja osobiście wolę iść do kina**. ▶

4 – Moi, je vais volontiers (*volontiers vais*) au théâtre et à l'opéra.
5 – Et moi, personnellement, [je] préfère aller au cinéma.
6 J'aime particulièrement (*particulièrement aime*) [les] films [d']aventure.
7 – Et [moi], mon hobby, c'[est le] sport.
8 [Je] joue au tennis, je fais du (*vais à*) vélo.
9 Et [en] hiver, [je fais du] (*à*) ski.
10 – Moi, à vrai dire (*vérité disant*), [je] n'aime ni [le] sport, ni [le] théâtre, ni [la] lecture.
11 Ma distraction préférée (*préférée distraction*), c'[est le] jeu de cartes.
12 – Oui ? Ça tombe bien (*se bien compose*), nous aussi, [nous] l'aimons.

***10** ... **mou**vyonts ... **11** ... ouloubiona rozréfka ... **12** ... skouada ...*

④ Il n'y a pas d'équivalent exact de l'expression "faire du vélo" ; on dit toujours "aller à vélo". Comme il ne s'agit pas d'un déplacement à pied, on n'utilise ni **iść** ni **chodzić**, mais un autre couple de verbes de mêmes caractéristiques, qui sont respectivement **jechać** – que vous connaissez déjà – et **jeździć**. Ainsi on dit **Dziś jadę na rowerze**, *Aujourd'hui, je vais à vélo*, mais **Często jeżdżę na rowerze**, *Je vais souvent à vélo*. Remarquez, pour les deux verbes, les changements entre l'infinitif et les formes personnelles. Ce sont, pour **jechać**, la modification des voyelles **e**/**a** à la 1re personne du singulier et, pour **jeździć**, la transformation **ź**(**zi**)/**ż**. On retrouve les mêmes changements à la 3e personne du pluriel : **jadą** et **jeżdżą**, *ils/elles vont*.

⑤ Pour la pratique du ski, on utilise également le verbe **jeździć** + **na** + locatif. Le nominatif correspondant à "skis" est **narty**.

33 **Pierwsze ćwiczenie – Proszę przetłumaczyć**

❶ Po pracy, chętnie gram w karty. ❷ Ja nie lubię sportu, wolę czytać. ❸ Może pan pojechać na rowerze. ❹ Nie znam ani Gdańska ani Krakowa. ❺ Adam i Marek grają bardzo dobrze w tenisa.

Drugie ćwiczenie – Wpisać brakujące słowa

❶ Où nous retrouverons-nous après le travail ?
Gdzie . . . spotkamy . . pracy?

❷ Je préfère envoyer une lettre en France.
. . . . wysłać . . . . do . . . .

❸ On va (allons) au cinéma ? Volontiers.
. . . . do . . . . ? . . . .

❹ En hiver, je fais du ski.
Zimą . . . . . . na . . . .

❺ J'ai été à vélo à côté de Gdansk.
. . . . . na . . . . koło . . . .

---

33 Lekcja trzydziesta trzecia

*(**lèk**tsya t'ché**dz'ès**ta **t'chè**ts'a)*

Sklep

1 – **I**dę do **skle**pu. **Pój**dziesz ① ze mną ②?
2 – **Dob**rze, **jeś**li chcesz.
(...)

Wymowa
sklèp
*1 ... **sklè**pou. **pouill**dz'èch zè mnon? **2** ... **yes**'li Htsèch.*

Corrigé du premier exercice

❶ Après le travail, je joue volontiers aux cartes. ❷ Moi, je n'aime pas le sport, je préfère lire. ❸ Vous pouvez y aller à vélo. ❹ Je ne connais ni Gdansk ni Cracovie. ❺ Adam et Marek jouent très bien au tennis.

Corrigé du deuxième exercice - Mots manquants

❶ – się – po – ❷ Wolę – list – Francji ❸ Idziemy – kina Chętnie ❹ – jeżdżę – nartach ❺ Byłem – rowerze – Gdańska

Trente-troisième leçon 33

[Le] magasin

1 – [Je] vais au magasin. Tu viens (*iras*) avec moi ?
2 – D'accord (*bien*), si [tu] veux.
(...)

Notes

① Vous savez maintenant que le perfectif **pójdziesz**, 2e personne du singulier de **pójść**, *aller*, renvoie à l'action future.

② **mną** est l'instrumental de **ja**, *je*, *moi*.

33 **3** – Co **myś**lisz o tej su**kien**ce ③?
4 – **Mo**im **zda**niem, ④ jest za **krót**ka.
5 – Co ty opo**wia**dasz?! **Te**raz się **ta**kie **no**si ⑤.
6 – To **mo**że ta **bluz**ka ?
7 – Nie po**do**ba mi się **ko**lor.
8 – Przecież zie**lo**ny jest **bar**dzo **mod**ny.
9 – Po**win**naś **ra**czej przy**mie**rzyć te **spod**nie ⑥.
10 – **A**le mam **pra**wie **ta**kie **sa**me.
11 – **Któ**re ⑦? Te **czar**ne? **Chy**ba żar**tu**jesz!
12 **Te**raz się już **ta**kich ⑧ nie **no**si! □

*3 ... **més**'lich ... sou**kyèn**tsè? 4 **mo**'i'm **zda**gnèm ... **krout**ka. 5 ... opo**via**dach?! ... **nos**'i. 6 ... **blous**ka? 8 p**chéts**'èch z'è**lo**né*

Notes

③ Le verbe “penser” (**myśleć**) est suivi de la préposition **o**, *à*, *de*, qui exige le locatif. Remarquez, dans la forme **tej**, issue de **ta**, *cette*, le changement **a/e**. De même **sukienka**, *robe*, subit l’alternance **k/c** et donne au locatif **sukience**.

④ La tournure “à mon avis” se dit en polonais à l’aide de l’instrumental, sans préposition. Le nominatif correspondant, du genre neutre, est **moje zdanie**.

⑤ Dans certaines constructions impersonnelles, on recourt à la 3e personne du singulier d’un verbe au présent en y ajoutant le pronom réfléchi **się**. Le tout, comme par exemple **nosi się coś**, peut être traduit en français par une expression avec “on” : “on porte quelque chose”, ou par une tournure pronominale : “quelque ▸

Pierwsze ćwiczenie – Proszę przetłumaczyć

❶ Po pracy, muszę iść do sklepu. ❷ Chcesz przymierzyć ten sweter? ❸ Mam nadzieję, że żartujesz. ❹ Powinnaś pojechać ze mną de Francji. ❺ Które lody wolisz?

3 – Que penses-[tu] de cette robe ?
4 – [À] mon avis, [elle] est trop courte.
5 – Qu'est-ce que tu racontes ?! Maintenant, on les porte comme ça (*se telles porte*).
6 – Alors peut-être ce chemisier ?
7 – Je n'aime pas (*ne plaît à moi*) [la] couleur.
8 – Pourtant [le] vert est très à la mode.
9 – [Tu] devrais plutôt essayer ce pantalon.
10 – Mais [j'en] ai [un qui est] presque pareil.
11 – Lequel ? Le (*ce*) noir ? Tu plaisantes sans doute (*sans doute plaisantes*) !
12 Maintenant, on n'en porte plus des comme ça (*se plus telles ne porte*).

*... **9** ... ra**t**cheille pché**myè**jéts ... **11** ... **tchar**nè? ... **12** ... **ta**kiH ...*

▸ chose se porte". En voici un autre exemple : **Gdzie się kupuje bilety?**, *Où achète-t-on / où s'achètent les billets ?*

⑥ **spodnie**, *pantalon*, s'emploie uniquement au pluriel, contrairement à son équivalent français.

⑦ Le pronom "(le)quel" a deux équivalents en polonais : **jaki** et **który** – ce dernier ici sous la forme du pluriel **które**. Le premier se rapporte plutôt à la qualité d'un objet ou d'une personne, le second porte sur leur identité parmi d'autres possibles. C'est ainsi que **który**, au féminin, sert à demander l'heure : **która godzina?**

⑧ Comme la phrase est à la forme négative, on a **takich**, génitif de **takie**, *tel(le)s*.

Corrigé du premier exercice

❶ Après le travail, je dois aller au magasin. ❷ Tu veux essayer ce pull ? ❸ J'espère que tu plaisantes. ❹ Tu devrais aller avec moi en France. ❺ Quelles glaces préfères-tu ?

Drugie ćwiczenie – Wpisać brakujące słowa

❶ Je voudrais (fém.) essayer ce pantalon.
. . . . przymierzyć . . . .

❷ Nous allons au magasin acheter des fruits.
. . . . do . . . . owoce.

❸ Tu devrais (fém.) voir cette couleur.
. . . . zobaczyć . . . .

❹ Est-ce que tu penses que ce pull est joli ?
Czy . . . . , że . . . . jest . . . . . ?

❺ Tu veux aller avec moi à Varsovie ?
. . . . . . pojechać . . mną . . Warszawy?

34 Lekcja trzydziesta czwarta
*(**lèk**tsya t'ché**dz'ès**ta **tchfar**ta)*

Marzenia ① o przyszłości

1 – **Dzie**ci ②, kto wie **ja**ki jest **dzi**siaj **te**mat **lek**cji?
2 – Ja wiem : ma**rze**nia o przy**szło**ści.

Wymowa
*ma**jè**gna o pché**chouo**s'ts'i*
***1 dz'è**ts'i, ...*

Corrigé du deuxième exercice - Mots manquants
❶ Chciałabym – te spodnie ❷ Idziemy – sklepu kupić – ❸ Powinnaś – ten kolor ❹ – myślisz – ten sweter – ładny ❺ Chcesz – ze – do –

Trente-quatrième leçon 34

[Les] rêves d'avenir

1 – [Les] enfants, qui sait quel est aujourd'hui le sujet de [la] leçon ?
2 – Moi, [je] sais : [les] rêves d'avenir.

Notes

① Les noms dérivés de verbes exigent, le cas échéant, l'emploi de la même préposition. **Marzyć**, *rêver*, étant suivi de **o**, *à*, on trouve cette préposition également après **marzenia**, *rêves*.

② Le singulier correspondant à **dzieci**, *enfants*, est **dziecko**, nom neutre. Nous avons ici affaire au vocatif qui, au pluriel des trois genres, a la même forme que le nominatif.

3 – **Bar**dzo **dob**rze. To kto za**czy**na? **Mo**że ty, **Ka**siu ③?
4 – Ja **ma**rzę o tym, **że**by **zos**tać akt**or**ką ④.
5 – To **bar**dzo cie**ka**wy **za**wód. A ty, **Mar**ku ⑤?
6 – Ja **chciał**bym po**le**cieć ⑥ na **się**życ.
7 – O, to **bar**dzo orygi**nal**ne ma**rze**nie.
8 Kto **jesz**cze chce coś po**wie**dzieć? **To**mek?
9 – Ja **ma**rzę o tym, **że**by za**ra**biać ⑦ **du**żo pie**nię**dzy ⑧.
10 Tak jak mój **ta**ta.
11 – Twój **ta**ta za**ra**bia **du**żo pie**nię**dzy?
12 – Nie, **a**le **ma**rzy o tym od **daw**na. □

*3 ... zat**ché**na ... **kas'**ou? 4 ... **ma**jè ... **jè**bé **zos**tats' ak**tor**kon. 5 ... **za**vout ... 6 ... po**lè**ts'èts' na **ks'in**jéts. 7 ... oré**gui**nalnè ...*

Notes

③ Rappelons que pour les prénoms, on se sert, la plupart du temps, de diminutifs. Pour “Catherine”, la forme usuelle **Kasia** apparaît ici au vocatif **Kasiu**.

④ La construction de **zostać**, *devenir*, est la même que celle du verbe “être” : le nom qui suit se met à l’instrumental : **aktorką**, *actrice*.

⑤ En déclinant le prénom **Marek**, la lettre **e** disparaît, d’où **Marku** au vocatif.

⑥ Vous avez déjà eu un petit aperçu des distinctions que connaît la catégorie des verbes de mouvement. Continuons donc notre chemin avec, cette fois-ci, un déplacement dans l’air. Celui-ci s’exprime à l’aide des mêmes verbes que pour les oiseaux ou les insectes : “voler”. La forme **polecieć** correspond au perfectif que l’on reconnaît au préfixe **po-**, comme dans **pojechać**, *aller en véhicule*. ▸

3 – Très bien. Alors qui commence ? Peut-être toi, Kasia (*Catherine*) ?
4 – Moi, [je] rêve de (*cela pour*) devenir actrice.
5 – C['est un] métier très intéressant (*très intéressant métier*). Et toi, Marek ?
6 – Moi, [je] voudrais aller sur la lune.
7 – Oh, c['est un] rêve très original (*très original rêve*).
8 Qui d'autre (*encore*) veut dire quelque chose (*quelque chose dire*) ? Tomek (*Thomas*) ?
9 – Moi, [je] rêve de (*cela pour*) gagner beaucoup [d']argent.
10 (*Ainsi*) comme mon père.
11 – Ton père gagne beaucoup [d']argent ?
12 – Non, mais [il] en (*de cela*) rêve depuis longtemps.

***9** ... zara**bi**ats' ... piè**gnin**dzé. **12** ... **dav**na.*

⑦ **zarabiać**, *gagner*, en parlant de l'argent, est imperfectif. Il a pour homologue perfectif **zarobić** qui se conjugue comme **robić**. Mais attention, ne les confondez pas ! En effet, malgré une lointaine origine commune, il s'agit de deux verbes, et surtout de deux aspects différents. Ainsi **robię** signifie "je fais" et **zarobię**, "je gagnerai", ce qui n'a pas grand-chose à voir. Pour mémoire, "je ferai" se dit **zrobię**.

⑧ L'équivalent polonais du mot "argent" au sens de "monnaie" est le nom pluriel **pieniądze**. Il est ici employé au génitif, car il se rapporte à la quantité : **dużo pieniędzy**, *beaucoup d'argent*. Remarquez le changement **ą**/**ę** qui se produit généralement pour les noms masculins lors du passage au génitif. Le singulier **pieniądz**, qui désigne une pièce de monnaie, est peu usité.

35 **Pierwsze ćwiczenie – Proszę przetłumaczyć**

❶ Dzieci są już w domu. ❷ Moja siostra chce zostać aktorką. ❸ Kto wie, jak to trzeba powiedzieć? ❹ Jaki jest twój ulubiony zawód? ❺ Od dawna o tym myślisz?

Drugie ćwiczenie – Wpisać brakujące słowa

❶ Les enfants jouent volontiers au tennis.
. . . . . . chętnie . . . . . w . . . .

❷ Thomas commence [à] gagner beaucoup d'argent.
Tomek . . . . zarabiać . . . . pieniędzy.

❸ Je voudrais (masc.) dire quelque chose.
. . . . coś . . . .

❹ Depuis longtemps, j'aime ce métier.
Od . . . . . lubię . . . .

❺ C'est un sujet très intéressant.
To . . . . . . ciekawy . . . . . .

35 Lekcja trzydziesta piąta

*(**lè**ktsya t'ché**dzès**ta **pio'n**ta)*

Révision

1. Commençons par les jours de la semaine. Parmi ceux que nous avons rencontrés, certains sont du genre masculin :

poniedziałek, *lundi* et **wtorek**, *mardi*.

Ajoutons-y :

czwartek, *jeudi* et **piątek**, *vendredi*.

Notez cette petite astuce qui vous permettra de retenir facilement

Corrigé du premier exercice

❶ Les enfants sont déjà à la maison. ❷ Ma sœur veut devenir actrice. ❸ Qui sait comment il faut le dire ? ❹ Quel est ton métier préféré ? ❺ Tu penses à cela depuis longtemps ?

Corrigé du deuxième exercice - Mots manquants

❶ Dzieci – grają – tenisa ❷ – zaczyna – dużo – pieniędzy ❸ Chciałbym – powiedzieć ❹ – dawna – ten zawód ❺ – bardzo – temat

Trente-cinquième leçon 35

les deux derniers : **czwartek** vient de **czwarty**, *quatrième* et **piątek**, de **piąty**, *cinquième*. Vous avez vu aussi que :

środa, *mercredi*, est féminin, tout comme les deux jours du week-end :

sobota, *samedi* et **niedziela**, *dimanche*.

Lorsqu'ils sont utilisés en tant que complément de temps, les jours de la semaine se mettent à l'accusatif. Pour les noms masculins, les formes sont les mêmes qu'au nominatif, et pour les féminins, la terminaison

est **-ę**. On les fait précéder de la préposition **w** : **w poniedziałek**, **w środę**. N'oubliez pas que pour faciliter la prononciation, **w** se transforme en **we** dans **we wtorek**.
Contrairement au français, le polonais ne fait pas de distinction entre le jour particulier *lundi* et le jour habituel *le lundi*. Ce sont d'autres mots : **przyszły**, *prochain* ou **zwykle**, *d'habitude*, qui permettent de lever une éventuelle ambiguïté. Le verbe lui-même peut aussi, dans certains cas, apporter une précision sur le type d'action, particulière ou habituelle. Ainsi **W poniedziałek idę na basen** correspond à *Lundi, je vais à la piscine*, et **W poniedziałek chodzę na basen** a pour équivalent *Le lundi, je vais à la piscine*.

2. Passons maintenant à l'emploi des *prépositions*. Malheureusement, ce n'est pas ce qu'il y a de plus facile ! On s'aperçoit très vite en effet que la plupart du temps il n'y a pas de correspondance exacte d'une langue à l'autre. De plus, l'utilisation des prépositions polonaises est assez délicate car chacune entraîne l'emploi d'un cas particulier, voire, pour certaines, de deux cas différents.
Voici donc un petit récapitulatif, cas par cas, des prépositions rencontrées jusqu'ici.

• Avec le **génitif**, sont employées :

dla, *pour* : **dla kolegi**, *pour un ami*, **dla mnie**, *pour moi* ;
do, *à, chez* : **do Krakowa**, *à Cracovie*, **do lekarza**, *chez le médecin*, **do jutra**, *à demain*, **do środy**, *à mercredi* ;
u, *chez* : **u rodziny**, *chez la famille*, **u was**, *chez vous*, **u nas**, *chez nous* ;
z, *de* : **z Warszawy**, *de Varsovie*, **z wakacji**, *de vacances*.

• Avec l'**accusatif** :

na, *à, pour* : **na koncert**, *à un concert*, **na basen**, *à la piscine*, **na tydzień**, *pour une semaine* ;
po, *pour* : **idę po owoce**, *je vais (pour) chercher les fruits* ;
w ou **we**, *en* : **w poniedziałek**, *(le) lundi*, **we wtorek**, *(le) mardi* ;
za, *derrière* : **Jadę za granicę**, *Je vais à l'étranger*, (litt. "derrière la frontière").

• Avec l'**instrumental** :

przed, *devant* : **przed nami**, *devant nous* ;
z ou **ze**, *avec* : **z cytryną**, *avec du citron*, **z telewizorem**, *avec la télé*, **ze śmietanką**, *avec de la crème* ;
za, *derrière* : **Jestem za granicą**, *Je suis à l'étranger.*

• Avec le **locatif** :

na, *sur, à, dans* : **na stole**, *sur la table*, **na ulicy**, *dans la rue*, **na rowerzc**, *à vélo* ;
o, *de* : **o sukience**, *de la robe*, **o tym**, *de cela* ;
po, *après* : **po pracy**, *après le travail* ;
w, *à, dans* : **w domu**, *à la maison*, **w kiosku**, *dans un kiosque*, **w programie**, *dans le programme* ;

Comme vous voyez, les prépositions **na**, **po** et **w** dépendent soit de l'accusatif, soit du locatif. Dans le premier cas, **na** et **po** expriment la destination ou le but et **w**, la situation dans le temps. Dans le second, il s'agit de l'emplacement pour **na** et **w**, et de la succession dans le temps pour **po**. Par ailleurs, **za** avec l'instrumental désigne un lieu fixe, et avec l'accusatif, elle indique le déplacement vers un but.

Ouf ! Assez d'explications pour aujourd'hui. Vous pourrez toujours y revenir plus tard pour vous rappeler tel ou tel détail. Il vous reste encore, avant de reprendre demain une nouvelle série de leçons, à lire notre petit dialogue de révision.

1 – **I**dę na **ba**sen **(30)**. **Pój**dziesz ze mną **(33)**?
2 – **Chy**ba żar**tu**jesz **(33)**!
3 W **śro**dę **(30)** jest **bar**dzo **du**żo **lu**dzi **(29)**.
4 – **Wi**dzę, że nie **lu**bisz **spor**tu **(32)**.
5 – **Lu**bię, **a**le dziś nie mam o**cho**ty **(29)**.
6 Źle się **czu**ję **(29)**.
7 – Co ci jest **(29)**?
8 – **Bo**li mnie **gło**wa **(29)**.
9 – Po**win**naś **(33)** iść spać **(29)**.
10 – Nie, dziś wie**czo**rem **i**dę do o**pe**ry **(30)**.
11 – Ja też **chciał**bym pójść. **Ma**rzę o tym od **daw**na **(34)**.
12 U**wiel**biam Mo**zar**ta **(30)**.

36 Lekcja trzydziesta szósta

*(**lèk**tsya t'ché**dz'ès**ta **chou**sta)*

Mieszkanie

1 – O, Mo**ni**ka! Co za niespo**dzian**ka!
2 – Cześć. Ja **tyl**ko na **chwi**lę.
3 **By**łam **blis**ko i pomyś**la**łam ①, że...

Wymowa

*myèch**ka**gnè*
*1 ... gnèspo**dz'a'n**ka!. 2 ... **Hfi**lè. 3 ... pomés'**la**oua'm ...*

1 – [Je] vais à la piscine. [Tu] viens (*iras*) avec moi ?
2 – Tu plaisantes sans doute (*sans doute plaisantes*) !
3 Le (*en*) mercredi, il y a énormément (*très beaucoup*) [de] monde.
4 – [Je] vois que [tu] n'aimes pas [le] sport.
5 – [J']aime mais aujourd'hui, [je] n'ai pas envie.
6 Je me sens mal (*mal me sens*).
7 – Qu'est-ce que tu as (*que à toi il y a*) ?
8 – J'ai mal à la tête (*fait mal à moi tête*).
9 – [Tu] devrais aller dormir.
10 – Non, ce (*aujourd'hui*) soir, [je] vais à [l']opéra.
11 Moi aussi [je] voudrais [y] aller. J'en rêve (*rêve de cela*) depuis longtemps.
12 [J']adore Mozart.

Trente-sixième leçon 36

[L']appartement

1 – Oh, Monika ! Quelle surprise !
2 – Salut. Je [viens] seulement (*pour*) [un petit] moment.
3 [J']étais tout près et j'ai pensé que...

Notes

① Revenons sur la formation du passé. Il se caractérise, comme vous avez pu vous en apercevoir, par la présence au singulier de la lettre **ł**, suivie des désinences personnelles. Puisqu'il faut tenir compte du genre grammatical du sujet, vous avez ici la terminaison **-am** pour le "je" féminin.

4 – **Mia**łaś ② **ra**cję. **Pro**szę.
(...)
5 – **A**le ③ tu się zmie**ni**ło ④!
6 Mieszk**ka**nie jak **no**we. Gratu**lac**je.
7 – O, **praw**dę **mó**wiąc, jest tu **jesz**cze **du**żo **pra**cy.
8 – **Wi**dzę, że masz **no**we **meb**le.
9 – **Tyl**ko wer**sal**ka jest **no**wa.
10 I fo**te**le. Stół i **krzes**ła są **sta**re.
11 – A w **kuch**ni? Nie ma zmian?
12 – Na **ra**zie nie. Chodź ⑤, po**ka**żę ci **te**raz **ma**ły **po**kój. □

*5 ... zmyè**gni**ouo! 6 ... gratou**la**tsyè. 7 ... **pra**tsé. 8 ... **mèb**lè. 9 ... ver**sal**ka ... 10 ... stou[ou] i **kchès**oua ... 11 a f **kouH**gni?... zmya'n? 12 ... Hots', po**ka**jè ... **ma**oué ...*

Notes

② Dans la leçon 25, **miałaś** équivalait à l'imparfait "tu avais". Vous constatez qu'on utilise la même forme pour traduire le passé composé "tu as eu".

③ Remarquez que **ale**, *mais*, permet aussi d'exprimer son admiration.

④ Pour parler d'une transformation, on emploie la forme pronominale du verbe "changer" : **zmienić się.** Dans ce contexte, avec un sujet sous-entendu, **to**, *cela* ou **wszystko**, *tout*, on utilise la forme neutre du passé, que l'on reconnaît à la terminaison **-o** : **zmieniło się**. ▶

4 – [Tu] as eu raison. [Entre,] je t'en prie.
(...)
5 – Comme ça a changé ici !
6 [Ton] appartement [est] comme neuf. Félicitations !
7 – Oh, à vrai dire (*vérité disant*), il y a ici encore beaucoup [de] travail.
8 – [Je] vois que [tu] as [de] nouveaux meubles.
9 – Seulement [le] canapé-lit est neuf.
10 Et [les] fauteuils. [La] table et [les] chaises sont vieilles.
11 – Et dans [la] cuisine ? Il n'y a pas [de] changements ?
12 – Pour [le] moment non. Viens, [je] vais te montrer maintenant [la] petite pièce.

⑤ C'est du verbe **chodzić**, *aller*, que vient l'impératif **chodź**, *viens*. On l'obtient en supprimant la terminaison **-i** de la 3e personne du singulier **chodzi**. Notez que la finale est **dź** pour conserver le son mouillé.

37 **Pierwsze ćwiczenie – Proszę przetłumaczyć**

❶ To mieszkanie bardzo się zmieniło. ❷ Miałaś problemy z językiem? ❸ W tym roku byłam za granicą. ❹ Chodź teraz do kuchni. ❺ Pokażę ci moje nowe meble.

Drugie ćwiczenie – Wpisać brakujące słowa

❶ C'est vraiment une énorme surprise.
To . . . . wielka . . . .

❷ Tu as eu (fém.) une excellente idée.
. . . . . . doskonały . . . .

❸ Viens ici (pour) un moment.
. . . . . tu . . chwilę.

---

37 Lekcja trzydziesta siódma
*(**lèk**tsya t'ché**dz'ès**ta **s'oud**ma)*

Gitara

1 – **Ład**nie ① **tu**taj. To twój **po**kój do **pra**cy?
2 – No i jedno**cześ**nie sy**pial**nia.
3 – Śpisz na tap**cza**nie?

Wymowa
*gui**ta**ra*
***1 ouad**gnè **tou**taille ... **2** ... yèdno**tchès'**gnè sé**pyal**gna.*
***3** s'pich na tap**tcha**gnè?*

Corrigé du premier exercice
❶ Cet appartement a beaucoup changé. ❷ Tu as eu (fém.) des problèmes avec la langue ? ❸ Cette année, j'ai été (fém.) à l'étranger. ❹ Viens maintenant à la cuisine. ❺ Je vais te montrer mes nouveaux meubles.

❹ Je vais te montrer mon nouvel appartement.
. . . . . . ci . . . . nowe . . . .

❺ Je ne vois pas de changements ici.
Nie . . . . . tu . . . . . .

Corrigé du deuxième exercice - Mots manquants
❶ – naprawdę – niespodzianka ❷ Miałaś – pomysł ❸ Chodź – na – ❹ Pokażę – moje – mieszkanie ❺ – widzę – zmian

---

Trente-septième leçon 37

[La] guitare

1 – [C'est] joli(*ment*) ici. C'[est] ton bureau (*pièce pour travail*) ?
2 – Et en même temps [la] chambre à coucher.
3 – [Tu] dors sur [le] divan ?

Notes

① Remarquez que dans l'appréciation "c'est joli ici", on se sert de l'adverbe **ładnie**. Nous avons déjà rencontré ce type d'emploi dans **jest zimno**, *il fait froid* (leçon 22).

4 – Tak, **od**kąd **jes**tem sam, nie potrze**bu**ję ② du**że**go **łóż**ka.
5 – **Pew**nie ③. **A**le masz **wszy**stko, co **trze**ba : fax, kom**pu**ter...
6 – Połą**cze**nie z inter**ne**tem, dru**kar**kę, **ska**ner...
7 – O, i **na**wet ku**pi**łeś **so**bie ④ gi**ta**rę.
8 – Nie ku**pi**łem, poży**czy**łem od ⑤ są**sia**da.
9 – I co, **ćwi**czysz co**dzien**nie?
10 – Nie, **a**le **od**kąd jest u mnie, nie **ćwi**czy **są**siad! □

*4 ... **ot**ko'nt ... pot'chè**bou**yè... 5 **pèv**gnè ... ko'm**pou**tèr... 6 powon**tchè**gnè z i'ntèr**nè**tèm, drou**kar**kè, **ska**nèr...*

Notes

② "Avoir besoin" se dit **potrzebować** + génitif. Dans les formes conjuguées au présent, les lettres **-ow-** sont remplacées par les lettres **-uj-** ; il en est de même pour **dziękować**, *remercier*, qui fait **dziękuję**.

③ L'adverbe **pewnie**, *sûrement*, déjà rencontré (leçon 25), peut, comme vous le voyez, servir à confirmer le propos de l'interlocuteur.

④ Vous connaissez le pronom réfléchi **się** qui accompagne les verbes pronominaux. C'est, rappelons-le, la forme commune à toutes les personnes du singulier et du pluriel : **nazywam się**,

4 – Oui, depuis [que je] suis seul, [je] n'ai pas besoin [d'un] grand lit.
5 – C'est sûr (*sûrement*). Mais [tu] as tout ce qu'il faut : fax, ordinateur...
6 – Connexion avec Internet, imprimante, scanner...
7 – Oh, et tu t'es même acheté (*même as acheté à toi*) [une] guitare.
8 – [Je] ne [l']'ai pas acheté[e], [je l']ai emprunté[e] à [un] voisin.
9 – Et alors (*quoi*), [tu t']exerces tous les jours ?
10 – Non, mais depuis [qu'elle] est chez moi, le voisin ne [s']exerce pas (*n'exerce pas voisin*) !

*7 ... kou**pi**wès' ... gui**ta**rè. 8 ... pojé**tché**wèm ot son**s'a**da. 9 ... **ts'fi**tchéch ... 10 ... **sons'**at!*

▸ *je m'appelle*, **nazywasz się**, *tu t'appelles*, etc. Lorsque **się** est utilisé avec un verbe non pronominal, en tant que complément direct ou indirect, sa forme varie selon la construction verbale, d'où **sobie**, le datif, exigé ici après le verbe **kupić**, *acheter*. Récapitulons : **sobie** ne distinguant ni genre, ni nombre, vous avez **kupiłem** (ou **kupiłam**) **sobie**, *je me suis acheté*, **kupiłeś** (ou **kupiłaś**) **sobie**, *tu t'es acheté, etc.*

⑤ La préposition **od**, depuis, (leçon 34), signifie aussi "de", "à partir de", et elle est toujours suivie du génitif.

37 **Pierwsze ćwiczenie – Proszę przetłumaczyć**
❶ Pożyczyłem od sąsiada komputer. ❷ Kupiłeś sobie drukarkę? ❸ Mam wszystko, co trzeba. ❹ Potrzebuję prezentu dla siostry. ❺ Gitara jest na tapczanie.

Drugie ćwiczenie – Wpisać brakujące słowa

❶ Lundi, je me suis acheté un nouvel ordinateur.
W . . . . kupiłem . . . . . nowy . . . .

❷ Mon voisin a tout ce qu'il faut.
Mój . . . . . . ma . . . . co . . . .

❸ Pour l'instant, je n'ai pas besoin de changements.
Na . . . . . nie . . . . zmian.

Beaucoup de Polonais habitent des appartements standard, de 2-3 pièces, dans ce qu'on appelle bloki. Ce sont des immeubles préfabriqués regroupés dans les quartiers périphériques des grandes villes. Bien que leur aspect extérieur fasse tout de suite penser aux cités HLM, les habitants des bloki appartiennent, eux, à toutes les catégories sociales. Cette situation est le résultat de la cruelle pénurie de logements après la guerre et de la nécessité d'y remédier au plus vite. Bien entendu, avec les changements des dernières années, l'accès au logement s'améliore et varie de plus en plus en fonction de la situation économique des ménages. Les conditions de logement tendent ainsi à devenir, comme partout, un signe extérieur de réussite financière !

Corrigé du premier exercice

❶ J'ai emprunté un ordinateur à un voisin. ❷ Tu t'es acheté (masc.) une imprimante ? ❸ J'ai tout ce qu'il faut. ❹ J'ai besoin d'un cadeau pour ma sœur. ❺ La guitare est sur le divan.

❹ Tu es fatiguée, pourquoi ne dors-tu pas ?
. . . . . . zmęczona, ... nie . . . . . ?

❺ Où as-tu acheté la guitare ?
Gdzie . . . . gitarę?

Corrigé du deuxième exercice - Mots manquants

❶ – poniedziałek – sobie – komputer ❷ – sąsiad – wszystko – trzeba ❸ – razie – potrzebuję – ❹ Jesteś – dlaczego – śpisz ❺ – kupiłeś –

38 Lekcja trzydziesta ósma

*(**lèk**tsya t'ché**dzès**ta **ous**ma)*

U lekarza

1 – Dzień **do**bry, **pa**nie dok**to**rze ①.
2 – Dzień **do**bry. Niech pan **sia**da ②.
(...)
3 **Daw**no ③ pan u mnie nie był ④.
4– Tak. Os**tat**nio **by**łem u **pa**na dwa **la**ta **te**mu ⑤.
5 – Rzeczy**wiś**cie. Więc jak się pan **te**raz **czu**je?
6 – **Świet**nie. Dał mi pan znako**mi**ty **spo**sób na reu**ma**tyzm: u**ni**kać wil**go**ci.
7 – I co, po**mog**ło ⑥ **pa**nu?

Wymowa

*ou lè**ka**ja*
***1** ... dok**to**jè. **2** ... gnèH pa'n **s'a**da. **3** **dav**no ... béou.*

Notes

① De même que pour **panie dyrektorze** (leçon 27), dans le vocatif **doktorze**, dérivé de **doktor**, *docteur*, la lettre **r** se transforme en **rz**.

② Pour le "vous" de politesse, l'impératif s'exprime habituellement à l'aide de la construction **niech** + **pan/pani** + 3e personne du singulier. On peut aussi se servir de la structure **proszę** + infinitif, légèrement plus formelle.

③ L'expression "il y a longtemps" se traduit par l'adverbe **dawno**. Signalons en outre que la question **jak dawno?**, *depuis combien de temps ?* est, la plupart du temps, synonyme de **jak długo?** (leçon 20). ▸

Chez [le] médecin

1 – Bonjour (*monsieur*) docteur.
2 – Bonjour. Asseyez-vous (*s'il vous plaît s'asseoir*).
(...)
3 Il y a longtemps [que] vous êtes venu chez moi (*monsieur chez moi n'était*).
4 – Oui. La dernière fois (*dernièrement*) [que] je suis venu (*étais*) chez vous [c'était] il y a deux ans.
5 – Effectivement. Et bien, comment vous sentez-vous maintenant (*se monsieur maintenant sent*) ?
6 – Parfaitement [bien]. Vous m'avez donné (*a donné à moi monsieur*) [un] excellent moyen contre (*pour*) [le] rhumatisme : éviter [l']humidité.
7 – Et alors (*quoi*), [cela] vous a-t-il aidé (a *aidé monsieur*) ?

*4 ... **tè**mou. 5 jètché**vis**'tsiè. vyènts ... **tchou**yè? 6 ... daou ... **spo**soup na rèou**ma**tézm : ou**gni**kats' vil**go**ts'i. 7 ... po**mo**gouo ... 8 ... vélè**tcho**né! 10 ... pché**chèd**ouèm ...*

④ Les verbes au passé, à la 3e personne du masculin singulier, se caractérisent par l'absence de terminaison personnelle. Toutes les formes finissent donc en **ł**.

⑤ Placé après une expression de durée, ici **dwa lata,** *deux ans*, le mot **temu** correspond à "il y a". **Lata** étant une forme irrégulière de pluriel, "il y a un an" se dit **rok temu**.

⑥ Comme pour **zmieniło** (leçon 36, note 5), la forme **pomogło** s'explique par le fait que l'on sous-entend le sujet neutre **to**, *cela*. Ce verbe est suivi du datif, d'où **panu**, dérivé de **pan**, *monsieur*.

8 – **Bar**dzo. **Jes**tem wyle**czo**ny!
9 – To co **pa**nu w tej **chwi**li do**le**ga?
10 – Nic. Przy**szed**łem za**py**tać, czy **mo**gę się **te**raz wy**ką**pać... □

Pierwsze ćwiczenie – Proszę przetłumaczyć

❶ Przyszedłem zapytać, jak się pani czuje. ❷ Panie doktorze, jestem chory. ❸ To mi bardzo pomogło. ❹ Byłem tu trzy lata temu. ❺ Twój brat dał mi komputer.

Drugie ćwiczenie – Wpisać brakujące słowa

❶ Qui t'a donné cette idée ?
. . . ci . . . ten . . . . . . ?

❷ Docteur, je me sens mal.
Panie . . . ., źle . . . czuję.

❸ Je suis venu (masc.) seulement pour un moment.
. . . . tylko . . chwilę.

❹ Asseyez-vous sur le divan.
. . . . . pani . . . . . na . . . .

❺ Mardi, j'ai été (masc.) chez le médecin.
. . wtorek . . . . . u . . . .

8 – Beaucoup. [Je] suis guéri !
9 – Alors qu'est-ce qui vous fait souffrir en ce moment (*à monsieur en ce moment fait souffrir*) ?
10 – Rien. [Je] suis venu demander si [je] peux (*me*) maintenant prendre un bain…

Corrigé du premier exercice

❶ Je suis venu [vous] vous demander comment vous vous sentez, madame. ❷ Docteur, je suis malade. ❸ Cela m'a beaucoup aidé. ❹ J'ai été (masc.) ici il y a trois ans. ❺ Ton frère m'a donné un ordinateur.

Corrigé du deuxième exercice - Mots manquants

❶ Kto – dał – pomysł ❷ – doktorze – się – ❸ Przyszedłem – na – ❹ Niech – siada – tapczanie ❺ We – byłem – lekarza

39 Lekcja trzydziesta dziewiąta

*(**lèk**tsya t'ché**dz'ès**ta dz'e**vio'n**ta)*

Wizyta w zoo

1 – **By**liśmy ① **pew**ni, że się wam ② **zo**o spo**do**ba ③.
2 – Fak**ty**cznie, **mie**liście ④ na**praw**dę **dob**ry **po**mysł.
3 – Nie wiem jak wy, **a**le mnie ⑤ naj**bar**dziej ⑥ podo**ba**ły ⑦ się **mał**py.
4 **By**ły **ta**kie **śmiesz**ne!
5 – To **praw**da. **A**le za to ży**ra**fa **by**ła trochę **smut**na.

Wymowa

*vi**zé**ta v **zo**o*
*1 **bé**lis'mé **pèv**gni ... 2 fak**té**tchgnè, **myè**lis'ts'è ...*

Notes

① Au pluriel, les formes passées des verbes distinguent deux genres : le masculin personnel et les autres. Dans la première catégorie, devant la terminaison personnelle, la lettre **ł** (note 1, leçon 36), est remplacée par **l** : **byliśmy**, *nous étions*. Ajoutons qu'à la 1re et la 2e personne du pluriel, dans les verbes de plus de deux syllabes, l'accent tonique se déplace et tombe toujours sur la 3e syllabe à partir de la fin : **byliśmy**, **byliście**.

② **wam** est le datif de **wy**, *vous*.

③ Avec le préfixe **s-**, le verbe **spodobać się**, *plaire*, est perfectif, et renvoie, rappelons-le, au futur. Comparons : **podoba się**, *plaît*, **spodoba się**, *plaira*.

④ Vous souvenez-vous des formes **miałeś** (masculin) et **miałaś** (féminin) : "tu as eu"/"tu avais" ? Sachez qu'au pluriel du mas- ▸

[Une] visite au zoo

1 – [Nous] étions sûrs que [le] zoo vous plairait (*à vous zoo plaira*).
2 – Effectivement, [vous] avez vraiment eu [une] bonne idée.
3 – [Je] ne sais pas pour (*comment*) vous, mais moi, j'ai le plus aimé (*à moi le plus ont plu*) [les] singes.
4 [Ils] étaient si drôles !
5 – C'est vrai. Mais par contre (*hors cela*) [la] girafe était un peu triste.

***3** ... naill**bar**dz'eille podo**ba**oué ... **maou**pé. **4** **bé**oué ... s'**myèch**nè! **5** ... jé**ra**fa ... **smout**na.*

culin personnel, à la place de la voyelle **a**, on trouve **e** : **mieliście**, *vous avez eu / vous aviez.*

⑤ Certains pronoms ont des formes spéciales d'insistance pour mettre la personne en relief. Ainsi, à côté de **mi**, datif de **ja**, on peut utiliser **mnie**, ce qui permet d'opposer, par exemple, **Podoba mi się Warszawa**, *Varsovie me plaît*, et **Mnie się nie podoba**, *Moi, elle ne me plaît pas.*

⑥ **najbardziej**, *le plus*, vient de **bardzo**, *très*, *beaucoup*. On y ajoute d'une part le préfixe **naj-**, signe du superlatif et, d'autre part, le suffixe **-iej**, qui indique le degré comparatif.

⑦ Au passé, la terminaison **-ły** de la 3e personne du pluriel s'emploie pour tous les genres, sauf le masculin personnel, qui fait **-li**.

6 – A ja **pier**wszy raz w **ży**ciu wi**dzia**łem prawd**zi**we **żub**ry.
7 – Tak? A czy **wie**cie, że **daw**niej ⑧ **żub**ry **ży**ły w **Pol**sce ⑨ na wol**noś**ci?
8 **Te**raz **ży**ją **tyl**ko w rezer**wa**tach.
9 – To mo**że**my tam po**je**chać? **Pro**szę! □

*6 ... **jéts'ou** vid**z'a**ouèm prav**dz'**ivè **joubré**. 7 ... **dav**gneille... **jé**wé f **pol**stsè ... vol**nos'**ts'i? 8 ... **jé**yon ... rèzèr**va**taH.*

Notes

⑧ Bien que **dawniej**, dérivé de **dawno**, *il y a longtemps*, soit un adverbe comparatif, il s'utilise généralement dans le sens de "autrefois", "jadis".

⑨ Dans **Polsce**, le locatif de **Polska**, Pologne, remarquez la modification **k/c**.

Pierwsze ćwiczenie – Proszę przetłumaczyć

❶ Gdzie dzieci były na wakacjach? ❷ Dwa lata temu byliśmy w Polsce. ❸ Jakie małpy ci się podobały? ❹ Widziałem trzy nowe filmy. ❺ Który lubisz najbardziej?

Drugie ćwiczenie – Wpisać brakujące słowa

❶ Les films ont été très drôles.
Filmy . . . . bardzo . . . .

❷ En Pologne, j'ai vu beaucoup de changements.
W . . . . . . widziałem . . . . zmian.

❸ Qu'aimes-tu le plus ?
. . lubisz . . . . ?

6 – Et moi, [c'est la] première fois de [ma] vie [que j'] ai vu [de] vrais bisons.
7 – [Ah] oui ? Et savez-[vous] qu'autrefois [les] bisons vivaient en liberté en Pologne ?
8 Maintenant, [ils] vivent seulement dans [des] réserves.
9 – Alors, pouvons-[nous] y aller ? S'il te plaît !

Corrigé du premier exercice

❶ Où les enfants ont-ils été en vacances ? ❷ Il y a deux ans, nous avons été en Pologne. ❸ Quels singes t'ont plu ? ❹ J'ai vu trois nouveaux films. ❺ Lequel aimes-tu le plus ?

❹ Nous y avons été [pour] la première fois de notre (dans) vie.
. . . . tam . . . . raz . życiu.

❺ Vous avez eu (pl.) de vraies vacances.
. . . . prawdziwe . . . .

Corrigé du deuxième exercice - Mots manquants

❶ – były – śmieszne ❷ – Polsce – dużo – ❸ Co – najbardziej ❹ Byliśmy – pierwszy – w – ❺ Mieliście – wakacje

Avez-vous déjà eu l'occasion de goûter la fameuse vodka de bison (Żubrówka), à la saveur inimitable ? Elle tire son nom du fait qu'elle est parfumée à l'herbe préférée des bisons (żubry), dont chaque bouteille contient un brin. Une plaisanterie, très fréquente durant les soirées "arrosées", consiste à dire que ce serait l'urine

40 Lekcja czterdziesta
*(**lèk**tsya tchtèr**dzès**ta)*

Kolacja ①

1 – **Jes**tem **głod**ny ②. Co jest na ko**lac**ję?
2 – Nie wiem, **mu**szę zo**ba**czyć w lo**dów**ce ③.
3 – Jak to!? Nie zro**bi**łaś za**ku**pów?
4 – Nie **mia**łam czasu. Praco**wa**łam **ca**ły dzień. (...)
5 Więc tak, jest **tro**chę **szyn**ki, ka**wa**łek **se**ra i o**gór**ki.
6 – Hm...

Wymowa
*ko**la**tsya*
*1 ... **gouod**né ... ko**lats**yè? 2 ... lo**douf**tsè. 3 ... zro**bi**ouasi*

Notes

① Faites attention au mot **kolacja**, qu'il ne faut pas confondre avec le terme "collation", au sens de "repas léger". C'est un faux ami, car **kolacja** désigne toujours le repas du soir. Notez au passage que le verbe "dîner" n'a pas de correspondant direct pas plus, d'ailleurs, que les verbes "déjeuner" ou "goûter". On emploie **jeść**, *manger* + le nom du repas correspondant à l'accusatif, par exemple **jem kolację**, *je dîne*. ▸

des bisons qui donne à cette herbe son goût si particulier. Quoi qu'il en soit, plusieurs centaines de cette espèce d'animaux rares vivent en quasi liberté dans la forêt de Białowieża, au nord-est de la Pologne.

Quarantième leçon 40

[Le] dîner

1 – J'ai faim (*suis affamé*). Qu'est-ce qu'il y a à dîner ?
2 – [Je] ne sais pas. [Je] dois regarder dans [le] frigo.
3 – Comment cela !? [Tu] n'as pas fait [de] courses ?
4 – [Je] n'ai pas eu [le] temps. [J']ai travaillé toute [la] journée.
(...)
5 Eh bien (*oui*), il y a un peu [de] jambon, [un] morceau [de] fromage et [des] concombres.
6 – Hum...

*za**kou**pouf?* ***4*** *... pratso**va**oua'm ...* ***5*** *...* ***chén**ki, ka**va**ouèk ... o**gour**ki.* ***6*** *Hm...*

② Pour dire qu'on a faim, on se sert du verbe "être", ici **jestem**, *je suis* + l'adjectif **głodny** (masculin) ou **głodna** (féminin), signifiant littéralement *affamé(e).*

③ Dans ces formes de locatif, il y a, par rapport aux nominatifs correspondants **lodówka**, *frigo*, et **zamrażarka**, *congélateur*, le même changement **k/c** que celui de **Polska/w Polsce** (leçon précédente, note 8).

7 – **Ma**my też **pi**zzę w zamra**żar**ce ③.
8 O, są **jesz**cze **jaj**ka. Na co masz o**cho**tę?
9 – Wiesz co, **mo**że **le**piej ④ **bę**dzie jak pój**dzie**my do restau**ra**cji.
10 – No **dob**rze, to **chodź**my ⑤. □

*7 ... **pi**zzè v zamra**jar**tsè. **8** ... **yay**ka ... **9** ... **lè**pyeille **bègn**dz'è ... rèstaou**ra**tsi. **10** ... **Hots**'mé.*

Notes

④ L'adverbe **lepiej**, *mieux*, est le comparatif de l'adverbe **dobrze**, *bien*. Même si sa formation est irrégulière, nous retrouvons la même terminaison que dans **najbardziej**, *le plus*, ou **dawniej**, *jadis*.

⑤ La terminaison **-my**, ajoutée à l'impératif de la 2e personne du singulier, permet de créer celui de la 1re personne du pluriel, ce qui donne ici **chodźmy**, *allons-y*.

Pierwsze ćwiczenie – Proszę przetłumaczyć

❶ Może jesteś głodny? ❷ Chodźmy do restauracji. ❸ Co zrobiłaś na kolację? ❹ W lodówce są jajka. ❺ Mam ochotę na pizzę.

Drugie ćwiczenie – Wpisać brakujące słowa

❶ Allons (*à*) dîner.
. . . . na . . . .

❷ J'espère (*ai espoir*) que tu as fait (masc.) les courses.
Mam . . . . że . . . . zakupy.

❸ Y a-t-il encore quelque chose au frigo ?
. . . . jeszcze . . . w . . . . ?

7 – [Nous] avons aussi [une] pizza dans [le] congélateur.
8 Oh, il y a encore [des] œufs. De quoi as-[tu] envie ?
9 – [Tu] sais (*quoi*), ce serait peut-être mieux (*peut-être mieux sera*) que nous allions (*irons*) au restaurant.
10 – Eh bien, (*alors*) allons-y.

Corrigé du premier exercice

❶ Peut-être as-tu faim ? ❷ Allons au restaurant. ❸ Qu'est-ce que tu as fait (fém.) à dîner ? ❹ Au frigo, il y a des œufs. ❺ J'ai envie d'une pizza.

❹ Pour l'instant, je n'ai pas faim.
. . razie . . . jestem . . . .

❺ As-tu envie d'aller au restaurant ?
. . . . ochotę . . . do . . . . ?

Corrigé du deuxième exercice - Mots manquants

❶ Chodźmy – kolację ❷ – nadzieję – zrobiłeś – ❸ Jest – coś – lodówce ❹ Na – nie – głodny ❺ Masz – iść – restauracji

41 Lekcja czterdziesta pierwsza
*(**lè**ktsya tchtèr**dz'è**sta **pierf**cha)*

Obrus

1 – Wy**glą**da na to, że nie ma **wol**nych miejsc ①.
2 – Tak **myś**lisz? **Mo**że **bę**dą w **dru**giej **sa**li.
3 **Zo**bacz ②, **ko**ło **ok**na ③ jest **wol**ny **sto**lik.
4 – To jest miejsce dla pa**lą**cych ④.
5 – Wiem, **a**le nie ma in**ne**go.
6 – No **trud**no. Ja **bio**rę **zu**pę pomido**ro**wą z **ry**żem i **szny**cel w **so**sie grzy**bo**wym.
7 Do **pi**cia ⑤, **lamp**kę czerwo**ne**go **wi**na, a na **de**ser, krem czekola**do**wy.

Wymowa

***ob**rous*
*1 **vé**glo'nda ... **vol**néH myèysts. 2 ... **més'**lich? ... **bèn**don v*

Notes

① **wolnych miejsc** est le génitif pluriel de **wolne**, *libres*, **miejsca**, *places*. Dans le cas présent, notez la disparition de la terminaison **-a**. Cela arrive parfois. Nous en reparlerons.

② Pour former l'impératif **zobacz**, *regarde*, on utilise de nouveau (note 5, leçon 36), la 3e personne du singulier (ici **zobaczy**), dont on supprime la terminaison. On procède ainsi pour les verbes finissant en **-ę** à la 1re personne du singulier (1re et 2e conjugaisons).

[La] nappe

1 – [Il] semble (*à ce*) qu'il n'y ait (*a*) pas de places libres (*libres places*).
2 – (*Ainsi*) tu crois (*penses*) ? Peut-être y en aura-t-il (*seront*) dans l'autre (*deuxième*) salle ?
3 Regarde, à côté de [la] fenêtre, il y a une table de libre (*libre table*).
4 – C'est [une] place pour fumeurs.
5 – [Je] sais, mais il n'y [en] a pas d'autre[s].
6 – Eh bien, tant pis (*difficilement*). Moi [je] prends [une] soupe à la tomate avec [du] riz et [une] escalope à la (*dans*) sauce [aux] champignons.
7 Comme boisson (*À boire*), [un] verre [de] vin rouge (*rouge vin*) et comme (*pour*) dessert, [une] crème [au] chocolat.

***drou**guyeille ... 3 **zo**batch, **ko**wo ... 4 ... pa**lon**tséH. 6 ... **troud**no ... **byo**rè... **ré**jèm ... **chné**tsèl f **sos**'è gjé**bo**vém 7 ... **la'mp**kè ... **dè**ssèr, krèm ...*

③ La préposition **koło**, *à côté*, est suivie du génitif, ici **okna**, de **okno**, *fenêtre*.

④ Comme dans **wolnych** (note 1), la terminaison **-ych** renvoie au génitif pluriel. Pour "fumeurs", on utilise le terme **palący**, qui équivaut à un participe présent et se décline comme un adjectif.

⑤ Il s'agit ici du génitif du nom neutre **picie**, dérivé de **pić**, *boire*. Sachez que **picie** désigne aussi bien l'action de boire que la boisson.

8 – Skąd wiesz co jest do je**dze**nia ⑥?
9 **Prze**cież kel**ner**ka jeszcze nam nie po**da**ła ⑦ **kar**ty.
10 – Skąd wiem? Przyj**rza**łam się ⑧ obru**so**wi! □

*8 sko'nt ... yè**dzè**gna? 9 **pchè**ts'èch ... 10 ... pchéille**ja**oua'm obrou**sso**vi!*

Notes

⑥ Concernant **jedzenie**, issu de **jeść**, *manger*, on peut faire les mêmes remarques que ci-dessus. Retenez bien l'expression **jedzenie i picie**, *le manger et le boire*.

⑦ En plus du sens "servir", en parlant du restaurant, le verbe **podać** signifie plus généralement "donner". La forme **podała**, avec sa terminaison **-a**, dénote le féminin singulier. Rappelez-vous que le masculin, lui, n'a pas de terminaison. On dira donc **kelner podał**, *le serveur a donné*. ▸

Pierwsze ćwiczenie – Proszę przetłumaczyć

❶ Koło okna są wolne miejsca. ❷ Chcesz lampkę wina? ❸ Nie ma nic do jedzenia. ❹ No trudno, idę do drugiej sali. ❺ Zobacz, co mamy do picia.

Drugie ćwiczenie – Wpisać brakujące słowa

❶ As-tu fait (fém.) quelque chose à manger ?
. . . . coś . . jedzenia?

❷ Regarde s'il y a encore du vin.
. . . . . . czy . . . . jeszcze . . . . .

❸ Tu penses que cette table est libre ?
. . . . , że . . . stolik . . . . wolny?

8 – Comment (*d'où*) sais-[tu] ce qu'il y a à manger ?
9 (*Puisque*) [La] serveuse ne nous a pas encore (*encore à nous*) donné [la] carte.
10 – Comment (*d'où*) [je] sais ? [J']ai regardé (*attentivement*) [la] nappe !

⑧ **przyjrzeć się**, verbe à la forme pronominale suivi du datif, signifie à lui tout seul "regarder attentivement". Au singulier, les noms masculins, comme ici **obrus**, *la nappe*, prennent au datif la terminaison **-owi**.

Corrigé du premier exercice

❶ À côté de la fenêtre, il y a des places libres. ❷ Veux-tu un verre de vin ? ❸ Il n'y a rien à manger. ❹ Tant pis, je vais dans la deuxième salle. ❺ Regarde ce que nous avons à boire.

❹ Je prends la place (pour) fumeurs.
Biorę . . . . dla . . . .

❺ As-tu quelque chose à boire ?
Masz . . . do . . . . . ?

Corrigé du deuxième exercice - Mots manquants

❶ Zrobiłaś – do – ❷ Zobacz – jest – wino ❸ Myślisz – ten – jest – ❹ – miejsce – palących ❺ – coś – picia

42 Lekcja czterdziesta druga
*(**lèk**tsya tchtèr**dzès**ta **drou**ga)*

Révision

1. Le passé

Par rapport au système français qui distingue plusieurs temps, le passé polonais se caractérise par sa simplicité. Il n'a qu'une forme qui est la même pour tous les verbes, perfectifs et imperfectifs. Autrement dit, il n'y a pas de modèles différents selon la conjugaison.
Pour obtenir le passé, on supprime la désinence de l'infinitif et on ajoute l'élément **ł** (ou **l** au pluriel du masculin personnel), suivi des terminaisons personnelles. Celles-ci comportent la distinction des personnes, des genres et des nombres.
Voici l'exemple du verbe **być**, *être* :

singulier	masculin	féminin	neutre
1re personne	**byłem**	**byłam**	
2e personne	**byłeś**	**byłaś**	
3e personne	**był**	**była**	**było**

pluriel	masculin personnel,	masc. non personnel féminin, neutre
1re personne	**byliśmy**	**byłyśmy**
2e personne	**byliście**	**byłyście**
3e personne	**byli**	**były**

Pour certains verbes, il y a parfois des changements de voyelles ou de consonnes. Nous l'avons vu pour **mieć**, *avoir*, qui comporte la lettre **a** à toutes les formes (**miałem**, **miałam**, **miała**, **miałeś**, **miałaś**, etc.), sauf au pluriel du masculin personnel (**mieliśmy**, **mieliście**, **mieli**). Mais rassurez-vous, même s'il existe quelques vrais passés irréguliers, comme **przyszedłem**, *je suis venu*, de **przyjść**, *venir*, ils sont heureusement très peu nombreux !

2. L'impératif

- Le "tu" :
  Pour les verbes des 1re et 2e conjugaisons (finissant en **-ę** à la première personne du singulier), on supprime la terminaison de la 3e personne du singulier : **zobaczy-zobacz**, *regarde*, **chodzi-chodź**, *viens*. Pour ce dernier, n'oubliez pas le **-dź** final, afin de conserver le son mouillé.
- Le "vous" de politesse :
  On l'exprime à l'aide de la construction **niech** + **pan/pani** + 3^e^ personne du singulier : **Niech pan siada**, *Asseyez-vous*. Une autre façon, plus neutre, consiste à employer **proszę** + infinitif : **Proszę siadać**.
- La 1re personne du pluriel :
  Elle est obtenue en ajoutant **-my** à l'impératif de la 2e personne du singulier : **chodź-chodźmy**, *allons*.

3. Le comparatif des adverbes

Le degré plus élevé dans la signification des adverbes est marqué par la terminaison **-iej** :
bardzo, *très* – **bardziej**, *plus*
dawno, *il y a longtemps* – **dawniej**, *jadis*.
Comme en français, certains adverbes forment leur comparatif de manière irrégulière :
dobrze, *bien* – **lepiej**, *mieux*.

4. Le superlatif

Pour exprimer le degré le plus élevé d'un adverbe, on fait précéder le mot au comparatif du préfixe **naj-** :
bardziej – **najbardziej**, *le plus*,
lepiej – **najlepiej**, *le mieux*.

1 – Co za niespo**dzian**ka **(36)**!
2 **Daw**no u mnie nie **by**łeś **(38)**.
3 – Tak, os**tat**nio **by**łem tu dwa **la**ta **te**mu **(38)**.
4 – Chodź, **pro**szę **(36)**. **Mo**że **jes**teś gło**d**ny **(40)**?
5 **Po**dać coś do je**dze**nia **(41)**?
6 – Nie, ja **tyl**ko na **chwil**kę **(36)**.
7 – No **trud**no. W **ta**kim **ra**zie, coś do **pi**cia **(41)**.
8 Na co masz o**cho**tę **(40)**? **Mo**że **lamp**kę **wi**na **(41)**?
9 – O, dzię**ku**ję. Wy**glą**da na to **(41)**, że nic się tu nie zmie**ni**ło **(36)**.
10 – Rzeczy**wiś**cie **(38)**. Na **ra**zie nie potrze**bu**ję zmian **(37)**.
11 **Pierw**szy raz w **ży**ciu **(39)**, mam **wszy**stko, co t**rze**ba **(37)**.

Dialogue de révision

1 – Quelle surprise !
2 Il y a longtemps [que] tu es venu chez moi (*chez moi n'étais*).
3 – Oui. La dernière fois (*dernièrement*), je suis venu (*étais*) ici il y a deux ans.
4 – Viens, je t'en prie. Peut-être, as-tu faim (*es affamé*) ?
5 [Je peux te] servir quelque chose à manger ?
6 – Non, je [viens] seulement pour [un petit] moment.
7 – Eh bien, tant pis (*difficilement*). Dans ce cas, quelque chose à boire.
8 De quoi as-[tu] envie ? Peut-être [un] verre [de] vin ?
9 – Oh, merci. [Il] semble (*à ce*) que rien n'ait changé ici (*rien ici n'a changé*).
10 – Effectivement. Pour [le] moment, [je] n'ai pas besoin [de] changements.
11 [Pour la] première fois de [ma] vie, [j']ai tout ce qu'il faut.

43 Lekcja czterdziesta trzecia
*(**lè**ktsya tchtèr**dz'ès**ta **t'chè**ts'a)*

Obiad

1 – Ktoś **dzwo**ni. **I**dę ot**wo**rzyć.
2 – Idź ①, to **mo**że na**resz**cie **na**si ② **goś**cie.
(...)
3 To nie **o**ni?
4 – Nie. To był lis**to**nosz.
5 – To co ro**bi**my? Cze**ka**my na nich ③, czy nie?
6 – Poczek**kaj**my ④ **jesz**cze **tro**chę.
7 Jest do**pie**ro za **dzie**sięć **pierw**sza ⑤.
8 – **A**le **o**biad jest go**to**wy od pół**to**rej ⑥ go**dzi**ny!

Wymowa
***o**byat*
***1** ktos' **dzvo**gni ... ot**fo**jéts' **2** its'... **na**s'i **gos**'ts'è. **4** ... lis**to**noch.*

Notes

① Les deux formes du verbe "aller à pied", **chodzić** et **iść**, permettent de créer chacune un impératif avec toutefois un sens diffèrent. Faites donc bien la distinction entre **chodź**, *viens*, déjà rencontré, et **idź**, *va*, *vas-y*.

② Le possessif "nos" a deux formes suivant le genre grammatical : **nasi**, pour le masculin personnel et **nasze**, pour toutes les autres catégories.

③ Le verbe **czekać**, *attendre*, s'il s'accompagne d'un complément d'objet, est toujours suivi de la préposition **na** + l'accusatif, ce qui explique la forme **nich**, issue de **oni**, *eux*. **Nich** s'emploie toujours après une préposition (autrement on utilise **ich**).

④ Pour former l'impératif, on préfère **poczekać**, forme préfixée du verbe "attendre". En effet, comme vous l'avez déjà appris, le préfixe signifie généralement que l'action a une fin. Avec ▸

[Le] déjeuner

1 – Quelqu'un sonne. [Je] vais ouvrir.
2 – Vas-[y], c'[est] peut-être enfin nos invités. (...)
3 Ce n'[est] pas eux ?
4 – Non. C'était [le] facteur.
5 – Alors que faisons-[nous] ? [Nous les] attendons (*pour eux*) ou pas ?
6 – Attendons encore un peu.
7 [Il] est seulement une heure moins dix (*dans dix première*).
8 – Mais [le] déjeuner est prêt depuis une heure et demie !

***5** ... gniH ... **6** potchè**kaill**mé ... **tro**Hè. **7** ... **dz'è**s'ègnts' ... **8** ... pouw**to**reille go**dz'**iné!*

- **poczekajmy**, *attendons*, on sous-entend que la durée de l'attente prévue sera limitée. Pour dire les choses plus simplement, on espère ne pas attendre trop longtemps !

(5) Nous avons déjà vu comment exprimer les heures pleines : on se sert des numéraux ordinaux au féminin : **pierwsza**, *une heure*, **druga**, *deux heures*, etc. Pour indiquer les heures incomplètes, on se sert de la préposition **za** + les minutes qui manquent + l'heure ; par exemple **za dziesięć pierwsza**, *une heure moins dix*. Remarquez que **za** a ici un sens nouveau : il marque le futur et équivaut à "dans".

(6) Le polonais dispose d'un terme spécifique pour désigner la mesure de quantité correspondant à "un(e) et demi(e)" : **półtora** (masculin et neutre) et **półtorej** (féminin). Comme pour toute expression de quantité, le nom qui suit se met au génitif : **półtora roku**, *un an et demi*, **półtorej godziny**, *une heure et demie.*

9 – Zro**bi**łaś za **wcześ**nie.
10 Wiesz **prze**cież, że **o**ni się **zaw**sze spóź**nia**ją ⑦.
11 – O, ktoś **dzwo**ni. Idź ot**wo**rzyć. □

*9 zro**bi**was'... **ftchès'**n'è. 10 ... **zaf**chè spouz'**gna**illon.*

Pierwsze ćwiczenie – Proszę przetłumaczyć

❶ Budzik dzwoni o dziewiątej. ❷ Idę do domu, już ósma. ❸ Czekamy już od półtorej godziny. ❹ Oni się przecież nie spóźniają. ❺ Jest trochę za wcześnie na obiad.

Drugie ćwiczenie – Wpisać brakujące słowa

❶ Nous vous attendons (*pour monsieur*) au restaurant, à huit heures.
. . . . na . . . . w . . . . , o . . . . . .

❷ Va au magasin acheter un peu de jambon.
. . . do . . . . . . kupić . . . . . . szynki.

❸ Il est seulement une heure moins dix.
Jest . . . . za . . . . pierwsza.

❹ Tu peux [aller] voir qui sonne ?
Możesz . . . . , kto . . . . ?

❺ C'est le facteur, je vais ouvrir.
To . . . . , idź . . . .

9 – [Tu l'] as fait trop tôt.
10 [Tu] sais pourtant qu'ils sont toujours en retard.
11 – Oh, quelqu'un sonne. Va ouvrir.

Notes

⑦ Notez que l'équivalent de l'expression "être en retard" est un verbe pronominal **spóźniać się**.

Corrigé du premier exercice

❶ Le réveil sonne à neuf heures. ❷ Je vais à la maison, il est déjà huit heures. ❸ Nous attendons déjà depuis une heure et demie. ❹ Ils ne sont pourtant pas en retard. ❺ Il est un peu trop tôt pour le déjeuner.

Corrigé du deuxième exercice - Mots manquants

❶ Czekamy – pana – restauracji – ósmej ❷ Idź – sklepu – trochę – ❸ – dopiero – dziesięć – ❹ – zobaczyć – dzwoni ❺ – listonosz – otworzyć

44 Lekcja czterdziesta czwarta
*(**lè**ktsya tchtèr**dz'ès**ta **tchfar**ta)*

Spotkanie

1 – **Bar**dzo się **cie**szę z na**sze**go spot**ka**nia ①.
2 – Ja też. **Ty**le lat mi**nę**ło ② **od**kąd **by**liśmy **ra**zem w li**ce**um ③!
3 – Sły**sza**łem, że **by**łeś za gra**ni**cą.
4 – Tak, po ma**tu**rze ④ wyje**cha**łem do **Stan**ów ⑤.
5 – I co tam ro**bi**łeś?
6 – Na po**czą**tku ⑥ studio**wa**łem his**to**rię ; a **po**tem **pra**wo i **han**del. A ty?
7 – Ja skoń**czy**łem medy**cy**nę. Pra**cu**ję w szpi**ta**lu.

Wymowa

*2 ... mi**nè**ouo ... **bé**lis'mé ... li**tsè**oum. 3 soué**cha**ouèm ...*
*4 ... ma**tou**jè véyè**Ha**ouèm do **sta**nouf. 5 ... ro**bi**ouès'?*

Notes

① Nous avons déjà vu (leçon 24) le verbe pronominal **cieszyć się**, *se réjouir*. Remarquez la construction employée ici : le complément d'objet, formé de l'adjectif **nasze**, *notre*, et du nom **spotkanie**, *rencontre*, se met au génitif.

② Après **tyle lat**, *tant d'années*, le verbe, ici "passer", s'emploie au singulier et à la forme neutre **minęło**. Rappelons un autre exemple du même type : **było dużo ludzi**, *il y avait (était) beaucoup de gens.*

③ Vous souvenez-vous du mot **centrum** (leçon 23, note 3) ? Avec **liceum**, *lycée*, nous avons affaire au même phénomène : il n'existe qu'une seule forme pour tous les cas du singulier. ▶

[Une] rencontre

1 – Je suis très content (*beaucoup me réjouis*) de notre rencontre.
2 – Moi aussi. Tant d'années ont passé depuis que [nous] étions ensemble au lycée !
3 – [J']ai entendu [dire] que [tu] as été à l'étranger.
4 – Oui, après [le] bac, [je] suis parti [aux] États[-Unis].
5 – Et qu'as-tu fait là-bas (*là-bas as fait*) ?
6 – Au début, [j']ai étudié [l']histoire, et ensuite [le] droit et [le] commerce. Et toi ?
7 – Moi, [j']ai terminé [ma] médecine. [Je] travaille à [l']hôpital.

*6 ... pot**cho**'**n**tkou stoudyo**va**ouèm His**to**ryè ... **Ha**'**n**dèl ...*
*7 ... skogn**tché**ouèm mèdé**tsé**nè. pra**tsou**yè f chpi**ta**lou.*

④ Étant en rapport avec la chronologie, la préposition **po**, *après*, entraîne le locatif. Cela donne **maturze** qui, par rapport au nominatif **matura**, *le bac*, subit le même sort que de nombreux mots polonais : c'est le fameux changement **r**/**rz**.

⑤ "Les États-Unis" se traduit normalement par **Stany Zjednoczone**, mais la plupart du temps, on n'emploie que la première partie de l'expression.

⑥ "Le début" se dit **początek**. Lors du passage de ce mot à d'autres cas, comme au locatif **początku**, la lettre **e** disparaît.

8 **Pra**ca jest **tru**dna, **a**le pasjonu**ją**ca.
9 – A co **sły**chać u **na**szych ko**le**gów?
10 – O**po**wiem ci, **a**le **naj**pierw na**pij**my się **cze**goś! □

*8 ... pasyonou**illon**tsa.* ***10** ... **nail**lpyèrf napi**ll**mé ...*

Pierwsze ćwiczenie – Proszę przetłumaczyć

❶ Po maturze, pracowałem w liceum. ❷ Dwa lata temu, skończyłem historię. ❸ Co robiłeś za granicą? ❹ Opowiem ci potem, teraz jestem zajęta. ❺ Ta lekcja jest za trudna.

Drugie ćwiczenie – Wpisać brakujące słowa

❶ J'ai entendu [dire] (masc.) que tu as été (masc.) à l'hôpital.
. . . . , że . . . . . w . . . .

❷ Qu'est-ce que tu as fait (masc.) après le bac ?
Co . . . . po . . . . ?

❸ [En] cette année, je vais aux États[-Unis].
W . . . roku . . . . do . . . .

❹ Mon voyage a été passionnant.
Moja . . . . . . była . . . .

❺ Nous y avons été (masc.) il y a tant d'années !
. . . . tam . . . . lat . . . . !

L'enseignement supérieur en Pologne est organisé, à quelques petites différences près, selon les mêmes principes qu'en France : licence, maîtrise et doctorat. Pour les salariés, il existe des cours du soir et un enseignement par correspondance qui s'accompagne généralement de cours durant le week-end. Des sessions d'études de 2 à 4 semaines sont quelquefois organisées durant les vacances scolaires. La scolarité en dehors du cursus normal est généralement

8 [Le] travail est difficile, mais passionnant.
9 – Et comment ça va (*qu'entendre*) chez nos amis ?
10 – Je vais te raconter (*vais raconter à toi*), mais d'abord, buvons quelque chose !

Corrigé du premier exercice

❶ Après le bac, j'ai travaillé au lycée. ❷ Il y a deux ans, j'ai terminé [mes études d']histoire. ❸ Qu'est-ce que tu as fait à l'étranger ? ❹ Je te [le] raconterai après, maintenant je suis occupée. ❺ Cette leçon est trop difficile.

Corrigé du deuxième exercice - Mots manquants

❶ Słyszałem – byłeś – szpitalu ❷ – robiłeś – maturze ❸ – tym – jadę – Stanów ❹ – podróż – pasjonująca – ❺ Byliśmy – tyle – temu

payante, et son coût varie suivant l'école, l'année d'études ou la filière. Il faut hélas déplorer que l'augmentation continuelle de ce prix oblige beaucoup d'étudiants à abandonner leurs études en cours de route. Toutefois certains s'en sortent grâce à des leçons particulières, appelées korepetycje, dispensées aux élèves du primaire et du secondaire en difficulté scolaire.

45 Lekcja czterdziesta piąta
*(**lèk**tsya tchtèr**dzès**ta **pio'n**ta)*

Obrazy Marka ①

1 – Masz kon**tak**ty z kole**ga**mi z li**ce**um?
2 – Właś**ci**wie ② ty**l**ko z **Mar**kiem ①.
3 – **Mó**wisz o **Mar**ku ① No**wa**ku? I co u **nie**go ③?
4 Pa**mię**tam, że **cią**gle coś ry**so**wał.
5 – Fak**tycz**nie. I w **koń**cu ④ **zos**tał ma**la**rzem.
6 **By**łem nie**daw**no ⑤ na **je**go ⑥ os**tat**nim werni**sa**żu.
7 – Ach tak?! A **je**go ⑥ ob**ra**zy?

Wymowa
*obrazé **mar**ka*
***1** ... ko'n**tak**té ... lit**sè**oum? **2** vouas'**ts**'ivyè ... **mar**kyèm.*

Notes

① Le nominatif **Marek** fait au génitif **Marka**, à l'instrumental **Markiem** et au locatif **Marku**. Encore une fois (note 6 de la leçon précédente), le **e** du nominatif disparaît. Cette transformation intervient régulièrement pour tous les noms finissant en **-ek**.

② Notez que l'adverbe **właściwie**, *proprement*, signifie ici à peu près la même chose que l'expression déjà rencontrée **prawdę mówiąc**, *à vrai dire*.

③ Comme vous l'avez sans doute deviné, **niego** est le génitif de **on**. De nouveau, comme pour **nich** (leçon 43, note 3), **niego** apparaît toujours avec une préposition.

Quarante-cinquième leçon 45

[Les] tableaux [de] Marek

1 – As-[tu des] contacts avec [nos] amis du lycée ?
2 – [À] proprement [parler], seulement avec Marek.
3 – [Tu] parles de Marek Nowak ? Et [alors], que devient-il (*quoi chez lui*) ?
4 [Je] me souviens qu'il était tout le temps en train de dessiner quelque chose (*que tout le temps quelque chose dessinait*).
5 – En effet. Et en fin [de compte], [il] est devenu peintre.
6 [J']ai été il n'y a pas longtemps à son dernier vernissage.
7 – Ah bon (*oui*) ?! Et ses tableaux ?

***3** ... **mar**kou no**va**kou? ... **gnè**go? **4** pa**myèn**ta'm ... ré**sso**vaou. **5** fak**tétch**gnè. i f **kogn**tsou **zos**taou ma**la**jèm. **6** ... **yè**go os**tat**gni'm vèrgni**sa**jou. **7** aH ...*

④ Encore une modification liée à la déclinaison : le locatif **końcu** vient de **koniec**, *la fin*.

⑤ Pour créer le contraire d'un terme, il suffit très souvent de le faire précéder du mot négatif **nie**. C'est ce que nous avons ici avec **niedawno**, *il n'y a pas longtemps*, obtenu à partir de **dawno**, *il y a longtemps*. C'est un procédé très économique qui simplifie bien des choses !

⑥ Contrairement au français, les possessifs à la 3e personne dépendent du possesseur et non pas de l'objet possédé. Par exemple, en parlant d'un homme, on emploie toujours **jego**, sans distinguer le genre ou le nombre de ce qui lui appartient. Par conséquent, **jego** correspond à la fois à "son", "sa" et "ses".

45

8 – **Mó**wi, że sprze**da**ją się jak **świe**że **buł**ki.

9 – Tak **szyb**ko?

10 – Nie, tak **ta**nio!

*8 ... spchè**dai**llon ... s'**fyé**jé **bou**^{ou}ki. 9 ... **chép**ko? 10 ... **ta**gno!*

Pierwsze ćwiczenie – Proszę przetłumaczyć

❶ Nie pamiętam, jak się nazywa ten malarz. ❷ Gdzie można tanio kupić jego obrazy? ❸ Idź szybko do sklepu, nie ma nic do jedzenia. ❹ W liceum, Marek dużo rysował. ❺ Co wolisz, chleb czy bułki?

Drugie ćwiczenie – Wpisać brakujące słowa

❶ Je me souviens bien [de] son dernier vernissage.
. . . . dobrze . . . . ostatni . . . .

❷ J'ai acheté (masc.) ce tableau très bon marché.
. . . . ten . . . . . bardzo . . . . . .

❸ Moi aussi, je voudrais devenir peintre.
. . też . . . . zostać . . . .

❹ Je ne comprends pas, tu parles trop vite.
. . . rozumiem, ... za . . . .

❺ Est-ce que ces petits pains sont frais ?
. . . te . . . . . są . . . . . . ?

8 – [Il] dit qu'ils se vendent comme [des] petits (*frais*) pains. **45**
9 – Aussi vite ?
10 – Non, aussi bon marché !

Corrigé du premier exercice

❶ Je ne me souviens pas comment s'appelle ce peintre. ❷ Où peut-on acheter ses tableaux bon marché ? ❸ Va vite au magasin, il n'y a rien à manger. ❹ Au lycée, Marek dessinait beaucoup. ❺ Qu'est-ce que tu préfères, le pain ou les petits pains ?

Corrigé du deuxième exercice - Mots manquants

❶ Pamiętam – jego – wernisaż ❷ Kupiłem – obraz – tanio ❸ Ja – chciałbym – malarzem ❹ Nie – mówisz – szybko ❺ Czy – bułki – świeże

46 Lekcja czterdziesta szósta
*(**lèk**tsya tchtèr**dz'ès**ta **chous**ta)*

Śniadanie

1 – **A**niu, **mo**żesz o**bu**dzić **ta**tę?
2 **Po**wiedz mu ①, że **ka**wa jest go**to**wa.
3 – Sły**sza**łam, że **wsta**je ②. O, już **i**dzie.
4 – Dzień **do**bry. **Ja**ki **pię**kny **za**pach!
5 – **Ro**bię jajecz**ni**cę z **szyn**ką. Chcesz?
6 – Z naj**wię**kszą przyjem**noś**cią!
7 To **mo**je ulu**bio**ne **da**nie.
8 – A ty, **A**niu? Co **bę**dziesz jeść ③?
9 – Nic. Chce mi się **tyl**ko pić ④. □

Wymowa

*s'n'a**da**gnè*
*1... obou**dz'its'** **ta**tè? 2 **po**vyèts mou ... 3 ... **fsta**yè ... 4 ...*

Notes

① Sachant que **mu** est le datif de **on**, *il*, quel est l'équivalent de "dis-moi" ? C'est bien **powiedz mi**. Si cela vous dit, vous pouvez continuer ce petit jeu avec d'autres pronoms déjà appris. Si vous avez des doutes, n'hésitez pas à vous reporter à l'appendice grammatical. Vous y retrouverez, sous une forme à la fois synthétique et complète, tous les points essentiels de la grammaire qui ont été traités dans les leçons.

② Une bonne nouvelle : le polonais ne connaît pas la concordance des temps ! Ainsi, dans cette phrase, on n'a pas besoin d'utiliser le passé, comme en français, mais le présent **wstaje**, *il/elle se lève*. ▶

[Le] petit déjeuner

1 – Ania, peux-[tu] réveiller papa ?
2 Dis-lui que [le] café est prêt.
3 – [J']ai entendu qu'[il] se levait (*lève*). Oh, il arrive (*déjà va*).
4 – Bonjour. Quelle bonne (*belle*) odeur !
5 – [Je] fais [des] œufs brouillés avec [du] jambon. [Tu en] veux ?
6 – Avec le plus grand plaisir !
7 C'[est] mon plat préféré (*préféré plat*).
8 – Et toi, Ania ? Qu'est-ce que [tu] vas manger ?
9 – Rien. J'ai seulement soif (*veut à moi se seulement boire*).

***za**paH! **5** ... yayètch**gni**tsè s **chén**kon ... **6** z naill**vien**kchon pchéyèm**nos**'ts'on! **8** ... **bègn**dz'èch yès'ts'?*

③ Il y a deux façons d'exprimer l'avenir : l'emploi de la forme perfective du verbe, ou celui du futur du verbe **być**, *être*, + infinitif : **będziesz jeść** (litt. "tu seras manger"). Selon la situation, il a pour équivalent le futur proche "tu vas manger" ou le futur simple "tu mangeras".

④ "J'ai soif" se dit **Chce mi się pić**. Il s'agit d'une expression idiomatique, où le verbe **chcieć**, *vouloir*, est exceptionnellement pronominal et s'emploie uniquement à la 3e personne du singulier. En remplaçant **pić**, *boire*, par d'autres verbes, on forme différentes expressions : **chce mi się jeść**, synonyme de **jestem głodny/-a**, *j'ai faim*, **chce mi się spać**, *j'ai sommeil*, etc.

10 – **Dob**rze, **a**le nie za**pom**nij ⑤ **zab**rać dru**gie**go śnia**da**nia ⑥. □

10 ... zapo'mnille ... drouguyègo ...

Notes

⑤ L'impératif à la 2e personne du singulier des verbes terminés par un groupe de consonnes prend la terminaison **-ij** : **nie zapomnij**, *n'oublie pas*.

⑥ Rappelez-vous qu'un verbe à la forme négative, ici **nie zapomnij**, *n'oublie pas*, exige toujours l'emploi du génitif, même s'il est suivi d'un autre verbe à la forme affirmative, ici **zabrać**, *prendre*. Le complément **drugiego śniadania** est donc ici au génétif. Sa forme nominative est **drugie śniadanie** (litt. "deuxième petit déjeuner").

Pierwsze ćwiczenie – Proszę przetłumaczyć

❶ Czy możesz mnie obudzić jutro o ósmej? ❷ Ania jest już duża, wstaje sama. ❸ Co będziesz jeść na śniadanie? ❹ Może chce ci się pić? ❺ Nie zapomnij zadzwonić do Marka.

Drugie ćwiczenie – Wpisać brakujące słowa

❶ Maman se lève toujours très tôt.
.... zawsze ...... bardzo ....

❷ N'oublie pas d'acheter le journal.
Nie .... kupić ....

❸ Il faut réveiller Marek, il est déjà huit heures.
Trzeba .... Marka, ... ósma.

10 – Bien, mais n'oublie pas [de] prendre le casse-croûte (*deuxième petit déjeuner*). **46**

Corrigé du premier exercice

❶ Est-ce que tu peux me réveiller demain à huit heures ? ❷ Ania est déjà grande, elle se lève toute seule. ❸ Qu'est-ce que tu vas manger au petit déjeuner ? ❹ Tu as peut-être soif ? ❺ N'oublie pas de téléphoner à Marek.

❹ Je n'ai pas soif.
Nie .... mi ... pić.

❺ Viens vite, le petit déjeuner est prêt.
..... szybko, ... jest ....

Corrigé du deuxième exercice - Mots manquants

❶ Mama – wstaje – wcześnie ❷ – zapomnij – gazety ❸ – obudzić – już – ❹ – chce – się – ❺ Chodź – śniadanie – gotowe

47 *En Pologne, le repas du matin, śniadanie, est d'habitude assez copieux. Il se compose de pain, charcuterie, fromage, laitages, œufs, céréales et thé ou café. La raison de cette pratique est simple : beaucoup de Polonais font la journée continue – qui commence vers 7 ou 8 heures – et n'ont pas de véritable pause-déjeuner. Autour de 11h, ils s'arrêtent donc un peu pour prendre un casse-croûte, appelé*

47 Lekcja czterdziesta siódma

*(**lèk**tsya tchtèr**dzès**ta **s'oud**ma)*

List

1 – A, **jes**teś na**resz**cie!
2 **Dzwo**nię do **cie**bie ① od ty**god**nia.
3 – Na**praw**dę? Nic nie wie**dzia**łem ②.
4 – Jak to? Zosta**wi**łem ci co **naj**mniej ③ trzy wiado**mo**ści ④.
5 – To dziwne. Wi**docz**nie sekre**tar**ka ⑤ jest zep**su**ta.

Wymowa

*2 ... **ts'è**byè ot té**god**gna. **3** ... vyè**dz'a**ouèm. **4** ... zosta**vi**ouèm ... **naill**mgneille ... vyado**mos'**ts'i. **5** ... vi**dotch**n'è ...*

Notes

① Le terme courant pour dire "téléphoner à quelqu'un" est **dzwonić do** + génitif. Comme nous l'avons vu dans la leçon 43, ce verbe signifie par ailleurs "sonner". **Ciebie** correspond à "tu", "toi" à l'accusatif.

② Comparons l'infinitif **wiedzieć**, *savoir*, avec **wiedziałem**, *je savais*. De nouveau, comme dans **mieć**, *avoir*, qui fait **miałem**, *j'avais*, nous sommes face à la transformation **e**/**a**.

③ Dans cette expression, la forme du mot **najmniej** vous dit-elle quelque chose ? Oui, il s'agit bien du superlatif correspondant ▸

drugie śniadanie, qu'ils ont généralement préparé à la maison. De retour à la maison après le travail, vers 15h, on prend le déjeuner, obiad. C'est le repas principal de la journée, qui comprend généralement une soupe, un plat principal et un dessert. Pour le repas du soir, kolacja, on se contente donc souvent de quelque chose de froid : sandwiches, salades, fromages, etc.

Quarante-septième leçon 47

[La] lettre

1 – Ah, [tu] es [là], enfin !
2 Je t'appelle (*téléphone à toi*) depuis une semaine.
3 – Vraiment ? Je n'en savais rien (*rien ne savais*).
4 – Comment ça ? Je t'ai laissé (*ai laissé à toi*) au moins trois messages.
5 – C'[est] bizarre. Apparemment [mon] répondeur est cassé.

▸ à l'adverbe "le moins". On le reconnaît, rappelons-le, grâce à la présence simultanée de **naj-** et de **-iej**.

④ **wiadomości** signifie aussi "informations", notamment en parlant du journal. Le singulier est **wiadomość**. Toutefois, les deux consonnes finales n'en font pas pour autant un nom masculin, mais féminin. En effet, pour ce dernier genre, il existe quelques mots finissant en **-ć**, **miłość**, *amour*, ou par d'autres consonnes : **rzecz**, *chose*, **noc**, *nuit*, etc.

⑤ Pour le répondeur téléphonique, le polonais emploie un terme désignant la profession de secrétaire, au féminin, **sekretarka**. C'est bon à savoir, non ?

6 **Mus**zę **spraw**dzić. A dla**cze**go **dzwo**nisz?
7 – Nie dos**ta**łeś mo**je**go **lis**tu?
8 – Któ**re**go? **Te**go, w **któ**rym przypo**mi**nasz mi, że mam ci **zwró**cić **trzy**sta **zło**tych ⑥?
9 – Tak.
10 – Nie, **jesz**cze nie dos**ta**łem. □

*6 ... **sprav**dz'its' ... **dzvo**gnich? 7 ... dos**ta**ouès' ... 8 ... pchépo**mi**nach ... **zvrou**ts'its' **t'ché**sta **zouo**téH?*

Notes

⑥ À l'exception des nombres 2, 3, 4 et de leurs composés (22, 23, etc.) qui sont suivis du nominatif pluriel, tous les autres exigent le génitif pluriel. La terminaison **-ych** est celle des adjectifs car, rappelez-vous, le nom de la monnaie polonaise, **złoty**, signifie "d'or" ou "doré".

Pierwsze ćwiczenie – Proszę przetłumaczyć

❶ Wczoraj dostałam twój list. ❷ Muszę sprawdzić, czy sekretarka nie jest zepsuta. ❸ Pracuję tu od tygodnia. ❹ Jeszcze nie miałam wiadomości. ❺ Dzwonisz za wcześnie, nie wiesz która godzina?

Drugie ćwiczenie – Wpisać brakujące słowa

❶ Ton répondeur ne marche pas.
Twoja . . . . nie . . . .

❷ As-tu reçu (fém.) mes messages ?
. . . . moje . . . . ?

❸ Je ne savais pas (fém.) quelle heure il était.
Nie . . . . , która . . . .

6 [Je] dois vérifier. Et pourquoi appelles[-tu] ?
7 – [Tu] n'as pas reçu ma lettre ?
8 – Laquelle ? Celle où (*dans laquelle*) tu me rappelles (*rappelles à moi*) que je dois (*ai*) te rendre [les] trois cents zlotys ?
9 – Oui.
10 – Non, je ne l'ai pas encore reçue (*encore pas reçu*).

Corrigé du premier exercice

❶ Hier, j'ai reçu (fém.) ta lettre. ❷ Je dois vérifier si le répondeur n'est pas cassé. ❸ Je travaille ici depuis une semaine. ❹ Je n'ai pas encore eu (fém.) de messages. ❺ Tu téléphones trop tôt, tu ne sais pas quelle heure il est ?

❹ Peux-tu vérifier ma lettre ?
Możesz . . . . mój . . . . ?

❺ Depuis une semaine, j'habite à l'étranger.
Od . . . . mieszkam . . granicą.

Corrigé du deuxième exercice - Mots manquants

❶ – sekretarka – działa ❷ Dostałaś – wiadomości ❸ – wiedziałam – godzina ❹ – sprawdzić – list ❺ – tygodnia – za –

48 Lekcja czterdziesta ósma

*(**lèk**tsya tchtèr**dzès**ta **ous**ma)*

Ciasto ①

1 – Pa**mię**tasz, o **któ**rej ② wło**ży**łyśmy ③ **cias**to do **pie**ca?
2 – Wpół do **dru**giej ④.
3 – To **trze**ba już je ⑤ **wy**jąć.
4 – Tak **myś**lisz? Jest do**pie**ro dwa**dzieś**cia ⑥ po **dru**giej.
5 – **Jes**teś **pew**na? Twój ze**ga**rek **chy**ba **sto**i ⑦.
6 – To niemoż**li**we. Wczoraj wło**ży**łam **no**wą ba**te**rię.
7 – Nie masz in**ne**go ze**gar**ka?

Wymowa

tsasto
*1 pa**myèn**tach ... vouo**jé**ouésmé ... **pyè**tsa? 2 ... fpou[ou] ...*

Notes

① Il faut distinguer **ciasto**, *gâteau*, de son diminutif **ciastko** (leçon 12), qui désigne un gâteau individuel ou un biscuit. Notez que **ciasto** signifie aussi "pâte".

② Puisque vous savez comment on dit "à telle heure" (leçon 30, note 6), vous pouvez également formuler la question "à quelle heure", n'est-ce pas ? On retrouve en effet, dans **o której**, la préposition **o** + le locatif du pronom **która**. Comme vous le voyez, ce dernier se décline comme les adjectifs. Notez aussi que le mot **godzina**, *heure*, est omis.

③ Nous parions que dans **włożyłyśmy**, *nous avons mis*, vous avez tout de suite reconnu le féminin. Le masculin, souvenez-vous, est **włożyliśmy**.

[Le] gâteau

1 – [Tu] te souviens à quelle [heure nous] avons mis [le] gâteau dans [le] four ?
2 – À une heure et demie (*demi à deuxième*).
3 – Alors, il faut déjà le sortir.
4 – [Tu] (*ainsi*) crois (*penses*) ? [Il] est seulement deux heures vingt (*vingt après deuxième*).
5 – [Tu] es sûre ? Ta montre est sans doute arrêtée.
6 – C'[est] impossible. Hier, j'ai mis [une] nouvelle pile.
7 – [Tu] n'as pas [d']autre montre ?

***3** ... yè **vé**yognts'. **4** ... dva**dz'ès**ts'a ... **5** ... **sto**ï. **6** ... **ftcho**rail ... ba**tè**ryè.*

④ Pour indiquer les demi-heures, on fait suivre **wpół do**, *demi à*, de l'heure qui vient – au génitif. Remarquez que la terminaison **-ej** est la même que celle du locatif.

⑤ **je** est l'accusatif du pronom personnel neutre **ono**, *il*, *elle*.

⑥ Voici la manière d'indiquer une heure déjà passée : les minutes + la préposition **po**, *après* + l'heure au locatif : **dwadzieścia po drugiej**, *deux heures vingt*.

⑦ **stoi**, qui signifie ici "est arrêté(e)", correspond à la 3e personne du singulier du verbe **stać**, *être/se tenir debout*, *immobile* au présent. Notez que **stać** est employé notamment pour indiquer l'absence de mouvement, en parlant de mécanismes, de véhicules, etc.

8 – **Za**raz zo**ba**czę. (...) Coś ta**kie**go!
9 Na **każ**dym jest **in**na go**dzi**na!
10 – To nic. Wyj**mie**my je z **pie**ca i zoba**czy**my. □

9 ... i'nna ... 10 ... véymyèmé ...

Pierwsze ćwiczenie – Proszę przetłumaczyć

❶ Nie masz innego budzika? ❷ Jest wpół do dziewiątej. ❸ Byłam u ciebie pięć po pierwszej. ❹ Pamiętasz, jak działa ten komputer? ❺ Dziesięć minut temu włożyłam ciasto do pieca.

Drugie ćwiczenie – Wpisać brakujące słowa

❶ À quelle heure allons-nous au cinéma ?
O . . . . . . idziemy . . kina?

❷ À sept heures et demie.
O . . . . do . . . .

❸ Le réveil sonne à une heure cinq.
Budzik . . . . . . pięć . . pierwszej.

❹ J'ai fait un gâteau pour les invités.
Zrobiłam . . . . . . dla . . . . . .

❺ Tu te souviens de ce qu'il faut acheter à dîner ?
. . . . , co . . . . . . kupić . . kolację?

8 – [Je] (*tout de suite*) vais voir. (...) Ça par exemple (*quelque chose tel*) !

9 Sur chacune, il y a une heure différente (*autre heure*) !

10 – Ce [n'est] rien. [Nous] allons le sortir du four et [nous] allons voir.

Corrigé du premier exercice

❶ Tu n'as pas un autre réveil ? ❷ Il est huit heures et demie. ❸ J'ai été chez toi à une heure cinq. ❹ Tu te souviens comment marche cet ordinateur ? ❺ Il y a dix minutes [que] j'ai mis le gâteau au four.

Corrigé du deuxième exercice - Mots manquants

❶ – której – do – ❷ – wpół – ósmej ❸ – dzwoni – po – ❹ – ciasto – gości ❺ Pamiętasz – trzeba – na –

49 Lekcja czterdziesta dziewiąta
(lèktsya tchtèrdz̓èsta dz̓evio’nta)

Révision

1. L'heure

- Pour répondre à la question **Która godzina**, *Quelle heure [est-il] ?*, s'il s'agit d'une heure pleine, il vous suffit de reprendre les numéraux des leçons : **pierwsza**, *première*, **druga**, *deuxième*, **trzecia**, *troisième*, etc. L'heure étant indiquée à l'aide des nombres ordinaux au féminin, vous aurez l'équivalent de "une heure", "deux heures", "trois heures", etc. Notez que, dans la réponse, le mot **godzina** est omis.
  "À telle heure" = **o** + numéral au locatif. Ex : **o pierwszej**, **o drugiej**, etc.

- On dit d'abord les minutes, puis l'heure.
  a) Pour exprimer les minutes après une certaine heure, on utilise la construction :
  minutes + **po** + heure au locatif : **pięć po pierwszej**, *une heure cinq*.
  b) Pour exprimer les minutes avant une certaine heure, on utilise :
  za + minutes + heure au nominatif : **za pięć pierwsza**, *une heure moins cinq*.

- Les demi-heures
  On indique toujours l'heure qui vient et on emploie :
  wpół + **do** + heure au génitif (équivalant au locatif) : **wpół do pierwszej**, *midi et demi*.

2. Le futur

Rappelez-vous qu'un simple ajout des terminaisons personnelles au radical des verbes perfectifs permet d'exprimer une action future. Ainsi, en conjuguant, par exemple **zrobić**, *faire*, vous aurez :

zrobię, *je vais faire* | **zrobimy**, *nous allons faire*
zrobisz, *tu vas faire* | **zrobicie**, *vous allez faire*
zrobi, *il/elle va faire* | **zrobią**, *ils/elles vont faire.*

Nous avons vu que l'avenir peut aussi se traduire par une forme composée. L'infinitif imperfectif est alors précédé du verbe "être" au futur, dont voici les formes :

	singulier	pluriel
1re personne	**będę**	**będziemy**
2e personne	**będziesz**	**będziecie**
3e personne	**będzie**	**będą**

Si nous prenons l'exemple de "faire", nous aurons : **będę robić**, *je vais faire*, **będziesz robić**, *tu vas faire*, etc. Ajoutons que les deux formes de futur **zrobię** et **będę robić**, traduisent à la fois le futur proche "je vais faire" et le futur simple "je ferai". Comme vous le voyez, l'emploi des temps ne pose vraiment pas de problèmes en polonais !

3. Les changements de voyelles et de consonnes

Passons maintenant à quelque chose qui vous tracasse peut-être un peu plus. Vous avez remarqué que dans les diverses formes d'un mot (singulier ou pluriel, changement de cas, de personne ou de genre), certaines lettres se substituent aux autres. Ces transformations, que l'on trouve aussi en français : fou/folle, peut/pouvons, coupable/culpabilité, etc., sont particulièrement fréquentes en polonais. Nous en avons rencontré de nombreux exemples dans nos leçons, et certaines vous sont maintenant familières. Il s'agit d'un phénomène assez complexe qui obéit à des lois phonétiques et historiques, trop longues à expliquer ici.
Voici, à titre indicatif, un tableau des changements les plus fréquents. Comme vous avez dû vous en apercevoir, ils sont souvent doubles : un changement de voyelle s'accompagne de celui d'une consonne – et vice versa. De plus, un mot peut comporter plus d'un changement. C'est pourquoi nous vous déconseillons de vouloir créer vous-mêmes des formes. Il est préférable de retenir les quelques exemples réunis ci-dessous :

• **Voyelles**

a/o **zarabiać/zarobić**, *gagner* (imperfectif/perfectif)
ą/ę **pieniądze/pieniędzy**, *argent* (nominatif pluriel/génitif pluriel)
ę/ą **dziewięć/dziewiąty**, *neuf/neuvième*
o/e **biorę/bierze**, *je prends/il (elle) prend*
ó/o **mój/moja**, *mon/ma*
y/ę **być/będę**, *être/je serai*
e/Ø **Marek/Marka**, *Marek* (nominatif/génitif)

*****

Dialog-powtórka

1 – **Jes**teś na**resz**cie **(47)**!
2 Już za **dzie**sięć **ós**ma **(43)**!
3 – **By**łem na wer**ni**sażu **(45)** ko**le**gi z li**ce**um **(44)**.
4 Nie dos**ta**łaś wiado**mo**ści **(47)**?
5 – Nie, **mo**że sekre**tar**ka jest zep**su**ta **(47)**.
6 **Bę**dziesz coś jeść **(46)**?
7 – Nie, chce mi się **tyl**ko pić **(46)**.
8 – O, ktoś **dzwo**ni. To **mo**że **na**si **goś**cie **(43)**.
9 – Jest **jesz**cze za **wcześ**nie **(43)**.
10 **Ma**ją być o wpół do dzie**wią**tej **(48)**.
11 – Twój ze**ga**rek **chy**ba **sto**i **(48)**.
12 Jest już dwa**dzieś**cia po **ós**mej **(48)**.

Cette leçon marque la fin de votre phase passive – ou "première vague". Jusqu'à aujourd'hui, vous vous êtes contenté d'assimiler les bases de la langue polonaise, en vous imprégnant du vocabulaire, de la prononciation et de la structure de la langue. À partir de demain, vous allez aborder votre phase active – ou "deuxième vague". Voici comment : après avoir vu la cinquantième leçon, vous allez reprendre la première, en revoyant les notes et les exercices.

• **Consonnes**

d/dzi/dź	**idę/idzie/idź**, *je vais/il (elle) va/va*
g/ż	**mogę/może**, *je peux/il (elle) peut*
ł/l	**był/byli**, *il était/ils étaient*
k/c	**Polska/Polsce**, *Pologne* (nominatif/locatif)
r/rz	**dobry/dobrze**, *bon/bien*
sz/si	**proszę/prosimy**, *je prie/nous prions*

*****

Dialogue de révision

1 – [Tu] es [là] enfin !
2 [Il est] déjà huit heures moins dix (*dans dix huitième*) !
3 – [J']ai été au vernissage [d'un] ami du lycée.
4 [Tu] n'as pas reçu [mon] message ?
5 – Non, peut-être [que le] répondeur est cassé.
6 Tu vas (*seras*) manger quelque chose (*quelque chose manger*) ?
7 – Non, j'ai seulement soif (*veut à moi se seulement boire*).
8 – Oh, quelqu'un sonne. C'[est] peut-être nos invités.
9 – [Il] est encore trop tôt.
10 Ils doivent être là (*ont être*) à huit heures et demie.
11 – Ta montre est probablement arrêtée.
12 [Il] est déjà huit heures vingt (*vingt après huitième*).

Puis, en cachant le texte polonais, vous allez traduire le dialogue à partir du français. Faites-le d'abord oralement, puis, si vous le souhaitez, par écrit. Grâce à cette deuxième vague, vous allez constater tout le chemin parcouru depuis le début, en vous étonnant des progrès réalisés. Rien de tel que cette révision quotidienne pour consolider votre acquis et vous amener à parler naturellement. Courage ! Lancez-vous franchement !

50 Lekcja pięćdziesiąta

(... pyègndz'ès'o'nta ...)

Przyszły mąż

1 – Wiesz, że **Zo**sia wy**cho**dzi za mąż ①?
2 – Tak **mło**do ②?
3 – Co ty opo**wia**dasz? Ma **pra**wie trzy**dzieś**ci lat!
4 – Na**praw**dę? Jak ten czas **le**ci ③.
5 – Sły**sza**łam, że **dłu**go się wa**ha**ła.
6 Po**dob**no ④ **cią**gle zmie**nia**ła z**da**nie.

Wymowa

*4 ... tchas **lèts'i**. 5... va**Ha**oua.*

Notes

① Selon qu'il s'agit d'une femme ou d'un homme, "se marier" se dit respectivement **wychodzić za mąż**, (litt. "sortir pour mari") et **żenić się**.

② Notez que l'usage de l'adverbe **młodo**, *de manière jeune*, est ici comparable à celui de l'expression française "s'habiller jeune", qui se dit **ubierać się młodo**. On l'emploie également dans, par exemple, **czuć się młodo**, *se sentir jeune*, ou **wyglądać młodo**, *paraître jeune*.

③ Il s'agit ici d'un emploi idiomatique. La véritable signification de **lecieć** est "voler", en parlant des oiseaux ou des avions.

Cinquantième leçon 50

Pour célébrer notre accession à la phase active, nous allons alléger notre traduction de certaines "béquilles". Nous ne mettrons donc plus de crochets pour signaler l'omission du pronom personnel sujet ou de l'article en polonais. Votre lecture deviendra ainsi beaucoup plus agréable.

Le futur mari

1 – Sais-tu que Zosia se marie (*sort pour mari*) ?
2 – (*De manière*) si jeune ?
3 – Qu'est-ce que tu racontes ? Elle a presque trente ans !
4 – Vraiment ? Comme le (*ce*) temps passe (*vole*) !
5 – J'ai entendu [dire] qu'elle a longtemps hésité.
6 Il paraît [qu']elle changeait tout le temps (*tout le temps changeait*) [d']avis.

④ Ne vous laissez pas tromper : **podobno**, qui peut faire penser qu'il s'agit d'un adverbe (rappelez-vous **podobna**, *ressemblante*, leçon 25), est un mot invariable, correspondant à "il paraît", "il semble". L'adverbe est **podobnie**, *de façon semblable*.

50 7 – To nor**mal**ne. **Wca**le się nie **dzi**wię.
8 Szu**ka**ła **pew**nie odpowied**nie**go kandy**da**ta.
9 – No i **wresz**cie zna**laz**ła. Jej **przy**szły mąż jest archeo**lo**giem.
10 – Czy to **ta**kie **waż**ne?
11 – **Jas**ne. Im ⑤ **bę**dzie **star**sza ⑥, tym **bar**dziej **bę**dzie ją **ko**chał ⑦! □

*7 ... **ftsa**lè ... **dzi**vyè. 8 chou**ka**oua ... otpovyèd**gnè**go ka'ndé**da**ta. 9 ... **vrèch**ts'è ... arHèo**lo**guièm. 10 ... **vaj**nè? 11 ... i'm ... **star**cha, tém ... **ko**Ha^{ou}!*

Notes

⑤ La suite **im**... **tym**... correspond à la structure comparative "plus... plus...". Les deux termes sont suivis du comparatif de l'adjectif ou de l'adverbe. Pour vous rafraîchir la mémoire, reportez-vous à la leçon 42, § 3. ▶

Pierwsze ćwiczenie – Proszę przetłumaczyć

❶ Nie rozumiem, co opowiadasz. ❷ Nie wiem, czy to takie ważne. ❸ Znalazła pani mój list? ❹ Dziwię się, że nie chcesz iść do kina. ❺ Słyszałam, że wychodzi pani za mąż.

7 – C'est normal. Ça ne m'étonne pas du tout (*pas du tout me n'étonne*).
8 Elle cherchait sûrement un bon (*convenable*) candidat.
9 Et enfin, elle a trouvé. Son futur mari est archéologue.
10 – Est-ce que c'est si important ?
11 – Évidemment (*clair*). Plus elle sera (*plus*) vieille, plus (*plus*) il l'aimera !

⑥ Le comparatif de la plupart des adjectifs est formé en remplaçant la voyelle finale par la terminaison **-szy** (masc.), **-sza** (fém.) ou **-sze** (neutre).

⑦ Le verbe "aimer" au sens "éprouver de l'amour" se dit **kochać**. Retenez aussi, cela peut toujours servir, **kocham cię**, *je t'aime*.

Corrigé du premier exercice

❶ Je ne comprends pas ce que tu racontes. ❷ Je ne sais pas si c'est si important. ❸ Avez-vous trouvé (*madame*) ma lettre ? ❹ Je m'étonne que tu ne veuilles (*veux*) pas aller au cinéma. ❺ J'ai entendu [dire] que vous vous mariez (*madame*).

Drugie ćwiczenie – Wpisać brakujące słowa

1. Il paraît [que] ta sœur se marie.
. . . . twoja . . . . wychodzi . . mąż.

2. Tu penses qu'elle a trouvé un candidat ?
. . . ., że . . . . kandydata?

3. Je sais qu'elle a longtemps hésité.
. . . ., że . . . . . się . . . .

4. [Cela] ne m'étonne pas que tu aimes le sport.
Nie . . . . . . się, . . lubisz . . . . . .

51 Lekcja pięćdziesiąta pierwsza

Sukienka na Sylwestra ①

1 – Cześć **E**wa. **Do**kąd tak **bieg**niesz ②?
2 – **Wra**cam do **do**mu.
3 – Chodź ze mną, **bar**dzo cię **pro**szę!
4 **Mu**szę **so**bie **ku**pić coś na Syl**wes**tra.

Wymowa

*... sél**vès**tra*
*1 ... **byèg**'gnèch? **2** **vra**tsa'm ... **4** ... **mou**chè ...*

Notes

① **Sylwestra** est l'accusatif de **Sylwester**, *la Saint-Sylvestre*. Comme pour les noms finissant en **-ek**, le **e** disparaît.

② À côté de l'infinitif **biegnąć**, *courir*, on rencontre la forme **biec**. En plus de cette particularité, le radical de ce verbe est ▸

5 C'est pourtant très important.
.. jest .... bardzo ....

Corrigé du deuxième exercice - Mots manquants
1 Podobno – siostra – za – 2 Myślisz – znalazła – 3 Wiem – długo – wahała 4 – dziwię – że – sport 5 To – przecież – ważne

Deuxième vague : Lekcja pierwsza

Cinquante et unième leçon 51

Une robe pour la Saint-Sylvestre

1 – Salut Ewa. Où cours-tu comme ça (*comme ça cours*) ?
2 – Je rentre à la maison.
3 – Viens avec moi, (*beaucoup*) je t'[en] prie !
4 Je dois m'acheter quelque chose pour la Saint-Sylvestre.

▸ double. Le premier est commun à la 1re personne du singulier, **biegnę** et la 3e du pluriel, **biegną**. Le second apparaît pour les autres personnes : **biegniesz**, *tu cours*, **biegnie**, *il/elle court*, etc. Remarquez le parallèle avec la conjugaison de **iść** et **jechać** qui, dans les mêmes conditions, modifient le **d** en **dzi**. Vous reverrez tout ceci en leçon de révision.

5 – Nie **mo**gę, **śpie**szy mi się ③.
6 **I**dę go**to**wać ④ **o**biad.
7 – To **tyl**ko **chwi**la. Wi**dzia**łam tu **o**bok wspa**nia**łą su**kien**kę.
8 **Sa**ma zo**ba**czysz. O, już jes**teś**my.
9 Dzień **do**bry. Czy **mo**głabym ⑤ przy**mie**rzyć tę su**kien**kę na wys**ta**wie ⑥?
10 – Oczy**wiś**cie, ale **ma**my też przymie**rzal**nię! □

*5 ... s'**pyè**ché ... 9 ... **mo**gouabém ... vés**ta**vyè? 10 ... pchémy**è**ja**l**gnè!*

Notes

③ Suivant la construction, le verbe **śpieszyć się** correspond à “être pressé” ou à “se dépêcher”. Dans la première expression, **śpieszy mi się**, on se sert de la 3e personne du singulier suivie du datif. C’est une tournure que l’on peut, comme ici, employer seule. Dans la deuxième, **śpieszę się**, on conjugue tout simplement le verbe.

④ Dans cette phrase, **gotować** prend le sens général de “préparer un repas”. Mais il peut également se traduire par “cuire” – par exemple un œuf – ou encore “faire bouillir”, par exemple de l’eau. ▸

Pierwsze ćwiczenie – Proszę przetłumaczyć

❶ Dokąd idziesz na Sylwestra? ❷ Chciałabym przymierzyć te spodnie. ❸ Gdzie mogłabym kupić ładną sukienkę? ❹ Zobaczysz, że to jest bardzo proste. ❺ To prawda, śpieszy ci się?

5 – Je ne peux pas, je suis pressée (*presse à moi se*).
6 Je vais préparer le déjeuner.
7 – Il n'y en a pas pour longtemps (*C'est seulement un moment*). J'ai vu à côté d'ici (*ici à côté*) une robe magnifique (*magnifique robe*).
8 Tu verras toi-même (*toute seule verras*). Oh, nous y sommes déjà (*déjà sommes*).
9 Bonjour. Est-ce que je pourrais essayer cette robe dans la vitrine ?
10 – Bien sûr, mais nous avons aussi une cabine d'essayage !

▸ ⑤ Rappelez-vous que "je voudrais", se dit **chciałbym** (masc.) ou **chciałabym** (fém.). Tout comme le passé, le conditionnel différencie donc le genre grammatical. Récapitulons : on le forme avec la 3e personne du singulier ou du pluriel au passé, en intercalant la particule **by** entre le radical et la terminaison. Ainsi **mogła** (fém.), *elle a pu*, permet d'obtenir **mogłabym**, *je pourrais*. Ajoutons que, pour un homme on a **mógłbym** .

⑥ Dans **na wystawie**, *dans la vitrine*, la préposition **na** exige le locatif, car il s'agit d'indiquer un emplacement.

Corrigé du premier exercice

❶ Où vas-tu pour la Saint-Sylvestre ? ❷ Je voudrais essayer ce pantalon. ❸ Où pourrais-je acheter une jolie robe ? ❹ Tu verras que c'est très simple. ❺ C'est vrai, tu es pressé ?

52 **Drugie ćwiczenie – Wpisać brakujące słowa**

❶ Je ne suis pas pressé, j'ai du temps.
Nie . . . . mi . . . , mam . . . . .

❷ Où as-tu acheté (fém.) cette robe ?
Gdzie . . . . tę . . . . ?

❸ Peut-être pourrais-je (fém.) t'aider ?
Może . . . . ci . . . . . ?

❹ Quand vas-tu préparer le déjeuner ?
. . . . . będziesz . . . . obiad?

❺ J'ai vu (fém.) quelque chose d'intéressant dans la vitrine.
. . . . coś . . . . na . . . .

---

52 Lekcja pięćdziesiąta druga

Boże Narodzenie ①

1 – Za **mie**siąc **świę**ta ②. **Ja**kie **ma**cie **pla**ny?
2 – O, nic spe**cjal**nego.
3 – Na Wi**gi**lię ③ **idzie**cie jak **zwy**kle do ro**dzi**ców?

Wymowa

***bo**jè naro**dzè**gnè*
***1** ... **myès'o'nts s'fyèn**ta ... **pla**né? **3** ...vi**guil**yè ...*

Notes

① L'expression utilisée pour "Noël", **Boże Narodzenie**, signifie littéralement "divine naissance". Le Père Noël, lui, est dési- ▶

Corrigé du deuxième exercice - Mots manquants

❶ – śpieszy – się – czas ❷ – kupiłaś – sukienkę ❸ – mogłabym – pomóc ❹ Kiedy – gotować – ❺ Widziałam – ciekawego – wystawie

Deuxième vague : Lekcja druga

Cinquante-deuxième leçon 52

Noël

1 – Dans un mois, [ce sont les] fêtes. Quels plans avez-vous (*quels avez plans*) ?
2 – Oh, rien [de] spécial.
3 – Pour [le] réveillon de Noël, vous allez comme d'habitude chez [tes] parents ?

▸ gné par le prénom **Mikołaj**, mais pour les petits Polonais, c'est un grand-père, **dziadek** : **dziadek Mikołaj**.

② Le singulier de **święta**, *fêtes*, est **święto** (nom neutre).

③ Le mot **Wigilia**, *réveillon*, est ici à l'accusatif, car il suit la préposition **na**. Employé avec une majuscule, il désigne la veille de Noël et le repas solennel servi à cette occasion.

52 **4** – Tak. A w **pier**wszy dzień świąt ④, do **teś**ciów ⑤.
5 – **Wi**dzę, że trzy**ma**cie się ⑥ tra**dy**cji.
6 A jak spę**dza**cie **dru**gi dzień świąt ④?
7 – Zapro**si**liśmy przy**ja**ciół ⑦. A wy?
8 – My bę**dzie**my w tym **ro**ku da**le**ko od ro**dzi**ny.
9 Je**dzie**my w **pod**róż doo**ko**ła **świa**ta.
10 – Ach tak? A co ro**dzi**ce? Nie są zawie**dze**ni?
11 – **Tro**chę. Ale obie**ca**liśmy, że pój**dzie**my do nich na Wiel**ka**noc. □

*4 ... s'fyo'nt ... **tès**'ts'ouf. 7 zapro**s'i**lis'mé pchéy**a**ts'ou[ou] ... 9 ... doo**ko**wa **s'fya**ta. 10 ... zavyè**dzè**gni? 11 ... obyè**tsa**lis'mé ...*

Notes

④ Il y a deux jours fériés à Noël, le 25 et le 26 décembre. Pour les distinguer, on utilise respectivement **pierwszy**, *premier* et **drugi**, *deuxième* **dzień świąt**, *jour [de] fêtes*. Ce dernier mot, issu de **święto**, *fête*, est au génitif pluriel. Remarquez l'absence de terminaison, phénomène très fréquent pour ce cas, ainsi que le changement **ę/ą**.

⑤ Certains noms de personnes au pluriel (membres de la famille, noms propres) se terminent en **-owie**, comme ici **teściowie**, beaux-parents. ▸

Pierwsze ćwiczenie – Proszę przetłumaczyć

❶ Na Boże Narodzenie idziemy do rodziców. ❷ Zaprosiliśmy kolegów na kolację. ❸ Za miesiąc Wielkanoc, co robicie? ❹ Lubię święta, ale nie lubię gotować. ❺ Muszę zadzwonić do teściów.

4 – Oui. Et à Noël (*premier jour [de] fêtes*), chez [mes] beaux-parents.
5 – Je vois que vous respectez (*tenez vous*) les traditions.
6 Et comment passez-vous le 26 décembre (*deuxième jour [de] fêtes*) ?
7 – Nous avons invité des amis. Et vous ?
8 – Nous serons (*en*) cette année loin de la famille.
9 Nous allons en voyage autour [du] monde.
10 – Ah oui ? Et (*que*) [tes] parents? Ne sont-ils pas déçus?
11 – Un peu. Mais nous avons promis que nous irions (*irons*) chez eux à Pâques.

⑥ Le verbe **trzymać się**, *se tenir*, *s'en tenir à*, a de nombreux usages, parmi lesquels "respecter", "suivre quelque chose". Il est alors suivi du génitif. On dit **trzymać się instrukcji**, *respecter les instructions*, **planu**, *le plan*, etc.

⑦ Le verbe **zaprosić**, *inviter*, exige l'emploi de l'accusatif ; d'où, au pluriel, **przyjaciół**, issu de **przyjaciele**, *amis*. Comme c'est aussi la forme du génitif, il y a absence de terminaison (note 4), en plus du changement **e/ó**. Ajoutons que **przyjaciel** désigne un ami plus intime que **kolega**.

Corrigé du premier exercice

❶ À Noël, nous allons chez mes parents. ❷ Nous avons invité des amis à dîner. ❸ Dans un mois, [c'est] Pâques, que faites-vous ? ❹ J'aime les fêtes, mais je n'aime pas cuisiner. ❺ Je dois téléphoner à mes beaux-parents.

Drugie ćwiczenie – Wpisać brakujące słowa

1. À Pâques, nous avons invité mes beaux-parents.
   Na . . . . zaprosiliśmy . . . .

2. Où passez-vous le réveillon de Noël (*en*) cette année ?
   Gdzie . . . . Wigilię . tym . . . . ?

3. Un voyage autour du monde, c'est mon rêve.
   . . . . . . dookoła . . . . . . to . . . .
   marzenie.

4. Dans un mois, [c'est] Noël, comme le temps passe !
   . . miesiąc . . . . Narodzenie, . . . ten
   . . . . leci!

5. Avez-vous des projets pour les fêtes ?
   . . . . . jakieś . . . . . na . . . . . . ?

Tradition catholique oblige, les Polonais attachent une grande importance aux fêtes religieuses, qu'ils passent généralement en famille.
À Noël, c'est surtout Wigilia, le Réveillon, qui donne l'occasion de se réunir autour d'un traditionnel repas du même nom. La coutume veut que l'on prépare 12 plats pour la circonstance, un pour chacun des Apôtres ! Même si dans les faits, ce nombre est rarement respecté, on essaie de proposer plusieurs mets traditionnels, toujours sans viande : carpe, harengs, soupe de champignons, pâtes au pavot...
À Pâques, Wielkanoc, on a l'habitude de partager les œufs, mais aussi d'en décorer ! Il est donc normal que ces pisanki (les œufs

Corrigé du deuxième exercice - Mots manquants

❶ – Wielkanoc – teściów ❷ – spędzacie – w – roku ❸ Podróż – świata – moje – ❹ Za – Boże – jak – czas – ❺ Macie – plany – święta

peints) occupent une bonne place dans l'art populaire. Enfin, le lundi de Pâques connaît une attraction toute particulière, śmigus-dyngus, qui signifie plus ou moins "arrosage". Le nom parle de lui-même.... Ajoutons que la tradition ne précise pas quelle est la quantité d'eau à verser sur ses proches ou ses amis !

Deuxième vague : Lekcja trzecia

53 Lekcja pięćdziesiąta trzecia

Wyjazd ①

1 – Gdzie spę**dza**cie wa**kac**je?
2 – W **lip**cu le**ci**my ② do Włoch ③, a w **sierp**niu bę**dzie**my na wsi ④.
3 – Nie bo**i**cie się ⑤ wy**jeż**dżać na tak **dłu**go?
4 – Nie. Dla**cze**go?
5 – **Dzie**ci też z **wa**mi **ja**dą?
6 – Oczy**wiś**cie, je**dzie**my **wszys**cy **ra**zem.
7 – A miesz**ka**nie? **Bę**dzie **ca**ły czas **pus**te?
8 – Nie, zosta**wia**my **klu**cze Nowa**ko**wi ⑥.
9 **Bę**dzie tu **miesz**kał **je**go syn.

Wymowa

véyast
*2 v **lip**tsou lè**ts**'imé do vouoH, a f **s'èrp**gnou ... fs'i. **3** ... bo'**i**ts'è*

Notes

① Le terme “départ” a plusieurs équivalents en polonais. En plus de **wyjazd** – qui concerne plutôt les personnes –, vous trouverez **odjazd**, à propos d’un train, par exemple. Sachez aussi que dans un aéroport, vous verrez le terme **odlot** car, pour les voyages en avion, on emploie un verbe particulier (voir note suivante). Le contraire, “l’arrivée”, est **przyjazd**, pour les deux premiers et **przylot**, pour le troisième.

② Le verbe **lecieć** prend ici son véritable sens de déplacement dans l’air. Il fait partie du groupe de verbes de mouvement qui, comme vous le savez, sont très spécifiques en polonais. Par conséquent, si vous voyagez en avion, vous direz toujours **lecę** et non pas **jadę**.

Le départ

1 – Où passez-vous les vacances ?
2 – En juillet, nous allons (*volons*) en Italie et en août, nous serons à la campagne.
3 – N'avez-vous pas peur [de] partir pour si longtemps ?
4 – Non. Pourquoi ?
5 – Les enfants vont aussi avec vous (*aussi avec vous vont*) ?
6 – Bien sûr, nous [y] allons tous ensemble.
7 – Et l'appartement ? Il sera tout le temps vide ?
8 – Non, nous laissons les clés [à] Nowak.
9 Son fils habitera ici (*ici habitera son fils*).

*... vé**yè**jdjats' ... **8** ... **klou**tchè ... **9** ... sén.*

③ "L'Italie" se dit **Włochy**. C'est un pluriel, ce qui pour un nom de pays, est assez exceptionnel en polonais. La forme du génitif est donc **Włoch**.

④ **wieś**, *la campagne*, apparaît ici au locatif **wsi**.

⑤ Dans la conjugaison au présent du verbe pronominal **bać się**, *avoir peur*, la lettre **i** est remplacée par **j** à la 1re personne du singulier et la 3e du pluriel.

⑥ Après **zostawiać**, *laisser*, "à quelqu'un" (complément d'objet indirect) le nom se met au datif, d'où **Nowakowi**.

10 – A jak ⑦ **bę**dzie **ja**kaś a**wa**ria, **al**bo **po**żar?
11 – To **zro**bi, co my **byś**my zro**bi**li ⑧: zadz**wo**ni po straż po**żar**ną! □

*10 ... avarya ... **po**jar? **11** ... strach poj**ar**non!*

Notes

⑦ **jak**, *comme*, *comment*, s'emploie aussi au sens de "si", "lorsque". ▶

Pierwsze ćwiczenie – Proszę przetłumaczyć

❶ Od dawna chciałbym mieszkać na wsi. ❷ W lipcu dzieci jadą za granicę. ❸ Wiesz przecież, że nie lubię wyjeżdżać zimą. ❹ Dlaczego boicie się jechać do Włoch? ❺ Zostawiłem klucze sąsiadowi.

Drugie ćwiczenie – Wpisać brakujące słowa

❶ J'ai acheté (fém.) une belle maison à la campagne.
. . . . piękny . . . na . . . .

❷ En août, il y a d'habitude beaucoup de monde (*gens*).
W . . . . jest . . . . . . dużo . . . . . .

❸ J'espère (*ai espoir*) que vous n'avez pas peur de rester à l'hôpital.
. . . nadzieję, . . nie . . . . . . się . . . . . . w . . . .

❹ Je ne me souviens pas où sont les clés.
. . . pamiętam, ... są . . . .

❺ Je dois téléphoner aux pompiers.
. . . . . zadzwonić . . straż . . . .

10 – Et s'il y a (*sera*) une (*quelconque*) panne ou un incendie ?

11 – Alors il fera ce que nous ferions : il téléphonera aux (*pour*) pompiers !

⑧ La particule **by**, caractéristique du conditionnel, accompagnée des terminaisons verbales **-m**, **-ś**, Ø, **-śmy**, **-ście**, Ø, est parfois détachée du verbe. Comme vous le voyez dans la phrase, cela arrive généralement dans une subordonnée. Nous y reviendrons.

Corrigé du premier exercice

❶ Depuis longtemps, je voudrais habiter à la campagne. ❷ En juillet, les enfants vont à l'étranger. ❸ Tu sais pourtant que je n'aime pas partir en hiver. ❹ Pourquoi avez-vous peur d'aller en Italie ? ❺ J'ai laissé les clés au voisin.

Corrigé du deuxième exercice - Mots manquants

❶ Kupiłam – dom – wsi ❷ – sierpniu – zwykle – ludzi ❸ Mam – że – boicie – zostać – szpitalu ❹ Nie – gdzie – klucze ❺ Muszę – po – pożarną

Deuxième vague : Lekcja czwartaa

54 Lekcja pięćdziesiąta czwarta

Telefon do szefa ①

1 – **Ha**lo, **pa**ni **Ha**nia? Tu Ko**wal**ski.
2 Czy **mógł**bym ② roz**ma**wiać z ③ kierow**ni**kiem ④?
3 – Tak, już **łą**czę (...) Nikt nie odpo**wia**da.
4 Niech pan spró**bu**je za pół go**dzi**ny. (...)
5 – **Ha**lo, to **zno**wu ja. Czy szef już jest?
6 – **Przy**kro mi, **a**le kie**row**nik jest **te**raz na zeb**ra**niu ⑤.
7 – **Trud**no, to zadz**wo**nię po po**łud**niu.

Wymowa

*2 ... **moug**[ou]**bém** ... 3 ... **won**tchè ... otpo**vya**da.*
*4 ... sprou**bou**yè ... pou[ou] ... 7 ... zadz**vo**gnè ... po**woud**gniou.*

Notes

① Le terme **szef**, *patron*, *chef*, est très large : il prend souvent, comme ici, un sens légèrement familier, comme dans l'anglais "boss". On l'emploie généralement pour indiquer la personne qui dirige ou commande, quel que soit le domaine institutionnel (entreprise, appareil d'État, armée, etc.).

② Après le féminin **mogłabym**, *je pourrais*, rencontré en leçon 51, voici le masculin **mógłbym** (voir leçon 51, note 5). Remarquez le changement **o/ó**, dû à la différence entre **mogła**, *elle a pu*, et **mógł**, *il a pu*.

③ Pour demander à parler à quelqu'un au téléphone, vous pouvez remplacer **mówić** par **rozmawiać**. N'oubliez pas d'utiliser la ▶

Un coup de fil (*téléphone*) au patron

1 – Allô, madame Hania. Ici Kowalski.
2 Est-ce que je pourrais parler au (*avec*) patron ?
3 – Oui, je vous le passe (*déjà joins*) (...) Personne ne répond.
4 Essayez (*que monsieur essaie*) dans une demi-heure.
(...)
5 – Allô, c'est encore (*de nouveau*) moi. Est-ce que le patron est (*déjà est*) [là] ?
6 – Désolée (*désagréablement à moi*), mais le patron est actuellement en réunion.
7 – Tant pis (*difficilement*), alors je vais téléphoner [dans] l'après-midi.

▸ préposition **z**, *avec*, + instrumental. Pour commencer la phrase, vous pouvez aussi dire **czy mogę**, *puis-je*, ou simplement **chciałbym/chciałabym**, *je voudrais*.

④ Dans une institution, **kierownik** désigne le responsable d'un service ou d'un secteur. (Ce mot est plus ou moins synonyme de **szef** en plus protocolaire.) Il dépend hiérarchiquement du directeur qui se dit, rappelons-le, **dyrektor**.

⑤ Avec le verbe "être", la préposition **na** indique un lieu où l'on se trouve. C'est donc tout naturellement qu'elle entraîne le locatif, ici **zebraniu**, *réunion*, dérivé de **zebranie**.

8 – Niech pan **chwi**lę za**cze**ka.
9 **Za**raz za**py**tam, o **któ**rej **bę**dzie.
10 – Nie **trze**ba. To nic pil**ne**go.
11 Spró**bu**ję zadz**wo**nić t**ro**chę **póź**niej. □

*11 ... **pouz**gneille.*

Pierwsze ćwiczenie – Proszę przetłumaczyć

❶ Spróbuję to zrobić później. ❷ Nie mogę teraz rozmawiać, jestem na zebraniu. ❸ Wyjeżdżamy jutro po południu. ❹ Nikt nie rozumie, o co chodzi. ❺ Widziałam go pół godziny temu.

Drugie ćwiczenie – Wpisać brakujące słowa

❶ Je voudrais parler à Marek.
Chciałbym . . . . z . . . .

❷ La réunion est dans l'après-midi.
. . . . jest . . południu.

❸ Personne ne sait où est le responsable.
. . . . nie . . . , gdzie . . . . kierownik.

❹ Essayez de mettre une nouvelle pile.
. . . . . pan . . . . włożyć . . . . baterię.

❺ Le déjeuner est dans une demi-heure.
Obiad . . . . za . . . godziny.

8 – Attendez un instant (*que monsieur instant attendra*).
9 Je vais demander tout de suite (*tout de suite vais demander*) à quelle [heure] il sera [là].
10 – [Ce] n'est pas nécessaire. Cela [n'a] rien [d']urgent.
11 J'essaierai de téléphoner un peu plus tard.

Corrigé du premier exercice

❶ Je vais essayer de le faire plus tard. ❷ Je ne peux pas parler maintenant, je suis en réunion. ❸ Nous partons demain après-midi. ❹ Personne ne comprend de quoi il s'agit. ❺ Je l'ai vu il y a une demi-heure.

Corrigé du deuxième exercice - Mots manquants

❶ – rozmawiać – Markiem ❷ Zebranie – po – ❸ Nikt – wie – jest – ❹ Niech – spróbuje – nową – ❺ – jest – pół –

Deuxième vague : Lekcja piąta

55 Lekcja pięćdziesiąta piąta

Prośba

1 – Dzień **do**bry. **Dzwo**nię z **małą proś**bą.
2 – **Słu**cham, o co **cho**dzi ①?
3 – **Żo**na postano**wi**ła **zro**bić **re**mont ② mieszk**ka**nia :
4 malo**wa**nie, wy**mia**na ka**fel**ków w ła**zien**ce...
5 – Ro**zu**miem, **wie**le ③ **ko**biet u**wiel**bia zaj**mo**wać się ④ **do**mem.
6 – Tak, **a**le chce, **że**bym ⑤ jej **po**mógł.
7 – Ma **ra**cję. To wy**ma**ga wy**sił**ku ⑥.
8 – No **właś**nie. Chce, **że**bym wziął **kil**ka dni url**o**pu.

Wymowa

***proz**[i]ba*
***3** ... **rè**mo'nt ...**4** ... ka**fèl**kouf ... **5** ... **vyè**lè ... zaill**mo**vats[i] ...*
***6** ... **po**moug[ou]. **7** ... vé**s**[i]**i**wkou.*

Notes

① Retenez bien cet emploi idiomatique de **chodzić**, *aller à pied*. Toujours employé à la 3e personne du singulier et suivi de la préposition **o**, *de* + accusatif, il correspond à “il s’agit de”. Pour vous en souvenir, pensez à l’expression française équivalente “il y va de”.

② Pour désigner l’ensemble des travaux de rénovation ou de réparation, on emploie un nom masculin au singulier, **remont**. Il s’applique à de nombreux domaines : immeubles, installations, routes, véhicules, etc.

Une demande

1 – Bonjour. Je téléphone au sujet (*avec*) [d'une] petite requête.
2 – J'écoute, de quoi s'agit-il ?
3 – [Ma] femme a décidé [de] faire des travaux (*dans l'*) appartement :
4 peinture, changement [de] carrelage dans [la] salle de bains...
5 – Je comprends, beaucoup [de] femmes adore(*nt*) s'occuper de la maison.
6 – Oui, mais elle veut que je l'aide.
7 – Elle a raison. Cela exige [des] effort[s].
8 Eh bien, justement. Elle veut que je prenne quelques jours [de] congé.

▸ ③ Après **wiele**, tout comme après son synonyme **dużo**, *beaucoup*, le verbe se met au singulier, à l'inverse du français.

④ **zajmować się**, *s'occuper de*, exige l'emploi de l'instrumental, d'où la forme **domem**, *maison*.

⑤ Revoilà la particule **by** + la terminaison verbale, qui se joint cette fois-ci à **że**, *que*. Le tout, accompagné du verbe au passé, permet notamment d'introduire une subordonnée indiquant un souhait.

⑥ Le complément d'objet qui suit **wymagać**, *exiger*, se met au génitif. De nouveau, le **e** de la terminaison de **wysiłek**, *effort*, disparaît pour donner **wysiłku**.

55 **9** – Hm, to się **bar**dzo źle **skła**da. **Du**żo **lu**dzi jest na zwol**nie**niu.
10 Praw**dzi**wa epi**de**mia. Ża**łu**ję **bar**dzo, **a**le w tej **chwi**li, to niemoż**li**we.
11 – To **świet**nie! **Po**wiem **żo**nie.
12 **Zaw**sze wie**dzia**łem, że **mo**gę na **pa**na **li**czyć! □

10 ... jawouyè ... 12 ... litchéts'!

Pierwsze ćwiczenie – Proszę przetłumaczyć
❶ Nie można na ciebie liczyć. ❷ Uwielbiam chodzić do teatru. ❸ Mam wielką prośbę: chodź ze mną. ❹ Dokąd jedziesz na urlop? ❺ Malowanie to prawdziwa przyjemność.

Drugie ćwiczenie – Wpisać brakujące słowa

❶ Tu peux compter sur moi.
Możesz . . mnie . . . .

❷ [Ma] femme adore manger au restaurant.
Żona . . . . jeść . restauracji.

❸ Je regrette, mais je ne peux pas t'aider.
. . . . . . , ale . . . mogę . . pomóc.

❹ Je ne travaille pas, je suis en arrêt.
Nie . . . ., jestem . . zwolnieniu.

❺ Où avez-vous décidé d'aller en vacances ?
. . . . . pani . . . . pojechać . . wakacje?

9 – Hum, ça tombe très mal (*se très mal compose*). Beaucoup [de] gens sont (*est*) en arrêt.

10 Une véritable épidémie. Je regrette beaucoup, mais en ce moment, ce [n'est] pas possible.

11 – Parfait(*ement*) ! Je [le] dirai [à ma] femme.

12 J'ai toujours su que je pouvais (*peux*) compter sur vous (*sur monsieur compter*) !

Corrigé du premier exercice

❶ On ne peut pas compter sur toi. ❷ J'adore aller au théâtre. ❸ J'ai une grande requête : viens avec moi. ❹ Où vas-tu en congé ? ❺ La peinture est un véritable plaisir.

Corrigé du deuxième exercice - Mots manquants

❶ – na – liczyć ❷ – uwielbia – w – ❸ Żałuję – nie – ci – ❹ – pracuję – na – ❺ Gdzie – postanowiła – na –

Deuxième vague : Lekcja szósta

Révision

1. Les cas

Vous êtes maintenant relativement familiarisé avec l'utilisation des cas dans une phrase. Nous avons déjà revu leur emploi après différentes prépositions (leçon 35). Mais, comme vous le savez, on les utilise aussi après les verbes sans préposition. Récapitulons donc ce que vous savez sur le sujet.

Accusatif
Nous commençons par l'accusatif, car c'est lui que l'on trouve généralement dans une phrase affirmative à la suite d'un verbe transitif. C'est le cas du complément d'objet direct. Parmi les très nombreux verbes concernés, citons :

mieć, *avoir*
czytać, *lire*
jeść, *manger*
kupować, *acheter*
lubić, *aimer*
pić, *boire*
robić, *faire*
widzieć, *voir*, etc.

Génitif
N'oubliez surtout pas que, dans une phrase négative, le génitif remplace l'accusatif. Ainsi, on dit : **mieć dom**, *avoir une maison*, **mieć pracę**, *avoir un travail*, etc. mais **nie mieć domu**, **pracy**, etc., *ne pas avoir de maison, de travail*, etc.
Quelques verbes sont cependant toujours suivis du génitif, même à la forme affirmative :

bać się, *avoir peur*
słuchać, *écouter*
wymagać, *exiger*, etc.
potrzebować, *avoir besoin*
szukać, *chercher*

Datif
Il correspond au complément d'objet indirect, après des verbes tels que :

dawać, *donner*
podobać się, *plaire*
pokazywać, *montrer*
służyć, *être utile*

Instrumental
Nous l'avons rencontré en fonction d'attribut après : **być**, *être* et **zostać**, *devenir* : **Jestem (chcę zostać) aktorką, lekarzem**, *Je suis (je veux devenir) actrice, médecin*. Notez toutefois qu'après l'expression **to jest**, *c'est*, on emploie le nominatif : **to jest aktorka, lekarz**.
Citons encore deux autres verbes suivis de l'instrumental :

zajmować się, *s'occuper de*
interesować się, *s'intéresser à*.

2. Les verbes au présent

Vous connaissez déjà beaucoup de verbes au présent mais, jusqu'ici, nous n'avons pas fait de présentation systématique des différentes conjugaisons. Vous savez déjà qu'il y en a trois, d'après les terminaisons au présent de la 1re et de la 2e personne du singulier. Pour certains verbes, il est nécessaire également de connaître la 3e personne du pluriel.
Voici le récapitulatif des terminaisons de chaque conjugaison à toutes les personnes :

personne	conjugaisons		
	1	2	3
(ja)	**-ę**	**-ę**	**-m**
(ty)	**-esz**	**-isz/-ysz**	**-sz**
(on, ona, ono)	**-e**	**-i/-y**	**Ø**
(my)	**-emy**	**-imy/-ymy**	**-my**
(wy)	**-ecie**	**-icie/-ycie**	**-cie**
(oni, one)	**-ą**	**-ą**	**-ją/-dzą**

Comme vous voyez, si l'on veut savoir utiliser un verbe polonais, il n'est pas suffisant, comme en français, de prendre uniquement en compte la forme de l'infinitif. Prenons l'exemple de **czytać**, *lire*, et **pisać**, *écrire*, dont la terminaison est identique. Le premier, qui fait **czytam**, *je lis*, **czytasz**, *tu lis*, etc., appartient à la

56 3e conjugaison et le second, **piszę**, *j'écris*, **piszesz**, *tu écris*, etc., à la 1re. Mais soyez sans crainte, on s'y habitue vite et, de toute façon, nous sommes là pour vous aider et nous vous indiquerons désormais le modèle des verbes dont la conjugaison peut s'avérer problématique.

Un autre petit problème est lié au changement de certaines lettres. Mais encore une fois, à force de voir ces formes dans les phrases, vous les retiendrez, soyez-en sûr.

*****

Dialog-powtórka

1 – Prze**pra**szam, **śpie**szy mi się **(51)**.
2 – To nor**mal**ne **(50)**, ro**zu**miem.
3 Za **mie**siąc **świę**ta **(52)**.
4 – To nie o to **cho**dzi **(51)**.
5 **I**dę roz**ma**wiać z kierow**ni**kiem **(54)**.
6 – To coś pil**ne**go **(54)**?
7 – **Chciał**bym **kil**ka dni ur**lo**pu **(55)**.
8 **Ka**sia wy**cho**dzi za mąż **(50)**.
9 A wy gdzie spę**dza**cie **Bo**że Naro**dze**nie **(52)**?
10 – Ja i **dzie**ci bę**dzie**my na wsi **(53)**.
11 Mąż posta**no**wił **zro**bić **re**mont mieszk**ka**nia **(55)**.
12 – Co ty opo**wia**dasz **(50)**, w **Bo**że Naro**dze**nie!
13 Czy to **ta**kie **waż**ne **(50)**?

Voici un petit rappel de quelques verbes qui présentent de légères transformations :

móc	**bać się**	**iść**	**jechać**
pouvoir	*avoir peur*	*aller à pied*	*aller en véhicule*
mogę	**boję się**	**idę**	**jadę**
możesz	**boisz się**	**idziesz**	**jedziesz**
może	**boi się**	**idzie**	**jedzie**
możemy	**boimy się**	**idziemy**	**jedziemy**
możecie	**boicie się**	**idziecie**	**jedziecie**
mogą	**boją się**	**idą**	**jadą**

*****

Dialogue de révision

1 – Excuse-moi, je suis pressé (*presse à moi se*).
2 – C'[est] normal, je comprends.
3 Dans un mois [ce sont les] fêtes.
4 – Ce n'[est] pas de cela [qu']il s'agit.
5 Je vais parler au responsable.
6 – C'[est] (*quelque chose d'*)urgent ?
7 – Je voudrais quelques jours [de] congé.
8 Kasia se marie (*sort pour mari*).
9 Et vous, où passez-vous Noël ?
10 – Moi et les enfants, nous serons à la campagne.
11 [Mon] mari a décidé [de] faire des travaux [dans l']appartement.
12 – Qu'est-ce que tu racontes, à Noël !
13 C'est si important ?

Deuxième vague : **Lekcja siódma**

57 Lekcja pięćdziesiąta siódma

Malarstwo ① nowoczesne

1 – **Ro**bi się **ciem**no ②, wra**caj**my.
2 – Na**praw**dę chcesz już **wra**cać do **do**mu?
3 Nie chcesz sko**rzys**tać z wol**ne**go popo**łud**nia ③?
4 Tak **rzad**ko jes**teś**my **sa**mi ④.
5 – To fakt. Więc co propo**nu**jesz?
6 – Znasz tę ga**le**rię? **Ma**rek wys**ta**wia tu **swo**je ⑤ ob**ra**zy.
7 – No **do**brze, **chodź**my. **A**le ja i ma**lar**stwo nowo**czes**ne...
(...)

Wymowa

*ma**lar**stfo novo**tchès**nè*
***1** ... **ts'è**mno, vra**tsaill**mé. **3** ... sko**jés**tats' ... **4** ... **jat**ko ...*

Notes

① Tandis que **malowanie** (leçon 55) désigne l'action de peindre en général, **malarstwo** relève du seul domaine artistique. C'est toujours un terme abstrait. Pour un tableau, on emploie **obraz** (voir phrase 6).

② L'adverbe **ciemno**, *sombrement*, s'emploie généralement dans des tournures impersonnelles. Utilisée avec la forme pronominale du verbe "faire", **robi się ciemno**, l'expression indique que le jour commence à baisser. De la même manière, on dit **Robi się zimno**, *Il commence à faire froid*.

③ Remarquez que **popołudnia**, *après-midi*, génitif de **popołudnie**, est écrit en un seul mot, contrairement à **po południu** (leçon 54). En effet, le premier terme est un nom neutre, alors que le second est un complément de temps, ▸

La peinture moderne

1 – Il commence à faire nuit (*se fait sombrement*), rentrons.
2 Vraiment, tu veux déjà rentrer à la maison ?
3 Tu ne veux pas profiter de [cet] après-midi libre (*libre après-midi*) ?
4 [C'est] si rare(*ment*) [que] nous soyons (*sommes*) tout seuls.
5 – C'est un fait. Alors, qu'est-ce que tu proposes ?
6 – Tu connais cette galerie ? Marek expose ses tableaux ici.
7 – Eh bien, allons-y. Mais moi et la peinture moderne...
(...)

▸ composé de la préposition **po**, *après*, et du locatif de **południe**, *midi*.

④ Vous savez déjà qu'à l'inverse du singulier qui connaît trois genres, le pluriel en distingue deux : le masculin personnel et les autres. Le premier comprend également les groupes mixtes, à condition qu'il y ait au moins un homme (tant pis pour la parité homme-femme !). Ainsi **sami** ("seuls") s'oppose à **same**, qui peut s'appliquer aussi bien aux femmes qu'aux objets ou animaux des trois genres.

⑤ Lorsque le possessif se rapporte au sujet de la phrase, on utilise un terme spécifique, ici au pluriel (non masculin personnel) : **swoje**. Commun à toutes les personnes, il remplace les formes **moje**, *mes*, **twoje**, *tes*, etc. : **Wystawiam swoje obrazy**, *J'expose mes tableaux*, **Wystawiasz swoje obrazy**, *Tu exposes tes tableaux*, etc.

8 – Hm... Co to **mo**że być?
9 – **Mo**że to wschód ⑥ **słoń**ca?
10 – Nie, to **ra**czej **za**chód ⑥. Znam **do**brze **Mar**ka.
11 Wiem, że **nig**dy nie **wsta**je przed po**łud**niem! □

***9** ... fsHout **souogn**tsa? **10** ... **za**Hout ... **11** ... pchèt ...*

Notes

⑥ Est-ce grâce à Copernic que le polonais indique bien que le soleil se lève à l'est et se couche à l'ouest ? Quoi qu'il en soit, on se sert dans ce cas des deux points cardinaux, qui sont respectivement **wschód** et **zachód**.

Pierwsze ćwiczenie – Proszę przetłumaczyć

❶ Nie lubię, jak jest ciemno. ❷ Zobacz, jaki ładny zachód słońca! ❸ To jest na wschód od Warszawy. ❹ Kasia i Tomek są bardzo rzadko sami. ❺ Chciałbym skorzystać z naszego spotkania.

Drugie ćwiczenie – Wpisać brakujące słowa

❶ Je ne vois pas, il fait (*est*) trop sombre(*ment*).
. . . widzę, ... za . . . .

❷ Est-ce que tu connais bien l'est de la Pologne ?
Czy . . . . . dobrze . . . . . . Polski?

❸ Tu n'as jamais d'après-midi de libre (*libre après-midi*) !
. . . masz . . . . . wolnego . . . . !

8 – Hum... Qu'est-ce que ça peut être ?
9 – Peut-être [que] c'est le lever du soleil ?
10 – Non, c'est plutôt le coucher. Je connais bien Marek.
11 Je sais qu'il ne se lève jamais avant midi !

Corrigé du premier exercice
❶ Je n'aime pas quand il fait (*est*) sombre(*ment*). ❷ Regarde, quel joli coucher de soleil ! ❸ C'est à l'est de Varsovie. ❹ Kasia et Tomek sont très rarement seuls. ❺ Je voudrais profiter de notre rencontre.

❹ Il faut profiter de cette occasion.
Trzeba . . . . z . . . okazji.

❺ C'est si rare (*rarement*) [que] tu proposes quelque chose d'intéressant.
Tak . . . . . . proponujesz . . . ciekawego.

Corrigé du deuxième exercice - Mots manquants
❶ Nie – jest – ciemno ❷ – znasz – wschód ❸ Nie – nigdy – popołudnia ❹ – skorzystać – tej – ❺ – rzadko – coś –

Deuxième vague : Lekcja ósma

58 Lekcja pięćdziesiąta ósma

Pogoda ①

1 – **Jes**teś w złym hu**mo**rze. Coś cię **mart**wi ②?
2 – Nie, **tyl**ko mam już **dos**yć ③ tej po**go**dy.
3 **Cie**bie ④ to nie dener**wu**je?
4 – Jak to nie?! Wiesz **prze**cież, że nie **zno**szę **desz**czu.
5 – Na **ra**zie nie wy**glą**da na to, że przes**ta**nie **pa**dać ⑤.
6 – Słu**cha**łaś prog**no**zy?
7 – Tak. **Wszę**dzie jest tak **sa**mo ⑥.

Wymowa

1 ... zouém ... 2 ... doséts' ... 7 ... fchègndz'è...

Notes

① Le nom féminin **pogoda** est utilisé pour le temps qu'il fait. Notez que les qualificatifs les plus courants sont : **ładna pogoda**, *beau* (*joli*) *temps*, opposé à **brzydka** (litt. "laid(e)") **pogoda**, *mauvais temps*.

② Le complément d'objet de **martwić**, *tracasser*, est à l'accusatif, d'où **cię**, *te*. Il s'agit de la forme faible du pronom, que l'on emploie sans insister sur la personne.

③ Tout comme en français, l'adverbe **dosyć**, *assez*, permet aussi de dire que l'on est excédé. Dans les deux langues, on se sert du verbe "avoir" et, en polonais, l'objet de l'agacement se met au génitif : **mam tego dosyć**, *j'en ai assez*.

Le temps

1 – Tu es de (*en*) mauvaise humeur. Quelque chose te tracasse ?
2 – Non, seulement j'[en] ai (*déjà*) assez [de] ce temps.
3 Toi, ça ne [t']énerve pas ?
4 – Comment ça (*non*) ?! Tu sais pourtant que je ne supporte pas la pluie.
5 – Pour le moment, on ne dirait pas (*il ne semble pas à ce*) qu'il va s'arrêter [de] pleuvoir.
6 – Tu as écouté la météo ?
7 – Oui. C'est pareil partout (*partout est ainsi pareillement*).

④ Comme il s'agit ici, à l'inverse de la phrase 1, de bien souligner la personne, l'accusatif du pronom "tu" apparaît sous la forme accentuée **ciebie**.

⑤ Si le contexte est assez explicite, "pleuvoir" peut se dire à l'aide du seul verbe **padać**, *tomber*. Le mot **deszcz**, *pluie*, est alors sous-entendu.

⑥ **tak samo** est une locution adverbiale figée signifiant "pareillement", "de même". Remarquez l'utilisation de la forme neutre de **sam**, que vous connaissez comme équivalent de "seul", mais que nous avons également rencontrée au sens de "pareil" (leçon 33).

8 Na po**łud**niu ⑦, wiatr i **zim**no, a na pół**no**cy ⑦, **jesz**cze **go**rzej.
9 Po**dob**no **na**wet **pa**dał ⑧ śnieg.
10 – Śnieg w **ma**ju? Coś podob**ne**go!
11 **Pew**nie to nie**praw**da, co **mó**wią.
12 – Co ta**kie**go?
13 – No, że atmos**fe**ra się o**ciep**la! □

***8** ... **go**jeille. **9** ... s'gnèk. **10** ... **ma**you?*

Notes

⑦ Le mot **południe**, en plus de son sens horaire "midi", signifie "sud". Ce double sens concerne également son contraire **północ**, *minuit* et *nord*.

Pierwsze ćwiczenie – Proszę przetłumaczyć

❶ Dlaczego cię to martwi? ❷ Mam dosyć tej pracy. ❸ Na południu Włoch jest zawsze ładna pogoda. ❹ Nie znoszę robić zakupów. ❺ Tak samo jak ty, nie lubię deszczu.

Drugie ćwiczenie – Wpisać brakujące słowa

❶ J'aime quand tu es de (*en*) bonne humeur.
. . . . . , jak . . . . . . w . . . . . . humorze.

❷ Ces derniers temps (*dernièrement*), tout m'énerve.
Ostatnio . . . . mnie . . . .

❸ Dans le nord de la France, il pleut très souvent (*très souvent tombe*).
Na . . . . Francji . . . . . . często . . . . .

8 Dans le sud, [c'est] le vent et le froid, et dans le nord, [c'est] encore pire.
9 Il paraît même qu'il a neigé (*tombait neige*).
10 – De la neige en mai ? Ça alors (*quelque chose pareil*) !
11 Ce n'est sûrement pas vrai (*sûrement cela pas vérité*), ce qu'ils disent.
12 – Quoi donc (*quoi tel*) ?
13 – Eh bien, que l'atmosphère se réchauffe !

⑧ Pour "il neige", on se sert, comme pour "il pleut", du verbe **padać**, suivi cette fois du mot **śnieg**, *neige*.

Corrigé du premier exercice

❶ Pourquoi cela te tracasse-t-il ? ❷ J'[en] ai assez [de] ce travail. ❸ Dans le sud de l'Italie, il fait (*est*) toujours beau temps. ❹ Je ne supporte pas [de] faire les courses. ❺ Comme toi, je n'aime pas la pluie.

❹ Je me sens comme (*ainsi pareillement*) qu'hier.
. . . . . się . . . samo . . . wczoraj.

❺ Tu n'[en] as pas assez [de] cette pluie ?
. . . masz . . . . . tego . . . . ?

Corrigé du deuxième exercice - Mots manquants

❶ Lubię – jesteś – dobrym – ❷ – wszystko – denerwuje ❸ – północy – bardzo – pada ❹ Czuję – tak – jak – ❺ Nie – dosyć – deszczu

59 *La Pologne bénéficie d'un climat continental, assez stable, avec des saisons bien marquées et peu de différences entre le Nord et le Sud. L'été, lato, est certainement la meilleure saison pour visiter le pays. En juillet-août, les températures moyennes de Varsovie varient entre 17 et 20° C, mais il peut faire très chaud, jusqu'à 30° C. Le printemps, wiosna, est généralement ensoleillé, souvent déjà chaud, même si à la mi-mai, vous verrez parfois le retour du gel. L'automne, jesień, est souvent beau et sec avec une arrière-saison, babie lato – ou été indien. Enfin zima, l'hiver, est très froid (de -5 à -15° C) et très enneigé. Les montagnes, surtout au-dessus de 2 000 m, sont couvertes de leur manteau neigeux d'octobre à mai. En somme, il y en a pour tous les goûts !*

59 Lekcja pięćdziesiąta dziewiąta

Dom towarowy ①

1 – **A**le tłok! **Gdy**bym ② **wie**dział, że **bę**dzie **ty**le **lu**dzi...
2 – O, to **jesz**cze nic. Naj**go**rzej jest w so**bo**tę.
3 – To od **cze**go zaczy**na**my?
4 – **Mo**ment, **mu**szę się zasta**no**wić ③...

Wymowa

*4 **mo**mènt ...*

Notes

① Pour désigner un grand magasin, on utilise la tournure **dom towarowy** (litt. "maison de marchandise"), où le deuxième terme est un adjectif dérivé du nom **towar**. C'est un procédé que vous connaissez bien maintenant. Vous pourrez donc facilement citer quelques adjectifs en -**owy**, n'est-ce pas ?

Deuxième vague : Lekcja dziewiąta

Cinquante-neuvième leçon 59

Le grand magasin

1 – Quelle cohue ! Si j'avais su qu'il y aurait (*aura*) autant [de] monde (*gens*)...
2 – Oh, ce n'est (*encore*) rien. Le pire, c'est le (*en*) samedi.
3 – Alors, par (*de*) quoi commençons-nous ?
4 – Un moment, je dois réfléchir...

② Dans une phrase hypothétique, les deux propositions se mettent au conditionnel. Toutefois, comme vous le savez, la terminaison du conditionnel (**by** + la désinence personnelle) est mobile. De ce fait, dans la subordonnée introduite par **gdy**, *si*, elle se détache du verbe pour se joindre à la conjonction. Cela aboutit ici à **gdybym wiedział**, *si je savais*. Il en résulte que, dans ce type de phrases, le verbe est toujours à la 3e personne du passé.

③ Remarquez que **zastanowić się**, *réféchir*, est un verbe pronominal.

5 A, **ko**ło **scho**dów ④ jest ta**bli**ca informa**cyj**na.
6 – Po**jedź**my **win**dą ⑤, **bę**dzie **szyb**ciej ⑥.
7 – Po**cze**kaj ⑦! Więc tak, **par**ter : perfu**mer**ia, bie**li**zna, galan**te**ria skó**rza**na;
8 **pierw**sze **pię**tro: **o**dzież **dam**ska ⑧, **dru**gie **pię**tro: **o**dzież **mę**ska,
9 **trze**cie: za**baw**ki, **czwar**te: sprzęt do**mo**wy, **pią**te...
10 – Uf, **a**le tu go**rą**co. **Chodź**my od **ra**zu na **pierw**sze **pię**tro.
11 – Nie, po**cze**kaj. **Mu**szę **ku**pić **kil**ka **rze**czy na par**te**rze: **kos**tium kąpie**lo**wy, **szmin**ka...
12 – **Mo**że po**win**niśmy po**cze**kać na prze**ce**nę? □

***5** ... **ko**wo **sHo**douf ... ta**bli**tsa i'nforma**tséill**na. **6** ... **vi'n**don ... **chép**ts'eille. **7** ... gala'**ntè**rya skou**ja**na; **8** ... **pyèn**tro :*

Notes

④ **schody**, *escalier*, ne s'emploie qu'au pluriel, ce qui explique la forme du génitif **schodów**.

⑤ Le moyen de transport, ici **winda**, *ascenseur*, se met à l'instrumental lorsqu'il est employé après le verbe "aller", d'où **pojechać** (perfectif) **windą**.

⑥ Notez une petite modification lors du passage de l'adverbe **szybko**, *vite* au comparatif **szybciej**.

5 Ah, à côté de l'escalier, il y a un panneau d'information.
6 – Prenons (*allons*) l'ascenseur, [ce] sera plus rapide (*vite*).
7 – Attends ! (*ainsi*), rez-de-chaussée : parfumerie, lingerie, maroquinerie (*articles de cuir*)...
8 premier étage : vêtements [pour] dames, deuxième étage : vêtements [pour] hommes,
9 troisième : jouets, quatrième : équipement ménager, cinquième...
10 – Ouf, comme il fait chaud ici (*comme ici chaud*) ! Allons tout de suite au premier étage.
11 – Non, attends. Je dois acheter quelques trucs (*choses*) au rez-de-chaussée : maillot de bain, rouge à lèvres...
12 – Peut-être devrions-nous attendre (*pour*) les soldes ?

***od**ze**ch da'm**ska ... **min**ska, **9** ... za**baf**ki ... spchènt ... **11**... **kos**tyoum ... **chmi'n**ka ...*

⑦ **poczekaj**! *attends !* est l'impératif de **poczekać**. Ce verbe s'emploie comme synonyme de **zaczekać** (leçon 54).

⑧ L'adjectif **damski**, ici au féminin **damska**, *pour dames*, concerne principalement le domaine de la mode. Son contraire, **męski**, a un sens plus général, signifiant aussi bien "pour hommes" que "masculin" (dans son usage grammatical, par exemple).

Pierwsze ćwiczenie – Proszę przetłumaczyć

❶ Jeszcze nie jestem gotowy, musisz chwilę poczekać. ❷ Nie możesz jeść szybciej!? ❸ Jedźmy od razu na czwarte piętro. ❹ Powinniśmy najpierw zapytać, gdzie jest winda. ❺ Bielizna i perfumy są na parterze.

Drugie ćwiczenie – Wpisać brakujące słowa

❶ Attends un moment, (*tout de suite*) je m'habille [tout de suite].
. . . . chwilę, ... się . . . .

❷ Je suis fatiguée, je ne peux pas marcher (*aller*) plus vite.
Jestem . . . . , nie . . . . iść . . . .

❸ Viens avec moi au troisième étage.
. . . . . ze . . . na . . . . piętro.

❹ La salle de bains est à côté de l'escalier.
. . . . jest . . . . schodów.

❺ Peut-être devrions-nous prendre (*aller*) l'ascenseur ?
Może . . . . pojechać . . . . . ?

Comme en français, les emprunts à d'autres langues sont très nombreux en polonais. L'un des domaines les plus représentatifs est celui de la mode. Beaucoup de mots viennent de l'anglais : sweter, pull, blezer, blazer, dżinsy, jean. Le français, lui, a donné beret, béret, kostium, costume, krawat, cravate, peleryna, pèlerine, palto, manteau, piżama, pyjama, ou żakiet, jaquette.
Comme vous pouvez le constater, les mots empruntés s'écrivent généralement suivant les règles de l'orthographe polonaise. En revanche, la prononciation est plutôt fidèle à celle de la langue d'origine. Pour certains de ces mots, on peut faire deux remarques. D'abord, de nombreux termes sont, si l'on peut dire, passés de mode

Corrigé du premier exercice

❶ Je ne suis pas encore prêt, tu dois attendre un peu. ❷ Tu ne peux pas manger plus vite !? ❸ Allons tout de suite au quatrième étage. ❹ Nous devrions d'abord demander où est l'ascenseur. ❺ La lingerie et la parfumerie sont au rez-de-chaussée.

Corrigé du deuxième exercice - Mots manquants

❶ Poczekaj – zaraz – ubieram ❷ – zmęczona – mogę – szybciej ❸ Chodź – mną – trzecie – ❹ Łazienka – koło – ❺ – powinniśmy – windą

dans la langue source, tel le mot français "paletot", alors que palto s'emploie très couramment en polonais. Ensuite, on rencontre souvent des "faux amis". C'est le cas pour kostium dont la signification ne recouvre que partiellement celle de "costume". Nous avons vu, par exemple, que kostium kąpielowy signifie "maillot de bain". Ajoutons que "costume", au sens de "vêtement deux ou trois pièces pour homme", se dit en polonais garnitur. Amusant, non ?

Deuxième vague : Lekcja dziesiąta

60 Lekcja sześćdziesiąta
(... chèz'dz'ès'o'nta ...)

Ciekawe zajęcia

1 – Jak tam **by**ło na ko**lo**niach ①?
2 – Tak **so**bie ②.
3 – O**po**wiedz. Na **pew**no **mie**liście **du**żo cie**ka**wych **za**jęć.
4 – Co dzień **by**ło to **sa**mo ③: je**dze**nie, za**ba**wy, **spa**nie ④.
5 – Nie cho**dzi**liście na wy**cie**czki ⑤?
6 – Tak, **a**le **po**tem bo**la**ły mnie **no**gi.
7 A **po**za tym ⑥, **trze**ba **by**ło ⑦ **no**sić **ple**cak.

Wymowa
*... za**yè**gnts'a*
***1** ... ko**logn**yaH? **3** o**po**vyèts. ... **za**yègnts'. **5** ... vé**ts'è**tchki?*

Notes

① Pour "colonie de vacances", on utilise le pluriel **kolonie**. La terminaison **-ach** indique le locatif.

② Si vous n'êtes pas franchement enthousiaste sur la manière dont se déroulent les choses, vous avez là une expression toute trouvée : **tak sobie**, *comme ci comme ça*, qui est invariable. En revanche, pour qualifier quelque chose ou quelqu'un de moyen, voire de médiocre, vous pouvez utiliser, au masculin **taki sobie**, au féminin, **taka sobie**, etc.

③ Encore une locution figée, invariable, elle aussi : **to samo**, *la même chose*. À rapprocher – sans la confondre – de l'expression **tak samo**, *pareillement* (leçon 58, note 6).

Des activités intéressantes
(*intéressantes activités*)

1 – Comment (*là-bas*) c'était en colonie(*s*) ?
2 – Comme ci comme ça.
3 – Raconte. Vous avez certainement eu beaucoup [d']activités intéressantes (*intéressantes activités*).
4 – Chaque jour, c'était la même chose : manger, jouer (*jeux*), dormir.
5 – Vous n'alliez pas en excursion ?
6 – Si, mais ensuite j'avais mal aux jambes (*faisaient mal à moi jambes*).
7 Et à part ça, il fallait porter le sac à dos.

*6 ... bo**la**oué ... **no**gui. 7 ... **plè**tsak.*

④ **spanie** est un nom neutre dérivé du verbe **spać**, *dormir*. Vous y avez certainement reconnu le suffixe **-nie**, qui indique l'action de faire quelque chose, comme dans **jedzenie** de **jeść**, *manger*, ou **malowanie**, de **malować**, *peindre*.

⑤ Puisqu'il s'agit d'un déplacement, **na** est suivi de l'accusatif, qui est ici identique au nominatif.

⑥ **tym** est la forme commune au locatif et à l'instrumental de **to**, *cela*. Ce dernier s'emploie, vous l'avez deviné, après la préposition **poza**, *à part*, *en dehors de*.

⑦ Voici le passé de "falloir". On fait suivre **trzeba**, *il faut*, de **było**, (verbe "être" au passé, 3e personne du singulier neutre). C'est enfantin, non ?

8 – Pis**a**łeś, że **by**liście nad **wo**dą ⑧.
9 **Zaw**sze mó**wi**łeś, że **lu**bisz się **ką**pać.
10 – **Poszl**iśmy **tyl**ko raz **ło**wić **ry**by.
11 – I co, zła**pa**łeś coś?
12 – Tak, **ka**tar! □

10 ... wovits' ...

Notes

⑧ Vous rappelez-vous l'expression **nad morzem**, *au bord de la mer* ? Avec **nad wodą**, *au bord de l'eau*, nous retrouvons la même construction : **nad** + instrumental.

Pierwsze ćwiczenie – Proszę przetłumaczyć

❶ Biorę to samo, co ty. ❷ Pamiętasz nasze wycieczki w góry? ❸ Czytanie i malowanie to moje ulubione zajęcia. ❹ Nie mogę się kąpać, mam katar. ❺ Dzieci lubią zabawy nad wodą.

Drugie ćwiczenie – Wpisać brakujące słowa

❶ Pourquoi répondez-vous toujours la même chose ?
Dlaczego . . . . pan . . . . . . to . . . . ?

❷ J'adore les excursions à l'étranger.
Uwielbiam . . . . za . . . .

❸ Raconte quelles activités vous aviez en colonie.
. . . . jakie . . . . mieliście . . koloniach.

8 – Tu as écrit que vous étiez [allés] au bord de l'eau.
9 Tu as toujours dit que tu aimais (*aimes*) te baigner.
10 – Nous sommes allés seulement une fois pêcher des poissons.
11 – Et alors (*quoi*), tu as attrapé quelque chose ?
12 – Oui, un rhume !

Corrigé du premier exercice

❶ Je prends la même chose que toi. ❷ Te rappelles-tu nos excursions à la montagne ? ❸ La lecture et la peinture sont mes activités préférées. ❹ Je ne peux pas me baigner, j'ai un rhume. ❺ Les enfants aiment les jeux au bord de l'eau.

❹ Et à part ça, tout va bien ?
A . . . . tym, ... w . . . . ?

❺ Comme ci comme ça, rien d'intéressant.
Tak . . . . ., nic . . . .

Corrigé du deuxième exercice - Mots manquants

❶ – odpowiada – zawsze – samo ❷ – wycieczki – granicę ❸ Opowiedz – zajęcia – na – ❹ – poza – wszystko – porządku ❺ – sobie – ciekawego

Deuxième vague : Lekcja jedenasta

61 Lekcja sześćdziesiąta pierwsza

Gdzie jest dworzec?

1 – **Któ**rym auto**bu**sem ① **moż**na do**je**chać na **dwo**rzec?
2 – **Któ**ry, kole**jo**wy czy autobu**so**wy ②?
3 – Hm, sam ③ nie wiem...
4 – Za**le**ży, **do**kąd pan **je**dzie.
5 – Chcę **je**chać do **Gdań**ska.
6 – To naj**le**piej po**cią**giem ④, z **Dwor**ca ⑤ Central**ne**go.
7 Ma pan bezpo**śre**dni **tram**waj. **Ósem**ka lub pięt**nas**tka ⑥.
8 – A gdzie jest przy**sta**nek?
9 – **Pro**szę przejść przez **ry**nek, a **po**tem **skrę**cić w **pra**wo.

Wymowa

*... **dvo**jèts?*
*1 ... a'outo**bou**sèm ... doy**è**Hats' ... 2 ...kolè**yo**vé...*

Notes

① Encore une fois, nous attirons votre attention sur l'usage de l'instrumental pour évoquer les moyens de transport. Vous savez déjà que les noms masculins et neutres finissent en **-em** : **autobusem** (de **autobus**, *bus*) et les féminins en **-ą** : **windą** (de **winda**, *ascenseur*). Notez maintenant la terminaison des adjectifs singuliers **-ym** : **którym** (de **który**, *(le)quel*). Cette terminaison a une variante : **-im**, utilisée lorsque le radical finit en **g** ou **k**, deux lettres au statut un peu particulier (voyez aussi la note 4).

② Voici deux nouveaux adjectifs formés à l'aide du suffixe **-owy** : **kolejowy**, de **kolej**, *chemin de fer*, et **autobusowy**, de **autobus**. ▸

Où est la gare ?

1 – [Avec] quel bus peut-on rejoindre (*aller à*) la gare ?
2 – Laquelle, ferroviaire ou routière ?
3 – Hum, je ne sais pas, moi (*moi-même ne sais*)...
4 – Ça dépend où vous allez.
5 – Je veux aller à Gdansk.
6 – Alors, le mieux [est d'y aller en] train, depuis la Gare Centrale.
7 Vous avez un tram direct (*direct tram*). Le huit ou le quinze.
8 – Et où est l'arrêt ?
9 – Traversez (*s'il vous plaît traverser par*) le marché et ensuite tournez (*tourner*) à droite.

*5 ... **gdagn**ska. 6 ... **pots'on**guièm ... 7 ... bèspo**s'rè**dgni **tra'm**vaille ...*

③ **sam nie wiem** est une manière de dire, tout en hésitant, que l'on ne sait pas quelque chose, comme dans "je ne sais pas, moi". Faites donc bien attention à distinguer cette utilisation de **sam**, différente de celle que vous connaissez dans, par exemple, **jestem sam**, *je suis seul*. Notez aussi **taki sam**, *le même*.

④ L'instrumental de **pociąg**, *train*, est **pociągiem**. On retrouve la particularité commune aux lettres **g** et **k** : dans les formes dérivées, on les fait souvent suivre d'un **i**.

⑤ **dworzec**, *gare*, est ici au génitif **dworca**.

⑥ Il existe en polonais une série de chiffres qui désignent notamment les numéraux des moyens de transport. Ces chiffres sont toujours au féminin : **ósemka**, *le bus ou tram numéro huit*, **piętnastka**, *le quinze*, etc.

10 Przy**sta**nek jest za **ro**giem ⑦.
11 – A gdzie się ku**pu**je bi**le**ty na **tram**waj?
12 – W **każ**dym **kio**sku. Naj**bliż**szy ⑧ jest na przy**stan**ku tramwa**jo**wym. □

*9 ... **skrègn**ts'its' ... **10** ... **ro**guièm. **12** ... naill**blich**ché ...*

Notes

⑦ **róg**, *coin*, fait **rogiem** à l'instrumental. L'ajout du **i** à la terminaison **-em** ne doit plus vous étonner. En revanche, pour ce qui est de la modification **ó/o**, il faut peut-être encore prendre votre mal en patience !

⑧ **najbliższy**, *le plus proche*, est le superlatif de **bliski**.

Pierwsze ćwiczenie – Proszę przetłumaczyć

❶ Dworzec kolejowy jest w centrum Gdańska. ❷ Na przystanku autobusowym jest dużo ludzi. ❸ Czy jest bezpośredni pociąg do Warszawy? ❹ Nie wiem, czy trzeba jechać prosto, czy skręcić. ❺ Najlepiej będzie pojechać autobusem.

Drugie ćwiczenie – Wpisać brakujące słowa

❶ Tu sais quel est la ligne directe (*téléphone*) du (*à*) chef ?
Wiesz, ... jest . . . . telefon . . szefa?

❷ Pouvez-vous me dire où est la gare routière ?
Może . . pan . . . ., gdzie . . . . dworzec . . . . ?

❸ Tournez à gauche, et puis allez tout droit.
Proszę . . . . w . . . . , a . . . . . iść . . . .

10 L'arrêt est après le coin [de la rue].
11 – Et où s'achète[nt] les tickets de (*pour*) tram ?
12 – Dans chaque kiosque. Le plus proche est à l'arrêt du tram.

Corrigé du premier exercice

❶ La gare ferroviaire est dans le centre de Gdansk. ❷ À l'arrêt du bus, il y a beaucoup de monde. ❸ Est-ce qu'il y a un train direct pour Varsovie ? ❹ Je ne sais pas s'il faut aller tout droit ou [s'il faut] tourner. ❺ Le mieux, ce sera [d'y] aller [en] bus.

❹ Allons [en] tram, ce sera plus rapide(*ment*).
Pojedźmy . . . . , będzie . . . .

❺ L'arrêt le plus proche est à côté de la banque.
Najbliższy . . . . jest . . . . banku.

Corrigé du deuxième exercice - Mots manquants

❶ – jaki – bezpośredni – do – ❷ – mi – powiedzieć – jest – autobusowy ❸ – skręcić – lewo – potem – prosto ❹ – tramwajem – szybciej ❺ – przystanek – koło –

Deuxième vague : Lekcja dwunasta

62 Lekcja sześćdziesiąta druga

Pióro (1)

1 – Co ty **ro**bisz? Nie **i**dziesz do **szko**ły?
2 – **Mu**szę **naj**pierw **zna**leźć **pió**ro.
3 Nie wi**dzia**łaś go przy**pad**kiem (2)?
4 – **Cią**gle coś **gu**bisz! A **ja**kie **o**no jest?
5 – Czer**wo**ne w **czar**ne **pas**ki (3).
6 – Szu**ka**łeś w piór**ni**ku (4)?
7 – Szu**ka**łem **wszę**dzie: w ple**ca**ku, w szuf**la**dzie (5)...
8 – Pa**trzy**łeś w kie**sze**niach? W s**pod**niach, w **kurt**ce (6)?

Wymowa

*pyou**r**o*
*2 ... zna**lès'ts'**... 3 ... pché**pat**kyèm? 7 ... fchè**gn**dz'è ... chouf**la**dz'è ...*

Notes

(1) Les deux types de stylos, à plume et à bille, portent des noms distincts : pour le premier, on emploie **pióro** (litt. "plume") et pour le second, **długopis**. Une petite astuce pour vous rappeler ce dernier terme : un stylo à bille permet d'écrire (**pisać**) longtemps (**długo**).

(2) **przypadek**, *cas*, *imprévu*, utilisé à l'instrumental **przypadkiem**, signifie "par hasard".

(3) Contrairement au français, les adjectifs de couleur se placent d'habitude avant les noms : **czerwone pióro** (litt. "rouge stylo"), **czarne paski** (litt. "noires rayures").

(4) Dans **piórniku**, le locatif de **piórnik**, *trousse*, se cache le mot ▸

Le stylo

1 – Qu'est-ce que tu fais, toi ? Tu ne vas pas à l'école ?
2 – Je dois d'abord trouver [mon] stylo.
3 Tu ne l'as pas vu par hasard ?
4 – Tu perds tout le temps quelque chose (*tout le temps quelque chose perds*) ! Et comment il est ?
5 – Rouge à rayures noires (*noires rayures*).
6 – Tu as cherché dans [ta] trousse ?
7 – J'ai cherché partout : dans le sac à dos, dans le tiroir...
8 – Tu as regardé dans [tes] poches ? Dans [ton] pantalon, dans [ton] blouson ?

▸ **pióro**, *stylo*. Pensez-y, car il y a un autre mot pour "trousse de toilette", qui se dit **kosmetyczka**.

⑤ Encore un locatif : **szufladzie**, de **szuflada**, *tiroir*. Remarquez le changement **d/dzi**.

⑥ Dans ce nouveau locatif : **kurtce**, de **kurtka**, *blouson*, ce sont les lettres **k/c** qui alternent.

9 – Już spraw**dza**łem, nie ma.
10 – Z **to**bą **cią**gle to **sa**mo! **Tru**dno, weź mój dłu**go**pis.
11 – Nie **lu**bię **pi**sać długo**pi**sem ⑦.
12 – Nie ma **in**nej **ra**dy. **Trze**ba pil**no**wać **swo**ich **rze**czy! □

***9** ... spravdzaouèm ... **10** ...dwougopis. **11** ... pissats ... **12** ... i'nneille ... sfo'iH ...*

Pierwsze ćwiczenie – Proszę przetłumaczyć

❶ Nie lubię pisać piórem, wolę długopisem. ❷ Z tobą są zawsze problemy. ❸ Nie wiesz przypadkiem, gdzie jest najbliższy dom towarowy? ❹ Szukałem cię wszędzie, gdzie byłeś? ❺ Marek nie może nigdy znaleźć swoich rzeczy!

Drugie ćwiczenie – Wpisać brakujące słowa

❶ On ne peut jamais parler avec toi (*avec toi parler*) !
. . . . . nie . . . . . z . . . . rozmawiać!

❷ Je me suis acheté (masc.) un nouveau stylo bille.
Kupiłem . . . . . nowy . . . .

❸ Tu ne te rappelles pas, par hasard, comment rejoindre (*aller à*) la gare ?
. . . pamiętasz . . . . , jak . . . . na . . . . ?

❹ Je ne peux pas aller à l'école, j'ai un rhume.
. . . mogę . . . do . . . . . . , mam . . . . . .

9 – J'ai déjà vérifié, il n'[y] est pas.
10 – Avec toi, [c'est] tout le temps la même chose. Tant pis (*difficilement*), prends mon stylo bille.
11 – Je n'aime pas écrire [avec] un stylo bille.
12 – Il n'y a pas d'autre moyen. Il faut surveiller ses affaires.

Notes

⑦ Voici l'emploi typique de l'instrumental : **długopisem**, *avec un stylo bille*. Vous le trouverez pour toute utilisation d'un outil ou d'un instrument.

Corrigé du premier exercice

❶ Je n'aime pas écrire [avec] un stylo plume, je préfère [avec] un stylo bille. ❷ Avec toi, il y a toujours des problèmes. ❸ Tu ne sais pas par hasard où est le grand magasin le plus proche ? ❹ Je t'ai cherché partout, où étais-tu ? ❺ Marek ne peut jamais retrouver ses affaires !

❺ Vraiment, j'ai vérifié presque partout.
Naprawdę, ... prawie
. . . .

Corrigé du deuxième exercice - Mots manquants

❶ Nigdy – można – tobą – ❷ – sobie – długopis ❸ Nie – przypadkiem – dojechać – dworzec ❹ Nie – iść – szkoły – katar ❺ – sprawdzałem – wszędzie

Deuxième vague : Lekcja trzynasta

63 Lekcja sześćdziesiąta trzecia

Révision

1. Le locatif

Récapitulons ce que vous savez sur ce cas qui, rappelons-le, s'emploie toujours avec l'une des prépositions suivantes : **na**, *sur*, *à*, *en*, *dans*, **o**, *de*, **po**, *après*, **przy**, *à côté*, **w**, *à*, *dans*.

• Les noms
Si la diversité des terminaisons vous tracasse un peu, c'est tout à fait normal. En effet, elles dépendent, pour chaque genre, de la dernière lettre du radical. De plus, celle-ci peut parfois être modifiée. Pour vous permettre de vous y retrouver, voici un tableau qui résume toutes les formes des noms au locatif singulier :

consonne finale du radical	masc.	fém.	neutre
b, **f**, **m***, **n***, **p**, **s**, **w**, **z**		**ie**	
d, **ł**, **r**, **t**		**(dzi)e**, **(l)e**, **(rz)e**, **(ci)e**	
g, **ch**, **k**	**u**	**(dz)e**, **(sz)e**, **(c)e**	**u**
c, **cz**, **dz**, **sz**, **rz**, **ż**	**u**	**y**	**u**
ć, **dź**, **j**, **l**, **ń**, **ś**, **ź**	**u**	**i**	**u**

*À l'exception de quelques mots qui finissent en **-u** : **w domu**, *à la maison*, **o synu**, *du fils*, **przy panu**, *à côté de monsieur*.

Au pluriel, tous les noms se terminent en **-ach** : **na koloniach**, *en colonie*, **po wakacjach**, *après les vacances*, **w spodniach**, *dans le pantalon*, **przy oknach**, *à côté des fenêtres*.

• Les adjectifs
Au singulier, les adjectifs masculins et neutres se terminent en **-ym** ou **-im** : **w tym roku**, *(en) cette année*, **na drugim oknie**, *sur la deuxième fenêtre*, et les féminins, en **-ej** : **w dobrej szkole**, *dans une bonne école*.
Au pluriel, tous les adjectifs se terminent en **-ych** ou **-ich** : **po tych wakacjach**, *après ces vacances*, **w drogich sklepach**, *dans des magasins chers*, **o dobrych szkołach**, *de(s) bonnes écoles*.

2. Les différentes formes et usages de sam

- Vous l'avez surtout rencontré dans le sens de "seul". C'est donc d'abord un adjectif et, en tant que tel, il possède trois genres au singulier : **sam** (masculin), **sama** (féminin), **samo** (neutre) et deux au pluriel : **sami** (masculin personnel) et **same** (les autres genres). Mis à part la distinction des genres, les usages dans les deux langues sont comparables : **jestem sam(a)**, *je suis seul(e)*, **dziecko jest samo**, *l'enfant est seul*, **jesteśmy sami(-e)**, *nous sommes seul(e)s*, **dzieci są same**, *les enfants sont seuls*.
- Nous avons également vu l'autre sens de **sam** : "(le) même", "pareil", dans les expressions telles que **sam nie wiem**, *je ne sais pas moi-même*, **ten sam**, *le même*, **ta sama**, *la même*.
- Enfin, à partir de ce second usage, la forme neutre du singulier est employée dans quelques locutions figées : **to samo**, *la même chose*, **tak samo**, *pareillement*.

3. Les pronoms personnels

Vous avez largement eu le temps de vous faire à l'idée que les pronoms personnels se déclinent. Mais vous n'avez peut-être pas encore en tête toutes les formes que nous vous indiquons au fil des leçons. Essayons donc d'y voir un peu plus clair.

- Au génitif singulier, ce sont :

1re personne	**mnie**, *me*, *moi*
2e personne	**ciebie**, **cię**, *te*, *toi*
3e personne masc.	**jego**, **go**, **niego**, *le*, *lui*
3e personne fém.	**jej**, **niej**, *la*, *elle*, *lui*

La forme longue – accentuée – sert à mettre le sujet en valeur. On peut l'utiliser au début de la phrase. La courte – faible – se met toujours après le verbe.

Kocham cię, *Je t'aime.*

Ciebie kocham, nie jego, *Je t'aime, toi, pas lui.*

Les formes commençant par un **n** : **niego**, **niej** sont employées après une préposition : **Idę do niego/do niej**, *Je vais chez lui / chez elle.*

63 • Au datif singulier, ce sont :

1re personne	**mnie**, **mi**, *me*, *moi*
2e personne	**tobie**, **ci**, *te*, *toi*
3e personne masc.	**jemu**, **mu**, **niemu**, *le*, *lui*
3e personne du féminin	**jej**, **niej**, *la*, *elle*, *lui*

L'usage des différentes formes obéit aux mêmes règles que précédemment. En voici quelques exemples :

*****

Dialog-powtórka

1 – **Nig**dy mnie tak nie bo**la**ły **no**gi **(60)**!
2 – Ah, to dla**te**go **jes**teś w złym hu**mo**rze **(58)**.
3 – Nie, **tyl**ko **ro**bi się **ciem**no **(57)**. Powin**niś**my **(59) wra**cać.
4 – **Zaw**sze mó**wi**łeś **(60)**, że **lu**bisz **za**chód sło**ń**ca **(57)**.
5 Nie po**do**ba ci się?
6 – Tak **so**bie **(60)**. **Zo**bacz, jest wiatr, **zim**no i za**czy**na **pa**dać **(58)**.
7 – I **chy**ba zła**pa**łeś **ka**tar **(60)**!
8 – **Po**za tym **(60)**, **E**wa i **M**arek są **sa**mi **(57)** w **do**mu.
9 – **Mar**twi cię to **(58)**? No **trud**no, to wra**ca**my auto**bu**sem **(61)**.
10 – Po**jedź**my tram**wa**jem, **bę**dzie **szyb**ciej **(59)**.
11 Przy**sta**nek jest za **ro**giem **(61)**.
12 – **Do**brze. To ty masz bi**le**ty, w ple**ca**ku **(62)**.
13 Co, nie masz? A pa**trzy**łeś w kie**sze**niach **(62)**?
14 Z **to**bą **cią**gle to **sa**mo **(62)**!

Czy ten film ci się podoba?, *Est-ce que ce film te plaît ?*
Mnie się podoba, a tobie?, *À moi, il me plaît, et à toi ?*

• À l'accusatif singulier, on retrouve les mêmes formes qu'au génitif, à l'exception de la 3e personne du féminin. : **ją**, **nią**, *la*, *elle*, *lui*. Voilà pour les formes les plus fréquentes, mais dans l'appendice grammatical, vous en trouverez, bien entendu, le tableau complet.

*****

Dialogue de révision

1 – Je n'ai jamais eu si mal aux jambes (*jamais à moi aussi ne faisaient mal jambes*) !
2 – Ah, voilà pourquoi (*ce pour cela*) tu es de (*en*) mauvaise humeur.
3 – Non, seulement il commence à faire nuit (*se fait sombrement*). Nous devrions rentrer.
4 – Tu as toujours dit que tu aimais (*aimes*) les couchers de soleil.
5 [Il] ne te plaît pas ?
6 – Comme ci comme ça. Regarde, il y a du vent, [il fait] froid et [il] commence [à] pleuvoir (*tomber*).
7 – Et tu as probablement attrapé un rhume !
8 – À part ça, Ewa et Marek sont seuls à la maison.
9 – Cela te tracasse (*tracasse te cela*) ? Eh bien alors, tant pis (*difficilement*), nous rentrons [en] bus.
10 – Prenons (*allons*) [le] tram, ce sera plus rapide(*ment*).
11 L'arrêt est après le coin [de la rue].
12 – Bien. C'est toi [qui] as les tickets, dans le sac à dos.
13 Quoi, tu ne [les] as pas ? Et tu as regardé dans [tes] poches ?
14 Avec toi, [c'est] tout le temps la même chose !

Deuxième vague : Lekcja czternasta

64 Lekcja sześćdziesiąta czwarta

Pożyczka ①

1 – Już wró**ci**łeś z **pra**cy?
2 – Tak, skoń**czy**liśmy **dzi**siaj **tro**chę **wcześ**niej.
3 A ty **wra**casz do**pie**ro ② **te**raz? Gdzie **by**łaś?
4 – Cho**dzi**łam po **skle**pach ③.
5 – Przez **ca**ły dzień?
6 – No tak, **pra**wie. Ah**a**, **chcia**łam ci po**wie**dzieć...
7 – Co ta**kie**go?
8 – Za**brak**ło ④ mi pie**nię**dzy, więc wstą**pi**łam do two**je**go **biu**ra...
9 – Tak? Mie**liś**my ze**bra**nie. A o **któ**rej **by**łaś?
10 – O**ko**ło ⑤ **dru**giej. Nie **by**ło cię ⑥ w po**ko**ju, więc **wzię**łam z **two**jej mary**nar**ki **pięć**set **zło**tych.

Wymowa

*po**jétch**ka*
***1** ... vrou**ts**^{i}**i**^{ou}ès^{i} ... **2** ... skognt**ché**lis^{i}mé ... **ftchès**^{i}gneille.*
***5** pchès ... **8** ... ftston**pi**^{ou}a'm ... **10** ... **vz**^{i} **è**oua'm ... **pyègn**tsèt ...*

Notes

① Le nom féminin **pożyczka** désigne aussi bien "l'emprunt" que "le prêt". Le verbe correspondant est **pożyczyć**, et c'est la construction verbale qui permet d'en spécifier la signification. Dans le sens de "emprunter (à quelqu'un)", on fait suivre **pożyczyć** de la préposition **od** + génitif, et pour "prêter", on emploie directement le datif.

② Ne confondez pas les deux équivalents de l'adverbe "seulement" qui sont **tylko** (leçon 36) et **dopiero**. Le second terme a uniquement le sens temporel.

Un emprunt

1 – Tu es déjà rentré du travail ?
2 – Oui, aujourd'hui, nous avons fini un peu plus tôt.
3 Et toi, tu rentres seulement maintenant ? Où étais-tu ?
4 – J'ai fait (*allais par*) les magasins.
5 – (*Pendant*) Toute la journée ?
6 – Eh bien oui, presque. Ah, je voulais te dire...
7 – Quoi donc (*tel*) ?
8 – Je n'avais plus (*a manqué à moi*) d'argent, donc je suis passée à ton bureau...
9 – [Ah] oui ? Nous avions une réunion. Et à quelle [heure] es-tu venue (*étais*) ?
10 – Vers deux(*ième*) [heures]. Tu n'étais pas dans le bureau (*pièce*), alors j'ai pris dans (*de*) ta veste cinq cents zlotys.

(3) Très fréquente après un verbe de mouvement, la préposition **po** + locatif indique généralement un parcours de plusieurs lieux successifs, comme ici avec l'expression **chodzić po sklepach**, *faire les magasins*.

(4) Si quelque chose vient à manquer ou est épuisé, on se sert de **zabrakło**, forme passée (3e personne du singulier neutre) de **zabraknąć**. Mis à part l'infinitif, c'est pratiquement la seule personne qui est utilisée. L'objet qui fait défaut est au génitif, et la personne à qui se rapporte le manque, au datif.

(5) La préposition **około**, *vers*, *environ,* est suivie du génitif.

(6) L'absence de quelqu'un ou de quelque chose est marquée, rappelons-le, par **nie ma**. L'équivalent passé **nie było** est également accompagné du génitif.

11 Mam na**dzie**ję, że się nie **gnie**wasz ⑦.
12 – **A**leż skąd ⑧! Tym **bar**dziej, że **by**łem dziś w **pra**cy w **swe**trze... □

*11 ... ggn**è**vach. 12 al**è**ch ... f sf**è**t'chè...*

Notes

⑦ La rancune, le fait d'en vouloir à quelqu'un, est exprimé à l'aide du verbe pronominal **gniewać się** au présent.

⑧ Voici une tournure qui permet de contester ou de refuser une affirmation. Les deux composantes : **ależ**, la variante de **ale**, *mais*, et **skąd**, *d'où*, *comment*, peuvent s'utiliser séparément. Notez aussi que pour renforcer une affirmation, on dit **ależ tak**, *mais oui*.

Pierwsze ćwiczenie – Proszę przetłumaczyć

❶ Poczekajmy jeszcze, jest dopiero trzecia. ❷ Jutro wracam z pracy trochę wcześniej. ❸ Wiesz, że nie znoszę chodzić po sklepach. ❹ Ależ nie, nie gniewam się. ❺ Nie skończyłem jeszcze, zabrakło mi czasu.

Drugie ćwiczenie – Wpisać brakujące słowa

❶ Tu n'étais pas à la maison de (*pendant*) toute la semaine ?
Nie . . . . cię . domu . . . . . cały . . . . ?

❷ Deux [heures], c'est trop tard, allons[-y] plus tôt.
Druga . . za . . . . ., chodźmy . . . .

❸ Je n'aime pas quand tu es fâché.
. . . lubię, . . . się . . . .

❹ Le déjeuner sera prêt seulement vers trois [heures].
Obiad . . . . . . gotowy . . . . trzeciej.

11 J'espère que tu n'es pas fâché.
12 – Mais pas du tout ! D'autant plus qu'aujourd'hui, j'étais au travail en pull...

Corrigé du premier exercice

❶ Attendons encore, il est seulement trois [heures]. ❷ Demain, je rentre du travail un peu plus tôt. ❸ Tu sais que je ne supporte pas de faire (*aller par*) les magasins. ❹ Mais non, je ne suis pas fâché. ❺ Je n'ai pas encore fini, je n'avais plus (*a manqué à moi*) le temps.

❺ Je n'ai pas pu faire le gâteau, je n'avais plus de (*a manqué à moi*) beurre.
. . . mogłam . . . . . . ciasta, ... mi . . . . . .

Corrigé du deuxième exercice - Mots manquants

❶ – było – w – przez – tydzień ❷ – to – późno – wcześniej ❸ Nie – jak – gniewasz ❹ – będzie – dopiero około – ❺ Nie – zrobić – zabrakło – masła

Deuxième vague : Lekcja piętnasta

65 Lekcja sześćdziesiąta piąta

Świadectwo szkolne ①

1 – W **któ**rej **kla**sie są **two**je **dzie**ci?
2 – Syn jest **jesz**cze w przed**szko**lu.
3 – A **cór**ki już **cho**dzą ② do s**zko**ły?
4 – **Młod**sza ③ **cho**dzi do **żłob**ka, a **star**sza ③ jest w **pierw**szej **kla**sie.
5 A **twoi** ④ sy**no**wie ⑤?
6 – **O**baj ⑥ już skoń**czy**li s**zko**łę podsta**wo**wą.
7 **Ju**rek jest w p**ierw**szej **kla**sie gim**naz**jum, a **Ro**mek, w os**tat**niej **kla**sie li**ce**um.

Wymowa

*s'fya****dèts****tfo ...*
2 *... f pchèt'****chko****lou.* ***3*** *...* ***tsour****ki ...* ***4 mouot****'cha ...* ***jouop****ka*

Notes

① L'adjectif **szkolny**, scolaire, est dérivé de **szkoła**. Comme vous le voyez, les changements de lettres, ici **ł/l**, n'interviennent pas seulement lors de la déclinaison ou de la conjugaison. C'est un phénomène massif auquel il faudra malheureusement vous habituer.

② Ne confondez pas **Chodzą do szkoły**, *Ils / Elles vont à l'école*, qui exprime la fréquentation régulière et **Idą do szkoły**, pour un déplacement au moment où l'on parle. Sur la distinction entre **iść** et **chodzić**, voyez la leçon 32, notes 2 et 3.

③ Dans une famille de deux enfants, on emploie le comparatif **młodszy**, *plus jeune*, pour le cadet et **starszy**, *plus âgé*, pour l'aîné. Lorsqu'une famille compte plus de deux enfants, on

Le bulletin scolaire

1 – En quelle classe sont tes enfants ?
2 – [Mon] fils est encore à l'école maternelle.
3 – Et [tes] filles vont déjà (*déjà vont*) à l'école ?
4 – La cadette (*plus jeune*) va à la crèche et l'aînée (*plus âgée*) est au CP (*première classe*).
5 Et [tes] fils ?
6 – [Tous] les deux ont déjà terminé l'école primaire.
7 Jurek est en première année (*classe*) de collège et Romek, en dernière année (*classe*) de lycée.

*... 5 ... **tfo**'i ... 7 **you**rek ... gui'm**naz**youm ...*

▸ utilise, dans le premier cas, le superlatif **najmłodszy**, *le plus jeune*, et, dans le second, **najstarszy**, *le plus âgé*.

④ L'adjectif possessif **twoi**, *tes*, se rapporte au genre masculin personnel. L'autre forme du pluriel, **twoje**, est également celle du singulier neutre.

⑤ **syn**, *fils*, fait **synowie** au pluriel. On retrouve la même terminaison que dans le cas de **teściowie**, *beaux-parents*, rencontré en leçon 52.

⑥ Le polonais possède un numéral spécifique pour dire "les deux". Il est ici au masculin personnel **obaj**.

8 Za rok **zda**je ma**tu**rę.
9 – To **wiel**kie wyda**rze**nie. **Chy**ba się niepo**ko**isz.
10 – **Wca**le nie ⑦! Mam zau**fa**nie do **Rom**ka.
11 – No tak, to przy**jem**nie, jak się **dzie**ci **dob**rze **u**czą.
12 – Hm... **Każ**de **je**go świa**dec**two jest niespo**dzian**ką! □

*9 ... gnèpo**ko**'ich. 10 ... zaou**fa**gnè ... **ro**'**m**ka. 12 ... gnèspo**dz'a'n**kon!*

Pierwsze ćwiczenie – Proszę przetłumaczyć

❶ Czy twoi synowie dobrze się uczą? ❷ Mój starszy brat idzie za rok do liceum. ❸ Możesz mieć do mnie zaufanie. ❹ Wiem, że się niepokoisz, ale nie trzeba. ❺ Dzieci są w przedszkolu przez cały dzień.

Drugie ćwiczenie – Wpisać brakujące słowa

❶ Il faut avoir confiance en [ses] enfants.
. . . . . . mieć . . . . do . . . .

❷ Est-ce que tes parents habitent à la campagne ?
Czy . . . . rodzice . . . . na . . . ?

❸ Ma sœur cadette (*plus jeune sœur*) est à l'école maternelle.
Moja . . . . siostra . . . . w
. . . .

❹ Les deux fils de Marek vont à la crèche.
Obaj . . . . Marka . . . . . . do . . . .

8 Dans un an, il passe le bac.
9 – C'est un grand événement. Tu dois être inquiète (*sans doute tu t'inquiètes*).
10 – Pas du tout ! J'ai confiance en Romek.
11 – Eh oui, c'est agréable quand les enfants étudient bien (*bien étudient*).
12 – Hum... Chacun de ses bulletins (*chaque son bulletin*) est une surprisc !

Notes

⑦ **wcale nie**, *pas du tout*, permet de nier catégoriquement. Rappelons que dans une phrase, **wcale**, toujours accompagné de **nie**, *non*, sert de négation renforcée (leçons 27 et 50).

Corrigé du premier exercice

❶ Est-ce que tes fils étudient bien ? ❷ Mon frère aîné (*plus âgé frère*) va au lycée dans un an. ❸ Tu peux avoir confiance en moi (*en moi confiance*). ❹ Je sais que tu t'inquiètes, mais il ne faut pas. ❺ Les enfants sont à l'école maternelle (*pendant*) toute la journée.

❺ Que préfères-tu : l'école primaire ou le collège ?
. . wolisz, ... czy . . . . ?

Corrigé du deuxième exercice - Mots manquants

❶ Trzeba – zaufanie – dzieci ❷ – twoi – mieszkają – wsi ❸ – młodsza – jest – przedszkolu ❹ – synowie – chodzą – żłobka ❺ Co – szkołę podstawową – gimnazjum

Deuxième vague : Lekcja szesnasta

66 Lekcja sześćdziesiąta szósta

Sprawdzian z polskiego

1 – A, to ty. Nie **wzią**łeś ① **klu**czy?
2 – Zapom**nia**łem.
3 – No i jak **by**ło w **szko**le?
4 – **Dob**rze. **Mie**liśmy kla**sów**kę z mate**ma**tyki.
5 – I co dos**ta**łeś?
6 – **Pa**ni ② **jesz**cze nie popra**wi**ła. **A**le **dob**rze mi **posz**ło ③.
7 – **Jes**teś **pe**wien ④? Bo os**tat**nio dos**ta**łeś **dwój**kę ⑤. I co **jesz**cze?
8 – Był **spraw**dzian z pol**skie**go.
9 – I **ma**cie już **stop**nie?

Wymowa

***sprav**dz'a'n ... **1** ... **vz'o**ᵒᵘès' **klou**tché? **4** ... kla**ssouf**kè ...*
***7** ... **pè**vyèn ...*

Notes

① **wziąłeś**, *tu as pris*, s'utilise pour un homme. Pour une femme, on dira **wzięłaś**. Au passé, les verbes dont l'infinitif finit en **-ąć**, comme ici **wziąć**, *prendre*, présentent en effet une petite particularité. À l'exception du masculin singulier, la lettre **ą** est remplacée par le **ę** : **wzięłam**, *j'ai pris*, **wzięłaś**, *tu as pris*, **wzięła**, *elle a pris*, **wzięliśmy/wzięłyśmy**, *nous avons pris*, etc.

② Comme vous voyez, **pani** désigne ici la maîtresse d'école. On trouvera de même **pani domu**, *maîtresse de maison*. Notez enfin qu'en dehors de son usage dans les formes polies d'adresse, **pani** signifie "dame".

③ Dans cette locution courante, **poszło** est la forme passée du perfectif **pójść**, *aller*, à la 3e personne du singulier neutre. N'oubliez pas le datif pour la personne concernée. Donc, si vous voulez savoir comment se sont déroulées les choses, vous demandez **jak** ▶

Un contrôle de polonais

1 – Ah, c'est toi. Tu n'as pas pris [tes] clés ?
2 – J'ai oublié.
3 – Et alors, comment ça s'est passé (*était*) à l'école ?
4 – Bien. Nous avons eu une interrogation de maths.
5 – Et combien (*qu'est-ce que*) tu as eu ?
6 – La maîtresse n'a pas encore corrigé. Mais ça s'est bien passé (*bien à moi est allé*).
7 – Tu es sûr ? Parce que dernièrement tu as eu (*reçu*) un deux. Et quoi encore ?
8 – Il y a eu un contrôle de polonais.
9 – Et vous avez déjà les notes ?

▸ **ci poszło?** à un interlocuteur que vous tutoyez, **jak panu/pani poszło?** à quelqu'un que vous vouvoyez, **jak mu/jej poszło?** à propos d'une autre personne (masculin/féminin), etc.

④ Après **pewni**, *sûrs*, et **pewna**, *sûre*, voici maintenant le tour du masculin singulier, qui a deux formes : **pewien** et **pewny**. Vous devinez sans doute que la forme **pewne** se rapporte au pluriel de tous les genres – sauf le masculin personnel –, ainsi qu'au neutre singulier.

⑤ Tout comme les moyens de transport (leçon 61, note 6), les notes scolaires (de 1 à 6) sont désignées à l'aide des noms féminins : **dwójka**, *un deux*.

10 – Tak, dos**ta**łem **trój**kę z **plu**sem ⑥.
11 – To **kiep**sko. **Pew**nie zro**bi**łeś **du**żo **błę**dów?
12 – **A**le to nie **by**ło dyk**tan**do.
13 – A co to **by**ło?
14 – Od**mia**na przymiot**ni**ków przez przy**pad**ki! □

*11 ... **bouèn**douf? ... 12 ... dék**ta'n**do. 14 ... pché**pat**ki!*

Notes

⑥ Comme la fourchette des notes est restreinte, on y ajoute le signe (+) : **plus**, qui relève la note ou (-) **minus**, qui la rabaisse. Cela paraît étrange, mais on s'y habitue vite. Ainsi, **trójka z** ▸

Pierwsze ćwiczenie – Proszę przetłumaczyć

❶ Jesteś pewien, że nie zapomniałeś kluczy? ❷ To nieprawda, że mówisz kiepsko po polsku. ❸ Czy wziąłeś coś do jedzenia? ❹ To przyjemnie, jak dzieci mają dobre stopnie. ❺ Dziś mieliśmy sprawdzian z matematyki.

Les petits Polonais entrent à l'école à l'âge de sept ans. Ceux qui vont à la maternelle ont la possibilité, à six ans, de suivre une année préparatoire, dite zerówka, année zéro.
Les études à l'école primaire durent sept ans et commencent par klasa pierwsza, classe 1, (littéralement "première"), pour finir par klasa szósta, classe 6. L'enseignement obligatoire se poursuit au gimnazjum, collège, durant trois ans.
Ensuite, l'élève entre dans le cycle secondaire. Il peut choisir de faire ses études au lycée d'enseignement général (liceum ogólnokształcące) ou professionnel (zawodowe). Après matura,

10 – Oui, j'ai eu (*reçu*) un trois (*avec un*) plus.
11 – Ce n'est pas fameux (*ce médiocrement*). Tu as sûrement fait beaucoup de fautes ?
12 – Mais ce n'était pas une dictée.
13 – Et qu'est-ce que c'était ?
14 – La déclinaison (*changement*) des adjectifs (*par les cas*) !

▸ **plusem** (litt. "un trois avec un plus") correspond à une moins bonne note que **czwórka z minusem** (litt. "un quatre avec un moins") !

Corrigé du premier exercice

❶ Es-tu sûr que tu n'as pas oublié les clés ? ❷ Ce n'est pas vrai que tu parles mal (*médiocrement*) en polonais. ❸ As-tu pris quelque chose à manger ? ❹ C'est agréable(*ment*) quand (*comme*) les enfants ont de bonnes notes. ❺ Aujourd'hui, nous avons eu un contrôle de maths.

le bac, il a la possibilité de poursuivre ses études pendant encore trois ans, jusqu'à la licence, ou cinq, jusqu'à la maîtrise. Les plus persévérants prépareront un doctorat.
Le système d'éducation polonais est, comme vous le voyez, largement comparable à celui des autres pays européens. Une petite différence, quand même, réside dans la façon de compter les classes au collège et au lycée. Tandis qu'en France on va dans l'ordre décroissant pour tout le cycle secondaire (sixième, cinquième, etc. jusqu'à la terminale), en Pologne on compte séparément le collège et le lycée et dans l'ordre croissant.

67 Drugie ćwiczenie – Wpisać brakujące słowa

1. J'ai oublié (masc.) que nous avions (*avons*) une interrogation de polonais.
   . . . ., że mamy . . . . z . . . .

2. Je suis sûr que tu as pris (masc.) mon sac à dos.
   Jestem . . . . . . , że . . . . mój . . . .

3. Je ne savais pas (masc.) que tu jouais (*joues*) si médiocrement !
   Nie . . . ., że . . . . . tak . . . . !

4. Peux-tu me dire si j'ai fait (masc.) beaucoup de fautes ?
   . . . . . . mi . . . ., czy . . . . dużo . . . . . . ?

67 Lekcja sześćdziesiąta siódma

W komisariacie

1 – Halo, komi**sa**riat?
2 – Tak, **słu**cham.
3 – Za**gi**nął ① mój mąż!
4 – **Pro**szę się uspo**ko**ić ②. Jest **pa**ni **pew**na?

Wymowa

*f komissar**yats'**è*
***3** ... zaguino[ou] ... **4** ... ouspo**ko**'its' ...*

Notes

① Si quelque chose ou quelqu'un a disparu ou s'est égaré, on peut employer, comme ici, **zaginąć** ou **zginąć**. Le second verbe a toutefois un sens plus large : il signifie aussi "disparaître ▸

5 Est-ce que la maîtresse a déjà corrigé votre dictée ?
Czy . . . . już . . . . wasze . . . . ?

Corrigé du deuxième exercice - Mots manquants
1 Zapomniałem – klasówkę – polskiego 2 – pewien – wziąłeś – plecak 3 – wiedziałem – grasz – kiepsko 4 Możesz – powiedzieć – zrobiłem – błędów 5 – pani – poprawiła – dyktando

Deuxième vague : Lekcja siedemnasta

Soixante-septième leçon 67

Au commissariat

1 – Allô, le commissariat ?
2 – Oui, j'écoute.
3 – Mon mari a disparu (*a disparu mon mari*) !
4 – Calmez-vous. [En] Êtes-vous (*Est madame*) certaine ?

▸ définitivement", c'est-à-dire "mourir", par exemple **zginąć tragicznie**, *disparaître tragiquement*, **w wypadku**, *dans un accident*, etc.

(2) Lorsqu'on vouvoie quelqu'un, on peut aussi dire **niech się pan/pani uspokoi**. L'impératif à la 2e personne du singulier est **uspokój się**, *calme-toi !*

5 – Oczy**wiś**cie. Nie ma go w **do**mu od trzech ③ dni.
6 – Czy **mo**że **pa**ni o**pi**sać **mę**ża?
7 – Jest wy**so**ki ④, **szczu**pły, ma **ciem**ne ⑤ **wło**sy...
8 – Co **jesz**cze? **Ja**kieś **zna**ki szcze**gól**ne?
9 – Nie. Ah**a**, ma **bro**dę i **wą**sy ⑥.
10 – Czy **no**si oku**la**ry?
11 – Tak, w meta**lo**wej o**praw**ce.
12 – Jak był u**bra**ny?
13 – Jak **zwy**kle. **Sza**re **spod**nie, nie**bies**ka ko**szu**la i far**tu**szek w **kwiat**ki ⑦. □

*7 ... **chtchou**poué ... **vouo**ssé... 9 ... **bro**dè i **von**ssé. 11 ... o**praf**tsè. 13 ... far**tou**chèk f **kfyat**ki*

Notes

③ Le numéral **trzy**, *trois*, est ici au génitif **trzech**, car il suit la préposition **od**, *depuis*.

④ Pour indiquer la taille d'une personne, on remplace **duży**, *grand*, par **wysoki**, *haut*. Ce dernier adjectif s'emploie aussi pour indiquer, par exemple, un prix élevé : **wysoka cena**. Le contraire (taille ou autre chose) est **niski**, *bas*.

⑤ Bien entendu, il y a tout une gamme de termes pour décrire la couleur de la chevelure ! Ce n'est que par commodité et ▶

Pierwsze ćwiczenie – Proszę przetłumaczyć
❶ Odkąd nosisz brodę, jesteś podobny do brata. ❷ Poczekaj, jeszcze nie jestem ubrana. ❸ To dobry sposób, żeby się uspokoić. ❹ Widzę, że nareszcie masz nowe okulary. ❺ Gdzie jest moja koszula w kwiatki?

5 – Bien sûr. Il n'est plus à la maison depuis trois jours.
6 – Est-ce que vous pouvez (*peut madame*) décrire [votre] mari ?
7 – Il est grand, mince, il a les cheveux bruns (*sombres cheveux*)...
8 – Quoi d'autre (*encore*) ? Des (*quelconques*) signes particuliers ?
9 – Non. Ah, il a une barbe et une moustache.
10 – Est-ce qu'il porte des lunettes ?
11 – Oui, avec une monture métallique (*à métallique monture*).
12 – Comment était-il habillé ?
13 – Comme d'habitude. Un pantalon gris (*gris pantalons*), une chemise bleue (*bleue chemise*) et un tablier à petites fleurs.

▸ économie que les cheveux bruns sont désignés à l'aide de l'adjectif **ciemne**, *sombres*, par opposition à **jasne**, *clairs*.

⑥ Contrairement au français qui utilise le singulier : "la moustache", le polonais utilise le pluriel **wąsy**. Par contre avec **broda**, *la barbe*, les deux langues concordent : même nombre et – oh, bonne surprise ! – même genre.

⑦ Dans cette expression, la préposition **w**, *à* demande l'emploi de l'accusatif. Ce dernier, ici au pluriel **kwiatki**, est identique au nominatif. Le singulier est **kwiatek** et c'est, avec son suffixe caractéristique **-ek**, le diminutif de **kwiat**.

Corrigé du premier exercice

❶ Depuis que tu portes la barbe, tu ressembles à [ton] frère. ❷ Attends, je ne suis pas encore habillée. ❸ C'est un bon moyen pour se calmer. ❹ Je vois qu'enfin tu as de nouvelles lunettes. ❺ Où est ma chemise à petites fleurs ?

Drugie ćwiczenie – Wpisać brakujące słowa

1 Je sais bien que tu as des ennuis, mais tu dois te calmer.
. . . . dobrze, . . masz . . . ., ale . . . . . . się . . . .

2 Kasia est toujours très joliment habillée.
Kasia . . . . zawsze . . . . . . ładnie . . . .

3 Que penses-tu de cette robe à petites fleurs ?
. . myślisz . tej . . . . w . . . . ?

4 Est-ce que quelqu'un veut décrire sa chambre (*pièce*) ?
Czy . . . . chce . . . . . . swój . . . . . ?

5 J'ai entendu [dire] que Marek porte la barbe maintenant.
Słyszałem, . . Marek . . . . teraz . . . .

---

68 Lekcja sześćdziesiąta ósma

Mecz piłki nożnej (1)

1 – Za **i**le za**czy**na się mecz?
2 – Za **dzie**sięć **mi**nut.
3 – **A**le ten **stad**ion o**grom**ny!
4 – Tak. **Jeś**li się nie **my**lę, jest na dwa**dzieś**cia ty**się**cy (2) miejsc.

Wymowa
*mètch **pi**^{ou}ki **noj**neille*
***3** ... **stad**yonne ... **4** ... **mé**lè ... té**s**'**in**tsé ...*

Corrigé du deuxième exercice - Mots manquants

❶ Wiem – że – kłopoty – musisz – uspokoić ❷ – jest – bardzo – ubrana ❸ Co – o – sukience – kwiatki ❹ – ktoś – opisać – pokój ❺ – że – nosi – brodę

Deuxième vague : Lekcja osiemnasta

Soixante-huitième leçon 68

Un match de football

1 – Dans combien [de temps] commence le match ?
2 – Dans dix minutes.
3 – Comme ce stade [est] immense !
4 – Oui. Si je ne me trompe pas, il fait (*est pour*) 20 000 places.

Notes

① Le polonais n'a pas adopté le terme anglais "football", mais utilise sa traduction : **piłka**, *balle* **nożna**, *de pied*. Le second mot est dérivé de **noga**, qui signifie également "jambe" (leçon 60), avec le changement **g**/**ż**. **Piłki nożnej** est le génitif.

② **tysięcy** est le génitif pluriel de **tysiąc**, *mille*.

5 **A**le by**wa**ją ③ **jesz**cze **wię**ksze.
6 – Na **szczę**ście, stąd **wszys**tko **wi**dać ④.
Całe **bo**isko i **o**bie ⑤ **bram**ki.
(...)
7 O, już **i**dzie **sę**dzia. I **o**bie dru**ży**ny.
8 **Na**si **ma**ją **żół**te ko**szul**ki?
9 – Nie, An**gli**cy. Po**la**cy ⑥ **ma**ją zie**lo**ne i **bia**łe spo**den**ki.
10 – Mam na**dzie**ję, że wy**gra**ją.
11 – **Mu**szą **wy**grać. Os**tat**ni mecz prze**gra**li trzy do **ze**ra.
12 – **A**le dziś grają u **sie**bie ⑦.
13 – No i jest **in**ny **bram**karz! □

*5 ... bé**va**yon ... **vien**kchè. 6 ... bo'isko ... **bra'm**ki. 8 ... **jou**ᵒᵘtè ... 9 ... a'n**gli**tsé. po**la**tsé ... spo**de'n**ki. 13 ... **bra'm**kach!*

Notes

③ En plus de **być**, il existe une forme spéciale du verbe "être", qui est **bywać**. On peut l'employer comme verbe impersonnel (à la 3e personne du singulier ou du pluriel) au sens "il y a parfois", "il arrive qu'il y ait". Par ailleurs, conjugué normalement, il indique la fréquence ou la répétition : **bywać gdzieś**, *être souvent quelque part*, **bywać u kogoś**, *fréquenter quelqu'un*, etc.

④ Le verbe **widać** n'existe que sous la forme de l'infinitif et signifie "on voit". Tout comme **słychać**, *on entend*, dont vous vous souvenez peut-être.

Pierwsze ćwiczenie – Proszę przetłumaczyć

❶ Stadion piłki nożnej jest niedaleko. ❷ Widać, że Anglicy grają lepiej. ❸ Jak myślisz, kto wygra ten mecz? ❹ Polacy czują się tu tak, jak u siebie. ❺ Obie córki Jurka mają zielone koszulki.

5 Mais il y en a (*sont*) d'encore plus grands.
6 – Heureusement (*pour bonheur*), d'ici on voit tout. Tout le terrain et les deux buts.
(...)
7 Oh, l'arbitre arrive déjà (*déjà va arbitre*). Et les deux équipes.
8 Les nôtres ont des maillots jaunes (*jaunes maillots*) ?
9 – Non, [ce sont] les Anglais. Les Polonais ont [des maillots] verts et des shorts blancs (*blancs shorts*).
10 – J'espère (*ai espoir*) qu'ils gagneront.
11 – Ils doivent gagner. Le dernier match, ils [l']ont perdu trois à zéro.
12 – Mais aujourd'hui, ils jouent chez eux.
13 – Et il y a un autre gardien de but !

⑤ **obie**, *les deux*, est l'équivalent féminin de **obaj** (leçon 65, note 5).

⑥ **Anglicy** et **Polacy** sont les pluriels respectifs de **Anglik**, *Anglais*, et **Polak**, *Polonais*.

⑦ Vous rappelez-vous la forme **sobie** (leçon 36, note 4), le datif du pronom réfléchi **się**, *se* ? **Siebie** est son homologue au génitif. S'il se rapporte au sujet de la phrase, on l'emploie à toutes les personnes : **jestem u siebie**, *je suis chez moi*, **jesteś u siebie**, *tu es chez toi*, etc.

Corrigé du premier exercice

❶ Le stade de football [n']est pas loin. ❷ On voit que les Anglais jouent mieux. ❸ Qu'en (*comment*) penses-tu, qui va gagner ce match ? ❹ Les Polonais se sentent ici comme chez eux. ❺ Les deux filles de Jurek ont des maillots verts (*verts maillots*).

Drugie ćwiczenie – Wpisać brakujące słowa

1. Mes deux sœurs jouent parfaitement aux cartes.
Moje . . . . siostry . . . . . doskonale . karty.

2. On ne voit pas encore la fin des travaux.
Nie . . . . . jeszcze . . . . . remontu.

3. Sais-tu si tes parents sont déjà chez eux ?
Wiesz, . . . twoi . . . . są . . . u . . . . . . ?

4. Les Polonais ont malheureusement perdu le premier match.
. . . . . . niestety . . . . pierwszy . . . . .

69 Lekcja sześćdziesiąta dziewiąta

Sąsiedzi ①

1 – Nie u**wa**żasz, że Nowa**ko**wie ② to **pięk**na **pa**ra?
2 – Nowa**ko**wie? To ci ③ z **do**łu?
3 – Nie, to ci, **któ**rzy ④ miesz**ka**ją nad **na**mi.

Wymowa

*2 ... **do**ou ou?*

Notes

① Vous devez commencer à vous habituer à toutes ces modifications de lettres lorsqu'un mot change de forme. Vous en avez encore un exemple avec **sąsiedzi**, pluriel de **sąsiad**, *voisin*.

② Revoilà la terminaison spéciale du pluriel **-owie** (leçons 52 et 65). Elle est cette fois ajoutée au nom de famille **Nowak**. En

❺ Tu as raison, ce stade est immense.
Masz ....., ten .... jest ....

Corrigé du deuxième exercice - Mots manquants
❶ – obie – grają – w – ❷ – widać – końca – ❸ – czy – rodzice – już – siebie ❹ Polacy – przegrali – mecz ❺ – rację – stadion – ogromny

Deuxième vague : Lekcja dziewiętnasta

Soixante-neuvième leçon 69

Les voisins

1 – Ne trouves-tu pas que les Nowak sont (*ce*) un beau couple ?
2 – Les Nowak ? C'est ceux d'en bas ?
3 – Non, c'est ceux qui (*lesquels*) habitent au-dessus de nous.

▸ revanche, les noms en **-ski**, dérivés en fait des adjectifs, ne prennent pas cette terminaison. "Les Kowalski" se dit **Kowalscy**.

(3) Le pronom **ten**, *ce*, devient **ci** au pluriel, lorsqu'il se rapporte au genre masculin personnel.

(4) **którzy**, *(les)quels* est le pluriel de **który**.

4 – Ach tak? Nie zauwa**ży**łem.
5 – **Jes**tem przeko**na**na, że są **bar**dzo szczę**śli**wi.
6 – Dla**cze**go tak **myś**lisz?
7 – Obser**wu**ję ich **czę**sto przez **ok**no. Są **zaw**sze **ra**zem, trzy**ma**ją się za ⑤ **rę**kę...
8 – Wi**docz**nie to **mło**de mał**żeń**stwo ⑥.
9 – Nie wiem. W **każ**dym **ra**zie, on wy**glą**da na czu**łe**go **mę**ża ⑦.
10 **Wi**dzę, że **czę**sto przy**no**si jej **kwia**ty.
11 Jak wysia**da**ją z samo**cho**du, ot**wie**ra jej **drzwicz**ki, po**da**je **rę**kę...
12 Ty też tak powi**nie**neś **ro**bić.
13 – Prze**sa**dzasz. Nie znam jej aż tak ⑧ **dob**rze! □

Wymowa

*4 ... zaouva**jé**ouèm. 7 opsèr**vou**yè ... t'ché**ma**yon ... **rin**kè ... 8 ... ma^{ou}**jègn**stfo. 9 ... tchou^{ou}**è**go ... 11 ... vés'a**da**yon s samo**Ho**dou, ot**fyè**ra ... 13 ... ach ...*

Notes

⑤ En polonais comme en français, les prépositions peuvent avoir plusieurs sens. C'est le cas pour **za**, correspondant ici à "par", qui peut aussi être utilisé pour traduire **przez**.

⑥ **małżeństwo**, ici "couple marié", signifie aussi "mariage".

⑦ Nous avons déjà rencontré **wyglądać**, *sembler*, *avoir l'air*, suivi d'un adverbe (leçon 29). Voici une autre construction, permettant cette fois-ci de marquer une qualité ou d'indiquer une caractéristique : **wyglądać na** + accusatif. ▸

4 – Ah oui ? Je n'ai pas remarqué.
5 – Je suis persuadée qu'ils sont très heureux.
6 – Qu'est-ce qui te fait croire ça ? (*Pourquoi le ainsi penses-tu*) ?
7 – Je les observe souvent par la fenêtre. Ils sont toujours ensemble, se tiennent par la main...
8 – Apparemment, c'est un jeune couple.
9 – Je ne sais pas. En tout cas, il a l'air d'un mari affectueux (*affectueux mari*).
10 Je vois qu'il lui apporte souvent (*souvent apporte à elle*) des fleurs.
11 Quand ils descendent de la voiture, il lui ouvre (*ouvre à elle*) la portière, [lui] tend (*donne*) la main…
12 Toi aussi, tu (*ainsi*) devrais [le] faire.
13 – Tu exagères. Je ne la connais pas (*ne connais elle*) si bien que cela (*jusque aussi bien*) !

⑧ En faisant précéder **tak**, au sens de "ainsi", de la particule **aż**, on en renforce le sens. Cela donne quelque chose comme "à ce point-là". Notez aussi l'usage de **aż** en tant que conjonction dans, par exemple, **aż do wieczora**, *jusqu'au soir*.

69 **Pierwsze ćwiczenie – Proszę przetłumaczyć**

❶ Sąsiedzi z dołu skończyli już malowanie mieszkania. ❷ Zauważyłem, że Nowakowie chodzą często do kina. ❸ Uważam, że powinieneś nosić brodę. ❹ Nie zapomnij kluczy od samochodu. ❺ Wcale nie przesadzam, to prawda.

Drugie ćwiczenie – Wpisać brakujące słowa

❶ J'ai oublié (masc.) que [nos] voisins n'ont pas encore de voiture.
. . . ., że . . . . nie . . . . jeszcze . . . .

❷ Je suis persuadé que les nôtres peuvent gagner ce match.
Jestem . . . . , że . . . . mogą . . . . . . ten . . . . .

❸ Tu n'as pas remarqué (masc.) que Romek a une moustache ?
Nie . . . . , że . . . . . ma . . . . ?

❹ Comme d'habitude, tu exagères un peu.
. . . zwykle, ... trochę.

❺ Connais-tu (*ce*) le jeune couple [d']en bas ?
Znasz . . młode . . . . z . . . . ?

Corrigé du premier exercice

❶ Les voisins d'en bas ont déjà fini la peinture de l'appartement. ❷ J'ai remarqué que les Nowak vont souvent au cinéma. ❸ Je trouve que tu devrais porter une barbe. ❹ N'oublie pas les clés de la voiture. ❺ Je n'exagère pas du tout, c'est la vérité.

Corrigé du deuxième exercice - Mots manquants

❶ Zapomniałem – sąsiedzi – mają – samochodu ❷ – przekonany – nasi – wygrać – mecz ❸ – zauważyłeś – Romek – wąsy ❹ Jak – przesadzasz – ❺ – to – małżeństwo – dołu

Deuxième vague : Lekcja dwudziesta

70 Lekcja siedemdziesiąta

Révision

1. Les chiffres

Nous avons appris comment on désigne les numéros des moyens de transports : **ósemka**, *bus ou tram n° 8*, **piętnastka**, *bus ou tram n° 15*. Pour les notes scolaires (de 1 à 6), nous avons également vu **dwójka**, *le deux* et **trójka**, *le trois*. Comme vous voyez, les chiffres possèdent en polonais des équivalents sous forme d'un nom féminin. Leur usage est très répandu : ils servent à indiquer les numéros des bâtiments, appartements ou chambres d'hôtel, les cartes à jouer, chaussures et pièces de monnaie, etc.
On emploie principalement ces noms jusqu'à 20, puis les dizaines. Leur forme rappelant celle des nombres ordinaux, cette petite liste va vous permettre de les revoir. Si, bien entendu, ce n'est pas encore fait !

1 **jedynka**
2 **dwójka**
3 **trójka**
4 **czwórka**
5 **piątka**
6 **szóstka**
7 **siódemka**
8 **ósemka**
9 **dziewiątka**
10 **dziesiątka**
11 **jedenastka**
12 **dwunastka**
13 **trzynastka**
14 **czternastka**
15 **piętnastka**
16 **szesnastka**
17 **siedemnastka**
18 **osiemnastka**
19 **dziewiętnastka**
20 **dwudziestka**
30 **trzydziestka**
40 **czterdziestka**, etc.
100 **setka**

2. La déclinaison du numéral **trzy**, *trois*

La forme **trzech** est commune au génitif et au locatif. Le datif est **trzem** et l'instrumental **trzema**. Quant à l'accusatif, il est identique soit au génitif (genre masculin personnel), soit au nominatif (les autres genres). Le même modèle de déclinaison s'applique à **cztery**, *quatre*.

3. Le pluriel en -owie

Vous souvenez-vous des mots **synowie**, *les fils*, et **teściowie**, *les beaux-parents* ? Certains noms masculins de personnes prennent en effet au pluriel la terminaison **-owie**. Elle s'applique notamment :

- aux noms de parenté : **ojcowie**, *les pères*, **wujkowie**, *les oncles*, **mężowie**, *les maris* ;
- aux fonctions et titres : **profesorowie**, *les professeurs*, **oficerowie**, *les officiers*, **królowie**, *les rois* ;
- aux noms de famille (excepté ceux en **-ski** ou **-cki**) : **Nowakowie**, *les Nowak*, **Wójcikowie**, *les Wójcik*.

Et pensez aussi, tout simplement, au pluriel de **pan**, *monsieur*, qui est **panowie**.

4. Le passé (suite de la leçon 42)

Nous vous avons déjà signalé quelques particularités dans la conjugaison de certains verbes au passé. C'est généralement le cas de ceux dont l'infinitif finit en **-ąć** : **odpocząć**, *se reposer*, **wyjąć**, *retirer*, *sortir*, **wziąć**, *prendre*, **zacząć**, *commencer*, **zająć**, *occuper*. N'oubliez pas que seul le masculin singulier conserve la lettre **ą**. Dans toutes les autres formes, elle est remplacée par **ę**. Voici, par exemple, la conjugaison de **wziąć** :

singulier	masculin	féminin	neutre
1re personne	**wziąłem**	**wzięłam**	
2e personne	**wziąłeś**	**wzięłaś**	
3e personne	**wziął**	**wzięła**	**wzięło**

pluriel	masculin personnel	masc. non personnel, féminin, neutre
1re personne	**wzięliśmy**	**wzięłyśmy**
2e personne	**wzięliście**	**wzięłyście**
3e personne	**wzięli**	**wzięły**

1 – Pa**mię**tasz, że **ju**tro **ma**cie **spraw**dzian z mate**ma**tyki i kla**sów**kę z pol**skie**go **(66)**?
2 – Pa**mię**tam. Dla**cze**go się niepo**ko**isz **(65)**?
3 – **A**leż skąd **(64)**! Mam do **cie**bie zau**fa**nie **(65)**.
4 A gdzie **by**łeś przez **ca**ły dzień **(64)**?
5 – Był mecz **pił**ki **noż**nej **(68)**.
6 Mam na**dzie**ję, że się nie **gnie**wasz **(64)**.
7 – **Wca**le nie **(65)**. No i jak im **po**szło **(66)**?
8 – Prze**gra**li trzy do zera **(68)**.
9 Za**brak**ło **(64)** im **szczę**ścia. I zro**bi**li **du**żo **błę**dów **(66)**.
10 – To **kiep**sko **(66)**. **By**łeś sam?
11 – Nie. Był też **są**siad z **do**łu **(69)**.
12 – Ten, **któ**ry jest wy**so**ki, **szczu**pły i **no**si **bro**dę i **wą**sy **(67)**?
13 – Tak. I był **Ju**rek, ko**le**ga z gim**naz**jum **(65)**.
14 Znasz go, ma **ciem**ne **wło**sy i oku**la**ry w meta**lo**wej o**praw**ce **(67)**.
15 – Nie zauwa**ży**łem **(69)**. W **któ**rej jest **kla**sie **(65)**?
16 – W **trze**ciej. Za rok **i**dzie do li**ce**um **(65)**.

Dialogue de révision

1 – Tu te souviens que demain vous avez un contrôle de maths et une interrogation de polonais ?
2 – Je me souviens. Pourquoi t'inquiètes-tu ?
3 – Mais pas du tout ! J'ai confiance en toi (*en toi confiance*).
4 Et où étais-tu (*pendant*) toute la journée ?
5 – Il y avait un match de football.
6 J'espère (*ai espoir*) que tu n'es pas fâché.
7 – Pas du tout. Et alors, comment ça s'est passé (*à eux est allé*) ?
8 – Ils ont perdu trois à zéro.
9 Ils n'ont pas eu de chance (*a manqué à eux bonheur*). Et ils ont fait beaucoup de fautes.
10 – Ce n'est pas fameux (*ce médiocrement*). Tu [y] a été seul ?
11 – Non. Il y avait aussi le voisin d'en bas.
12 – Celui qui est grand, mince et porte la barbe et la moustache ?
13 – Oui. Et il y avait Jurek, un ami du collège.
14 Tu le connais (*connais le*), il a les cheveux bruns (*sombres cheveux*) et des lunettes avec une monture métallique (*à métallique monture*).
15 – Je n'ai pas remarqué. En quelle classe est-il ?
16 – En troisième. Dans un an, il va au lycée.

Deuxième vague : Lekcja dwudziesta pierwsza

71 Lekcja siedemdziesiąta pierwsza

Wypadek na nartach

1 – **Iwo**na? **A**le niespo**dzian**ka! Nie wie**dzia**łam, że **jeź**dzisz ① na **nar**tach.
2 – Do**pie**ro się uczę ②. **Sta**wiam, jak to się **mó**wi, **pierw**sze **kro**ki.
3 **A**le **bar**dzo mi się po**do**ba.
4 – To **wi**dać. **Kie**dy przyje**cha**łaś?
5 – Przed**wczo**raj. A ty? **Jes**teś **sa**ma?
6 – Nie, z **Mar**kiem i z **dzieć**mi. Przyje**cha**liśmy w **pią**tek
7 – A, wy**da**je mi się, że wi**dzia**łam ich **ko**ło wy**cią**gu.
8 – To na **pew**no oni. **Jeż**dżą już od **ra**na.
9 – A ty dla**cze**go nie **jeź**dzisz? Nie **u**miesz ③?
10 – **Wo**lę nie ryzy**ko**wać. Mam bo**les**ne doświad**cze**nie z zesz**łe**go **ro**ku.

Wymowa

*5 pchèt**ftcho**rail ... **6** ... f **pio'n**tèk.*

Notes

① Nous avons déjà vu (leçon 32, note 4) que pour la pratique du ski, on se sert du verbe **jeździć**, *aller*. Rappelons qu'à la première personne du singulier, on dit **jeżdżę**, tandis que la deuxième est **jeździsz**. Notez que les lettres **żdż** apparaissent aussi à la troisième personne du pluriel : **jeżdżą**.

② Vous savez déjà que pour "apprendre", au sens d'"étudier", on emploie un verbe pronominal **uczyć się**. La forme non pronominale **uczyć** correspond à "enseigner". ▸

Un accident de ski*(s)*

1 – Iwona ? Quelle surprise ! Je ne savais pas que tu faisais du (*vas en*) skis.
2 – J'apprends seulcment. Je fais (*mets*), comme on (*cela se*) dit, les premiers pas.
3 Mais cela me plaît beaucoup.
4 – Cela se voit. Quand es-tu arrivée ?
5 – Avant-hier. Et toi ? Tu es seule ?
6 – Non, avec Marek et les enfants. Nous sommes arrivés vendredi.
7 – Ah, il me semble que je les ai vus à côté du téléski.
8 – C'est sûrement eux. Ils skient (*vont*) depuis [ce] matin.
9 – Et toi, pourquoi tu ne skies (*vas*) pas ? Tu ne sais pas ?
10 – Je préfère ne pas prendre de risque (*risquer*). J'ai une douloureuse expérience de l'année dernière.

▸ ③ Ne confondez pas les deux équivalents du verbe "savoir" : **wiedzieć** et **umieć** (ici à la 2e personne du singulier **umiesz**, *tu sais*). Tandis que **wiedzieć** signifie "avoir présent à l'esprit", comme dans **wiem, kto to jest**, *je sais qui c'est*, **umieć** concerne le savoir-faire, par exemple **umiem czytać**, *je sais lire*.

11 **Wyobraź sobie** ④, że u**pad**łam pierw**sze**go dnia po przy**jeź**dzie ⑤.
12 – O, **gdy**byś wie**dzia**ła, **i**le **ra**zy ja u**pad**łam!
13 – Tak, ale ja mu**sia**łam **po**tem **le**żeć ⑥ przez dwa ty**god**nie.
14 – Co ty **mó**wisz? Nie **by**ło ni**ko**go ⑦, **że**by cię **pod**nieść? □

*10 ...dos'fyat'**tchè**gnè... 11 vé**o**bras'...*

Notes

④ Vous vous souvenez sans doute que le pronom réfléchi **sobie** a la même forme à toutes les personnes, d'où **wyobraź sobie**, *imagine-toi*.

⑤ **przyjeździe** est le locatif de **przyjazd**, *arrivée*. ▸

À ce stade de votre parcours, vous êtes parfaitement familiarisé avec l'ordre des mots en polonais. Le mot-à-mot ne nous semble donc plus utile. D'ores et déjà, nous vous proposerons la traduction littérale uniquement pour les termes et les structures encore inconnus.

Pierwsze ćwiczenie – Proszę przetłumaczyć

❶ Uczę się grać w tenisa od zeszłego miesiąca. ❷ Przyjechaliśmy tu dopiero przedwczoraj. ❸ Jestem chora, muszę leżeć w łóżku. ❹ Dzieci jeżdżą na nartach, a my chodzimy po sklepach. ❺ Widziałam ich w piątek, koło dworca.

11 Imagine-toi que je suis tombée le lendemain de (*premier jour après*) [mon] arrivée.
12 – Oh, si tu savais combien de fois je suis tombée, moi !
13 – Oui mais moi, j'ai dû ensuite rester allongée pendant deux semaines.
14 – Qu'est-ce que tu dis ? Il n'y avait personne pour te relever ?

⑥ **leżeć** (litt. "rester allongé", "être couché") s'emploie aussi pour désigner la position horizontale d'un objet : **Książka leży na stole**, *Le livre est sur la table*. En revanche, pour la position verticale, on dit : **Książka stoi na półce**, *Le livre est sur l'étagère*.

⑦ **nikogo** est le génitif de **nikt**, *personne*.

Corrigé du premier exercice

❶ J'apprends à jouer au tennis depuis le mois dernier. ❷ Nous sommes arrivés ici seulement avant-hier. ❸ Je suis malade, je dois rester au lit. ❹ Les enfants font du ski et nous, nous faisons les magasins. ❺ Je les ai vus vendredi, à côté de la gare.

72 Drugie ćwiczenie – Wpisać brakujące słowa

❶ Vendredi matin, je ne travaille pas, je fais du (*vais à*) vélo.
W . . . . . . rano . . . pracuję, ... na . . . .

❷ Ce sont des informations de la semaine dernière.
. . są . . . . z . . . . tygodnia.

❸ Avant-hier soir, je suis tombée dans l'escalier.
. . . . wieczorem . . . . na . . . .

---

72 Lekcja siedemdziesiąta druga

Ale historia!

1 – **Nig**dy już ① **nig**dzie nie **pój**dę ② z Wol**ski**mi!
2 – **Wi**dzę, że cię zdenerwo**wa**li.
3 – Na**praw**dę, naro**bi**li ③ mi ta**kie**go **wsty**du...
4 – A co się **sta**ło?
5 – **By**liśmy w mu**ze**um z ko**le**gą z **pra**cy i **je**go **żo**ną.

Notes

① Selon le type de phrase, affirmative ou négative, **już** a un sens différent. Dans le premier cas, comme vous le savez, il correspond à "déjà" : **już pracuję**, *je travaille déjà*, et, dans le second, à "plus", lorsqu'il est associé à une négation : **już nie pracuję**, *je ne travaille plus.*

② Comme vous le voyez, lorsqu'on utilise des mots négatifs : **nigdy**, *jamais*, **nigdzie**, *nulle part*, **nikt**, *personne*, etc., on ▸

❹ Les enfants vont toujours à l'école en bus.
. . . . . . zawsze . . . . . . do . . . . . . autobusem.

❺ J'apprends seulement à écrire en polonais.
. . . . się . . . . pisać . . polsku.

Corrigé du deuxième exercice - Mots manquants
❶ – piątek – nie – jeżdżę – rowerze ❷ To – wiadomości – zeszłego – ❸ Przedwczoraj – upadłam – schodach ❹ Dzieci – jeżdżą – szkoły – ❺ Uczę – dopiero – po –

Deuxième vague : Lekcja dwudziesta druga

Soixante-douzième leçon 72

Quelle histoire !

1 – Je n'irai plus jamais nulle part avec les Wolski !
2 – Je vois qu'ils t'ont énervé.
3 – Vraiment, ils m'ont fait une telle honte...
4 – Et que s'est-il passé ?
5 – Nous étions au musée avec un collègue de travail et sa femme.

▸ conserve **nie**, *ne... pas*, à la différence du français, où le "pas" est supprimé au profit du mot négatif. Comparez : **nie pójdę**, *je n'irai pas*, et **nigdzie nie pójdę**, *je n'irai nulle part*.

③ Avez-vous remarqué la forme verbale dans **narobić wstydu**, *faire honte* ? Sachez que l'ajout du préfixe **na-** au verbe **robić** apporte une nuance particulière à ce dernier, qui sous-entend la réalisation de choses ou d'actes généralement fâcheux. Le complément, souvent au pluriel, se met au génitif.

6 W **pew**nym mo**men**cie, ko**le**ga za**py**tał **Wol**ską ④, czy zna Ru**ben**sa.
7 – Wyo**bra**żam **so**bie ciąg **dal**szy ⑤.
8 – Powie**dzia**ła, że **ow**szem, zna go **bar**dzo **dob**rze,
9 i że os**tat**nio spot**ka**ła go **na**wet na przys**tan**ku pięt**nast**ki, **ko**ło **dwo**rca.
10 – **A**le his**to**ria!
11 – To nie **ko**niec. **Zgad**nij, co po**wie**dział **Wol**ski.
12 – Nie mam po**ję**cia.
13 – Po**wie**dział, że się **pew**nie pomy**li**ła, że mu**sia**ła go **wi**dzieć gdzie **in**dziej ⑥, po**nie**waż pięt**nast**ka nie **jeź**dzi na **dwo**rzec! □

Wymowa

8 ... ofchèm ... 12 ... poyègnts'a. 13 ... pognèvach...

Notes

④ Les noms de famille en **-ski** ou **-cki** se comportant comme des adjectifs, leur féminin se termine en **-ska** et **-cka**. **Wolską** est un accusatif, car il suit le verbe **zapytać**, *demander à*, *questionner*.

⑤ L'équivalent du mot "suite" pour signifier ce qui vient après, ▸

Pierwsze ćwiczenie – Proszę przetłumaczyć

❶ Nie wyobrażam sobie mieszkać na wsi. ❷ Ale wstyd, naprawdę! ❸ Nie mam pojęcia, co się stało. ❹ Jutro opowiem ci ciąg dalszy. ❺ Nie widzę nigdzie mojego swetra.

6 À un (*certain*) moment, le collègue a demandé à Wolska si elle connaissait (*connaît*) Rubens.
7 – J'imagine (*me*) la suite (*plus lointaine*).
8 – Elle a dit que, bien entendu, elle le connaissait (*connaît*) très bien,
9 et que dernièrement, elle l'avait même rencontré à l'arrêt du quinze, à côté de la gare.
10 – Quelle histoire !
11 – Ce n'est pas fini (*fin*). Devine ce qu'a dit Wolski.
12 – Je n'[en] ai [aucune] idée.
13 – Il a dit qu'elle s'était sûrement trompée, qu'elle avait dû le voir ailleurs, car le quinze ne va pas à la gare !

▸ est un terme composé de **ciąg**, *suite*, *série*, et **dalszy**, *plus lointain*. Ce dernier est le comparatif de **daleki**, *lointain*.

⑥ En ajoutant le mot **indziej** à **gdzie**, *où*, on obtient "ailleurs". De même **kiedy**, *quand* + **indziej** signifie "à un autre moment". Ce sont pratiquement les seuls emplois de **indziej** en polonais actuel.

Corrigé du premier exercice

❶ Je n'imagine pas habiter à la campagne. ❷ Quelle honte, vraiment ! ❸ Je n'ai aucune idée de ce qu'il s'est passé. ❹ Demain, je te raconterai la suite. ❺ Je ne vois mon pull nulle part.

Drugie ćwiczenie – Wpisać brakujące słowa

1 Demain après-midi, nous verrons la suite.
..... po .... zobaczymy .... dalszy.

2 J'imagine ce qu'il s'est passé.
.... sobie, .. się ....

3 Devine qui j'ai rencontré (fém.) à l'arrêt du tram.
......., kogo .... na ....
tramwajowym.

4 Nous y avons déjà été, allons ailleurs.
... tam ...., chodźmy .....
indziej.

5 Il me semble que vous vous êtes trompée.
...... mi ..., że ... pani ....

73 Lekcja siedemdziesiąta trzecia

Na zdrowie ①!

1 – **Po**móż mi **nak**ryć do **sto**łu ②. **Wkrót**ce przy**cho**dzą Mi**chal**scy.

Wymowa

*1 **po**mouch ...*

Notes

① L'expression **na zdrowie** a deux usages différents. C'est d'abord, comme ici, la formule traditionnelle lorsqu'on porte un toast : "À la vôtre !" ou littéralement "à la santé". Mais **na**

Corrigé du deuxième exercice - Mots manquants

❶ Jutro – południu – ciąg – ❷ Wyobrażam – co – stało ❸ Zgadnij – spotkałam – przystanku – ❹ Już – byliśmy – gdzie – ❺ Wydaje – się – się – pomyliła

Deuxième vague : Lekcja dwudziesta trzecia

Soixante-treizième leçon 73

Santé !

1 – Aide-moi [à] mettre (*couvrir à*) la table. Les Michalski arrivent bientôt.

▸ **zdrowie** peut également être adressé à quelqu'un qui éternue : “À vos (tes) souhaits !”.

② Pour “mettre la table”, on utilise une expression figée : **nakryć** (litt. “couvrir”) **do stołu** (“à table”). Dans le dernier mot, vous avez sans doute reconnu le génitif de **stół**.

2 – Oczy**wiś**cie. **Któ**re ta**le**rze po**ło**żyć?
3 – **Bia**łe. **Pos**taw ③ też kryszta**ło**we kie**lisz**ki ④.
4 **No**że i wi**del**ce są w zmy**war**ce.
5 – Co **jesz**cze po**ło**żyć: **sztuć**ce do ryb, **łyż**ki?
6 – Nie, **tyl**ko ły**żecz**ki dese**ro**we.
7 – Po**ło**żę też popiel**nicz**kę, bo Mi**chal**ska **pa**li.
8 – **Dob**rze. **Myś**lę, że **ma**my **wszyst**ko... O, **sły**chać **win**dę.
9 **I**dę zo**ba**czyć. **Mo**że to **o**ni. (...)
10 – Dzień **do**bry. Drzwi ⑤ na **do**le **by**ły ot**war**te.
11 – Tak myś**la**łam. To **pro**szę, mo**że**my już **sia**dać do **sto**łu.
12 – **A**le wspa**nia**łe przy**ję**cie!
13 – Dzię**ku**ję **bar**dzo. Czę**stuj**cie się ⑥, **pro**szę.
14 – No to, **zdro**wie gospo**dy**ni ⑦! □

*5 ... **chtouts**tsè ... rép ... **10** ... djvi ... **13** ... tchins**touill**tsè ...*

Notes

③ Le verbe relatif à l'action de poser un objet comporte toujours une indication quant à sa position, horizontale ou verticale. Ainsi, comme nous venons de le voir (phrase 2), en parlant d'une assiette, on se sert de **położyć**. Pour un verre, en revanche, on emploie **postawić**. Le français se contente du seul verbe "mettre" dans les deux cas.

Pierwsze ćwiczenie – Proszę przetłumaczyć

❶ Czy ktoś może nakryć do stołu? ❷ Ja położę noże i widelce, a ty możesz postawić kieliszki. ❸ Mógłbyś mi powiedzieć, jak działa ta zmywarka? ❹ Zobacz, czy drzwi są zamknięte. ❺ Pomóż mi zrobić to ćwiczenie.

2 – Bien sûr. Quelles assiettes je mets (*mettre*) ?
3 – Les blanches. Mets aussi les verres en cristal.
4 Les couteaux et les fourchettes sont dans le lave-vaisselle.
5 – Qu'est-ce que je mets encore : couverts à poissons, cuillers ?
6 – Non, seulement les cuillers à dessert.
7 – Je vais mettre aussi un cendrier parce que Michalska fume.
8 – Bien. Je pense que nous avons tout... Oh, on entend l'ascenseur.
9 Je vais voir. C'est peut-être eux. (...)
10 – Bonjour. La porte en bas était ouverte.
11 – C'est ce que (*Ainsi*) je pensais. Eh bien, je vous en prie, nous pouvons (*déjà*) nous asseoir à table [dès maintenant].
12 – Quel accueil magnifique !
13 – Merci beaucoup. Servez-vous, je vous en prie.
14 – Eh bien, [à la] santé de [notre] hôtesse !

④ Le singulier correspondant est **kieliszek**, *verre à pied* ou *petit verre*.

⑤ Le nom **drzwi**, *la porte*, s'emploie exclusivement au pluriel.

⑥ L'impératif **częstujcie się** vient du verbe pronominal **częstować się**, *se servir*, qui, contrairement au français, ne s'applique qu'à la nourriture.

⑦ Tout comme **pani**, *(ma)dame*, **gospodyni**, *hôtesse*, fait partie d'un petit groupe de noms féminins finissant en **-i**. N'oubliez pas que certains d'entre eux peuvent également se terminer par une consonne. Mais, comme vous le savez, c'est la terminaison **-a** qui est la plus répandue.

Corrigé du premier exercice

❶ Est-ce que quelqu'un peut mettre la table ? ❷ Moi, je vais mettre les couteaux et les fourchettes et toi, tu peux mettre les verres. ❸ Pourrais-tu me dire comment marche ce lave-vaisselle ? ❹ Regarde si la porte est fermée. ❺ Aide-moi à faire cet exercice.

74 **Drugie ćwiczenie – Wpisać brakujące słowa**

1. Aide-moi à chercher le numéro de téléphone de Marek.
 . . . . . mi . . . . . . numeru . . . . Marka.

2. Je n'ai pas le temps, je dois mettre la table.
 . . . mam . . . . . , muszę . . . . . . do . . . . . .

3. J'ai acheté de nouvelles assiettes, tu veux [les] voir ?
 . . . . nowe . . . . , chcesz . . . . ?

L'hospitalité des Polonais est légendaire. D'une part, les occasions de recevoir un grand nombre d'invités ne manquent pas. Il y a, bien sûr, les évènements liés aux traditions catholiques – restées très vivaces – comme le baptême, la communion solennelle ou le mariage ; on reçoit aussi énormément pour la fête ou l'anniversaire. Mais on aime également se retrouver en petit comité sans raison particulière, et vous verrez qu'on met toujours les petits plats dans les grands. La coutume veut en effet que l'on ne regarde pas à la dépense et que les invités soient très bien traités.

74 Lekcja siedemdziesiąta czwarta

Recepta (1)

1 – **I**dę **ku**pić za**pał**ki. Potrze**bu**jesz **cze**goś (2) z **kios**ku?

Wymowa

*rè**tsèp**ta*

Notes

(1) Le nom féminin **recepta**, utilisé ici pour "ordonnance", signifie

❹ Va ouvrir la porte, Iwona n'a pas pris ses clés.
. . . otworzyć . . . . . , Iwona . . . wzięła . . . .

❺ Où dois-je mettre les gâteaux ?
. . . . . mam . . . . ciastka?

Corrigé du deuxième exercice - Mots manquants
❶ Pomóż – szukać – telefonu – ❷ Nie – czasu – nakryć – stołu ❸ Kupiłam – talerze – zobaczyć ❹ Idź – drzwi – nie – kluczy ❺ Gdzie – położyć –

Par ailleurs, vous aurez sans doute l'occasion de constater que les Polonais enlèvent systématiquement leurs chaussures, le seuil de la maison franchi. Ainsi, si vous êtes en visite, on vous proposera sûrement des pantoufles réservées aux invités. Cette tradition – qui n'est pas spécifique à la Pologne – est parfois considérée comme contradictoire avec les règles élémentaires du savoir-vivre. Par conséquent, ne vous étonnez pas non plus si certaines maîtresses de maison vous invitent à garder vos chaussures !

Deuxième vague : Lekcja dwudziesta czwarta

Soixante-quatorzième leçon 74

Une ordonnance

1 – Je vais acheter des allumettes. As-tu besoin de quelque chose au kiosque ?

▸ également "recette", y compris au sens figuré.

② Rappelons que le verbe **potrzebować**, *avoir besoin*, est suivi du génitif, d'où **czegoś**, dérivé de **coś**, *quelque chose*. Pensez toujours, à propos de **potrzebować**, aux lettres **-uj-** que l'on trouve dans les formes du présent.

2 – Nie, **a**le czy **mógł**byś iść do ap**te**ki?
3 – Do ap**te**ki? A po co?
4 – **By**łam u le**ka**rza i prze**pi**sał ③ mi le**kars**twa.
5 – Daj. O, to **bar**dzo skompliko**wa**ne.
6 – **Wca**le nie. **Wszyst**ko mi wytłu**ma**czył.
7 **Ra**no mam brać kap**sułk**ę z **du**żą **szklan**ką ④ **wo**dy.
8 W po**łud**nie, dwie ⑤ pas**tyl**ki z **du**żą **szklan**ką **wo**dy.
9 Po po**łud**niu, tab**let**kę musu**ją**cą z **du**żą **szklan**ką **wo**dy.
10 A wie**czo**rem, ły**żecz**kę sy**ro**pu z **du**żą **szklan**ką **wo**dy.
11 – Potrze**bu**jesz aż **ty**le ⑥ **le**karstw? To wy**glą**da po**waż**nie.
12 A po**wie**dział ci przy**naj**mniej, co ci jest?
13 – Tak, **pi**ję za **ma**ło **wo**dy. □

*4 ... pchè**pissa**[ou] ... lè**kar**stfa.. 7 ... kap**sou**[ou]kè ... **chkla'n**kon ... 9 ... moussou**yo'n**tson ...*

Notes

③ **przepisać**, qui signifie ici "prescrire", veut aussi dire "(re)copier".

④ Le nom féminin **szklanka** désigne "un grand verre sans pied", qu'il faut distinguer de **kieliszek** (leçon 73, note 4).

⑤ Parlons un peu du chiffre **dwa**, *deux*. Il se rapporte aux noms masculins non personnels et aux noms de choses neutres. Son homologue féminin est **dwie**. Quant au genre masculin personnel, il a deux formes : **dwaj** ou **dwóch**. Enfin, pour

2 – Non, mais pourrais-tu aller à la pharmacie ?
3 – À la pharmacie ? Et pour quoi [faire] ?
4 – J'ai été chez le médecin et il m'a prescrit des médicaments.
5 – Donne. Oh, c'est très compliqué.
6 – Pas du tout. Il m'a tout expliqué.
7 Le matin, je dois (*ai*) prendre une gélule avec un grand verre d'eau.
8 À midi, deux pastilles avec un grand verre d'eau.
9 L'après-midi, un comprimé effervescent avec un grand verre d'eau.
10 Et le soir, une cuillerée de sirop avec un grand verre d'eau.
11 – Tu as besoin d'autant de médicaments ? Ça a l'air sérieux (*sérieusement*).
12 Et il t'a dit au moins ce que tu as ?
13 – Oui, je ne bois pas assez (*bois trop peu*) d'eau.

▸ compléter le tableau, il nous reste **dwoje**, qui concerne les personnes de genres différents, les noms neutres animés et les noms employés seulement au pluriel. Décidément, c'est bien plus compliqué qu'en français ! Heureusement, pour les autres chiffres, les choses sont plus simples.

⑥ Revoilà la particule **aż** (leçon 69, note 8), avec sa valeur d'intensification. **Aż tyle** signifie donc “autant”, “une si grande quantité”.

74 **Pierwsze ćwiczenie – Proszę przetłumaczyć**

❶ Apteka będzie zamknięta przez dwa tygodnie. ❷ Chciałbym tylko szklankę wody. ❸ Nie zapomnij, że trzeba kupić lekarstwa. ❹ Jak długo mam brać te tabletki? ❺ Zobacz przynajmniej, czy mamy wszystko.

Drugie ćwiczenie – Wpisać brakujące słowa

❶ Sais-tu au moins de quoi tu as besoin ?
Wiesz . . . ., czego . . . . ?

❷ La pharmacie à côté de la gare est peut-être encore ouverte.
. . . . . . koło . . . . . . jest . . . . jeszcze . . . .

❸ Je ne peux pas prendre autant de médicaments !
Nie . . . . brać . . tyle . . . . !

❹ Kasia, as-tu déjà pris [tes] comprimés et [ton] sirop ?
Kasiu, ... już . . . . i . . . . . ?

❺ Ce verre est-il pour moi ?
Ta . . . . jest . . . mnie?

Corrigé du premier exercice

❶ La pharmacie sera fermée pendant deux semaines. ❷ Je voudrais seulement un verre d'eau. ❸ N'oublie pas qu'il faut acheter des médicaments. ❹ [Pendant] combien de temps dois-je prendre ces comprimés ? ❺ Regarde au moins si nous avons tout.

Corrigé du deuxième exercice - Mots manquants

❶ – przynajmniej – potrzebujesz ❷ Apteka – dworca – może – otwarta ❸ – mogę – aż – lekarstw ❹ – wzięłaś – tabletki – syrop ❺ – szklanka – dla –

Deuxième vague : Lekcja dwudziesta piąta

75 Lekcja siedemdziesiąta piąta

Rozwód

1 – Kto by po**myś**lał ①, że się tu spot**ka**my?
2 – **Przyz**nam, że ja też ② się nie spodzie**wa**łem.
3 – I co u **cie**bie? Sły**sza**łem, że się oże**ni**łeś ③.
4 – O, to już **sta**ra his**to**ria.
5 – I **jes**teś tu sam, nie z **żo**ną?
6 – W rzeczywis**toś**ci, moje mał**żeń**stwo było po**mył**ką.
7 Skoń**czy**ło się na roz**wo**dzie.
8 – A, nie wie**dzia**łem, **przy**kro mi.
9 – Nie ma **spra**wy ④. **A**le o**po**wiedz coś o **so**bie ⑤.
10 W **dal**szym **cią**gu ⑥ **jes**teś kawa**le**rem?
11 – Tak, ale już nie **zno**szę tego **ży**cia ⑦.

Wymowa

***roz**vout*
***9** ... **opo**vyèts ... **10** ... kava**lè**rèm?*

Notes

① Nous vous avons déjà parlé de la facilité avec laquelle la particule du conditionnel **by** peut être détachée du verbe pour se mettre après un autre mot de la phrase. Ce dernier, ici **kto**, *qui*, est ainsi mis en relief.

② **też,** *aussi*, se comporte comme **już** (leçon 72, note 1) : dans une phrase affirmative, il équivaut à “aussi” et, dans une phrase négative, à “non plus”.

③ Vous savez déjà (cf. note 1) que “se marier”, pour un homme, se dit **żenić się**. Comme il s'agit ici d'un fait révolu, le verbe est au

Le divorce

1 – Qui aurait pensé que nous nous rencontrer[i]ons ici ?
2 – J'avoue(*rai*) que moi non plus, je ne m'[y] attendais pas.
3 – Et quoi [de neuf] chez toi ? J'ai entendu dire que tu t'étais (*es*) marié.
4 – Oh, c'est déjà une vieille histoire.
5 – Et tu es ici tout seul, pas avec [ta] femme ?
6 – En réalité, mon mariage était une erreur.
7 Il (*Cela*) a fini par un divorce.
8 – Ah, je ne savais pas, je suis désolé.
9 – Il n'y a pas de mal (*affaire*). Mais parle-moi un peu (*raconte quelque chose*) de toi.
10 Tu es toujours célibataire ?
11 – Oui, mais je ne supporte plus cette vie.

▸ perfectif : **ożenić się**. Rappelons que pour le mariage d'une femme, on emploie **wychodzić** (**wyjść** au perfectif) **za mąż**.

④ L'expression **nie ma sprawy** (litt. "il n'y a pas d'affaire") est un synonyme courant de **nie szkodzi**, *cela ne fait rien, il n'y a pas de mal*.

⑤ **sobie**, que vous connaissez en tant que datif du pronom réfléchi **się**, en est aussi le locatif. Comme toujours, lorsqu'il concerne le sujet de la phrase, il a la même forme pour toutes les personnes.

⑥ Vous avez déjà rencontré (leçon 72, note 5) l'expression **ciąg dalszy**, *suite*. Employée avec la préposition **w** + locatif : **w dalszym ciągu**, elle devient une tournure adverbiale équivalant à **ciągle**, *tout le temps, toujours*.

⑦ Est-ce que vous pensez toujours à utiliser le génitif après un verbe à la forme négative ?

12 Je**dze**nie w restau**rac**jach, **pra**nie, praso**wa**nie...
13 – No **po**patrz, a ja się roz**wiod**łem dok**ład**nie z tych **sa**mych po**wo**dów! □

13 ... popat'ch ...

Pierwsze ćwiczenie – Proszę przetłumaczyć

❶ Nie spodziewałem się, że będzie tyle problemów. ❷ Podobno Jurek ożenił się z córką Wolskiego. ❸ Kto by powiedział, że Polacy wygrają ten mecz? ❹ Na szczęście, wszystko się dobrze skończyło. ❺ Mam dosyć prania i prasowania.

Drugie ćwiczenie – Wpisać brakujące słowa

❶ En réalité, je ne supporte plus cette ville.
W . . . ., nie . . . . . . już . . . . miasta.

❷ J'avouerai que je ne sais pas pourquoi je me suis marié.
. . . . , że . . . wiem, ... się . . . .

❸ Tu t'attendais (fém.) [à ce] qu'il y ait un tel accueil ?
. . . . się, . . będzie . . . . . przyjęcie?

❹ Je ne peux pas, j'ai de la lessive et du repassage [à faire].
Nie . . . . , mam . . . . . . i . . . .

❺ Raconte-moi comment cela s'est terminé.
. . . . mi . . . to . . . skończyło.

12 Manger au restaurant (*dans les restaurants*), lessive, repassage...

13 – Tiens (*regarde*), et moi, j'ai divorcé exactement pour les mêmes raisons !

Corrigé du premier exercice

❶ Je ne m'attendais pas à ce qu'il y ait autant de problèmes. ❷ Il paraît que Jurek s'est marié avec la fille de Wolski. ❸ Qui aurait dit que les Polonais gagneraient ce match ? ❹ Heureusement, tout s'est bien terminé. ❺ J'en ai assez de la lessive et du repassage.

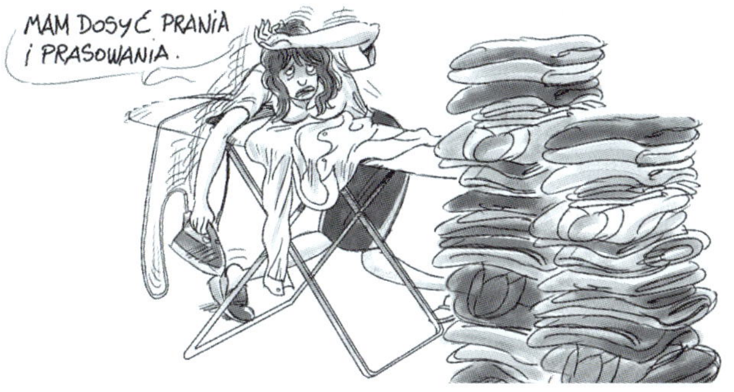

Corrigé du deuxième exercice - Mots manquants

❶ – rzeczywistości – znoszę – tego – ❷ Przyznam – nie – dlaczego – ożeniłem ❸ Spodziewałaś – że – takie – ❹ – mogę – pranie – prasowanie ❺ Opowiedz – jak – się –

Deuxième vague : Lekcja dwudziesta szósta

76 Lekcja siedemdziesiąta szósta

Stara wieża

1 – Już **da**lej nie **pój**dę! Zu**peł**nie nie **czu**ję nóg.
2 – Mó**wi**łem ci, **że**byś ① zało**ży**ła **in**ne **bu**ty.
3 – **Przes**tań, **mo**je **bu**ty są **bar**dzo wy**god**ne.
4 – To od**pocz**nij **so**bie **chw**ilę, **je**śli **jes**teś **ta**ka zmę**czo**na.
5 – Dlaczego tu nie ma **win**dy?
6 – **Mó**wisz po**waż**nie? Wiesz, **il**e lat ma ta **wie**ża? **Po**nad sie**dem**set.
7 – Wiem, wiem... **A**le nas**tęp**nym **ra**zem nie dam się ② na**mó**wić.
8 – No chodź. Zos**ta**ło ③ **ty**lko **kil**ka **stop**ni ④.
9 Zo**ba**czysz, z **gó**ry jest wspa**nia**ły **wi**dok na **ca**łą oko**li**cę.
(...)
10 – Uf! Na**resz**cie jes**teś**my.

Wymowa

1 *... nouk.* ***6*** *...* ***po****nat ...*

Notes

① Remarquez que dans une subordonnée introduite par la conjonction **żeby**, *que*, le verbe se met au passé. Les terminaisons personnelles du passé étant mobiles, elles s'ajoutent à la conjonction. Cela vous semble peut-être un peu déroutant, compte tenu de la structure française correspondante. Mais, à votre niveau, vous pouvez de plus en plus faire abstraction de votre langue maternelle. Vous n'êtes plus débutant, n'est-ce pas ?

Une vieille tour

1 – Je n'irai pas plus loin. Je ne sens plus du tout mes jambes (*tout à fait ne sens jambes*).
2 – Je t'ai dit de mettre d'autres chaussures.
3 – Arrête, mes chaussures sont très confortables.
4 – Alors repose-toi un moment si tu es si fatiguée.
5 – Pourquoi n'y a-t-il pas d'ascenseur ici ?
6 – Tu parles sérieusement ? Tu sais quel âge a cette tour ? Plus (*au-dessus*) de sept cents [ans].
7 – Je sais, je sais... Mais la prochaine fois, je ne me laisserai pas entraîner (*persuader*).
8 – Allez, viens. Il ne reste que quelques marches.
9 Tu verras, d'en haut, il y a une vue merveilleuse sur toute la région.
(...)
10 – Ouf ! Enfin, nous y sommes.

(2) Le verbe **dać**, *donner*, est ici à la forme pronominale **dać się**. Il est alors suivi de l'infinitif et équivaut à "se laisser (faire quelque chose)".

(3) **zostało** est le passé (3e personne du singulier neutre) de **zostać**, *rester*. Notez l'usage de cette forme dans le sens de "il reste", qui est au présent en français.

(4) **stopni** est le génitif pluriel de **stopień** (ici "marche", mais aussi, rappelons-le, "note scolaire").

11 – No i co, nie **mia**łem **ra**cji? Nie **war**to **by**ło ⑤ wejść ⑥?
12 – Zapo**mi**nasz, że **te**raz **trze**ba **bę**dzie ⑦ zejść ⑧! □

Notes

⑤ **warto** est un terme invariable équivalent à “ça vaut la peine de”. En le faisant suivre de **było** (verbe “être” au passé, à la 3e personne du singulier neutre), on exprime le passé. Cela vous rappelle sans doute **trzeba**, *il faut*, pour lequel on emploie le même procédé (leçon 60, note 7).

⑥ **wejść**, qui correspond ici à “monter” (en parlant des escaliers, d’une échelle, etc.), signifie par ailleurs “entrer”. C’est la forme perfective, dont l’homologue imperfectif est **wchodzić**.

Pierwsze ćwiczenie – Proszę przetłumaczyć

❶ Zobaczę, ile mi zostało pieniędzy. ❷ Nie wiem, czy warto iść dalej. ❸ Następnym razem trzeba będzie zadzwonić wcześniej. ❹ Musimy wejść na czwarte piętro. ❺ Przestań wreszcie liczyć na rodziców!

Drugie ćwiczenie – Wpisać brakujące słowa

❶ Arrête, cela ne vaut pas la peine de s’énerver.
. . . . , nie . . . . . się . . . .

❷ La prochaine fois, nous nous rencontrerons chez moi.
. . . . razem . . . . się . mnie.

❸ J’ai besoin de quelque chose, est-ce que tu peux descendre ?
. . . . czegoś, . . . możesz . . . . . ?

11 – Et alors, je n'avais pas raison ? Ça ne valait pas la peine de monter ?
12 – Tu oublies que maintenant, il va falloir descendre !

⑦ Avez-vous eu du mal à reconnaître dans **trzeba będzie** le futur du verbe "falloir" ? Rappelons à tout hasard que **będzie** correspond à la 3e personne du singulier du verbe "être" au futur.

⑧ **zejść** est le contraire de **wejść** (au sens de "monter"). L'imperfectif est **schodzić**. Ajoutons que "sortir" se dit **wyjść/wychodzić**.

Corrigé du premier exercice

❶ Je vais voir combien d'argent il me reste. ❷ Je ne sais pas si cela vaut la peine d'aller plus loin. ❸ La prochaine fois, il faudra téléphoner plus tôt. ❹ Nous devons monter au quatrième étage. ❺ Arrête enfin de compter sur tes parents !

❹ Il reste encore un peu de bière, tu [en] veux ?
. . . . jeszcze . . . . . . piwa, ... ?

❺ Je ne plaisante pas du tout, je parle sérieusement.
. . . . . nie . . . . , mówię . . . .

Corrigé du deuxième exercice - Mots manquants

❶ Przestań – warto – denerwować ❷ Następnym – spotkamy – u – ❸ Potrzebuję – czy – zejść ❹ Zostało – trochę – chcesz ❺ Wcale – żartuję – poważnie

Deuxième vague : Lekcja dwudziesta siódma

77 Lekcja siedemdziesiąta siódma

Révision

1. Les numéraux

Au fil des leçons, nous avons rencontré plusieurs numéraux. Récapitulons donc vos acquis.Pour **jeden**, *un*, et **dwa**, *deux*, on fait les distinctions suivantes :

masc.	**jeden**	**dwa**
fém.	**jedna**	**dwie**
neutre	**jedno**	**dwa**

Jeden se décline comme un adjectif qualificatif : **jeden**, **jednego**, etc. ; **jedna**, **jednej**, etc.
À côté de **dwa**, il existe deux autres formes : **dwóch** (+ gén.) et **dwaj**, qui sont utilisées pour les personnes du genre masculin, ainsi que la forme **dwoje** pour le genre neutre personnel, les personnes de sexe différent, les groupes mixtes, et les noms employés seulement au pluriel : **dwaj panowie, dwóch panów**, *deux messieurs*, **dwoje dzieci**, *deux enfants*.
Dans **trzy**, *trois*, et **cztery**, *quatre*, la distinction des genres est beaucoup plus limitée. Elles se fait uniquement aux deux cas qui distinguent le masculin personnel des autres. Ce sont respectivement :
– au nominatif : **trzej** (**trzech**), **czterej** (**czterech**) et **trzy**, **cztery**
– à l'accusatif : **trzech**, **czterech** et **trzy**, **cztery**
Aux autres cas, la forme est la même pour les trois genres :
– au génitif et locatif : **trzech**, **czterech**
– au datif : **trzem**, **czterem**
– à l'instrumental : **trzema**, **czterema**
Les numéraux de 5 à 100 ne distinguent le genre masculin personnel (**pięciu**, **sześciu**, etc.) des autres (**pięć**, **sześć**, etc.) qu'au nominatif et à l'accusatif. Les autres cas ont tous la forme **pięciu**, **sześciu**, etc.

Après les nombres à partir de **pięć**, on met le nom au génitif pluriel : **pięciu synów**, *deux fils*, **pięć córek**, *deux filles*.

2. Le verbe jeździć, *aller*

Rappelons qu'il se rapporte au déplacement habituel ou fréquent à l'aide d'un moyen de locomotion terrestre : voiture, train, mais aussi skis, patins à roulettes, etc. Vous savez que sa conjugaison au présent se caractérise par le changement **ż/ź(zi)**. Voici donc un rappel de toutes les personnes.

	singulier	pluriel
1re personne	**jeżdżę**	**jeździmy**
2e personne	**jeździsz**	**jeździcie**
3e personne	**jeździ**	**jeżdżą**

3. Les verbes wiedzieć et umieć

Bien qu'ils correspondent tous les deux à "savoir" en français, ce sont deux verbes distincts. Tout d'abord, leur sens n'est pas tout à fait le même. Tandis que **wiedzieć** exprime la connaissance d'un fait, la conscience de quelque chose, **umieć** marque le savoir pratique, la capacité d'exercer une activité.
Ajoutons une précision importante en ce qui concerne leur construction. Seul **umieć** peut être suivi d'un infinitif : **Umiem grać na gitarze**, *Je sais jouer de la guitare*. En revanche, pour introduire une subordonnée commençant par "que", on ne peut employer que **wiedzieć** : **Wiem, co chcesz zrobić**, *Je sais ce que tu veux faire*.
Leur conjugaison au présent ne devrait pas vous poser de problèmes, sauf à la 3e personne du pluriel qui a une forme spéciale, respectivement **wiedzą** et **umieją**. Au passé, comme pour **mieć**, *avoir*, le changement **e/a** s'applique. Voici un tableau avec les formes de **wiedzieć**. (Vous pouvez l'appliquer à la conjugaison au passé de tous les verbes en **-eć**).

singulier	masculin	féminin	neutre
1re personne	**wiedziałem**	**wiedziałam**	
2e personne	**wiedziałeś**	**wiedziałaś**	
3e personne	**wiedział**	**wiedziała**	**wiedziało**

*****

Dialog-powtórka

1 – **Zgad**nij, **(72)** kto przy**cho**dzi **(73)** dziś wie**czo**rem.
2 – Nie mam po**ję**cia **(72)**.
3 – **Ro**mek, ko**le**ga z **pra**cy **(72)**. Wiesz, że się o**że**nił **(75)** w **zesz**łym **(71)** ty**god**niu?
4 – **A**le niespo**dzian**ka **(71)**! Kto by po**myś**lał **(75)**? Potrze**bu**jesz **cze**goś **(74)**?
5 – Tak. **Mo**żesz **na**kryć do **sto**łu **(73)**?
6 – **I**le ta**le**rzy po**ło**żyć **(73)**?
7 – **Prze**cież to nie skompliko**wa**ne **(74)**. Nie **u**miesz **li**czyć **(71)**?
8 – Nie wiem, gdzie są kie**lisz**ki **(73)**.
9 – **Prze**stań **(76)**. **Mó**wisz po**waż**nie **(76)**?
10 O, ktoś **dzwo**ni. **I**dę ot**wo**rzyć. (...)
11 Cześć **Ro**mek. Co się **sta**ło **(72)**?
12 – U**pad**łem na **nar**tach **(71)**.
13 – **A**le his**to**ria **(72)**! I co, nie **mia**łam **ra**cji?
14 **War**to **by**ło **(76)** **jeź**dzić w **gó**ry?
15 – Nie, nas**tęp**nym **ra**zem nie dam się na**mó**wić **(76)**!

pluriel	masculin personnel	masc. non personnel, féminin, neutre
1re personne	**wiedzieliśmy**	**wiedziałyśmy**
2e personne	**wiedzieliście**	**wiedziałyście**
3e personne	**wiedzieli**	**wiedziały**

*****

Dialogue de révision

1 – Devine qui vient (*arrive*) ce soir.
2 – Je n'[en] ai [aucune] idée.
3 – Romek, un collègue de travail. Tu sais qu'il s'est marié la semaine dernière ?
4 – Quelle surprise ! Qui [l']aurait pensé ? As-tu besoin de quelque chose ?
5 – Oui. Peux-tu mettre (*couvrir à*) la table ?
6 – Combien d'assiettes je mets (*mettre*) ?
7 – Ce n'est pourtant pas compliqué. Tu ne sais pas compter ?
8 – Je ne sais pas où sont les verres.
9 – Arrête. Tu parles sérieusement ?
10 Oh, on (*quelqu'un*) sonne. Je vais ouvrir. (...)
11 Salut Romek. Que s'est-il passé ?
12 – Je suis tombé en ski(*s*).
13 – Quelle histoire ! Et alors, je n'avais pas raison ?
14 Ça valait la peine d'aller à la montagne ?
15 – Non, la prochaine fois, je ne me laisserai pas entraîner (*persuader*) !

Deuxième vague : Lekcja dwudziesta ósma

78 Lekcja siedemdziesiąta ósma

Kaktus

1 – Dzień **do**bry. Zapom**nia**łam **ku**pić **so**li ①. **Mo**że mi **pa**ni po**ży**czyć ②?
2 – **A**leż oczy**wiś**cie. Niech **pa**ni **wej**dzie.
3 – Nie chcę przesz**ka**dzać...
4 – Nie prze**szka**dza mi **pa**ni. **Jes**tem **sa**ma, nie mam nic do ro**bo**ty ③.
5 – **Bar**dzo **pa**ni **mi**ła, na**praw**dę.
6 – To nor**mal**ne, **mię**dzy sąsia**da**mi. **Trze**ba **so**bie po**ma**gać ④.
7 – Dzię**ku**ję, **od**dam **ju**tro. (...) Ma **pa**ni cu**dow**ne roś**li**ny!
8 U mnie **wca**le nie chcą **ros**nąć ⑤. **Jes**tem **pew**na, że **pa**ni o nie ⑥ dba.

Notes

① Rappelons qu'une quantité approximative ou non précisée est exprimée à l'aide du génitif. C'est l'équivalent, en français, d'un nom précédé d'un partitif ("du", "de la", etc.) Le nominatif est **sól**, *sel*.

② Comme **pożyczyć** signifie ici "prêter", il s'accompagne du datif **mi**, *me*, forme non accentuée. Notez au passage que **pożyczyć** veut aussi dire "emprunter" ; dans ce cas, on le fait suivre du génitif précédé de la préposition **od**. L'objet direct (la chose prêtée ou empruntée) ne change pas : il se met toujours à l'accusatif. Vous remarquerez qu'il est omis ici, car le contexte est suffisamment clair.

③ Retenez, dans cette tournure, l'emploi du génitif singulier de **robota**, *boulot*, de la famille de **robić**, *faire*. Synonyme ▸

Un cactus

1 – Bonjour. J'ai oublié d'acheter du sel, pouvez-vous m'[en] prêter ?
2 – Mais bien sûr. Entrez.
3 – Je ne veux pas [vous] déranger...
4 – Vous ne me dérangez pas. Je suis seule, je n'ai rien à faire.
5 – Vous êtes très gentille, vraiment.
6 – C'est normal entre voisins. Il faut s'entraider.
7 – Merci, je vous [le] rendrai demain. (...) Vous avez de merveilleuses plantes !
8 Chez moi, elles ne veulent pas du tout pousser. Je suis sûre que vous en (*d'elles*) prenez soin.

▸ familier de **praca**, *travail*, on trouve **robota** dans de nombreuses expressions, dont celle qui exprime le contraire de notre exemple : **Mam coś do roboty**, *J'ai quelque chose à faire.*

(4) **pomagać** est l'homologue imperfectif de **pomóc**, *aider*. Comme il est question d'une action réciproque, nous retrouvons **sobie**, le datif du pronom réfléchi **się**.

(5) **rosnąć**, *pousser*, signifie également "grandir" (pour un enfant), "monter" (la température) ou "augmenter" (les prix).

(6) **dbać o** + accusatif = "prendre soin de". Comme le pronom personnel suit une préposition, il prend la forme **nie** (et non pas **je**). Rappelons que pour le genre masculin personnel, on emploie respectivement **nich** et **ich**.

9 – Tak, **sta**ram się. Niech **pa**ni zo**ba**czy **te**go kak**tu**sa, na **przy**kład.
10 Wi**dzia**ła **pa**ni **kie**dyś **ta**ki kwiat?
11 – Rzeczy**wiś**cie, zadziwia**ją**cy.
12 – Nie u**wa**ża **pa**ni, że po**dob**ny do para**sol**ki ⑦?
13 – Hm, nie po**dle**wa go pani za **du**żo? □

Notes

⑦ Tandis que **parasolka**, *parapluie*, est plutôt destiné aux dames, **parasol** est le terme général, qui signifie également "parasol".

Pierwsze ćwiczenie – Proszę przetłumaczyć

❶ Co masz do roboty dziś wieczorem? ❷ Między nami, na przykład, nie ma problemów. ❸ Możesz mi pożyczyć soli? ❹ Znowu zapomniałam zabrać parasolki. ❺ Te rośliny trzeba podlewać codziennie.

Drugie ćwiczenie – Wpisać brakujące słowa

❶ Demain, par exemple, je n'ai rien à faire.
Jutro . . przykład, . . . mam . . . do . . . .

❷ Qui, chez vous, arrose ces plantes ?
Kto . was . . . . te . . . . ?

❸ Je ne m'attendais pas à cela entre amis.
. . . spodziewałem . . . tego . . . . . . kolegami.

9 – Oui, j'essaie. Regardez ce cactus, par exemple.
10 Avez-vous déjà vu une telle fleur ?
11 – Effectivement, [elle est] étonnant[e].
12 – Ne trouvez-vous pas qu'elle ressemble à un parapluie ?
13 – Hum, est-ce que vous ne l'arrosez pas trop ?

Corrigé du premier exercice

❶ Qu'as-tu à faire ce soir ? ❷ Entre nous, par exemple, il n'y a pas de problèmes. ❸ Peux-tu me prêter du sel ? ❹ J'ai encore oublié de prendre le parapluie. ❺ Ces plantes, il faut [les] arroser tous les jours.

❹ J'essaie toujours d'être très gentille.
Zawsze . . . . . . się . . . bardzo . . . . .

❺ N'oublie pas qu'il faut prendre soin des fleurs.
. . . zapomnij, . . trzeba . . . . o . . . .

Corrigé du deuxième exercice - Mots manquants

❶ – na – nie – nic – roboty ❷ – u – podlewa – rośliny ❸ Nie – się – między – ❹ – staram – być – miła ❺ Nie – że – dbać – kwiaty

Deuxième vague : Lekcja dwudziesta dziewiąta

Lekcja siedemdziesiąta dziewiąta

Wyjątkowa pielęgniarka

1 – Zastanawiam się, gdzie Edek poznał ① Agnieszkę.
2 – Jak to, nie wiesz? W szpitalu. Tam, gdzie się znalazł po wypadku.
3 – Przypominam sobie. To było okropne, był ciężko ranny.
4 – Tak, jego stan wyglądał na beznadziejny.
5 Stracił dużo krwi, miał połamane żebra, uraz głowy, kręgosłupa...
6 – Zdaje mi się, że był operowany dwa czy trzy razy.
7 – Tak, bardzo się nacierpiał ②. Nie chciałbym być na jego miejscu.
8 – Jasne. Ale na szczęście, teraz ma się ③ doskonale.

Wymowa

véyo'ntkova pyèling'gniarka

Notes

① Tandis que l'imperfectif **znać**, *connaître*, implique une situation permanente, un état (de connaissances), **poznać** (perfectif) dénote l'acquisition de cet état, la prise de connaissance. Ainsi, lorsqu'on vous présente quelqu'un, vous dites **Miło mi pana/panią poznać**, *Enchanté de faire votre connaissance.*

② Vous retrouvez ici une construction que vous connaissez déjà avec les deux versions du verbe "boire" : **pić** et **napić się** ▸

Une infirmière exceptionnelle

1 – Je me demande où Edek a connu Agnieszka.
2 – Comment ça, tu ne sais pas ? À l'hôpital. Là où il s'est retrouvé après son accident.
3 – Je me souviens. C'était horrible, il était grièvement (*lourdement*) blessé.
4 – Oui, son état paraissait (*pour*) désespéré.
5 Il avait perdu beaucoup de sang, il avait des côtes cassées, un traumatisme à la tête, à la colonne vertébrale...
6 – Il me semble qu'il a été opéré deux ou trois fois.
7 – Oui, il a beaucoup souffert. Je ne voudrais pas être à sa place.
8 – C'est clair. Mais heureusement, maintenant il va très bien (*parfaitement*).

***1** ... ag'**gnèch**kè. **2** ... **zna**las ... **3** ... **ts'in**chko **ra'n**né. **5** ... krfi ... ouras ...*

▸ (leçon 29, note 2). Dans le cas présent, à partir de l'imperfectif **cierpieć**, *souffrir*, on a formé **nacierpieć się**, qui apporte une nuance supplémentaire d'intensité.

③ Voici une tournure idiomatique fort utile : **mieć się**, correspondant à "aller", "se porter". Retenez bien **Jak się masz?**, *Comment vas-tu ?*

9 – To **wszyst**ko **dzię**ki Ag**niesz**ce ④.
Gdyby nie **o**na ⑤...
10 – Ag**niesz**ka jest le**ka**rzem ⑥?
11 – Nie, pielęg**niar**ką. Opieko**wa**ła się nim oso**biś**cie przez **ca**ły czas.
12 – **Myś**lisz, że dla**te**go tak **szyb**ko **wró**cił do **zdro**wia?
13 – To **wię**cej niż ⑦ **pew**ne. □

13 ... nich...

Notes

④ Très peu de prépositions exigent le datif. Parmi elles figure **dzięki**, *grâce à*, d'où **Agnieszce**. Ne soyez pas étonné par la transformation **k/c** : le datif singulier des noms féminins est, en effet, identique au locatif qui, comme vous le savez, s'accompagne d'une série d'alternances (leçon 63).

⑤ Cette expression est en fait une ellipse, dont le verbe au conditionnel est sous-entendu. Cela explique la présence de **gdyby**, *si*, avec son idée d'hypothèse.

⑥ Une femme qui exerce la profession de médecin est généralement désignée à l'aide du nom masculin **lekarz**, même s'il existe l'équivalent féminin **lekarka**. Allez savoir pourquoi... ▶

Pierwsze ćwiczenie – Proszę przetłumaczyć

❶ Zastanawiam się, jak się ma nasz sąsiad. ❷ Mówisz po polsku lepiej niż ja. ❸ Dzięki koleżance, znalazłam doskonałą pracę. ❹ Co zrobiłbyś, gdybyś był na moim miejscu? ❺ Stan zdrowia mamy jest zadziwiający.

9 – Tout cela grâce à Agnieszka. Sans elle (*si ne pas elle*)...
10 – Agnieszka est médecin ?
11 – Non, infirmière. Elle a personnellement pris soin de lui (*pendant*) tout le temps.
12 – Tu penses que c'est pour cela qu'il a si vite récupéré (*revenu à santé*) ?
13 – C'est plus que certain.

⑦ Pour introduire le second terme d'une comparaison, on se sert, entre autres, de la conjonction **niż**, *que*. Citons, par exemple, le proverbe **Lepiej późno niż wcale**, *Mieux vaut tard que jamais.*

Corrigé du premier exercice

❶ Je me demande comment va notre voisin. ❷ Tu parles polonais mieux que moi. ❸ Grâce à une amie, j'ai trouvé un excellent travail. ❹ Que ferais-tu si tu étais à ma place ? ❺ L'état de santé de maman est étonnant.

80 **Drugie ćwiczenie – Wpisać brakujące słowa**

1 Tu ne crois pas que tout cela [c'est] grâce à moi ?
Nie ...., że .. wszystko ......
mnie?

2 Je suis persuadé qu'aujourd'hui, il va mieux qu'hier.
Jestem ...., że .. się ....
lepiej ... wczoraj.

3 À sa place, je ferais sans doute la même chose.
.. jego ...., chyba .... to ..... .

---

80 Lekcja osiemdziesiąta

(...os'èmdz'ès'o'nta)

W sklepie spożywczym ①

1 – Czy jest **świe**że pie**czy**wo ②?
2 – Tak, dzi**siej**sze ③. Co **po**dać?
3 – Pół **chle**ba i dwie **buł**ki. A co ma **pa**ni z wę**dli**ny?

Notes

① Vous connaissez déjà le mot **sklep**, *magasin*. Parmi les plus courants, figure naturellement **sklep spożywczy**, *magasin d'alimentation*. Notez que l'adjectif **spożywczy** s'applique aussi aux noms tels que **artykuł**, **produkt**, *denrée*, *produit*, ou **przemysł**, *industrie*. Il équivaut alors à "alimentaire".

② Le mot "pain" a deux équivalents en polonais : un correspondant direct, **chleb**, et un terme collectif **pieczywo**, désignant

4 Je ne savais pas du tout que Romek avait (*a*) connu sa femme à l'hôpital.
Nie .... wcale, .. Romek ...... swoją .... w ....

5 J'ai perdu beaucoup de temps et d'argent.
.... dużo ..... i ....

Corrigé du deuxième exercice - Mots manquants
1 – uważasz – to – dzięki – 2 – przekonany – ma – dzisiaj – niż – 3 Na – miejscu – zrobiłbym – samo
4 – wiedziałem – że – poznał – żonę – szpitalu
5 Straciłem – czasu – pieniędzy

Deuxième vague : Lekcja trzydziesta

Quatre-vingtième leçon 80

Au magasin d'alimentation

1 – Est-ce qu'il y a du pain frais ?
2 – Oui, d'aujourd'hui. Qu'est-ce que je vous donne (*donner*) ?
3 – Un demi-pain et deux petits pains. Et qu'avez-vous comme (*de*) charcuterie ?

▸ l'ensemble des aliments de ce type, c'est-à-dire faits de farine et cuits au four. Notez d'ailleurs que les mots **piec** ("four", leçon 48), et **pieczywo** font partie de la même famille.

(3) **dzisiejszy** est un adjectif dérivé de **dziś**, *aujourd'hui*. De la même manière, on forme **wczorajszy**, *d'hier*, et **jutrzejszy**, *de demain*.

80 4 – Jest kieł**ba**sa kra**kow**ska, ka**szan**ka, sal**ce**son, **bo**czek...
5 – **Pro**szę pół **ki**lo ④ kra**kow**skiej i trzy**dzieś**ci **de**ka ⑤ **bocz**ku.
6 – Po**kro**ić na plas**ter**ki?
7 – Nie, **mo**że być w ka**wał**ku. **Wez**mę też **sło**ik musz**tar**dy.
8 – Coś **jesz**cze?
9 – Tak, pół**to**ra **ki**lo ziem**nia**ków... To **wszyst**ko. **I**le **pła**cę?
10 – Już **li**czę... **Pro**szę, **o**to ra**chu**nek. (...)
11 – Chwi**lecz**kę... Pomy**li**ła się **pa**ni.
12 Poli**czy**ła ⑥ mi **pa**ni o dwa **zło**te za **du**żo.
13 – Tak? Już **spraw**dzam. (...) No tak, **słu**sznie.
14 **A**le **wczo**raj wy**da**łam **pa**ni o pięć **zło**tych za **du**żo.
15 – To **praw**da, **wczo**raj nic nie powie**dzia**łam, **a**le dwie po**mył**ki pod rząd... □

Wymowa

*4 ... sal**tsè**so'n'... 6 ... po**kro**'its'... 7 ... **souo**'ik ...*

Notes

④ L'unité de poids correspondant à "une livre" n'existe plus en polonais actuel. On dit **pół kilo**, *un demi-kilo*.

⑤ En dessous d'un kilo, la mesure de poids pour les aliments n'est

Pierwsze ćwiczenie – Proszę przetłumaczyć

❶ Czy możesz pokroić chleb i kiełbasę? ❷ Ten samochód sprzedaje się jak świeże bułki. ❸ Nie ma już musztardy, słoik jest pusty. ❹ Czy zawsze sprawdzasz wszystkie rachunki? ❺ Pomyliłem się i teraz za to płacę.

4 – Il y a de la saucisse de Cracovie, du boudin, du fromage de tête, de la poitrine fumée...
5 – Une livre (*demi-kilo*) [de saucisse] de Cracovie et 300 grammes (*trente décagrammes*) de poitrine fumée, s'il vous plaît.
6 – Je vous la coupe (*couper*) en tranches ?
7 – Non, elle peut rester (*être*) en [un seul] morceau. Je prendrai aussi un pot de moutarde.
8 – Autre chose (*Quelque chose autre*) ?
9 – Oui, un kilo et demi de pommes de terre... C'est tout. Combien je vous dois (*paie*) ?
10 – Je vous le calcule tout de suite (*déjà compte*) (...) Je vous en prie, voici le compte. (...)
11 – Un (*petit*) moment... Vous vous êtes trompée.
12 Vous m'avez compté (*de*) deux zlotys de trop.
13 – Oui ? Je (*déjà*) vérifie tout de suite. (...) Eh bien, oui, [c'est] juste(*ment*).
14 Mais hier, je vous ai rendu (*de*) cinq zlotys de trop.
15 – C'est vrai, hier je n'ai rien dit, mais deux erreurs de (*sous*) suite...

▸ pas le gramme, mais le décagramme, **dekagram**, en abrégé **deka**.

⑥ Les deux aspects correspondant à "compter", "calculer" sont **liczyć** (imperfectif) et **policzyć** (perfectif). Pour un fait unique au passé, on se sert généralement de ce dernier.

Corrigé du premier exercice

❶ Est-ce que tu peux couper le pain et la saucisse ? ❷ Cette voiture se vend comme des (*frais*) petits pains. ❸ Il n'y a plus de moutarde, le pot est vide. ❹ Est-ce que tu vérifies toujours tous les comptes ? ❺ Je me suis trompé et maintenant je [le] (*pour cela*) paie.

80 Drugie ćwiczenie – Wpisać brakujące słowa

1. Je vais tout de suite calculer combien je paie par mois.
Zaraz . . . . , ile . . . . . na . . . .

2. Donnez-moi, s'il vous plaît, une saucisse avec de la moutarde et un petit pain.
Proszę . . . . z . . . . i . . . . . .

3. Je t'ai donné deux morceaux de pain et trois tranches de jambon.
Dałem . . dwa . . . . chleba . trzy . . . . szynki.

4. Apparemment, vous vous êtes trompé dans le compte.
Widocznie . . . . się . . . w . . . .

5. J'ai besoin de deux kilos de pommes de terre et de 250 g (*25 dag*) de beurre.
Potrzebuję . . . kilo . . . . i . . . . pięć . . . . masła.

Si, comme les Polonais, vous aimez le pain, vous ne serez pas déçu. Vous constaterez en effet qu'on en trouve une très grande variété en Pologne. Les différents types de pain sont d'ailleurs regroupés sous un terme général : pieczywo. Vous n'aurez pas besoin de chercher une boulangerie (piekarnia), car chaque épicerie (sklep spożywczy) vend généralement du pain frais. Le pain de base (chleb), de forme ronde ou ovale, peut être fait de farine de seigle

Corrigé du deuxième exercice - Mots manquants

❶ – policzę – płacę – miesiąc ❷ – kiełbasę – musztardą – bułkę ❸ – ci – kawałki – i – plasterki – ❹ – pomylił – pan – rachunku ❺ – dwa – ziemniaków – dwadzieścia – deka –

– c'est le chleb żytni *– ou de froment –* chleb pszenny*. S'il se présente sous la forme d'une petite boule, l'on appelle* bułka*. Quant au pain complet (*chleb razowy*), on y ajoute souvent divers ingrédients. Vous pourrez ainsi goûter* chleb słonecznikowy *(aux graines de tournesol),* sojowy *(au soja) ou* śliwkowy *(aux pruneaux). Enfin, la tradition française en la matière est naturellement présente avec* bagietka *("la baguette").*

Deuxième vague : Lekcja trzydziesta pierwsza

81 Lekcja osiemdziesiąta pierwsza

Samochód

1 – **I**le **ra**zy mam ci **mó**wić, **że**byś za**my**kał ① sa**mo**chód?
2 – **Prze**cież za**my**kam.
3 – **A**le **trze**ba za**my**kać na klucz!
4 – A co, nie zam**kną**łem ②?
5 – Nie u**da**waj głu**pie**go ③. Wi**dzia**łem przed **chwi**lą, że jest ot**war**ty.
6 **Dzię**ki **Bo**gu, zau**wa**żyłem.
7 – Daj **spo**kój ④, za **bar**dzo się tym przej**mu**jesz ⑤.
8 – Nie ro**zu**miem, jak **moż**na być tak nieos**troż**nym ⑥.
9 Czy nie **przy**szło ci do **gło**wy, że **mo**gą ci **u**kraść?!
10 – Jak to? Mam klucz.

Notes

① Quand le verbe de la principale exprime une demande, une volonté ou un ordre, la subordonnée commence par **żeby** et son verbe se met au passé. Rappelons (leçon 76, note 1), que les terminaisons personnelles de ce dernier (ici – pour la 2e personne du singulier), se joignent à la conjonction. Par conséquent, pour éviter la redondance, seule la 3e personne, dépourvue de terminaison, est possible dans la subordonnée. Comme le contexte suggère une suite d'actions, on emploie l'imperfectif **zamykać**, *fermer*.

② Dans **zamknąłem**, *j'ai fermé*, il s'agit d'un acte isolé. C'est donc le passé du perfectif **zamknąć** qui convient. Remarquez aussi la forme de ces deux aspects : **zamykać** et **zamknąć** ne se différencient pas par le préfixe, mais par le suffixe.

La voiture

1 – Combien de fois dois-je te dire de fermer la voiture ?
2 – Mais (*pourtant*) je [la] ferme.
3 – [Oui], mais il faut [la] fermer à clé !
4 – [Et] quoi, je ne [l']ai pas fermée ?
5 – Ne fais pas l'idiot (*le bête*). J'ai vu à (*avant*) l'instant qu'elle était (*est*) ouverte.
6 Grâce à Dieu, je [l']ai remarqué.
7 – Arrête (*donne calme*), tu t'en fais trop.
8 – Je ne comprends pas comment on peut être aussi imprudent.
9 Il ne t'est pas venu à l'esprit (*tête*) qu'on peut (*peuvent*) te [la] voler ?
10 – Comment ça ? J'ai la clé.

③ **udawać** (imperfectif) signifie littéralement "faire semblant", "simuler", et s'accompagne de l'accusatif. On dit, par exemple **udawać chorego**, *faire semblant d'être malade*, **udawać damę**, *faire la grande dame.*

④ Telle quelle, l'expression **daj spokój** (litt. "donne calme") exprime juste un léger agacement et équivaut à peu près à **przestań!**, *arrête !* Si vous voulez véritablement qu'on vous laisse en paix, dites **Daj mi spokój!**, *Laisse-moi tranquille* !

⑤ Notez que l'infinitif correspondant est **przejmować się**, *s'en faire*, suivi, le cas échéant, de l'instrumental. **Nie przejmuj się!**, *Ne t'en fais pas !*

⑥ L'attribut qui suit le verbe "être" se met à l'instrumental. C'est ce que vous avez ici avec l'adjectif **nieostrożny**, *imprudent*, avec sa terminaison **-ym**.

11 – Co tam klucz! Ktoś, kto się na tym **tro**chę zna ⑦, po**tra**fi uru**cho**mić jaki**kol**wiek sa**mo**chód.

12 – Na **pew**no nie mój! □

Notes

⑦ **znać się na**, *s'y connaître en*, demande, vous vous en doutez, l'emploi du locatif.

Pierwsze ćwiczenie – Proszę przetłumaczyć

❶ Nie wiem, jak można być tak głupim. ❷ Tyle razy ci mówiłem, żebyś zamykał pokój! ❸ Proszę zamknąć okno, jest zimno. ❹ Czy zauważyłeś, ile zrobiłeś błędów? ❺ Niestety, nie znam się na tym.

Drugie ćwiczenie – Wpisać brakujące słowa

❶ Es-tu sûr que tu as fermé la porte à clé ?
Jesteś . . . . , że . . . . drzwi . . klucz?

❷ Je n'ai pas remarqué que la voiture était ouverte.
Nie . . . . , że . . . . jest . . . .

❸ Pourquoi faut-il que tu fasses toujours (*dois-tu toujours faire*) l'idiot ?
. . . . zawsze . . . . . . udawać . . . . ?

❹ Demande à Jurek, peut-être [qu]'il s'y connaît.
Zapytaj . . . . . , może . . się . . tym . . . .

11 – Qu'importe la clé ! Quelqu'un qui s'y (*en cela*) connaît un peu est capable de démarrer n'importe quelle voiture.

12 – Sûrement pas la mienne !

Corrigé du premier exercice

❶ Je ne sais pas comment on peut être aussi bête. ❷ Je t'ai dit tant de fois de fermer la chambre ! ❸ Fermez la fenêtre, s'il vous plaît, il fait froid. ❹ As-tu remarqué combien de fautes tu avais fait ? ❺ Malheureusement, je ne m'y connais pas.

❺ Je ne comprends pas ce qui lui est passé par la tête (*venu à la tête*).

. . . rozumiem, . . mu . . . . do . . . . . .

Corrigé du deuxième exercice - Mots manquants

❶ – pewien – zamknąłeś – na – ❷ – zauważyłem – samochód – otwarty ❸ Dlaczego – musisz – głupiego ❹ – Jurka – on – na – zna ❺ Nie – co – przyszło – głowy

Deuxième vague : Lekcja trzydziesta druga

82 Lekcja osiemdziesiąta druga

Książka o Chinach ①

1 – **Czę**sto pan **jeź**dzi do Chin ②?
2 – **Do**syć **czę**sto. **Na**sza **fir**ma ma tam przedstawi**ciel**stwo.
3 – A, to **po**dróż służ**bo**wa ③?
4 – **Te**raz tak, **a**le **cza**sem **jeż**dżę też **ja**ko tu**ry**sta ④.
5 Polu**bi**łem ⑤ ten kraj. Tak się **róż**ni od na**sze**go...
6 – To **praw**da. Co kraj, to o**by**czaj ⑥... Ja **ja**dę po raz **pierw**szy.

Wymowa

***ks'on**chka o **Hi**naH*
***1** ... Hi'n? **5** ... krail ... **6** ... o**bé**tchail ...*

Notes

① La préposition **o**, *de*, *sur*, réclame, comme vous le savez, l'emploi du locatif. Compte tenu de la terminaison **-ach**, vous pouvez en déduire que le nom du pays, "la Chine", s'emploie au pluriel et se dit **Chiny**. Cela vous rappelle sans doute un autre exemple du même genre, **Włochy**, *Italie*.

② Pour insister sur un mot, on peut plus facilement qu'en français le mettre au début de la phrase. Cela peut concerner non seulement un adverbe, comme ici **często**, *souvent*, mais aussi un complément d'objet direct ou indirect. Cette liberté est due aux cas qui spécifient la fonction d'un mot, alors qu'en français celle-ci est indiquée par la place du mot dans la phrase.

③ Voici quelques précisions sur l'adjectif **służbowy**, ici au féminin **służbowa**. On l'utilise en parlant d'un voyage à caractère ▸

Un livre sur la Chine

1 – Vous allez souvent en Chine ?
2 – Assez souvent. Notre entreprise a une filiale là-bas.
3 – Ah, c'est un voyage professionnel (*de service*) ?
4 – Maintenant oui, mais parfois j'[y] vais aussi en tant que touriste.
5 J'ai pris ce pays en affection (*commencé à aimer*). Il est si différent (*aussi se différencie*) du nôtre...
6 – C'est vrai. Autres (*chaque*) pays autres (*alors*) mœurs... Moi, j'[y] vais pour la première fois.

▸ professionnel. Notez en passant que "voyage d'affaires" se dira plutôt **podróż w interesach**. **Służbowy** est issu de **służba**, *service*, et s'emploie notamment pour qualifier les mots tels que **schody**, *escalier*, ou **obowiązki**, *obligations*. Par ailleurs, il équivaut à "de fonction" à propos, par exemple, de **mieszkanie**, *appartement*, ou **samochód**, *voiture*.

④ Malgré la terminaison **-a**, **turysta**, *touriste*, est un nom masculin, le féminin étant **turystka**. Rappelez-vous que **kolega**, *ami*, et **mężczyzna**, *homme*, sont dans le même cas. On peut y ajouter **poeta**, *poète*, et **kierowca**, *chauffeur*.

⑤ Avec **polubić**, on retrouve le même phénomène que pour le couple **znać** et **poznać** (leçon 79, note 1). Il s'agit de marquer l'acquisition du sentiment traduit par **lubić**, *aimer*.

⑥ En observant bien la structure de ce proverbe, vous constaterez notamment que, contrairement au français, les mots **kraj**, *pays*, et **obyczaj**, *usage*, *coutume*, sont au singulier. Le pluriel **obyczaje** serait du reste plus approprié, mais que faire… C'est la loi du genre !

82

7 – Prze**pra**szam za niedys**kre**cję, **a**le **ja**ki jest cel **pa**na po**dró**ży?

8 – Mam **za**miar na**pi**sać **książ**kę o his**to**rii Chin.

9 – To **bar**dzo interesu**ją**ce. Na **pew**no **je**dzie pan na **dłu**go?

10 – Nie, **tyl**ko na trzy dni.

11 – I ma pan już **ty**tuł **książ**ki?

12 – Tak. "**Chi**ny **wczo**raj, dziś i **ju**tro." □

Pierwsze ćwiczenie – Proszę przetłumaczyć

❶ Możesz mi pożyczyć książkę o historii Polski? ❷ Przepraszam za kłopot, chciałbym zadzwonić. ❸ Często jeżdżę w podróże służbowe. ❹ Zobaczysz, Chiny to niezwykły kraj. ❺ Co masz zamiar robić po maturze?

Drugie ćwiczenie – Wpisać brakujące słowa

❶ Dis-moi quel est ton but dans la vie.
Powiedz . . jaki . . . . twój . . . w . . . . . .

❷ Ce livre est étonnant, tu devrais le lire.
Ta . . . . jest . . . ., powinieneś . . przeczytać.

❸ Je ne me rappelle plus quel est le titre de votre film.
Nie . . . . już, ... jest . . . . . pana . . . . . .

❹ Est-ce un voyage professionnel ou des vacances ?
To . . . . czy . . . . ?

❺ J'ai l'intention d'aller souvent au pays.
Mam . . . . . . jeździć . . . . . . do . . . . . .

7 – Excusez mon (*pour*) indiscrétion, mais quel est le but de votre voyage ?
8 – J'ai l'intention d'écrire un livre sur l'histoire de la Chine.
9 – C'est très intéressant. Vous [y] allez sûrement pour longtemps ?
10 – Non, seulement pour trois jours.
11 – Et avez-vous déjà le titre de votre livre ?
12 – Oui. "La Chine hier, aujourd'hui et demain".

Corrigé du premier exercice

❶ Peux-tu me prêter le livre sur l'histoire de la Pologne ? ❷ Excusez-moi pour le dérangement (*problème*), je voudrais téléphoner. ❸ Je vais souvent en voyage professionnel. ❹ Tu verras, la Chine est un pays étonnant. ❺ Qu'as-tu l'intention de faire après le bac ?

Corrigé du deuxième exercice - Mots manquants

❶ – mi – jest – cel – życiu ❷ – książka – zadziwiająca – ją – ❸ – pamiętam – jaki – tytuł – filmu ❹ – podróż służbowa – wakacje ❺ – zamiar – często – kraju

Deuxième vague : Lekcja trzydziesta trzecia

83 Lekcja osiemdziesiąta trzecia

Podróż samolotem

1 – **Za**piął ① pan pas? **Wkrót**ce bę**dzie**my lą**do**wać.
2 (***Kil**ka **mi**nut **póź**niej...*)
3 Uf, **ale** **ul**ga! **Mo**żna już **od**piąć ②?
4 – Tak. **Wi**dzę, że nie **lu**bi pan **la**tać ③ samo**lo**tem.
5 – **Szcze**rze **mó**wiąc ④, nie **bar**dzo. **Po**za tym, nie znam **te**go lot**nis**ka.
6 – To **ża**den **prob**lem. Niech pan **i**dzie ze mną.
(...)
7 – Dla**cze**go tu **ty**le **lu**dzi?

Wymowa

*1 ... lo'n**do**vats'.*

Notes

① Le verbe **zapiąć** (perfectif), *boucler*, *attacher*, s'applique aussi aux vêtements et se traduit alors par "boutonner".

② Très souvent, les verbes de sens opposé se différencient par le préfixe (rappelez-vous **wejść/zejść**, *entrer / sortir*). Vous en avez ici un autre exemple avec **odpiąć**, *détacher*, *déboutonner*, le contraire de **zapiąć**.

③ Parmi les verbes de mouvement, vous n'avez sans doute pas oublié le fonctionnement des couples **iść/chodzić**, *aller* (*à pied*), ou **jechać/jeździć**, *aller* (*en véhicule*). S'agissant d'un déplacement dans l'air, après **lecieć** (litt. "voler"), voici donc son homologue **latać**. Les deux verbes s'emploient de façon ana-

Un voyage [en] avion

1 – Avez-vous attaché votre ceinture ? Nous allons bientôt atterrir.
2 (*Quelques minutes plus tard...*)
3 – Ouf, quel soulagement ! Peut-on (*déjà*) [la] détacher maintenant?
4 – Oui. Je vois que vous n'aimez pas (*voler*) prendre l'avion.
5 – Pour être franc (*franchement parlant*), pas beaucoup. À part ça, je ne connais pas cet aéroport.
6 – (*Ça*) Aucun problème. Venez (*allez*) avec moi. (...)
7 – Pourquoi [y a-t-il] autant de monde ici ?

▸ logue aux précédents. Le premier, **lecieć**, concerne un fait unique ou ayant lieu à un moment précis. En parlant d'oiseaux ou d'insectes, il indique également une destination précise : le sud, la ruche, etc. Le second, **latać**, s'applique, comme vous pouvez vous en douter, au déplacement habituel, régulier ou non orienté.

(4) Vous rappelez-vous l'expression **prawdę mówiąc**, *à vrai dire* ? En voici une autre version avec l'adverbe **szczerze**, *franchement*, dérivé de l'adjectif **szczery**, *franc*. Quant à **mówiąc**, il s'agit du participe présent de **mówić**, *dire*, *parler*, dont la formation est très simple : on ajoute **-c** à la 3e personne du pluriel au présent ; par exemple **będąc**, *(en) étant*, **idąc**, *(en) allant*, etc.

8 – To nor**mal**ne, kon**tro**la paszpor**to**wa. Mu**si**my **sta**nąć ⑤ w ko**lej**ce. (...)

9 – No, na**resz**cie. Gdzie **te**raz i**dzie**my?

10 – Po ba**ga**że ⑥... **Wi**dzę, że **jesz**cze ich nie ma. **Trze**ba **bę**dzie **tro**chę po**cze**kać.

11 – Jak **dłu**go to **po**trwa ⑦?

12 – Nie ma **re**guł. To za**le**ży od perso**ne**lu, od i**loś**ci **lo**tów ⑧...

13 A **mo**że jest strajk... O, już jest **mo**ja **tor**ba.

14 – A **mo**ja wa**liz**ka?

15 – Niech się pan nie przej**mu**je. **Mu**si pan **zgło**sić, że **pa**na **ba**gaż za**gi**nął.

16 – No też coś! Os**tat**ni raz **le**cę samo**lo**tem! □

*8 ... **sta**nognts' f ko**ley**tsè. **11** ... **po**trfa? **13** ... straillk ... **14** ... va**lis**ka? **15** ... **ba**gach...*

Notes

⑤ Le perfectif **stanąć**, *se mettre*, *se dresser*, signifie par ailleurs "s'arrêter". C'est un verbe d'action qu'il ne faut pas confondre avec celui de position **stać** (leçons 48, note 7 et 71, note 6).

⑥ N'oubliez pas cet emploi de la préposition **po**. Sans équivalent sous la même forme en français, elle sert, rappelons-le, à spécifier le but du déplacement.

Pierwsze ćwiczenie – Proszę przetłumaczyć

❶ Proszę zapiąć pas, za chwilę będziemy lądować. ❷ Lot nie potrwa długo, tylko czterdzieści minut. ❸ Nie przejmuj się, to żaden problem. ❹ To normalne, jak się lata samolotem. ❺ Nie mam ochoty stać w kolejce.

8 – C'est normal, contrôle des passeports. Nous devons nous mettre dans la queue. (...)
9 – Enfin. Où allons-nous maintenant ?
10 – Chercher les bagages... Je vois qu'ils ne sont pas encore là. Il va falloir attendre un peu.
11 – Combien de temps (*comment longtemps*) ça va durer ?
12 – Il n'y a pas de règles. Ça dépend du personnel, du nombre de vols...
13 Et il y a peut-être la grève... Oh, voilà déjà mon sac.
14 – Et ma valise ?
15 – Ne vous en faites pas. Vous devez signaler que votre bagage s'est perdu.
16 – Eh bien alors ! [C'est] la dernière fois [que] je (*vole*) prends l'avion !

⑦ Le préfixe **po-** ne marque pas seulement l'accomplissement ou le début d'une action. Il indique également la limitation de la durée, la brièveté. Mais ne vous inquiétez pas, tous les préfixes verbaux ne sont pas aussi polyvalents.

⑧ **lot**, *vol*, a donné son nom à la compagnie aérienne polonaise **LOT**. Ce mot est ici au génitif pluriel, car il suit un terme de quantité.

Corrigé du premier exercice

❶ Veuillez attacher [votre] ceinture, dans un instant, nous allons atterrir. ❷ Le vol ne durera pas longtemps, seulement quarante minutes. ❸ Ne t'en fais pas, ça [ne pose] aucun problème. ❹ C'est normal quand on prend (*se vole*) l'avion. ❺ Je n'ai pas envie de faire (*être dans*) la queue.

Drugie ćwiczenie – Wpisać brakujące słowa

❶ J'avoue franchement que l'aéroport à Varsovie me plaît beaucoup.
Wyznam ...., że .... w .... bardzo .. się ....

❷ N'oublie pas qu'il faut attacher [ta] ceinture.
... zapomnij, .. trzeba ...... pas.

❸ Que préfères-tu : [y] aller [en] voiture ou prendre (*voler*) l'avion ?
Co ...... : jeździć .... czy ..... samolotem?

84 Lekcja osiemdziesiąta czwarta

Révision

1. Les préfixes verbaux

Ajoutés à la forme imperfective du verbe, ils permettent d'obtenir le perfectif. N'oubliez pas qu'ils ne changent pas le sens du verbe : au couple aspectuel correspond toujours un seul verbe français. Ce sont principalement :

na- **pisać – napisać**, *écrire*
uczyć – nauczyć, *enseigner*
po- **jechać – pojechać**, *aller en véhicule*
czekać – poczekać, *attendre*
słuchać – posłuchać, *écouter*
prze- **czytać – przeczytać**, *lire*
tłumaczyć – przetłumaczyć, *traduire*

4 J'espère que la grève ne durera pas longtemps.
Mam . . . ., że . . . . . . nie . . . . . . długo.

5 Pour moi, ça [ne pose] aucun problème. Et pour toi ?
Dla . . . . to . . . . . problem. . dla . . . . ?

Corrigé du deuxième exercice - Mots manquants
1 – szczerze – lotnisko – Warszawie – mi – podoba
2 Nie – że – zapiąć – 3 – wolisz – samochodem – latać –
4 – nadzieję – strajk – potrwa – 5 – mnie – żaden –
A – ciebie

Deuxième vague : Lekcja trzydziesta czwarta

Quatre-vingt-quatrième leçon 84

s-	**kończyć** – **skończyć**, *finir*
	pytać – **spytać**, *demander*
u-	**gotować** – **ugotować**, *cuire*, *cuisiner*
	myć – **umyć**, *laver*
wy-	**pić** – **wypić**, *boire*
	kąpać – **wykąpać**, *baigner*
z-	**jeść** – **zjeść**, *manger*
	robić – **zrobić**, *faire*
za-	**dzwonić** – **zadzwonić**, *téléphoner*
	płacić – **zapłacić**, *payer*

2. L'ordre des mots

Comme vous le savez, les cas indiquent la fonction d'un mot dans la phrase. Ils permettent notamment de distinguer le sujet – qui se met au nominatif – du complément : objet direct (à l'accusatif ou

84 au génitif), objet indirect (généralement au datif) et complément circonstanciel (aux autres cas). En français, en revanche, c'est la position d'un mot qui détermine son rôle. Ainsi, la phrase "Adam lit un livre" peut avoir une structure identique : **Adam czyta książkę,** mais peut aussi se dire **Książkę czyta Adam**.
Dans la seconde phrase, **książkę** est d'emblée identifié comme complément d'objet direct, puisqu'on sait que le nominatif est **książka**. C'est donc le mot **Adam**, même s'il est placé après le verbe, qui joue le rôle du sujet. En commençant par le complément, on signifie qu'il ne s'agit pas d'une information nouvelle, mais d'un thème déjà évoqué, ce que la position initiale permet de souligner. En français, cette inversion est bien sûr impossible. Pour obtenir le même effet, il faudrait, par exemple, utiliser une construction de mise en relief du type "Le livre, c'est Adam qui le lit".

3. Pays, nationalités et adjectifs correspondants

En français, l'adjectif correspondant à un pays désigne aussi la nationalité :
"C'est un Anglais." "C'est un film anglais."
En polonais, on utilise deux mots différents :
To jest Anglik. To jest film angielski.
Voici une liste de quelques noms de pays suivis de ces deux termes :

Pays	Habitant	Adjectif
Anglia, *Angleterre*	**Anglik**	**angielski**
Belgia, *Belgique*	**Belg**	**belgijski**
Chiny*, *Chine*	**Chińczyk**	**chiński**
Czechy*, *République Tchèque*	**Czech**	**czeski**
Dania, *Danemark*	**Duńczyk**	**duński**
Francja, *France*	**Francuz**	**francuski**
Grecja, *Grèce*	**Grek**	**grecki**
Hiszpania, *Espagne*	**Hiszpan**	**hiszpański**
Japonia, *Japon*	**Japończyk**	**japoński**
Kanada, *Canada*	**Kanadyjczyk**	**kanadyjski**
Niemcy*, *Allemagne*	**Niemiec**	**niemiecki**
Norwegia, *Norvège*	**Norweg**	**norweski**

Polska, *Pologne*	**Polak**	**polski**
Rosja, *Russie*	**Rosjanin**	**rosyjski**
Stany Zjednoczone, *États-Unis*	**Amerykanin**	**amerykański**
Szwajcaria, *Suisse*	**Szwajcar**	**szwajcarski**
Szwecja, *Suède*	**Szwed**	**szwedzki**
Węgry*, *Hongrie*	**Węgier**	**węgierski**
Włochy*, *Italie*	**Włoch**	**włoski**

*Les noms de ces pays n'existent qu'au pluriel.

Le féminin des noms des habitants est formé en ajoutant le suffixe **-ka** au nom masculin : **Francuz** - **Francuzka, Szwajcar** - **Szwajcarka**. Souvent, on trouve une des modifications suivantes :
- chute d'une ou de plusieurs lettres : **Niemiec** - **Niemka, Polak** - **Polka**
- ajout de lettres : **Anglik** - **Angielka, Belg** - **Belgijka**
- alternance de la consonne finale : **Czech** - **Czeszka, Włoch** - **Włoszka, Norweg** - **Norweżka**

1 – Mam **św**i**e**że **(80)** wiado**mo**ści o wy**pad**ku **(79)** **Jur**ka.
2 Ma się **le**piej niż **(79)** w u**bieg**łym ty**god**niu.
3 – Jest **je**szcze w szpi**ta**lu **(79)**?
4 – Tak, **tro**chę to **potr**wa **(83)**. Był **cię**żko **ran**ny **(79)**.
5 – **Dzię**ki **Bo**gu **(80)**, miał **du**żo **szczę**ścia.
6 – Tak, na**praw**dę. Zasta**na**wiam się **(79)**, dla**cze**go nie **za**piął **pa**sa **(83)**.
7 – Ja też nie wiem, jak **moż**na być tak nieos**troż**nym **(81)**.
8 – Tym **bar**dziej, że to **by**ła **po**dróż służ**bo**wa **(82)**. I **no**wy sa**mo**chód.
9 – **Le**piej **la**tać samo**lo**tem **(83)**.
10 – **Słusz**nie. No, to już **pój**dę. **Mo**że masz coś do ro**bo**ty **(79)**.
11 – Nie, mam **za**miar **(82)** iść spać.
12 – O, **wi**dzę, że masz os**tat**nią **ksią**żkę o **Chi**nach **(82)**.
13 **Mo**żesz mi po**ży**czyć **(78)**? **Od**dam ci **ju**tro **(78)**.

Dialogue de révision

1 – J'ai des nouvelles fraîches sur l'accident de Jurek.
2 Il va mieux que la semaine dernière.
3 – Il est encore à l'hôpital ?
4 – Oui, ça va durer un peu. Il était grièvement blessé.
5 – Grâce à Dieu, il a eu beaucoup de chance.
6 – Oui, vraiment. Je me demande pourquoi il n'a pas attaché la ceinture.
7 – Moi non plus, je ne sais pas comment on peut être aussi imprudent.
8 – D'autant plus que c'était un voyage professionnel. Et une nouvelle voiture.
9 – Il vaut mieux (*voler*) prendre l'avion.
10 – [C'est] juste(*ment*) Bon, eh bien, je vais (*déjà*) [y] aller. Tu as peut-être quelque chose à faire.
11 – Non, j'ai l'intention d'aller dormir.
12 – Oh, je vois que tu as le dernier livre sur la Chine.
13 Peux-tu me [le] prêter ? Je te [le] rendrai demain.

Deuxième vague : Lekcja dwudziesta ósma

85 Lekcja osiemdziesiąta piąta

Panna Kasia

1 – Jak się ma **Ka**sia? Już **zdro**wa ①?
2 – O tak. To nie **by**ło nic poważ**ne**go. **Zwy**kłe przezię**bie**nie.
3 – To **bar**dzo się **cie**szę, bo **tro**chę się o nią ② mart**wi**łam.
4 – To **mi**ło z **two**jej **stro**ny, **a**le nie **by**ło po**wo**du ③.
5 – Wiem, wiem, **a**le **bar**dzo ją **lu**bię. To **ta**ka u**ro**cza dziew**czyn**ka,
6 i tak **dob**rze wycho**wa**na. **Za**wsze uśmiech**nię**ta, **grzecz**na ④...
7 – **Cza**sem **na**wet za **bar**dzo ⑤.
8 – Co ty opo**wia**dasz?

Notes

① Comme vous le voyez, pour dire de quelqu'un qu'il est guéri, remis de sa maladie, on se sert de l'adjectif **zdrowy**, *en bonne santé*, *sain*. Rappelons que son contraire est **chory**, *malade*.

② Avez-vous remarqué la construction du verbe **martwić się**, *se faire du souci* ? Il exige la préposition **o** (ici "pour") + l'accusatif. De nouveau (leçon 78, note 6), s'agissant d'un pronom personnel – en l'occurrence une forme de **ona**, *elle* –, on choisit **nią** (et non pas **ją**). Notez aussi **Nie martw się!**, synonyme de **Nie przejmuj się!**, *Ne t'en fais pas !* ▸

Mademoiselle Kasia

1 – Comment va Kasia ? Déjà remise (*en bonne santé*) ?

2 – Oh oui. Ce n'était rien de grave. Un simple refroidissement.

3 – Alors, je suis très contente parce que je m'inquiétais un peu pour elle.

4 – C'est gentil de ta part, mais il n'y avait pas de raison.

5 – Je sais, je sais, mais je l'aime beaucoup. C'est une petite fille tellement adorable (*tellement adorable petite fille*),

6 et si bien élevée. Toujours souriante, aimable...

7 – Parfois même trop (*trop très*).

8 – Qu'est-ce que tu racontes ?

▸ ③ Le nominatif est **powód**, *raison*. N'oubliez pas qu'il faut toujours penser à ces nombreux changements de lettres dans les formes dérivées.

④ L'adjectif **grzeczny** est presque exclusivement réservé aux enfants et correspond à "sage". Pour un adulte poli, aimable, on emploie **uprzejmy**.

⑤ Tandis que le français se contente ici d'un seul adverbe – "trop" –, le polonais a besoin d'en employer deux : **za bardzo** (litt. "trop très").

9 – No tak. **By**łam os**tat**nio zmu**szo**na **zwró**cić jej u**wa**gę ⑥.
10 – To niemoż**li**we! Dla**cze**go?
11 – Jak spoty**ka**ła **ko**goś nieznajo**me**go, mó**wi**ła **zaw**sze : "**Jes**tem **pan**na **Ka**sia".
12 Mu**sia**łam jej po**wie**dzieć, że jak się ma **czte**ry **la**ta, to się nie **mó**wi "**pan**na"⑦. Wy**star**czy "**Ka**sia".
13 – To **praw**da. I co, posłu**cha**ła cię?
14 – Tak. **Te**raz **mó**wi: "**Jes**tem **Ka**sia, **a**le już nie **pan**na". □

Notes

⑥ Lorsqu'elle est accompagnée d'un complément d'objet indirect, comme ici **jej**, *lui*, *à elle*, l'expression **zwrócić uwagę** signifie "faire une remarque", "réprimander légèrement". Seule, elle prend son sens littéral de "tourner l'attention", c'est-à-dire "remarquer", "noter". Dans ce cas, elle est suivie de la préposition **na**, *sur* + accusatif.

⑦ Pour une jeune fille ou une femme célibataire, on remplace **pani** par **panna**. Vous pouvez aussi retenir **panna młoda**, *jeune mariée*, et, pourquoi pas **stara panna**, *vieille fille* !

Pierwsze ćwiczenie – Proszę przetłumaczyć

❶ Panna Kasia jest bardzo dobrze wychowana. ❷ To miło z pana strony, ale to nic poważnego. ❸ Mam nadzieję, że w przyszłym tygodniu będziesz zdrowa. ❹ Kto to jest ta urocza dziewczynka? ❺ Musisz jej zwrócić uwagę, że tak się nie mówi.

9 – Eh oui. J'ai été dernièrement obligée de lui faire une remarque (*tourner à elle attention*).

10 – Ce n'est pas possible ! Pourquoi ?

11 – Quand elle rencontrait quelqu'un d'inconnu, elle disait toujours : "Je suis mademoiselle Kasia".

12 J'ai dû lui dire que, quand on a quatre ans, (*alors*) on ne dit pas "mademoiselle", il suffit [de] "Kasia".

13 – C'est vrai. Et alors, ellc t'a obéi (*écouté toi*) ?

14 – Oui. Maintenant, elle dit : "Je suis Kasia, mais plus une demoiselle".

Corrigé du premier exercice

❶ Mademoiselle Kasia est très bien élevée. ❷ C'est gentil de votre part, mais ce n'est rien de grave. ❸ J'espère que la semaine prochaine tu seras remise (*en bonne santé*). ❹ Qui est cette adorable petite fille ? ❺ Tu dois lui faire remarquer qu'on ne parle pas comme ça.

Drugie ćwiczenie – Wpisać brakujące słowa

1. J'espère que ce n'est rien de grave.
Mam . . . ., że . . nic . . . .

2. Elle m'a écouté et maintenant elle est remise (*en bonne santé*).
. . . . mnie i . . . . . jest . . . .

3. Cette petite fille est toujours très sage et souriante.
Ta . . . . jest . . . . . . bardzo . . . . i . . . .

4. Malheureusement, je serai obligée de lui (fém.) dire la vérité.
. . . . będę . . . . powiedzieć . . . prawdę.

86 Lekcja osiemdziesiąta szósta

Zegar

1 – Czy **mógł**by mi pan u**dzie**lić infor**ma**cji (1) o u**mo**wach ubezpiecze**nio**wych?
2 – Oczy**wiś**cie. Jaki typ po**li**sy pana intere**su**je?

Notes

(1) **Udzielić informacji** (litt. "fournir informations") est l'équivalent de **poinformować**, renseigner. Les deux verbes sont perfectifs ; pour le second, vous l'avez certainement deviné grâce au préfixe **po-**. Leurs imperfectifs sont respectivement **udzielać** et **informować**.

5 Que dit-on quand on rencontre quelqu'un d'inconnu ?
.. się ...., jak ... spotyka ..... nieznajomego?

Corrigé du deuxième exercice - Mots manquants
1 – nadzieję – to – poważnego 2 Posłuchała – teraz – zdrowa 3 – dziewczynka – zawsze – grzeczna – uśmiechnięta 4 Niestety – zmuszona – jej – 5 Co – mówi – się – kogoś –

Deuxième vague : Lekcja trzydziesta szósta

Quatre-vingt-sixième leçon 86

La pendule

1 – Pourriez-vous me renseigner (*fournir informations*) sur les contrats d'assurance(*s*) ?
2 – Bien sûr. Quel type de police vous intéresse ?

3 – **Cho**dzi mi ② o ubezpie**cze**nie zak**ła**du od kra**dzie**ży.

4 – Ro**zu**miem. Przed podpi**sa**niem u**mo**wy, **wyślę pa**nu na**sze**go a**gen**ta.

5 – Dosko**na**le. Na **kie**dy się mo**że**my u**mó**wić ③?

6 – **Mo**gę **pa**nu zapropo**no**wać **ju**tro o czter**nas**tej? Odpo**wia**da **pa**nu ④?

7 – Tak, **bar**dzo **dob**rze. No to do **ju**tra.

8 (*Następ**ne**go dnia.*)

9 – Dzień **do**bry. Jestem z a**gen**cji **War**ta. Co pan **bę**dzie ubez**pie**czał ⑤?

10 – Cały sprzęt biu**ro**wy : kompu**te**ry, ko**piar**ki, dru**kar**ki...

11 – O**bra**zy też? I **ze**gar?

12 – Nie, ze**ga**ra nie ubez**pie**czam.

Wymowa

4 ... aguènta. ... 9... aguèntsi ...

Notes

② Dans la leçon 55, phrase 2, nous avons vu la locution **chodzi o**, *il s'agit de*. Telle quelle, elle est neutre mais, en y ajoutant le datif, on définit la personne concernée par le fait évoqué. C'est ce que nous avons ici avec **mi**, *me*, *à moi*. L'usage de cette structure étant très répandu en polonais, elle correspond plus à "je veux" qu'à la traduction littérale "il s'agit pour moi". Voyez ces exemples : **O co panu/pani chodzi?**, *Que voulez-vous ?*, **Nie wiem o co mu chodzi**, *Je ne sais pas ce qu'il veut*, etc.

③ Lorsqu'il s'agit de fixer un rendez-vous – à prendre ou à donner –, on se sert du verbe **umówić się** (perfectif), qui signifie par ailleurs "convenir de quelque chose", "se concerter".

3 – Je voudrais assurer (*il s'agit pour moi de l'assurance*) mon établissement contre le vol.
4 – Je comprends. Avant la signature du contrat, je vais vous envoyer notre agent.
5 – Parfait(*ement*). Pour quand pouvons-nous fixer un rendez-vous ?
6 – Je peux vous proposer demain à quatorze [heures] ? [Cela] vous convient-il ?
7 – Oui, très bien. Alors à demain.
8 (Le lendemain (*suivant jour*).)
9 – Bonjour. Je suis de l'agence Warta. Qu'allez-vous assurer ?
10 – Tout le matériel de bureau : ordinateurs, photocopieuses, imprimantes...
11 – Les tableaux aussi ? Et l'horloge ?
12 – Non, l'horloge, je ne l'assure pas.

▸ L'imperfectif est **umawiać się**. Remarquez la parenté de ce verbe avec le nom **umowa**, *contrat*.

(4) **odpowiadać** (imperfectif), dont le sens premier est "répondre", veut aussi dire "convenir", "correspondre" ; de ce fait, il n'a pas d'homologue perfectif.

(5) Voici une autre manière de former le futur des verbes imperfectifs. On remplace l'infinitif qui suit le verbe **być**, *être* – au futur – par la forme personnelle correspondante au passé. Les deux sont équivalentes : **Co pan będzie ubezpieczał?** = **Co pan będzie ubezpieczać?**, *Qu'allez-vous assurer?* C'est à vous de choisir. Quel luxe, pour une fois !

86 **13** – Dla**cze**go? To praw**dzi**we **dzie**ło **sztu**ki. Na **pew**no jest **wiel**kiej war**tości**.
14 – Wiem, **a**le **mo**i pracow**ni**cy nie spusz**cza**ją go z **o**czu ⑥! □

Notes

⑥ **oczu** est le génitif pluriel de **oko**, *œil*. Vous avez raison d'être étonné : la déclinaison de ce mot est en effet particulière et se caractérise, au pluriel, par la présence des lettres **cz** à la place du **k**.

Pierwsze ćwiczenie – Proszę przetłumaczyć

❶ Czy możemy się umówić na przyszłą sobotę? ❷ Nie zapomnij ubezpieczyć samochodu od kradzieży. ❸ Kiedy może pan zaproponować podpisanie umowy? ❹ Ten sprzęt biurowy jest wielkiej wartości. ❺ Nasz agent zaraz panu udzieli informacji.

Drugie ćwiczenie – Wpisać brakujące słowa

❶ J'appelle pour prendre un rendez-vous avec monsieur Nowak.
Dzwonię, ... się . . . . . . z . . . . . Nowakiem.

❷ Ce type de contrat ne me convient pas du tout.
. . . typ . . . . . wcale . . nie . . . .

❸ De quelle valeur est cette belle pendule ?
Jakiej . . . . jest . . . piękny . . . . . ?

❹ Qui peut me renseigner sur les polices d'assurances ?
. . . może . . . . mi . . . . o . . . . ubezpieczeniowych?

13 – Pourquoi ? C'est un vrai chef-d'œuvre. Elle est sûrement de très grande valeur.
14 – Je sais, mais mes employés ne la quittent pas des yeux !

Corrigé du premier exercice

❶ Pouvons-nous prendre rendez-vous pour samedi prochain ? ❷ N'oublie pas d'assurer la voiture contre le vol. ❸ Quand pouvez-vous proposer la signature du contrat ? ❹ Ce matériel de bureau est de grande valeur. ❺ Notre agent va tout de suite vous renseigner.

❺ Les employés de cet établissement ont un excellent matériel de bureau.

. . . . tego . . . . mają . . . .
sprzęt . . . .

Corrigé du deuxième exercice - Mots manquants

❶ – żeby – umówić – panem – ❷ Ten – umowy – mi – odpowiada ❸ – wartości – ten – zegar ❹ Kto – udzielić – informacji – polisach – ❺ Pracownicy – zakładu – doskonały – biurowy

Deuxième vague : Lekcja trzydziesta siódma

87 Lekcja osiemdziesiąta siódma

Wieczór przed telewizorem

1 – Jest coś ciekawego w telewizji dziś wieczorem?
2 – Poczekaj, zobaczę w gazecie ① (...) Na jedynce ② jest serial amerykański,
3 a na dwójce ②, "Przeminęło ③ z wiatrem".
4 – Już to widzieliśmy ④ tyle razy. Nie ma nic innego?
5 – Sport cię nie interesuje, to wiem... Polityka też nie.
6 A, jest ewentualnie program muzyczny.

Wymowa

3 ... pchèminèouo ...

Notes

① Avec **gazecie**, locatif de **gazeta**, *journal*, voici un nouvel exemple d'alternance de lettres lorsqu'un mot change de forme grammaticale.

② Encore un usage des noms correspondant aux chiffres : **jedynka** (1), **dwójka**, (2), etc. Ils désignent aussi, comme vous le voyez – ici au locatif –, les numéros des chaînes de télévision : **na jedynce**, *sur la une*, **na dwójce**, *sur la deux*.

③ Remarquez que le titre polonais de ce classique du cinéma a la même structure qu'en anglais "Gone with the wind" = "Passé avec le vent". L'infinitif – ici au perfectif – est **przeminąć**, passer, s'écouler.

Une soirée devant la télé

1 – Y a-t-il quelque chose d'intéressant à la télé ce soir ?
2 – Attends, je vais regarder dans le journal (...) Sur la une, il y a une série américaine,
3 et sur la deux, "Autant en emporte (*est passé avec*) le vent".
4 – Nous l'avons déjà vu tant de fois. Il n'y a rien d'autre ?
5 – Le sport ne t'intéresse pas, (*ça*) je le sais... La politique non plus.
6 Ah, il y a éventuellement une émission musicale.

④ Une petite mise au point sur la traduction du passé, selon l'aspect utilisé. Normalement, le passé composé correspond au passé perfectif **zrobiłem**, *j'ai fait*, **wróciłem**, *je suis rentré*, etc. L'imparfait, au contraire, équivaut généralement à l'imperfectif **robiłem**, *je faisais*, **wracałem**, *je rentrais*, etc. Notre exemple est une entorse à cette règle ; en effet, **widzieliśmy** vient de l'imperfectif **widzieć**, *voir*, mais il est traduit par le passé composé. D'ailleurs, vous avez peut-être déjà noté des cas similaires.

87 **7** – Jaki **ro**dzaj **mu**zyki?
8 – Kla**sycz**na. Z wywia**da**mi **kry**tyków i pia**nis**tów.
9 **Al**bo film dokumen**tal**ny o **flo**rze ⑤ i **fau**nie pod**mor**skiej.
10 – **Wo**łałabym **ra**czej **ja**kiś **pro**gram rozrywk**o**wy, **al**bo ko**me**dię.
11 – To nie **wi**dzę nic specjal**ne**go.
12 – Nie **ma**my **żad**nych ⑥ **ka**set?
13 – Na**gra**łem coś w **zesz**łym ty**god**niu, **a**le już nie pa**mię**tam, co...
14 A, już wiem : "**Po**piół i **dia**ment" **Waj**dy. Co ty na to ⑦?
15 – Hm... **Mo**że **in**nym **ra**zem. □

***14** ... vaillde ...*

Notes

⑤ Le nominatif est, bien entendu, **flora**, *flore*.

⑥ Contrairement au français, le pronom **żaden**, *aucun*, possède un pluriel, qui a deux formes : **żadni** (masculin personnel) et ▸

Pierwsze ćwiczenie – Proszę przetłumaczyć

❶ Mogę panu zaproponować nową umowę, co pan na to? ❷ Czytałem w gazecie, że ostatni film Wajdy jest bardzo ciekawy. ❸ Co nagrałeś: mecz piłki nożnej czy program rozrywkowy? ❹ Nie znalazłem żadnych informacji o tej agencji. ❺ Powinieneś spróbować innym razem.

7 – Quel genre de musique ?

8 – Classique. Avec des interviews de critiques et de pianistes.

9 Ou bien un film documentaire sur la flore et la faune sous-marine.

10 – Je préférerais plutôt une émission de variétés ou une comédie.

11 – Alors, je ne vois rien de spécial.

12 – Nous n'avons pas de cassettes ?

13 – J'ai enregistré quelque chose la semaine dernière, mais je ne me souviens plus de quoi...

14 Ah, (*déjà*) je sais : "Cendre[s] et Diamant" de Wajda. Qu'en dis-tu ?

15 – Hum... Peut-être une autre fois.

▸ **żadne** (les autres genres). Il se décline comme les adjectifs, ce qui explique la terminaison **-ych** au génitif pluriel.

⑦ C'est ainsi que l'on demande son avis à quelqu'un. Ne cherchez pas à traduire la formule littéralement, retenez-la telle quelle.

Corrigé du premier exercice

❶ Je peux vous proposer un nouveau contrat, qu'en dites-vous ? ❷ J'ai lu dans le journal que le nouveau film de Wajda est très intéressant. ❸ Qu'est-ce que tu as enregistré : le match de foot ou l'émission de variété ? ❹ Je n'ai trouvé aucune information sur cette agence. ❺ Tu devrais essayer une autre fois.

87 Drugie ćwiczenie – Wpisać brakujące słowa

1. Il y a une émission de variétés, qu'en dis-tu ?
.... program ...., co .. na .. ?

2. Où était-ce : dans le journal ou à la télé ?
..... to .... : w ...., czy w ....?

3. As-tu déjà vu Cendre[s] et Diamant de Wajda ?
.... już ...... i .... Wajdy?

4. Une autre fois, tu auras sûrement plus de chance.
..... razem .... miał .. pewno ...... szczęścia.

5. J'ai enregistré (fém.) hier une comédie musicale et une série américaine.
.... wczoraj .... muzyczną . serial ....

Comme les Français, les Polonais passent, en moyenne, trois heures par jour devant leur télévision. Ils ont le choix entre quatre chaînes publiques : TVP 1 ou "jedynka" (la une) ; TVP 2 ou "dwójka" (la deux) ; TVP Regionalna (TV Régionale) ; et TVP Polonia consacrée aux questions polonaises, et qui peut être suivie dans le monde entier. Les chaînes privées polonaises ou étrangères (par câble ou satellite) sont nombreuses : Polsat, TVN, TV 4, RTL 7, Wizja Jeden, ainsi que des chaînes codées : Canal+, HBO, Wizja Sport. Il existe aussi des chaînes thématiques en

Corrigé du deuxième exercice - Mots manquants

87

❶ Jest – rozrywkowy – ty – to ❷ Gdzie – było – telewizji – gazecie ❸ Widziałeś – Popiół – Diament – ❹ Innym – będziesz – na – więcej – ❺ Nagrałam – komedię – i – amerykański

polonais. Citons, parmi elles, les chaînes de cinéma : Ale Kino (Quel cinéma), Le Cinéma, Hallemark, TCM, Komedia ; les chaînes religieuses : TV Niepokalanów ; musicales : MTV Polska ; de sport : Eurosport ; sur la nature et la géographie : Planète, Animal Planet, Discovery Channel, National Geographic ; pour enfants : Cartoon Network, Fox Kids, etc. Bref, comme partout, le spectateur polonais peut s'informer, s'instruire ou, simplement, se divertir…

Deuxième vague : Lekcja trzydziesta ósma

88 Lekcja osiemdziesiąta ósma

Awaria samochodu

1 – No **wi**dzisz, **zno**wu się pomy**li**li. **A**ni ① **śla**du chmur.
2 Jak po**myś**lę, że miał być deszcz... Na**praw**dę, **ma**my **szczę**ście.
3 – Po**cze**kaj, po**go**da **mo**że się **jesz**cze **zmie**nić ②.
4 – Tak czy i**na**czej, **do**brze, że wyje**cha**liśmy **wcze**śnie.
5 – To **praw**da, **mia**łaś **ra**cję. **Póź**niej jest **wię**kszy ruch.
6 – Jak tak **da**lej **pój**dzie, to unik**nie**my ③ **kor**ków. Kto by po**myś**lał?

Notes

① Nous avons déjà vu (leçon 32), que **ani** s'utilise comme son homologue français "ni", dans une suite de négations : **ani ty, ani ja**, *ni toi ni moi*, etc. Employé isolément, il équivaut à "pas même", "pas un (seul)" : **nie mam ani grosza**, *je n'ai pas un sou*, **nie powiedział ani słowa**, *il n'a pas dit un mot*, etc. Enfin, il connaît de nombreux usages idiomatiques, comme **ani mi się śni**, *je n'y songe même pas*, **ani rusz**, *rien à faire*, etc.

② Rappelons (leçon 36, note 4) que dans ce contexte, on emploie la forme pronominale, ici au perfectif, **zmienić się**, *changer*.

③ **uniknąć** (perfectif), *éviter*, *échapper à*, est suivi du génitif, d'où **korków**, *bouchons*. Le nominatif singulier est **korek** et, tout comme en français, on l'emploie comme synonyme familier d'"embouteillage".

Une panne de voiture

1 – Eh bien, tu vois, ils se sont encore trompés. Même pas une trace de nuages.
2 Quand je pense(*rai*) qu'il devait y avoir de la pluie... Vraiment, nous avons de la chance.
3 – Attends, le temps peut encore changer.
4 – Quoi qu'il en soit (*ainsi ou autrement*), c'est bien que nous soyons partis tôt.
5 – C'est vrai, tu avais raison. Plus tard, il y a plus de (*plus grande*) circulation.
6 – Si cela continue (*ainsi plus loin ira*), nous éviterons les bouchons. Qui l'aurait cru (*pensé*) ?

7 – **Le**piej nic nie mów ④. **Jesz**cze ⑤ nam przy**nie**siesz **pe**cha!
8 – Nie prze**sa**dzaj. **Zaw**sze **wi**dzisz **wszyst**ko na **czar**no ⑥.
9 – Hm... Być **mo**że (...) Co się **dzie**je? **Sły**szysz ten **ha**łas?
10 – Tak. Co to **mo**że być?
11 – Skąd mam **wie**dzieć? **Mo**że **sil**nik, a **mo**że **ru**ra wyde**cho**wa?
12 – Po**win**niśmy się za**trzy**mać.
13 – Ja też tak **myś**lę. Wi**dzia**łaś, gdzie jest naj**bliż**sza **sta**cja ob**słu**gi?
14 – Tak, za dwa**dzieś**cia pięć kilo**met**rów. Że**byś**my **tyl**ko doje**cha**li ⑦... □

Notes

④ Sauf exception, l'impératif négatif est formé à partir de l'imperfectif, ici **mówić**, *dire*. Pour la forme positive, on se sert du perfectif qui, pour ce verbe, prend la forme de **powiedzieć**. Vous avez donc d'un côté **powiedz**, *dis*, et de l'autre **nie mów**, *ne dis pas*. Pour compliquer le tableau, il faut ajouter que **mówić** correspond aussi à "parler" – une langue par exemple. Mais dans ce cas, il n'a pas d'équivalent perfectif et on l'emploie pour les deux impératifs : **mów/nie mów**, *parle / ne parle pas*. Décidément, l'aspect verbal est un vrai casse-tête ! Mais vous verrez, cela viendra facilement avec la pratique !

⑤ **jeszcze** en dehors de son emploi temporel – "encore", "toujours" – , apporte souvent une touche d'expressivité, difficile à

7 – (*Mieux*) Ne dis rien. (*Encore*) Tu vas nous (*ap*)porter la poisse !
8 – N'exagère pas. Tu vois toujours tout en noir.
9 – Hum... Peut-être (...) Que se passe-t-il ? Tu entends ce bruit ?
10 – Oui. Qu'est-ce que ça peut être ?
11 – Comment est-ce que je peux (*ai*) savoir ? [C'est] Peut-être le moteur ou (*et peut-être*) le pot d'échappement.
12 – Nous devrions nous arrêter.
13 – Moi aussi, (*ainsi*) je pense. Tu as vu où était (*est*) la station-service la plus proche (*la plus proche station-service*) ?
14 – Oui, dans vingt-cinq kilomètres. Pourvu que (*seulement*) nous [y] arrivions...

▸ exprimer par un équivalent français. Il permet notamment, comme ici avec un verbe au futur, de marquer un avertissement, une crainte. Retenez aussi cette autre expression idiomatique **Jeszcze jak!**, *Et comment* !

⑥ En remplaçant la terminaison des adjectifs de couleurs par la lettre **-o**, on crée les adverbes correspondants. Remarquez qu'à l'exception de "vertement" – mais qui est sans rapport avec la couleur –, le français n'offre pas cette possibilité.

⑦ Comme vous le voyez, les formes de conditionnel servent aussi à exprimer le subjonctif français, inexistant en polonais. C'est une économie considérable, n'est-ce pas ?

Pierwsze ćwiczenie – Proszę przetłumaczyć

❶ Tak czy inaczej, nie unikniemy korków. ❷ Kto by pomyślał, że będzie taki hałas! ❸ Powinniśmy zapytać, gdzie jest najbliższa stacja obsługi. ❹ Mam nadzieję, że nie przyniesiesz nam pecha. ❺ Nie przesadzaj, ruch nie jest większy niż w zeszłym tygodniu.

Drugie ćwiczenie – Wpisać brakujące słowa

❶ Si cela continue (*si ainsi plus loin ira*), il va falloir s'arrêter.
Jak . . . dalej . . . . , trzeba . . . . . . się . . . .

❷ Quoi qu'il en soit (*ainsi ou autrement*), le temps va changer.
. . . czy . . . . , pogoda . . . zmieni.

❸ Qui aurait pensé que nous éviter[i]ons les bouchons ?
Kto . . pomyślał, . . unikniemy . . . . . . ?

89 Lekcja osiemdziesiąta dziewiąta

Na stacji obsługi

1 – Mam **pro**blem z samo**cho**dem. Jak **dłu**go **zaj**mie ① na**pra**wa?

Notes

① L'infinitif est **zająć**, *prendre*, *occuper*. Comme vous pouvez vous en douter, c'est un perfectif, car sa conjugaison correspond ▸

Corrigé du premier exercice
❶ Quoi qu'il en soit (*ainsi ou autrement*), nous n'éviterons pas les bouchons. ❷ Qui aurait pensé qu'il y aura[it] un tel bruit ! ❸ Nous devrions demander où est la station-service la plus proche. ❹ J'espère que tu ne vas pas nous (*ap*)porter la poisse. ❺ N'exagère pas, la circulation n'est pas plus grande que la semaine dernière.

❹ Ils se sont trompés, comme d'habitude, la circulation est normale.
. . . . się . . . zwykle, ... jest . . . .

❺ Comment (*d'où*) puis-je savoir ce qu'il s'y passe ?
. . . . mam . . . . , co . . się . . . . . . ?

Corrigé du deuxième exercice - Mots manquants
❶ – tak – pójdzie – będzie – zatrzymać ❷ Tak – inaczej – się – ❸ – by – że – korków ❹ Pomylili – jak – ruch – normalny ❺ Skąd – wiedzieć – tu – dzieje

Deuxième vague : Lekcja trzydziesta dziewiąta

Quatre-vingt-neuvième leçon 89

À la station-service

1 – J'ai un problème avec la voiture. Combien de temps prendra la réparation ?

▸ au futur. Pour obtenir le présent, on fait appel à l'imperfectif, qui est **zajmować**.

2 – To za**le**ży. **Trze**ba **spraw**dzić. A o co się **sta**ło?

3 – Coś jest nie w po**rząd**ku ② ze **skrzy**nią **bie**gów.

4 – Ah**a**. To niech pan przy**wie**zie ③ sa**mo**chód w ponie**dzia**łek **ra**no.

5 – Do**pie**ro w ponie**dzia**łek! To co my **te**raz zro**bi**my?

6 – Nic **pa**ni nie po**ra**dzę ④. **Wi**dzi **pa**ni, że **jes**tem sam.

7 **Je**den me**cha**nik jest na ur**lo**pie, **dru**gi **cho**ry...

8 – Nie **mógł**by pan **rzu**cić **o**kiem ⑤? To **mo**że **tyl**ko **drob**na us**ter**ka...

9 Jes**teś**my w **dro**dze ⑥ na wa**ka**cje, wie pan...

10 – Nie zro**bi**li **pań**stwo prze**glą**du przed wy**jaz**dem?

Notes

② Vous rappelez-vous la locution **w porządku** (litt. “en ordre”), équivalent courant du “ça va” ? On peut naturellement l’utiliser à la forme négative.

③ Le verbe perfectif **przywieźć**, *amener*, concerne aussi bien des objets que des personnes. Mais attention, on ne l’utilise que lorsque l’action se fait en véhicule. Si elle se fait à pied, on emploie **przynieść** pour les choses et **przyprowadzić** pour les personnes. L’imperfectif est respectivement **przywozić**, **przynosić** et **przyprowadzać**.

④ Voici un nouvel emploi du verbe **poradzić**, déjà rencontré au sens de “conseiller”. Dans le contexte présent, à la forme

2 – Ça dépend. Il faut vérifier. (*Et*) Que s'est-il passé ?
3 – Quelque chose ne va pas avec la boîte de vitesses.
4 – Ah. Alors, amenez la voiture lundi matin.
5 – Seulement lundi ! Alors qu'est-ce qu'on va faire maintenant ?
6 – Je n'y peux rien, madame. Vous voyez que jc suis seul.
7 L'un [des] mécanicien[s] est en congé, le deuxième malade...
8 – Ne pourriez-vous pas jeter [un coup d']œil ? Ce n'est peut-être qu'un petit (*menu*) dommage...
9 Nous sommes en route pour les vacances, vous savez...
10 – Vous n'avez pas fait de révision avant le départ ?

▸ négative, il exprime l'impossibilité de remédier à une situation, de trouver une solution au problème. Notez aussi **poradzić sobie**, *se débrouiller*.

⑤ **okiem** est l'instrumental de **oko**, *œil*, dont nous avons rencontré le pluriel irrégulier **oczy** (leçon 86, note 6).

⑥ Sachant que **drodze** est le locatif – avec son cortège de changements de consonnes –, vous avez facilement retrouvé le nominatif **droga**, *chemin*, *route*, n'est-ce pas ?

11 – **Zwy**kle ro**bi**my, **a**le tym **ra**zem, wyje**cha**liśmy znie**nac**ka...
12 – No **do**brze... Niech pan ot**wo**rzy **mas**kę (...) **Mo**że pan **włą**czyć ⑦ **dru**gi bieg?
13 – Nie **mo**gę... coś się za**cię**ło. **A**le **ha**łas!
14 – No tak. **Trze**ba wy**mie**nić **ru**rę wyde**cho**wą, to **pew**ne.
15 I **skrzy**nię **bie**gów prawdopo**dob**nie też.
16 – No **wi**dzisz, co mó**wi**łem. To **ko**niec **na**szej pod**ró**ży. □

Notes

⑦ **włączyć** (perfectif) s'emploie aussi pour tout appareil ou dispositif qui fonctionne à l'énergie (radio, lumière, etc.) et équivaut alors à **zapalić**, *allumer*. Dans les deux cas, nous avons affaire au perfectif qui se distingue des imperfectifs respectifs **włączać** et **zapalać** par le changement du suffixe.

Pierwsze ćwiczenie – Proszę przetłumaczyć

❶ Trzeba rzucić okiem na skrzynię biegów. ❷ Jak długo zajmie przegląd silnika? ❸ Coś jest nie w porządku z rurą wydechową. ❹ To się stało w drodze na wakacje. ❺ Niech pan przywiezie samochód innym razem.

11 – D'habitude, nous [le] faisons, mais cette fois-ci, nous sommes partis à l'improviste...
12 – Bon, eh bien... Ouvrez le capot (...) Pouvez-vous mettre la deuxième vitesse ?
13 – Je ne peux pas... quelque chose s'est coincé. Quel bruit !
14 – Eh oui. Il faut changer le pot d'échappement, c'est sûr.
15 Et la boîte de vitesses probablement aussi.
16 – Eh bien, tu vois ce que je disais. C'est la fin de notre voyage.

Corrigé du premier exercice

❶ Il faut jeter [un coup d']œil sur la boîte de vitesses. ❷ Combien de temps (*comment longtemps*) prendra la révision du moteur ? ❸ Quelque chose ne va pas avec le pot d'échappement. ❹ C'est arrivé [alors que nous étions] en route pour les vacances. ❺ Amenez la voiture une autre fois.

89 Drugie ćwiczenie – Wpisać brakujące słowa

1. Pouvez-vous mettre la troisième vitesse ?
   . . . . pan . . . . trzeci . . . . ?

2. Il faut vérifier le moteur et le pot d'échappement.
   . . . . sprawdzić . . . . i . . . . wydechową.

3. Je voudrais seulement jeter[un coup d']œil, cela ne prendra pas longtemps.
   . . . . tylko . . . . okiem, . . nie . . . . długo.

4. Je ne peux pas ouvrir le capot, quelque chose s'est coincé.
   . . . mogę . . . . maski, . . . się . . . .

5. Ce n'est peut-être pas une grosse panne, mais seulement un petit dommage.
   To . . . . nie . . . . wielka . . . . , a . . . . . drobna . . . .

Si vous voulez découvrir la Pologne en toute liberté et à votre rythme, la meilleure solution est d'utiliser la voiture – la vôtre, de préférence –, les prix de location étant vraiment prohibitifs. Nous tenons à vous rassurer tout de suite : l'état des routes, en dépit de leur réputation, n'a rien de catastrophique. Il est même parfois supérieur à celui de certains pays européens à grande fréquentation touristique. En dehors de quelques grands axes est-ouest et nord-sud, il n'y a pas d'autoroutes, mais des routes nationales, à deux ou quatre voies.

Corrigé du deuxième exercice - Mots manquants

❶ Może – włączyć – bieg ❷ Trzeba – silnik – rurę – ❸ Chciałbym – rzucić – to – zajmie – ❹ Nie – otworzyć – coś – zacięło ❺ – może – jest – awaria – tylko – usterka

Pour rendre votre voyage agréable, et surtout vous éviter des surprises, voici quelques recommandations importantes. D'abord, évitez de circuler au milieu de l'après-midi, car les routes sont encombrées de camions, tracteurs et autres véhicules agricoles. Avec un peu de chance, vous pouvez même tomber sur une charrette à cheval ! De même, conduire de nuit peut être un peu fatigant, car le marquage au sol n'est pas toujours d'une excellente visibilité. Ensuite, si vous envisagez une visite chez des Polonais – qui sera sans aucun doute "arrosée" –, pensez à laisser votre voiture. En effet, "boire ou conduire" s'applique en Pologne à la lettre : le taux d'alcoolémie autorisé est de... 0 ‰ et les contrôles sont fréquents. Enfin, dans les villes, il vaut mieux laisser sa voiture, de jour comme de nuit, dans un parking surveillé, parking strzeżony, *et vérifier que vous êtes bien assuré contre le vol, car les véhicules d'origine étrangère restent convoités. Mais ne vous inquiétez pas, avec un minimum de précautions, vous ferez un bon voyage.*

Deuxième vague : Lekcja czterdziesta

90 Lekcja dziewięćdziesiąta

(...dz'èvyègndz'ès'o'nta)

Wypadek kolejowy

1 *Kan**dy**dat na zawia**dow**cę **sta**cji **sta**je* ① *przed ko**mi**sją egzamina**cyj**ną.*
2 – Co by pan **zro**bił, **gdy**by pan **stwier**dził ②, że dwa po**cią**gi **ja**dą naprze**ciw**ko **sie**bie ③ po tym **sa**mym **to**rze?
3 – Skie**ro**wałbym **je**den z po**cią**gów na **in**ny tor.
4 – A **je**żeli ④ zwrot**ni**ca automa**tycz**na **by**łaby zep**su**ta?
5 – To **po**biegłbym na tor prze**sta**wić **rę**czną.
6 – A **gdy**by ta też **by**ła uszko**dzo**na?
7 – To **wró**ciłbym **bie**giem ⑤ do nas**taw**ni,
8 **że**by u**prze**dzić telefo**nicz**nie ⑥ pop**rzed**nią **sta**cję.

Notes

① Il s'agit du verbe **stawać** (imperfectif), correspondant au perfectif **stanąć**, *se mettre*, *se dresser*, *s'arrêter*, que nous avons déjà vu. Il prend ici un nouveau sens : "se présenter". On l'utilise aussi pour la comparution devant le tribunal : **stawać przed sądem**.

② Contrairement au français, les deux propositions d'une phrase hypothétique se mettent au conditionnel. Elles comportent donc chacune la particule **by** qui est, rappelons-le, relativement libre de ses mouvements. Toutefois, elle se joint classiquement à la conjonction **gdy**, *lorsque*, pour former, avec **gdyby**, le "si" conditionnel.

Un accident de train

1 *Un candidat pour [un poste de] chef de gare se présente devant une commission d'examen.*
2 – Que feriez-vous si vous constatiez que deux trains vont au-devant l'un de l'autre sur la même voie ?
3 – Je dirigerais l'un des trains sur une autre voie.
4 – Et si l'aiguillage automatique était en panne ?
5 – Alors, je courrais sur la voie [pour] déplacer [l'aiguillage] manuel.
6 – Et si celui-ci était aussi endommagé ?
7 – Alors, je reviendrais en courant au poste d'aiguillage,
8 pour prévenir par téléphone la station précédente.

▸ (3) **siebie** est la forme commune au génitif et à l'accusatif du pronom relatif **się**. Joint à la préposition **naprzeciwko**, *vis-à-vis, en face*, il lui confère une notion de réciprocité.

(4) Pour introduire une hypothèse, à la place de **gdyby**, on peut utiliser **jeżeli** ou, comme dans la phrase 10, **jeśli**. Dans ce cas, **by** peut aussi bien s'intégrer au verbe qu'en être détaché pour occuper une autre place dans la phrase.

(5) **biegiem**, *en courant*, est l'instrumental du mot **bieg**, que nous avons rencontré dans le sens de "vitesse", en parlant du système d'engrenage d'une voiture. Correspondant ici à "course", il signifie par ailleurs "cours", "allure".

(6) À partir du nom **telefon**, on peut former l'adverbe **telefonicznie**, *par téléphone*.

9 – A **jeś**li te**le**fon by nie **dzia**łał?
10 – To zadz**wo**niłbym z ko**mór**ki ⑦.
11 – A **gdy**by **li**nia **by**ła za**ję**ta?
12 – To **po**biegłbym do są**sied**niej **wio**ski ⑧ u**prze**dzić **wuj**ka.
13 – Ach tak? To cie**ka**we. A dla**cze**go?
14 – Bo **nig**dy **jesz**cze nie **wi**dział wy**pad**ku kolejo**we**go! □

Notes

⑦ **komórka** (litt. “cellule”) désigne communément le téléphone portable. Il s’agit de l’abréviation du terme technique **telefon komórkowy**, *téléphone cellulaire*.

⑧ **wioska**, *village*, est synonyme de **wieś**, que nous avons déjà rencontré dans le sens de “campagne”.

Pierwsze ćwiczenie – Proszę przetłumaczyć

❶ Kasia zawsze wraca ze szkoły biegiem. ❶ Widziałem, że nasz pociąg jest na torze drugim. ❸ Jaki jest numer pani komórki? ❹ Naprzeciwko domu był wypadek, trzeba uprzedzić policję. ❺ Kiedy pan stwierdził, że komputer jest uszkodzony?

9 – Et si le téléphone ne marchait pas ?
10 – Alors, j'appellerais du portable.
11 – Et si la ligne était occupée ?
12 – Alors, je courrais au village voisin prévenir mon oncle.
13 – Ah oui ? C'est intéressant. Et pourquoi ?
14 – Parce qu'il n'a encore jamais vu d'accident de train !

Corrigé du premier exercice

❶ Kasia rentre toujours de l'école en courant. ❷ J'ai vu que notre train est sur la voie [numéro] deux. ❸ Quel est le numéro de votre portable ? ❹ En face de la maison, il y a eu un accident, il faut prévenir la police. ❺ Quand avez-vous constaté que l'ordinateur était (*est*) endommagé ?

Drugie ćwiczenie – Wpisać brakujące słowa

1. Ta mère fait tout en courant : lessive, courses, repassage...
   . . . . . mama . . . . wszystko . . . . : pranie, ... , prasowanie...
2. Je vais t'attendre sur la voie [numéro] trois.
   Będę . . ciebie . . . . . . na . . . . . trzecim.
3. Le téléphone est en panne, j'appelle du portable.
   Telefon . . . . zepsuty, ... z . . . .

91 Lekcja dziewięćdziesiąta pierwsza

Révision

1. Les préfixes verbaux - suite

Parmi les préfixes verbaux, il y a ceux qui, comme nous l'avons vu dans la leçon 84, jouent un rôle purement grammatical, en transformant les verbes imperfectifs en perfectifs. À ce titre, ils n'apportent pas de modification au sens du verbe de base. D'autres, en revanche, servent à transformer le verbe auquel ils s'ajoutent, entraînant en français une traduction à l'aide de verbes différents. Prenons de nouveau l'exemple de l'imperfectif **pisać**, *écrire*. Le préfixe **na-** en fait le perfectif de même sens : **napisać**. Voyons maintenant ce qui se passe si l'on recourt à d'autres préfixes. Dans ce cas, la notion générale d'"écrire" se diversifie.

❹ Le magasin est fermé, allons au prochain village.
. . . . . jest . . . . , jedźmy . . następnej . . . .

❺ Le voisin qui habite en face est chef de gare.
Sąsiad, ... mieszka . . . . , jest . . . . stacji.

Corrigé du deuxième exercice - Mots manquants
❶ Twoja – robi – biegiem – zakupy – ❷ – na – czekać – torze – ❸ – jest – dzwonię – komórki – ❹ Sklep – zamknięty – do – wioski ❺ – który – naprzeciwko – zawiadowcą –

Deuxième vague : Lekcja czterdziesta pierwsza

Quatre-vingt-onzième leçon 91

Comme avec **do-**, dans **dopisać**, qui permet d'obtenir "ajouter", "compléter à l'écrit", on peut avoir **odpisać**, *copier*, **podpisać**, *signer*, **przepisać**, *(re)copier*, **spisać**, *dresser par écrit*, **wypisać**, *rayer des registres*, **zapisać**, *noter*, etc.
La difficulté, c'est que le sens des préfixes n'est pas toujours facile à déterminer. D'une part, certains jouent un double rôle, en modifiant ou non la signification du verbe. D'autre part, la valeur d'un préfixe peut parfois varier d'un verbe à l'autre – ce qui est assez fâcheux, il faut bien l'admettre. C'est pourquoi nous vous conseillons de retenir les verbes dans des phrases complètes et toujours "en situation".

91 Voici toutefois, à titre indicatif, quelques-uns des préfixes les plus fréquents avec leurs principaux emplois :

do- – achèvement dans le temps et l'espace, aboutissement : **dojść**, *arriver au bout*
– adjonction : **dopłacić**, *compléter un paiement*

na- – action dirigée dans un sens : **nakierować**, *orienter*
– action menée jusqu'au bout : **najeść się**, *manger à sa faim*
– superposition, accumulation : **nagromadzić**, *accumuler*

od- – éloignement : **odejść**, *s'éloigner*
– action de défaire : **odkręcić**, *dévisser*

prze- – action accomplie à fond : **przeszukać**, *chercher partout*
– action transversale : **przejść**, *traverser*
– permutation, transformation, **przerobić**, *refaire*

przy- – contact, adjonction : **przyciągnąć**, *attirer*

roz- – disjonction, division : **rozdzielić**, *séparer*, **rozdać**, *distribuer*

za- – commencement : **zapłakać**, *se mettre à pleurer*

2. Les pronoms

Tous les pronoms polonais se déclinent. Certains ont une déclinaison propre – personnels, réfléchis, quelques relatifs / interrogatifs. D'autres – démonstratifs, possessifs, indéfinis et la plupart des relatifs / interrogatifs – suivent le modèle des adjectifs. Pour vous rappeler toutes les formes, nous vous conseillons de vous reporter à ce qui suit.

• Les pronoms personnels
Ceux qui correspondent à la 1re et à la 2e personne du singulier : **ja**, *je*, *moi*, **ty**, *tu*, *toi*, et du pluriel : **my**, *nous*, **wy**, *vous*, sont en général omis, à moins qu'ils ne servent à accentuer le sujet de la phrase. Seule la 3e personne distingue les genres. Ils sont au nombre de trois au singulier :
masculin **on**, *il*, *lui*,
féminin **ona**, *elle*, *lui*
neutre **ono**, *il*, *elle*.
Au pluriel, on a pour le masculin personnel **oni**, *ils*, *eux*, et pour

les autres genres, **one**, *ils*, *elles*, *eux*.
Le datif et l'accusatif ont deux formes. La longue – accentuée – sert à mettre en valeur le sujet. On peut l'utiliser au début de la phrase. La courte se met toujours après le verbe.

Kocham cię. *Je t'aime.*
Kocham go. *Je l'aime.*
Jego kocham, **nie ciebie**. *Lui, je l'aime, pas toi.*

Les pronoms utilisés avec une préposition commencent par **n-**.

Idę do niego. *Je vais chez lui.*
To dla niej. *C'est pour elle.*

• Le pronom réfléchi

Le réfléchi **się**, *me*, *te*, *se*, *nous*, *vous*, est utilisé avec les verbes pronominaux à toutes les personnes du singulier et du pluriel : **nazywam się**, *je m'appelle*, **nazywasz się**, *tu t'appelles*, etc. On l'emploie aussi pour former une phrase impersonnelle du type **mówi się**, *on dit*, **robi się**, *on fait*, etc. Il n'a pas de nominatif et se décline comme suit :

Génitif	**siebie**
Datif	**sobie**
Accusatif	**siebie**, **się**
Instrumental	**sobą**
Locatif	**sobie**

• Les pronoms possessifs

Ils ont trois genres et correspondent aux adjectifs et aux pronoms possessifs en français :

mój, **moja**, **moje**, *mon / le mien, ma / la mienne*
moi, **moje**, *mes / les mien(ne)s*
twój, etc., *ton*, etc.
jego, **jej**, *son / le sien, sa / la sienne*
nasz, **nasza**, **nasze**, *notre / le (la) nôtre*
nasi, **nasze**, *nos / les nôtres*
wasz, etc., *votre*, etc.
ich, *leur(s) / le (la, les) leur(s)*
swój, etc. : toutes les personnes

Les pronoms possessifs se déclinent comme les adjectifs sauf **jego**, **jej**, **ich**, qui sont invariables.

91 Les pronoms de la série : **mój**, **twój**, **nasz**, **wasz**, **swój** s'accordent avec l'objet :
mój bilet, *mon billet*, **moja walizka**, *ma valise.*
Jego, **jej** s'accordent avec le possesseur :
jego bilet, **jego walizka**, *son billet*, *sa valise* (appartenant à un homme) ;
jej bilet, **jej walizka**, *son billet*, *sa valise* (appartenant à une femme).
Si un pronom possessif se rapporte au sujet de la phrase, on emploie **swój** pour toutes les personnes.

*****

Dialog-powtórka

1 – **Sły**szysz ten **ha**łas **(88)**? To na **pew**no coś poważ**ne**go **(85)**.
2 – **Zaw**sze **wi**dzisz **wszyst**ko na **czar**no **(88)**.
3 – Hm... **Myś**lę, że **trze**ba **rzu**cić **o**kiem **(89)** na **ru**rę wyde**cho**wą **(88)**.
4 – Tak, masz **ra**cję. **Trze**ba ją **bę**dzie wy**mie**nić **(89)**.
5 – Tak czy i**na**czej **(88)**, mu**si**my u**prze**dzić **wuj**ka **(90)**.(...)
6 – Te**le**fon jest uszko**dzo**ny, **zadz**woń z ko**mór**ki **(90)**.
7 – **Ha**lo. **Dzwo**nię ze **sta**cji ob**słu**gi **(88)**.
8 Sa**mo**chód jest zep**su**ty **(90)**, nie mo**że**my przy**je**chać.
9 – To na **kie**dy się mo**że**my u**mó**wić **(86)**?
10 – **Mo**że **jut**ro o czter**nas**tej **(86)**? Co ty na to **(87)**?
11 – Nie ma pro**ble**mu. Czter**nas**ta mi odpo**wia**da **(86)**.
12 – To **mi**ło z **two**jej **stro**ny **(85)**. □

• Les pronoms démonstratifs
Comme pour les possessifs, toutes les formes servent à la fois d'adjectifs et de pronoms :
ten, **ta**, **to**, *ce / celui-ci, cette /celle-ci*
ci, **te**, *ces / ceux-ci, celles-ci*
tamten, etc., *ce / celui-là*, etc.
taki, **taka**, **takie**, *tel(le)*
tacy, **takie**, *tel(le)s*
Leur déclinaison est comparable à celle des adjectifs. À l'accusatif singulier, la forme **tego** est utilisée pour une personne ou un animal, et **ten**, pour une chose.

*****

Dialogue de révision

1 – Tu entends ce bruit? C'est sûrement quelque chose de grave.
2 – Tu vois toujours tout en noir.
3 – Hum... Je pense qu'il faut jeter [un coup d']œil sur le pot d'échappement.
4 – Oui, tu as raison. Il va falloir le changer.
5 – Quoi qu'il en soit (*ainsi ou autrement*), nous devons prévenir mon oncle. (...)
6 – Le téléphone est en dérangement (*endommagé*), appelle du portable.
7 – Allô ! J'appelle de la station-service.
8 La voiture est en panne, nous ne pouvons pas venir.
9 – Alors pour quand pouvons-nous prendre rendez-vous ?
10 – Peut-être demain à quatorze [heures] ? Qu'en dis-tu ?
11 – Il n'y a pas de problème. Quatorze [heures] me convient.
12 – C'est gentil de ta part.

Deuxième vague : Lekcja czterdziesta druga

92 Lekcja dziewięćdziesiąta druga

W operze ①

1 – Cześć. Mam coś dla **cie**bie. **Zgad**nij, co.
2 – Nie mam najmniej**sze**go ② po**ję**cia.
3 – Wy**gra**łem ③ dwa bi**le**ty do o**pe**ry na **przy**szłą so**bo**tę. **Pój**dziesz ze mną?
4 – Z przyjem**noś**cią. **Nig**dy **jesz**cze nie **by**łem.
5 – Ja też nie. **Two**im **zda**niem, **moż**na iść w **dżin**sach ④?
6 – Nie, **myś**lę, że na**le**ży się **u**brać w gar**ni**tur ⑤.

Wymowa
5 ... dji'nsaH?

Notes

① Le nom féminin **opera**, *opéra*, a subi, comme d'habitude, la transformation **r/rz** en passant du nominatif au locatif.

② Vous connaissez déjà (leçon 47, note 3) le superlatif **najmniej**, *le moins*. Après l'adverbe, voici maintenant le tour de l'adjectif **najmniejszy**, *le moindre*, *le plus petit*, ici au génitif. De formation irrégulière, ils viennent respectivement de **mało**, *peu*, et **mały**, *petit*.

③ Comme en français, le verbe **wygrywać** – ici au perfectif **wygrać**, *gagner*, s'emploie pour les jeux de hasard et les compétitions sportives. En revanche, pour la rémunération salariale, on emploie un autre verbe, que nous avons déjà vu, **zarabiać** (**zarobić** au perfectif).

À l'opéra

1 – Salut. J'ai quelque chose pour toi. Devine quoi.
2 – Je n'[en] ai pas la moindre idée.
3 – J'ai gagné deux billets pour l'opéra pour la semaine prochaine. Tu veux (*vas*) y aller avec moi ?
4 – Avec plaisir. Je n'y suis encore jamais allé (*jamais encore n'étais*).
5 – Moi non plus. [À] ton avis, peut-on [y] aller en jean ?
6 – Non, je pense qu'il convient de mettre un (*s'habiller en*) costume.

④ Beaucoup de termes empruntés à d'autres langues ont été adaptés aux règles de l'orthographe polonaise. C'est le cas de **dżinsy**, issu de l'anglais "blue-jeans". On l'emploie toujours au pluriel, comme **spodnie**, *pantalon*.

⑤ Le verbe **ubrać się**, *s'habiller*, suivi de la préposition **w**, *en*, + accusatif, s'emploie fréquemment au sens où, en français, on dirait "mettre (un vêtement)". Ainsi on dit, par exemple, **ubrać się w koszulę** (litt. "s'habiller en chemise"), *mettre une chemise.*

7 – To **trze**ba też **bę**dzie za**ło**żyć **kra**wat. Spot**kaj**my się u mnie, o **siód**mej.
8 – O**kay**. To do so**bo**ty.
(...)
9 – Gdzie są **na**sze **miej**sca? Na par**te**rze czy na bal**ko**nie?
10 – Na bal**ko**nie. W **czwar**tym **rzę**dzie ⑥.
11 – **Poś**piesz się, już **gas**ną **świat**ła.
12 – Co to? **Wszy**scy **wsta**ją. To już **ko**niec?
13 – Nie wiem. Zo**bacz**my, co jest napi**sa**ne w pro**gra**mie.
14 – O**pe**ra w trzech **ak**tach... **Ak**cja w **dru**gim **ak**cie roz**gry**wa się po **pię**ciu **la**tach.
15 Mam na**dzie**ję, że bi**le**ty **bę**dą **jesz**cze **waż**ne! □

Notes

⑥ Le locatif **w rzędzie** vient de **rząd**, *rang*. Nous avons donc ici affaire à deux changements de lettres dans un mot, ce qui – hélas – arrive quelquefois.

Pierwsze ćwiczenie – Proszę przetłumaczyć

❶ Pójdę z tobą z przyjemnością, ale nie dzisiaj. ❷ Nigdy jeszcze nic nie wygrałem. ❸ Twoim zdaniem, można założyć dżinsy? ❹ Nie zapomnij podlać kwiatów na balkonie. ❺ Mam nadzieję, że zrobisz, co należy.

7 – Alors, il faudra aussi mettre une cravate. Retrouvons (*rencontrons*)-nous chez moi, à sept [heures].
8 – OK. Alors, à samedi.
(...)
9 – Où sont nos places ? À l'orchestre ou au balcon ?
10 – Au balcon. Au quatrième rang.
11 – Dépêche-toi. Les lumières s'éteignent déjà (*déjà s'éteignent lumières*).
12 – Qu'est-ce que c'est ? Tout le monde (*tous*) se lève(*nt*). C'est déjà fini (*fin*) ?
13 – Je ne sais pas. Regardons ce qui est écrit dans le programme.
14 – Opéra en trois actes... L'action au deuxième acte se déroule au bout de (*après*) cinq ans.
15 J'espère que les billets seront encore valables !

Corrigé du premier exercice

❶ Je viendrai avec toi avec plaisir, mais pas aujourd'hui. ❷ Je n'ai encore jamais rien gagné. ❸ [À] ton avis, on peut mettre un jean ? ❹ N'oublie pas d'arroser les fleurs sur le balcon. ❺ J'espère que tu feras ce qu'il convient.

93 Drugie ćwiczenie – Wpisać brakujące słowa

1. Je le ferai pour toi avec plaisir quand je reviendrai.
   Zrobię . . dla . . . . . . z . . . . jak . . . . . .

2. Tu devrais mettre un costume et une cravate.
   . . . . założyć . . . . i . . . .

3. Comment faut-il s'habiller, [à] ton avis ?
   Jak . . . . . . się . . . . . , twoim . . . . ?

93 Lekcja dziewięćdziesiąta trzecia

U dentysty ①

1 – **Wszyst**ko już załat**wi**łeś przed wy**jaz**dem?
2 – Tak, **tyl**ko nie wiem, czy **zdą**żę ② iść do den**ty**sty.

Wymowa

ou dèntésté

Notes

① Voici un nouvel exemple d'un nom masculin qui se termine en **-a** : **dentysta**, *dentiste*. Le féminin est **dentystka**.

4 Nos places sont au premier rang, au balcon.
Nasze . . . . są . pierwszym . . . . , na . . . .

5 Sais-tu ce qu'il convient de faire en cas d'accident ?
. . . . . , co . . . . . . zrobić . razie . . . . ?

Corrigé du deuxième exercice - Mots manquants
1 – to – ciebie – przyjemnością – wrócę 2 Powinieneś – garnitur – krawat 3 – trzeba – ubrać – zdaniem 4 – miejsca – w – rzędzie – balkonie 5 Wiesz – należy – w – wypadku

Deuxième vague : Lekcja czterdziesta trzecia

Quatre-vingt-treizième leçon 93

Chez le dentiste

1 – As-tu déjà tout réglé avant ton départ ?
2 – Oui, seulement je ne sais pas si j'aurai le temps d'aller chez le dentiste.

(2) **zdążyć** traduit le fait d'arriver ou de réussir quelque chose à temps. N'ayant que la forme du perfectif, il se rapporte au futur **zdążę to zrobić**, *j'aurai le temps de le faire*. Outre l'infinitif, il peut aussi être suivi d'une préposition : **zdążyć na pociąg**, **do pracy**, *arriver à temps au train*, *au travail*.

93

3 – A co, **bo**lą cię **zę**by ③?
4 – Nie, to tak na **wszel**ki wy**pa**dek ④. **Chciał**bym, **że**by mi s**praw**dził.
5 – **Prze**cież za gra**ni**cą są den**tyś**ci ⑤.
6 – **A**le jak mu wytłu**ma**czę? Po **pol**sku?
7 – **Zro**bisz jak ja, **po**wiesz po an**giel**sku.
8 – Nie znam **dob**rze angiel**skie**go.
9 – Ja też znam **tyl**ko **pa**rę słów i **da**łem **so**bie **ra**dę ⑥.
10 – Na**praw**dę? Jak to zro**bi**łeś?
11 – Poka**za**łem mu ząb i powie**dzia**łem "tu" ⑦.
12 – I co, zro**zu**miał?
13 – Dosko**na**le! **Wyr**wał mi dwa **zę**by.
14 – **Ca**łe **szczę**ście, że nie powie**dzia**łeś "ten" ⑧! □

Notes

③ Le singulier est **ząb**, *dent*, nom masculin.

④ En plus de cette tournure, l'adjectif **wszelki**, *tout*, *chaque*, apparaît dans quelques expressions toutes faites : **wszelkimi sposobami**, *par tous les moyens*, **za wszelką cenę**, *à tout prix*, **wszelkie prawa zastrzeżone**, *tous droits réservés*.

⑤ Remarquez la forme du pluriel dans **dentyści**, *dentistes*. On retrouve la même terminaison dans tous les noms masculins qui finissent en **-ta** au singulier : **artysta** - **artyści**, **turysta** - **turyści**, etc.

Pierwsze ćwiczenie – Proszę przetłumaczyć

❶ Jestem pewien, że zdążysz to zrobić do jutra. ❷ Koniecznie muszę załatwić tę historię przed wyjazdem. ❸ Możesz mi wytłumaczyć, jak to się stało? ❹ Nie przesadzaj, na pewno dasz sobie radę sama. ❺ Niech pan to sprawdzi, na wszelki wypadek.

3 – (*Et*) Quoi, tu as mal aux dents ?
4 – Non, c'est comme ça, à tout hasard. Je voudrais qu'il me [les] contrôle.
5 – Pourtant à l'étranger, il y a des dentistes.
6 – Mais comment vais-je lui expliquer ? En polonais ?
7 – Tu feras comme moi, tu [le lui] diras en anglais.
8 – Je ne connais pas bien l'anglais.
9 – Moi non plus (*aussi*), je ne connais que quelques mots et je me suis débrouillé.
10 – Vraiment ? Comment as-tu fait ?
11 – Je lui ai montré la dent et j'ai dit "tu" (*ici*).
12 – Et alors, il a compris ?
13 – Parfaitement ! Il m'a arraché deux dents.
14 – Heureusement que tu n'as pas dit "ten" (*celui-ci*).

⑥ Nous vous suggérons de retenir telle quelle cette locution idiomatique, correspondant à "se débrouiller" : **dać** (**dawać** à l'imperfectif) **sobie radę**. Le pronom **sobie** est invariable : **daję sobie radę**, *je me débrouille*, **dajesz sobie radę**, *tu te débrouilles*, etc.

⑦ Vous l'avez sûrement compris, mais précisons à tout hasard que "two", prononcé comme **tu**, *ici*, veut dire "deux" en anglais.

⑧ Voyez vous-même les conséquences de la confusion entre "ten" ("dix" en anglais) et **ten**, *ce*, *celui-ci* !

Corrigé du premier exercice

❶ Je suis sûr que tu auras le temps de le faire jusqu'à demain. ❷ Je dois absolument régler cette histoire avant le départ. ❸ Peux-tu m'expliquer comment ça s'est passé ? ❹ N'exagère pas, tu vas sûrement te débrouiller toute seule. ❺ Contrôlez-le, à tout hasard.

93 Drugie ćwiczenie – Wpisać brakujące słowa

1. Dépêche-toi, sinon (*car autrement*) je n'aurai pas le temps [d'aller] au travail.
   Pośpiesz ..., bo .... nie ..... do ..... .

2. Vas-tu pouvoir régler toutes les affaires d'ici demain ?
   .... mógł .... wszystkie ...... do ..... ?

3. Je vois que tu t'es très bien (*parfaitement*) débrouillée à l'étranger.
   ....., że .... sobie ..... radę .. granicą.

Le premier centre d'intérêt des Polonais est, bien sûr, la politique, car, comme le dit le proverbe : "Deux Polonais, trois opinions politiques". Mais ils ont aussi la passion de la médecine. En témoigne cette histoire que l'on raconte au sujet de Stańczyk, le bouffon du roi Zygmunt Stary (Sigismond le Vieux). Un jour, il fit un pari avec un membre de la cour du roi, prétendant qu'en Pologne le nombre de médecins était le plus élevé au monde. Le lendemain, il simula une rage de dents et se promena toute la journée, le visage recouvert d'un pansement. Le soir, il put s'enorgueillir d'avoir réuni près de trois cents avis différents pour guérir sa maladie et gagna ainsi son pari !

❹ Malheureusement, je vais devoir vous arracher au moins deux dents. 93

. . . . , będę . . . . . . panu . . . . . . co
. . . . dwa . . . . .

❺ Je te l'expliquerai plus tard, maintenant je suis occupée.

. . . . ci . . później, ... jestem
. . . .

Corrigé du deuxième exercice - Mots manquants

❶ – się – inaczej – zdążę – pracy ❷ Będziesz – załatwić – sprawy – jutra ❸ Widzę – doskonale – dałaś – za – ❹ Niestety – musiał – wyrwać – najmniej – zęby ❺ Wytłumaczę – to – teraz – zajęta

Deuxième vague : Lekcja czterdziesta czwarta

94 Lekcja dziewięćdziesiąta czwarta

W księgarni

1 – Nie **po**szłabyś ① ze mną **ku**pić coś na **pre**zent dla są**siad**ki ②?
2 – **Chę**tnie. A co za**mie**rzasz jej ③ poda**ro**wać?
3 – Myś**la**łam o **ja**kiejś **dob**rej **ksią**żce.
4 – To **wejdź**my do tej księ**gar**ni. Tu jest **du**ży **wy**bór. (...)
5 **Zo**bacz, są **pięk**ne **ksią**żki z reproduk**cja**mi dzieł **sztu**ki.
6 – O nie, to nie w jej **sty**lu. **Sztu**ka jej ③ nie intere**su**je.
7 – To **mo**że **ja**kiś prze**wod**nik turys**tycz**ny? **Al**bo **ksią**żkę o po**dró**żach, o **kra**jach egzo**tycz**nych?
8 – **Ta**kich **ksią**żek **o**na ma już **spo**ro ④.

Wymowa

*3 ... **ks'onch**tsè ...*

Notes

① La question est adressée à une femme, sinon on dirait **poszedłbyś**. Comme vous le savez, pour former le conditionnel, on se sert de la 3e personne du passé - ici il s'agit du verbe **pójść**, *aller* – suivi de **by** et des terminaisons personnelles. Sa conjugaison est irrégulière, comme nous l'avons déjà vu (leçon 66, note 3), à propos de la forme neutre du singulier **poszło**, *il / elle est allé(e)*. Au pluriel, les formes sont **poszli**, *ils sont allés* et **poszły**, *elles sont allées*. Par conséquent, le conditionnel est : **poszlibyśmy/poszłybyśmy**, *nous irions / serions allé(e)s*, **poszlibyście/poszłybyście**, *vous iriez / seriez allé(e)s*, etc.

Quatre-vingt-quatorzième leçon 94

À la librairie

1 – Tu ne viendrais (*n'irais-tu*) pas avec moi acheter quelque chose en (*pour*) cadeau pour [ma] voisine ?
2 – Volontiers. Et qu'as-tu l'intention de lui offrir ?
3 – J'ai pensé à un bon livre.
4 – Alors, entrons dans cette librairie. Il y a un grand choix ici. (...)
5 Regarde, il y a de beaux livres avec des reproductions d'œuvres d'art.
6 – Oh non, ce n'est pas dans son style. L'art, [ça] ne l'intéresse pas.
7 – Alors peut-être un guide touristique ? Ou un livre sur les voyages, les pays exotiques ?
8 – De bons livres comme ça, elle [en] a déjà pas mal.

(2) Vous vous souvenez sans doute qu'ajoutée à un nom masculin – ici **sąsiad**, *voisin* –, la terminaison **-ka** le transforme en féminin : **sąsiadka**.

(3) N'oubliez pas que **jej** correspond à plusieurs fonctions. C'est d'abord la forme commune au datif – comme dans cette phrase – et au génitif (phrase 6) de **ona**, *elle*. De plus, **jej** équivaut à "sa" lorsque le possesseur est une femme.

(4) L'adverbe **sporo**, *pas mal*, s'emploie comme équivalent familier de **dużo**, *beaucoup*. De même, l'adjectif **spory** est l'homologue, dans la langue courante, de **duży**, *grand*.

94 **9** – A co ona właś**ci**wie **lu**bi: ję**zy**ki **ob**ce, his**to**rię, po**ez**ję...
10 – Na**praw**dę, nie znam jej upo**do**bań aż tak **do**brze.
11 – To mam **po**mysł. Kup jej **książ**kę ku**char**ską (5).
12 **Zo**bacz, tu jest **ta**kie **ład**ne wy**da**nie, z koloro**wy**mi ilustra**cja**mi...
13 – Jest za **gru**ba. **O**ni w **do**mu **ty**le nie **je**dzą.
14 – Osta**tecz**nie **mo**żesz jej **ku**pić **po**wieść.
15 – No **do**brze, **a**le pod wa**run**kiem, że nie **bę**dzie (6) **a**ni prze**mo**cy, **a**ni po**li**tyki, **a**ni **sek**su...
16 – To nie **wi**dzę in**ne**go **wyj**ścia, jak poda**ro**wać jej **książ**kę telefo**nicz**ną! □

Notes

(5) Dans la famille de mots relatifs à **kuchnia**, *cuisine*, on trouve deux adjectifs : **kucharski** (ici au génitif féminin) et **kuchenny**. Le premier, qui s'applique aux livres de recettes, permet aussi de qualifier l'art de cuisiner. Le second, plus répandu, s'emploie pour un ustensile, un meuble, un escalier, etc. ▸

Pierwsze ćwiczenie – Proszę przetłumaczyć

❶ Jakie języki obce zna twój syn? ❷ Zrobię to pod warunkiem, że będziesz grzeczny. ❸ Ten przewodnik turystyczny jest za duży, ma pan inne? ❹ Zamierzam poszukać innego wyjścia. ❺ Widzę, że masz nową książkę kucharską.

9 – Et qu'est-ce qu'elle aime au juste : langues étrangères, histoire, poésie...
10 – À vrai dire, je ne connais pas ses goûts si bien [que ça].
11 – Alors, j'ai une idée. Achète-lui un livre de cuisine.
12 Regarde, il y a ici une (*telle*) belle édition, avec des illustrations en couleur...
13 – Il est trop gros. Ils ne mangent pas autant chez eux (*à la maison*).
14 – Après tout, tu peux lui acheter un roman.
15 – Bon, d'accord (*bien*), mais à condition qu'il n'y ait ni violence, ni politique, ni sexe...
16 – Alors, je ne vois pas d'autre[s] solution[s] que de lui offrir un annuaire (*livre téléphonique*) !

▸ Notez aussi le nom de la profession : **kucharz**, *cuisinier*, et **kucharka**, *cuisinière*.

⑥ Comme vous le savez, le conditionnel polonais se traduit par le subjonctif français, mais on peut également, comme ici, employer le futur **będzie**.

Corrigé du premier exercice

❶ Quelles langues étrangères connaît ton fils ? ❷ Je le ferai à condition que tu sois (*seras*) gentil. ❸ Ce guide touristique est trop gros, [en] avez-vous d'autres ? ❹ J'ai l'intention de chercher une autre solution. ❺ Je vois que tu as un nouveau livre de cuisine.

Drugie ćwiczenie – Wpisać brakujące słowa

❶ Ce roman me semble un peu trop gros, il n'aime pas lire.
Ta . . . . wydaje . . się . . . . . . za . . . . . , on . . . lubi . . . .

❷ Dites-moi, Madame, quelles langues étrangères vous connaissez.
. . . . . . mi . . . . , jakie . . . . zna . . . . . . obce.

❸ Nous irons au cinéma à condition que tu finisses (*finiras*) tes leçons.
. . . . do . . . . pod . . . ., że . . . . lekcje.

❹ Je vais à la librairie, je dois m'acheter un guide touristique.
. . . do . . . . , muszę . . . . . kupić . . . . turystyczny.

95 Lekcja dziewięćdziesiąta piąta

Dieta ①

1 – Mam wyśmie**ni**te **ciast**ka. Spró**bu**jesz ②?
2 – Nie, dzię**ku**ję. Nie **mo**gę.

Notes

① **Dieta** désigne un régime alimentaire (amaigrissant, végétarien, sans sel, etc.). Son usage est beaucoup plus large que celui du mot français "diète", terme médical, rare dans l'usage courant. **Dieta** s'emploie par ailleurs pour les remboursements de frais

❺ Vraiment tu as l'intention de lui offrir un livre de cuisine ?
Naprawdę .... jej ....
książkę ....?

Corrigé du deuxième exercice - Mots manquants
❶ – powieść – mi – trochę – gruba – nie – czytać
❷ Proszę – powiedzieć – pani – języki – ❸ Pójdziemy – kina – warunkiem – skończysz – ❹ Idę – księgarni – sobie – przewodnik – ❺ – zamierzasz – podarować – kucharską

Deuxième vague : Lekcja czterdziesta piąta

Quatre-vingt-quinzième leçon 95

Le régime

1 – J'ai d'excellents (*délicieux*) gâteaux. Tu veux (*vas*) goûter ?
2 – Non, merci. Je ne peux pas.

▸ d'un voyage professionnel. Notez que "Diète", avec une majuscule, désigne le parlement polonais, qui se dit : **Sejm**.

② Le verbe perfectif **spróbować** (ici "goûter") veut aussi dire "essayer" (de faire quelque chose). Rappelons que pour "essayer un vêtement", on emploie **przymierzyć**.

3 – Co ty **mó**wisz? **Zaw**sze lu**bi**łaś sło**dy**cze.
4 – To **praw**da, **a**le **jes**tem na **die**cie.
5 – Nie **żar**tu**j**! Od jak **daw**na?
6 – Od mie**sią**ca. Nies**te**ty, na **ra**zie nie **wi**dać rezul**ta**tu.
7 – Nie u**da**ło ci si **wca**le **schud**nąć?
8 – Wręcz prze**ciw**nie (3)! Przy**ty**łam (4) pół**to**ra **ki**lo. To ok**rop**ne.
9 – Może po**win**naś u**pra**wiać (5) **ja**kiś sport: **jeź**dzić na ro**we**rze, gimnasty**ko**wać się...
10 – Tak. **Mu**szę o tym po**myś**leć.
11 – **Prze**de **wszyst**kim (6), nie **trze**ba się znie**chę**cać. I **cza**sem **dob**rze jest po**ra**dzić się (7) le**ka**rza.
12 – Już **by**łam. To on mi prze**pi**sał **die**tę.
13 – Ach tak? A co ci po**le**cił?
14 – Mam jeść trzy **ra**zy **dzien**nie su**cha**rek i po**pi**jać (8) **szklan**ką **so**ku pomidoro**we**go.
15 **Tyl**ko zapom**nia**łam go za**py**tać, czy mam to **ro**bić przed, czy po je**dze**niu. □

Notes

(3) Les deux adverbes de cette locution idiomatique peuvent s'employer séparément. **Przeciwnie** est issu de l'adjectif **przeciwny**, *contraire*, *opposé*, et **wręcz** – qui permet ici de renforcer l'expression – veut dire "radicalement", "sans détours".

(4) **przytyć** est le synonyme de **utyć**, *grossir*. Entre ces deux verbes (ici au perfectif), la différence est relativement mince – c'est le cas de le dire. En effet, avec **przytyć**, on sous-entend un tout petit nombre de kilos en plus !

(5) S'agissant d'un sport – ou d'une discipline artistique –, on n'emploie jamais, comme en français, le verbe "faire", mais **uprawiać**, *pratiquer*, ou parfois un verbe spécifique, comme ici **gimnastykować się**, *faire de la gymnastique*.

3 – Qu'est-ce que tu dis ? Tu as toujours aimé les sucreries.
4 – C'est vrai, mais je suis au régime.
5 – Sans blague (*ne plaisante pas*) ! Depuis combien de temps ?
6 – Depuis un mois. Malheureusement, pour le moment, on ne voit pas le résultat.
7 – Tu n'as pas du tout réussi à maigrir ?
8 – Bien au contraire. J'ai grossi d'un kilo et demi. C'est affreux.
9 – Tu devrais peut-être pratiquer un sport : faire du (*aller à*) vélo, faire de la gymnastique...
10 – Oui. Je dois y (*à cela*) penser.
11 – Avant tout, il ne faut pas se décourager. Et parfois, c'est bien de se faire conseiller [par] le médecin.
12 – J'[y]ai déjà été. C'est lui qui m'a prescrit le régime.
13 – Ah oui ? Et qu'est-ce qu'il t'a recommandé ?
14 – Je dois manger trois fois par jour une biscotte et boire un verre de jus de tomate.
15 Seulement, j'ai oublié de lui demander si je dois le faire avant ou après manger.

(6) **przed**, *avant*, devient ici **przede** pour simplifier la prononciation. Il en est de même pour **przede mną**, *avant moi*, mais c'est à peu près tout.

(7) **poradzić**, *conseiller*, que nous avons déjà vu, a aussi une forme pronominale qui équivaut à “prendre conseil”, “se faire conseiller”. Il est alors suivi du génitif.

(8) **popijać**, dérivé de **pić**, *boire*, est plus spécifique. Il apparaît dans deux constructions. Avec l'accusatif, il signifie “boire à petits coups”, “siroter” : **popijać piwo / sok**, *siroter une bière / un jus*, etc. Avec l'instrumental, il signifie que l'on mange quelque chose en même temps, et veut alors dire “boire un peu après chaque bouchée” : **popijać piwem, sokiem**.

Pierwsze ćwiczenie – Proszę przetłumaczyć

❶ Nie mam czasu, żeby uprawiać sport.
❷ Zupełnie zapomniałam, że jesteś na diecie.
❸ Przestań jeść słodycze, jeśli chcesz schudnąć!
❹ Mówisz, że przytyłaś? Wcale nie widać.
❺ Przede wszystkim, musisz pomyśleć o tym co ci polecił lekarz.

Drugie ćwiczenie – Wpisać brakujące słowa

❶ Dis-moi où tu as acheté (fém.) ces gâteaux. Ils sont délicieux.
Powiedz . . , gdzie . . . . te
. . . . Są . . . .

❷ Tu dis que c'est ton médecin [qui] t'a recommandé ce régime ?
. . . . . . , że . . twój ci
. . . . tę . . . . . ?

❸ Tu devrais (fém.) peut-être te faire conseiller [par ta] voisine, elle s'y (*en cela*) connaît.
. . . . może . . . . się . . . . ,
ona . . . na . . . zna.

❹ Vraiment tu ne vois pas que j'ai grossi (fém.) d'au moins trois kilos ?
. . . . nie . . . . , że . . . . . . co
. . . . trzy . . . . ?

Il y a en Pologne d'excellentes pâtisseries et il serait dommage que vous passiez à côté de certaines spécialités. À goûter absolument, makowiec, un roulé au pavot et aux raisins secs. Si vous aimez les pommes, vous serez comblé par jabłecznik, une tourte recouverte de sucre glace. Vous constaterez aussi qu'avec le fromage blanc, on prépare un délicieux sernik. Et tout comme le pape Jean-Paul II, dont c'est le gâteau préféré, vous ne resterez pas indifférent devant kremówka, une sorte de mille-feuilles crémeux. Citons encore keks,

Corrigé du premier exercice

1 Je n'ai pas le temps de pratiquer un sport. 2 J'ai complètement oublié que tu étais (*es*) au régime. 3 Arrête de manger des sucreries si tu veux maigrir ! 4 Tu dis que tu as grossi ? Ça ne se voit pas du tout. 5 Avant tout, tu dois penser à ce que t'a recommandé le médecin.

5 J'[y] goûterai très volontiers, tu sais bien que j'aime beaucoup les sucreries.
. . . . bardzo . . . . , wiesz
. . . . . . , że . . . . . . lubię . . . .

Corrigé du deuxième exercice - Mots manquants

1 – mi – kupiłaś – ciastka – wyśmienite 2 Mówisz – to – lekarz – polecił – dietę 3 Powinnaś – poradzić – sąsiadki – się – tym – 4 Naprawdę – widzisz – utyłam – najmniej – kilo 5 Spróbuję – chętnie – dobrze – bardzo – słodycze

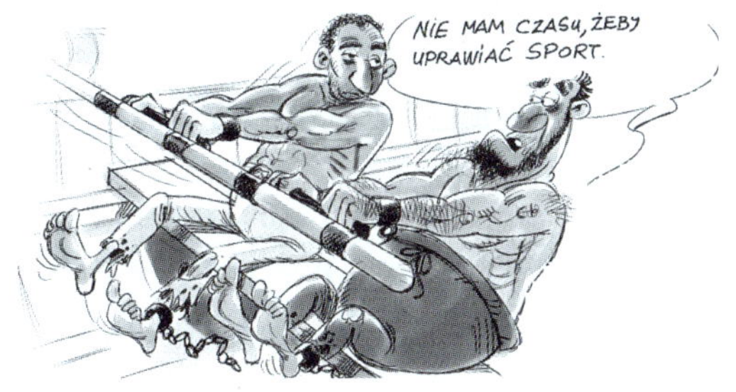

une génoise aux fruits secs, ptyś, un chou à la crème, ou piernik, un pain d'épice. À Pâques, on se régale avec babka, une brioche recouverte de sucre glace ou de chocolat. Enfin, pendant le carnaval, on se rue sur chrust (ou favorki), de fines lamelles entortillées de pâte sablée, frites à l'huile et saupoudrés de sucre glace. C'est léger et croustillant, une vraie merveille !

Deuxième vague : Lekcja czterdziesta szósta

96 Lekcja dziewięćdziesiąta szósta

Egzamin z geografii

1 – To nasz os**tat**ni eg**za**min. Mam na**dzie**ję, że **dob**rze mi **pój**dzie.
2 – A ja się **wca**le nie przygoto**wa**łem. **Bo**ję się, że ob**le**ję ①.
3 – Nie **przej**muj się. Pro**fe**sor jest **bar**dzo wyrozu**mia**ły.
4 **Mo**że **za**da ② ci **ja**kieś **łat**we py**ta**nie. O, to już **two**ja **ko**lej ③. Powo**dze**nia! (...)
5 – Dzień **do**bry. **Pa**nie profe**so**rze, ja na**praw**dę nic nie **u**miem ④.
6 – Jak to? Był pan o**bec**ny na **wszyst**kich za**ję**ciach, **słu**chał pan u**waż**nie ⑤.
7 To niemoż**li**we, coś pan na **pew**no pa**mię**ta.
8 – **A**le nie **mia**łem **cza**su **przej**rzeć no**ta**tek i pow**tó**rzyć ca**łe**go mater**ia**łu...
9 – **Bar**dzo **lu**bię **szcze**rych **lu**dzi, więc **za**dam **pa**nu **tyl**ko **jed**no py**ta**nie.

Notes

① Nous avons affaire ici à un usage particulier du verbe **oblać** (**oblewać** à l'imperfectif), dont le premier sens – au propre et au figuré – est "arroser". En parlant d'un examen, il signifie "ne pas réussir", "être collé".

② En faisant préceder **dać/dawać**, *donner*, du préfixe **za-**, on obtient un nouveau verbe. Il est à retenir notamment dans la tournure **zada(wa)ć pytanie**, *poser une question*.

③ **kolej** veut dire non seulement "chemin de fer" (rappelez-vous ▸

Un examen de géographie

1 – C'est notre dernier examen. J'espère que ça se passera bien pour moi (*bien m'ira*).
2 – Et moi, je ne me suis pas du tout préparé. J'ai peur d'être collé (*que je ne réussirai pas*).
3 – Ne t'en fais pas. Le professeur est très indulgent.
4 Il te posera peut-être une question facile. Oh, c'est déjà ton tour. Bonne chance ! (...)
5 – Bonjour. Monsieur le professeur, je ne sais vraiment rien.
6 – Comment ça ? Vous étiez présent à tous les cours, vous écoutiez attentivement.
7 Ce n'est pas possible. Vous vous rappelez sûrement quelque chose.
8 – Mais je n'ai pas eu le temps de revoir les notes et de réviser (*répéter*) tout le programme (*matériel*)...
9 – J'aime beaucoup les gens sincères, donc je vous poserai seulement une question.

▸ l'adjectif **kolejowy**, *ferroviaire)*, mais aussi "tour". **To moja kolej** ou **To kolej na mnie**, *C'est mon tour*, **po kolei**, *tour à tour*.

(4) Nous espérons que vous n'avez pas oublié (leçon 71, note 3) la différence entre les deux verbes correspondant à "savoir" : **wiedzieć** et **umieć**. C'est le second qui convient ici, puisqu'il s'agit de connaissances, d'un savoir acquis.

(5) Vous l'avez sûrement deviné : c'est **uwaga**, *attention*, qui a donné naissance à l'adverbe **uważnie**, *attentivement*.

10 **Je**ś**li pan od**po**wie ⑥ pop**raw**nie, to zda ⑦ pan egzamin.

11 – No dobrze, spró**bu**ję.

12 – Niech mi pan **po**wie, **i**le jest drzew w **pusz**czy ama**zoń**skiej.

13 – 38 542 (Trzy**dzie**ści **o**siem ty**się**cy ⑧ **pięć**set czter**dzie**ści dwa).

14 – A skąd pan wie?

15 – **Mia**ło być **tyl**ko **jed**no py**ta**nie! □

Notes

⑥ Comme le veut la logique, dans une prévision, on met le futur après le "si" en polonais. Précisons que cela se fait dans beaucoup de langues, mais pas en français ! L'utilisation du futur explique le recours au perfectif **odpowiedzieć**, *répondre*, et non pas à l'imperfectif **odpowiadać**.

⑦ Voici encore **dać/dawać** avec un nouveau préfixe **z-** et une nouvelle signification, ici à propos des examens. Curieusement, elle n'est pas tout à fait la même pour les deux aspects. Vous ▸

Pierwsze ćwiczenie – Proszę przetłumaczyć

❶ Co ty robisz, dlaczego się jeszcze nie przygotowałeś? ❷ Nie umiem odpowiedzieć na to pytanie. ❸ Jestem pewien, że zdasz ten egzamin bez problemu. ❹ Niech pan spróbuje powtórzyć, to bardzo łatwe. ❺ Do widzenia i powodzenia w pracy.

10 Si vous [y] répondez (*répondrez*) correctement, vous aurez (*réussirez*) votre examen.
11 – Eh bien, je vais essayer.
12 – Dites-moi combien il y a d'arbres dans la forêt amazonienne.
13 – 38 542.
14 – Et comment le savez vous ?
15 – Il ne devait y avoir qu'une seule question !

▸ connaissez déjà l'expression avec l'imperfectif **zdaje maturę**, *il passe le bac*. Le professeur utilise ici le perfectif, car il se réfère à l'avenir.

⑧ Nous n'avons pas encore vu le mot **tysiąc**, *mille*, qui apparaît ici au génitif pluriel. Ce cas est employé après tous les nombres, sauf 2, 3 et 4 – et leurs composés. Ces derniers étant suivis du nominatif pluriel, nous aurons donc : **dwa tysiące**, *deux mille*, mais **pięć tysięcy**, *cinq mille*.

Corrigé du premier exercice

❶ Qu'est-ce que tu fais, pourquoi tu ne t'es pas encore préparé ? ❷ Je ne sais pas répondre à cette question. ❸ Je suis sûr que tu réussiras cet examen sans problème. ❹ Essayez de répéter, c'est très facile. ❺ Au revoir et bonne chance au travail.

Drugie ćwiczenie – Wpisać brakujące słowa

❶ Ne t'en fais pas, bientôt ce sera notre tour.
. . . przejmuj . . . , zaraz . . . . . . nasza . . . . . .

❷ Je ne me suis pas préparé à une telle question.
Nie . . . . się . . takie . . . .

❸ Si je réussis (*réussirai*) [mon] examen, je t'inviterai au restaurant.
Jeśli . . . . egzamin, ... cię . . restauracji.

❹ Le premier exercice est vraiment très facile.
Pierwsze . . . . jest . . . . bardzo . . . . . .

❺ Répondez sincèrement : que savez-vous faire ?
. . . . . pan . . . . szczerze: . . pan . . . . robić?

97 Lekcja dziewięćdziesiąta siódma

Skutki alkoholu

1 – Chodź **Zby**szek. Zro**bi**my doświad**cze**nie.
2 **Stwier**dzisz na **włas**ne **o**czy, **ja**kie są **skut**ki alko**ho**lu.
3 – **A**leż **ta**to, ja wiem.

Corrigé du deuxième exercice - Mots manquants
❶ Nie – się – będzie – kolej ❷ – przygotowałem – na – pytanie ❸ – zdam – zaproszę – do – ❹ – ćwiczenie – naprawdę – łatwe ❺ Niech – odpowie – co – umie –

Deuxième vague : Lekcja czterdziesta siódma

Quatre-vingt-dix-septième leçon 97

Les effets de l'alcool

1 – Viens, Zbyszek. Nous allons faire une expérience.
2 Tu constateras de (*avec*) [tes] propres yeux (*quels sont*) les effets de l'alcool.
3 – Mais papa, je [le] sais.

4 – Nie, chcę, żebyś sam zo**ba**czył. To **bar**dzo cie**ka**we.
5 Patrz ①, **bio**rę dwa kie**lisz**ki.
6 Do jed**ne**go na**le**wam **wo**dy, a do dru**gie**go **wód**ki ②.
7 Teraz **przy**nieś mi z og**ro**du dwa ro**ba**ki.
8 – Już mam. I co **da**lej?
9 – Jed**ne**go wkła**da**my do kie**lisz**ka z **wo**dą, dru**gie**go do kie**lisz**ka z **wód**ką.
10 Pocze**ka**my **kil**ka **mi**nut (...) **Wi**dzisz, co się **dzie**je?
11 – **Wi**dzę. **Ro**bak, **któ**ry ③ był w **wo**dzie, **pły**wa ④.
12 – A ten, **któ**ry był w **wód**ce?
13 – Nie **ru**sza się ⑤, **chy**ba zdechł ⑥.
14 – I **ja**ki z **te**go **wnio**sek?
15 – Że jak się **pi**je **wód**kę, to się nie ma ⑦ ro**ba**ków. □

Notes

① **patrz** est l'impératif de **patrzeć**, *regarder*, synonyme de **zobacz**.

② Comme il s'agit d'exprimer une certaine quantité, les deux noms **woda**, *eau*, et **wódka**, *vodka*, sont au génitif. La différence de terminaison est due, vous vous en souvenez, à la lettre finale du radical : après un **k**, le **y** est remplacé par un **i**.

③ Le pronom interrogatif **który**, *(le)quel*, sert également de pronom relatif. Au nominatif, il remplace le sujet et correspond à "qui".

④ Comme vous le savez, les verbes de mouvement ont deux versions : l'une pour un déplacement habituel ou non orienté, l'autre pour un mouvement particulier ou dirigé vers une destination précise. Ainsi, le verbe "nager" a pour équivalent **pływać** pour ▸

4 – Non, je veux que tu le voies toi-même. C'est très intéressant.
5 Regarde, je prends deux verres.
6 Dans l'un, je verse de l'eau et dans l'autre (*deuxième*), de la vodka.
7 Maintenant, apporte-moi deux vers du jardin.
8 – Ça y est, je [les] ai. Et puis (*quoi plus loin*) ?
9 – L'un, on [le] met dans le verre d'eau, l'autre (*deuxième*) dans le verre de vodka.
10 Nous allons attendre quelques minutes (...) Tu vois ce qui se passe ?
11 – Je vois. Le ver qui était dans l'eau nage.
12 – Et celui qui était dans la vodka ?
13 – Il ne bouge pas, il est probablement mort.
14 – Et quelle en est (*de cela*) la conclusion ?
15 – Que lorsqu'on boit de la vodka, (*alors*) on n'a pas de vers.

▸ le premier sens et **płynąć**, pour le second. La capacité de se mouvoir dans l'eau – pour les poissons comme pour l'homme – s'exprime à l'aide de **pływać**.

(5) Comme vous le voyez, le verbe **ruszać się**, *bouger*, est pronominal en polonais.

(6) **zdechł** est le passé (3e personne du singulier au masculin personnel) du verbe perfectif **zdechnąć**, *mourir*, en parlant des animaux.

(7) Voici encore deux exemples de la tournure correspondant au "on" impersonnel (3e personne du singulier de la forme réfléchie du verbe) : **pije się**, *on boit*, **ma się**, *on a*. Très fréquente en polonais, vous la trouverez, par exemple, dans le proverbe **Jak się nie ma co się lubi, to się lubi co się ma**, *Quand on n'a pas ce qu'on aime, on aime ce qu'on a*.

Pierwsze ćwiczenie – Proszę przetłumaczyć

❶ Mój syn jeszcze nie umie pływać. ❷ Zobaczysz na własne oczy, co się dzieje. ❸ Stwierdziłem, że lepiej jest mieć doświadczenie. ❹ Proszę się nie ruszać, to nie potrwa długo. ❺ Dlaczego mi pan nalewa tyle wódki?

Drugie ćwiczenie – Wpisać brakujące słowa

❶ Tu constateras toi-même qu'il a une grande expérience.
. . . . sam, . . on . . duże
. . . .

❷ Je ne savais (fém.) pas que tu nageais si bien (*si bien nages*).
Nie . . . . , że . . . dobrze
. . . .

❸ Que se passe-t-il, pourquoi il ne bouge pas ?
Co . . . dzieje, ... on . . . nie
. . . . . ?

❹ Apporte trois verres à vodka.
. . . . trzy . . . . do . . . . . .

❺ Quand on habite en ville, (*alors*) on n'a pas de jardin.
Jak . . . mieszka . mieście, . . się . . .
ma . . . .

Ce n'est pas sans raison que la vodka passe pour la boisson nationale par excellence. Comme vous verrez, elle existe sous les formes les plus inattendues. Parmi les plus originales, en plus de la żubrówka – que vous connaissez déjà –, vous en trouverez à la cerise, wiśniówka, au citron, cytrynówka, au cumin, kminkowa, aux herbes, ziołowa, au poivre, pieprzówka, ou encore aux baies de sorbier, jarzębiak. Mais la plus consommée est la vodka blanche,

Corrigé du premier exercice

❶ Mon fils ne sait pas encore nager. ❷ Tu verras de [tes] propres yeux ce qu'il se passe. ❸ J'ai constaté qu'il valait (*est*) mieux avoir de l'expérience. ❹ Ne bougez pas, cela ne durera pas longtemps. ❺ Pourquoi me versez-vous autant de vodka ?

Corrigé du deuxième exercice - Mots manquants

❶ Stwierdzisz – że – ma – doświadczenie ❷ – wiedziałam – tak – pływasz ❸ – się – dlaczego – się – rusza ❹ Przynieś – kieliszki – wódki ❺ – się – w – to – nie – ogrodu

dite wódka czysta (litt. "pure"), comme la Wyborowa ou la Żytnia. Les Polonais la boivent telle quelle, dans de petits verres, et, comme vous le constaterez, on fait traditionnellement "cul sec". Mais rassurez-vous, vous n'y serez pas obligé ! D'ailleurs, nous vous le déconseillons, car cela suppose un certain entraînement. À ce propos, si l'expression "soûl comme un Polonais" a fait le tour du monde, sa signification originelle n'est pas du tout celle que l'on croit. On attribue en effet cette phrase à Napoléon. Ses soldats, parmi lesquels se trouvaient des Polonais, avaient un soir un peu forcé sur la bouteille. Le lendemain, seuls ces derniers étaient en état d'affronter l'ennemi. L'empereur aurait alors déclaré : "Messieurs, buvez, si vous voulez, mais soyez soûls comme des Polonais" ! Bref, si cette expression est bien sûr synonyme d'ivresse, elle renvoie avant tout à la résistance à la boisson !

Deuxième vague : Lekcja czterdziesta ósma

98 Lekcja dziewięćdziesiąta ósma

Révision

1. Formation des aspects (*suite*)

La présence d'un préfixe n'est pas le seul moyen de distinguer le perfectif de l'imperfectif. Ce dernier est parfois obtenu par le changement de la forme du radical ou par l'ajout d'un suffixe. En voici quelques exemples :

perfectif	imperfectif
dać	**dawać**, *donner*
krzyknąć	**krzyczeć**, *crier*
kupić	**kupować**, *acheter*
otworzyć	**otwierać**, *ouvrir*
zamknąć	**zamykać**, *fermer*
zaprosić	**zapraszać**, *inviter*

De plus, deux verbes différents peuvent former la “paire aspectuelle” :

obejrzeć	**oglądać**, *regarder*
położyć	**kłaść**, *mettre*
powiedzieć	**mówić**, *parler*, *dire*
wziąć	**brać**, *prendre*
zobaczyć	**widzieć**, *voir*

Enfin, quelques verbes possèdent uniquement l'aspect imperfectif. Ce sont principalement :

być, *être*	**mieć**, *avoir*
umieć, *savoir*	**wiedzieć**, *savoir*
móc, *pouvoir*	**musieć**, *devoir*

2. Emploi des aspects

Après avoir revu la formation du perfectif et de l'imperfectif, il nous reste à faire le point sur leur utilisation. D'abord, vous devez toujours penser à ***ne pas confondre les aspects avec les temps***. Ce

sont deux systèmes différents qui se combinent, mais – hélas – sans symétrie. Il y a tout de même une petite consolation : comme les temps sont beaucoup moins nombreux en polonais qu'en français, ces combinaisons sont faciles à retenir.
Voici un tableau qui résume la répartition des aspects et des temps :

			temps	
aspect	présent	passé	futur simple	futur composé
perfectif	-	+	+	-
imperfectif	+	+	-	+

Voyons maintenant quelques exemples d'utilisation des aspects dans une phrase.
• Les verbes perfectifs désignent une action qui a commencé et sera continuée par la suite, qui a eu un résultat ou qui n'a eu lieu qu'une seule fois. Par conséquent, certains mots ou expressions s'emploient exclusivement avec cet aspect. Ce sont, par exemple :

nagle, *tout à coup* : **Nagle ktoś krzyknął**, *Tout à coup, quelqu'un a crié.*
nareszcie, *enfin* : **Nareszcie zrozumiałem**, *J'ai enfin compris.*
w ciągu, *en* : **Zrobiłem to w ciągu tygodnia**, *Je l'ai fait en une semaine.*
w końcu, *à la fin* : **W końcu powiedział prawdę**, *À la fin, il a dit la vérité.*

• Les verbes imperfectifs accompagnent les expressions qui marquent la durée ou la fréquence :

ciągle, *tout le temps* : **Ciągle robiłem to samo**, *Je faisais tout le temps la même chose.*
czasem, *parfois* : **Czasem rozumiał wszystko**, *Parfois, il comprenait tout.*
często, *souvent* : **Widziałem cię tam często**, *Je te voyais souvent là-bas.*

98 **długo**, *longtemps* : **Długo czekałeś na tę okazję?** *As-tu longtemps attendu* (pour) *cette occasion ?*
zawsze, *toujours* : **Zawsze mówiłem prawdę**, *Je disais toujours la vérité.*
zwykle, *d'habitude* : **Zwykle dzwoniłeś wieczorem**, *D'habitude, tu téléphonais le soir.*

• Après les verbes :
przestać, *arrêter*, **skończyć**, *finir*, **zacząć**, *commencer*, on utilise toujours l'imperfectif : **Przestań krzyczeć**, *Arrête de crier*, **Skończyłeś czytać?** *As-tu fini de lire ?*, **Kiedy zaczniesz to robić?** *Quand vas-tu commencer à le faire ?*

• À l'impératif affirmatif, on emploie les verbes perfectifs :
Daj mu wody, *Donne-lui de l'eau.*
Zadzwoń do mnie, *Téléphone-moi.*
Zrób zakupy, *Fais les courses.*

• À l'inverse, pour l'impératif négatif, on se sert des verbes imperfectifs :
Nie dawaj mu wody, *Ne lui donne pas d'eau.*
Nie dzwoń do mnie, *Ne me téléphone pas.*
Nie rób zakupów, *Ne fais pas de courses.*

3. Les pronoms interrogatifs

Ce sont d'abord **kto**, *qui* et **co**, *que*. Ils n'ont ni genre ni nombre et se déclinent comme suit :

N	**kto**	**co**
G	**kogo**	**czego**
D	**komu**	**czemu**
A	**kogo**	**co**
I	**kim**	**czym**
L	**kim**	**czym**

S'y ajoutent deux formes qui correspondent toutes les deux à "(le)quel" : **który** et **jaki**. La différence entre ces dernières est que **który** interroge sur l'identité – ce qui suppose le choix entre plusieurs éléments –, tandis que **jaki** porte plutôt sur la qualité intrinsèque de l'objet.

Contrairement à **kto** et **co**, **który** et **jaki** varient en genre et en nombre. Il faut donc y ajouter, au singulier, **która** (**jaka**) au féminin et **które** (**jakie**) au neutre. Au pluriel, vous avez **którzy** (**jacy**) au masculin personnel et **które** (**jakie**) aux autres genres. La déclinaison est régulière et suit le modèle des adjectifs.

4. Les pronoms relatifs

Ils ont les mêmes formes que les pronoms interrogatifs. Suivant le cas utilisé, ils correspondent à différents pronoms français. Voyons l'exemple de **który**, le plus fréquent parmi les relatifs. Employé au nominatif, il équivaut à “qui” et s'applique aussi bien à des personnes qu'aux choses :
To pan, **który pracuje ze mną**, *Voici le monsieur qui travaille avec moi.*
Daj mi nóż, **który jest na stole**, *Donne-moi le couteau qui est sur la table.*
Au génitif, il correspond à “que” ou “dont” :
To pan, **którego szukasz**, *Voici le monsieur que tu cherches.*
To nóż, **którego potrzebujesz**, *Voici le couteau dont tu as besoin.*
Nous laissons de côté les autres cas de **który**, qui correspondent généralement aux pronoms relatifs composés en français, peu utilisés dans la conversation courante.

5. Les pronoms indéfinis

Certains sont obtenus par l'ajout de la terminaison **-ś** aux pronoms interrogatifs :
ktoś, *quelqu'un* **coś**, *quelque chose*
któryś, *un certain* **jakiś**, *quelconque*
Un autre procédé consiste à faire précéder ces pronoms (en supprimant parfois leur terminaison) du préfixe **ni(e)-** : **nikt**, *personne*, **nic**, *rien*, **niejaki**, *un tel*, **niektóry** (généralement au pluriel **niektórzy**, **niektóre**, *certain(e)s*.
Ajoutons à cette liste les pronoms suivants : **każdy**, *chaque*, **pewien**, *certain*, **wszystko**, *tout*, **wszyscy**, *tous*, **żaden**, *aucun*.
Les pronoms indéfinis se déclinent comme les adjectifs et, à l'exception de **ktoś**, **coś**, **nikt**, **nic**, ils peuvent être masculins, féminins et neutres. Ils peuvent aussi s'employer au pluriel.

98 Dialog-powtórka

1 – **Zgad**nij, co wy**gra**łam **(92)**.
2 – Nie mam najmniej**sze**go po**ję**cia **(92)**.
3 – **Książ**kę ku**char**ską **(94)**. To ok**rop**ne **(95)**.
4 – Nie **żar**tuj **(95)**. Dla**cze**go?
5 – Jak to? Nie wiesz, że **jes**tem na **die**cie **(94)**?
6 – **Prze**cież **wca**le nie **jes**teś **gru**ba **(94)**.
7 – **A**le **dżin**sy **(92)**, **któ**re ku**pi**łam w **zesz**łym mie**sią**cu, są za **ma**łe.
8 – Po**win**naś po**ra**dzić się **(95)** są**siad**ki **(94)**.
9 **O**na ma **du**że doświad**cze**nie **(97)** i **ro**bi, co na**le**ży **(92)**.
10 – Co, na **przy**kład?
11 – **Prze**de **wszyst**kim **(95)**, **du**żo się **ru**sza, **pły**wa **(97)**, **jeź**dzi na ro**we**rze.
12 To **naj**lep**sze** wy**jście (94)**, prze**ko**nasz się na **włas**ne **o**czy.
13 – No **do**brze, zoba**czy**my. A ty przygoto**wa**łaś się **(96)** już do wy**jaz**du?
14 – **Mu**szę **jesz**cze za**łat**wić **(93)** **pa**rę **rze**czy.
15 – Nie za**pom**nij iść do den**tys**ty, **że**by ci **spraw**dził **zę**by **(93)**.
16 – Nie wiem, czy **zdą**żę **(93)**.

Dialogue de révision

1 – Devine ce que j'ai gagné.
2 – Je n'[en] ai pas la moindre idée.
3 – Un livre de cuisine. C'est affreux.
4 – Sans blague (*Ne plaisante pas*). Pourquoi ?
5 – Comment ça ? Tu ne sais pas que je suis au régime ?
6 – Mais (*Pourtant*) tu n'es pas du tout grosse.
7 – Mais le jean que j'ai acheté le mois dernier est trop petit.
8 – Tu devrais demander conseil à ta voisine.
9 Elle a une grande expérience et fait ce qu'il convient [de faire].
10 – Quoi, par exemple ?
11 – Avant tout, elle bouge beaucoup, nage, fait du (*va à*) vélo.
12 C'est la meilleure solution (*sortie*), tu [le] constateras de tes propres yeux.
13 – Et bien, nous verrons. Et toi, tu t'es déjà préparée au départ ?
14 – Je dois encore régler quelques affaires (*choses*).
15 – N'oublie pas d'aller chez le dentiste pour qu'il te contrôle les dents.
16 – Je ne sais pas si j'aurai le temps.

Deuxième vague : Lekcja czterdziesta dziewiąta

99 Lekcja dziewięćdziesiąta dziewiąta

Zwiedzanie Rzymu

1 – Gdzie się tak opa**lił**eś ①?
2 – Na **dział**ce ②. W tym **ro**ku **by**ła wyjąt**ko**wo **ład**na po**go**da.
3 – **Czę**sto tam **jeź**dzisz?
4 – Jak **tyl**ko mam **tro**chę wol**ne**go **cza**su.
5 – I co tam **ro**bisz? Nie **nu**dzi ci się ③?
6 – **Wca**le nie. **Zaw**sze mam **ja**kieś za**ję**cie. **Wios**ną ④ **sa**dzę **kwia**ty.
7 **La**tem **zbie**ram o**wo**ce : po**rzecz**ki, **śliw**ki, cze**reś**nie.
8 **Trze**ba też **sko**sić **tra**wę, **pod**lać **o**gród, **wyr**wać **chwas**ty...
9 – Nie wie**dzia**łem, że **lu**bisz **pra**ce ogro**do**we ⑤.

Notes

① Remarquez que **opalić się** (**opalać się** à l'imperfectif), *bronzer*, est un verbe réfléchi.

② **działka** (litt. "parcelle") est l'équivalent du jardin ouvrier en France, c'est-à-dire une petite surface "agricole" hors de la ville, où ils peuvent exercer leurs talents de jardinier. Des aménagements, parfois particulièrement astucieux – lieu pour dormir, manger, etc. – transforment ces jardins en véritables lieux de villégiature.

③ **nudzić się**, *s'ennuyer*, peut être conjugué à la forme personnelle : **nudzę się**, **nudzisz się**, etc. Le plus souvent toutefois, on l'emploie à la 3e personne du singulier, accompagnée du datif

La visite de Rome

1 – Où as-tu bronzé comme ça ?
2 – Au jardin (*parcelle*). [En] cette année, il a fait (*était*) exceptionnellement beau (*temps*).
3 – Tu y vas souvent ?
4 – Dès que (*quand seulement*) j'ai un peu de temps libre.
5 – Et qu'est-ce que tu y fais ? Tu ne t'ennuies pas ?
6 – Pas du tout. J'ai toujours une occupation. [Au] printemps, je plante des fleurs.
7 [En] été, je cueille des fruits : groseilles, prunes, cerises.
8 Il faut aussi tondre le gazon (*l'herbe*), arroser le jardin, arracher les mauvaises herbes...
9 – Je ne savais pas que tu aimais (*aimes*) les travaux de jardin[age].

▸ du pronom personnel : **nudzi mi się**, *je m'ennuie*, **nudzi ci się**, *tu t'ennuies*, etc. Rappelez-vous à cet égard l'expression **chce mi się pić**, *j'ai soif*.

④ **wiosna**, *printemps*, est féminin, d'où la terminaison **-ą** à l'instrumental. Comme vous voyez, ce cas sert à marquer ici le complément de temps. Deux autres noms de saisons sont également féminins : **jesień**, *automne*, et **zima**, *hiver*. En revanche, **lato**, *été*, est neutre et fait à l'instrumental **latem**, *en été*.

⑤ **ogrodowy**, ici à l'accusatif pluriel, est un adjectif dérivé de **ogród**, *jardin*.

10 – **Daw**niej lu**bił**em podró**żo**wać, **a**le **te**raz... A ty już po ur**lo**pie ⑥?

11 – Tak, **by**łem z **ca**łą ro**dzi**ną we **Wło**szech ⑦, przez dwa ty**god**nie.

12 **Naj**pierw nad **mo**rzem, **po**tem w Medio**la**nie, a na **ko**niec, trzy dni w **Rzy**mie.

13 – Tak **krót**ko? Jest tam **prze**cież **ty**le **rze**czy do zoba**cze**nia!

14 – To **praw**da, **a**le u**da**ło nam się **wszys**tko z**wie**dzić.

15 – **Ca**ły Rzym przez trzy dni? Jak to zro**bi**liście?

16 – To **pros**te. Syn z **cór**ką zwie**dza**li ga**le**rie, **żo**na **skle**py, a ja lo**ka**le **noc**ne! □

Notes

⑥ Notez bien la construction **po** + locatif, qui indique qu'on en a fini avec quelque chose. Ainsi on dit, par exemple, **jestem po obiedzie / po kolacji**, *j'ai (déjà) déjeuné / dîné*, (litt. "je suis après le déjeuner / dîner).

⑦ Le nom pluriel **Włochy**, *Italie* – terme propre au polonais – possède également une terminaison spéciale au locatif : **-ech**. Ce qui donne **we Włoszech**, *en Italie*. En revanche, le changement **ch/sz** n'ayant rien d'exceptionnel, vous ne devriez pas être étonné de voir que **Włoch**, *Italien*, fait **Włoszka** au féminin. Le pluriel est respectivement **Włosi** et **Włoszki**.

Pierwsze ćwiczenie – Proszę przetłumaczyć

❶ We Włoszech jest zawsze bardzo ładna pogoda. ❷ Chodźmy gdzieś, nudzi mi się w domu. ❸ To ćwiczenie jest wyjątkowo trudne. ❹ Udało ci się skończyć prace domowe? ❺ Latem, wszystkie lokale nocne są otwarte.

10 – Autrefois, j'aimais voyager, mais maintenant... Et toi, ton congé, c'est fini (*déjà après congé*) ?
11 – Oui, j'ai été avec toute la famille en Italie pendant deux semaines.
12 D'abord à la mer, puis à Milan et, à la fin, trois jours à Rome.
13 – Si peu (*brièvement*) ? Il y a pourtant tant de choses à voir !
14 – C'est vrai, mais nous avons réussi à tout visiter.
15 – Tout Rome en trois jours ? Comment [l']avez-vous fait ?
16 – C'est simple. [Mon] fils avec [ma] fille ont visité les galeries, [ma] femme, les magasins, et moi, les boîtes de nuit !

Corrigé du premier exercice

❶ En Italie, il fait (*est*) toujours très beau (*temps*). ❷ Allons quelque part, je m'ennuie à la maison. ❸ Cet exercice est exceptionnellement difficile. ❹ As-tu réussi à finir les travaux ménagers ? ❺ [En] été, toutes les boîtes de nuit sont ouvertes.

Drugie ćwiczenie – Wpisać brakujące słowa

❶ Dis-moi brièvement ce qu'il y a à voir en Pologne.
. . . . mi . . . . , co . . . . do . . . . w . . . .

❷ J'ai réussi à trouver une occupation après le travail.
. . . . . mi . . . znaleźć . . . . po . . . . . .

❸ Quand prenez vous [votre] congé (*en*) cette année : au printemps ou en été ?
Kiedy . . . bierze . . . . . w . . . roku : . . . . . . czy . . . . . ?

100 Lekcja setna

Języki obce

1 **Wszys**tko **do**bre, co się **dob**rze **koń**czy – **mó**wi przy**sło**wie.
2 Proponu**je**my więc po**żeg**nać się ① z uś**mie**chem.
3 **Na**uka ję**zy**ka ob**ce**go jest **prze**cież praw**dzi**wą przyjem**no**ścią,

Notes

① Le polonais ne fait pas de différence entre "dire au revoir" et "dire adieu". Tous les deux sont exprimés à l'aide du verbe pronominal **(po)żegnać się**. En contrepartie, il existe une forme, construite comme un impératif, **żegnaj** (destinée à une personne que l'on tutoie) et **żegnajcie** (à plusieurs personnes). Elle annonce une séparation *a priori* plus longue que **do**

❹ J'ai quelque chose pour toi, si tu t'ennuies.
Mam . . . dla . . . . . . , jeśli . . się . . . .

❺ Qu'est-ce que tu as visité (fém.) en Italie (*en*) cette année ?
Co . . . . we . . . . w . . . roku?

Corrigé du deuxième exercice - Mots manquants
❶ Powiedz – krótko – jest – zobaczenia – Polsce ❷ Udało – się – zajęcie – pracy ❸ – pan – urlop – tym – wiosną – latem ❹ – coś – ciebie – ci – nudzi ❺ – zwiedzałaś – Włoszech – tym –

Centième leçon 100

Les langues étrangères

1 Tout est bien (*bon*) qui finit bien (*bien finit*) – dit le proverbe.
2 Nous [vous] proposons donc de nous dire "au revoir" avec le sourire.
3 L'étude d'une langue étrangère est tout de même un vrai plaisir,

▸ **widzenia**, mais pas nécessairement définitive. Notez qu'aucun impératif ne permet de s'adresser à quelqu'un que l'on vouvoie. On recourt donc à la forme conjuguée à l'indicatif, sans pronom réfléchi : **żegnam pana** / **panią**, *je vous dis "au revoir", monsieur / madame.*

4 po**mi**mo ② **kil**ku **drob**nych trud**no**ści, **któ**re zda**rzają** się od **cza**su do **cza**su.
5 **O**to nasz os**tat**ni **dow**cip, spec**jal**nie zarezerwo**wa**ny na tę o**kaz**ję.
6 **An**glik, **Fran**cuz i **Po**lak rozma**wia**ją ③ o **swo**ich ję**zy**kach.
7 – U nas, **mó**wi **An**glik, są li**te**ry, **któ**re pi**sze**my, **a**le **któ**rych ④ nie wyma**wia**my.
8 Na **przy**kład, pi**sze**my "night", a mó**wi**my "najt".
9 – A my, **mó**wi **Fran**cuz, **ma**my **du**żo **koń**cówek, **któ**rych nie **sły**chać ⑤.
10 Na **przy**kład, pi**sze**my "al**laient**", a **mó**wimy "al**e**".
11– To nic, **mó**wi **Po**lak. U nas **pi**sze się "co **pro**szę?", a **mó**wi się "hę?" □

Notes

② Comme vous l'avez sans doute remarqué, **pomimo**, *malgré*, est suivi du génitif, ici au pluriel.

③ Tout comme **mówić**, **rozmawiać** correspond à "parler", mais s'applique davantage à un échange, une conversation. Prenons un exemple. Si l'on dit **oni mówią po polsku**, on fait plutôt allusion à la connaissance du polonais. En revanche, avec **oni rozmawiają po polsku**, on parle d'une conversation. On dit aussi **rozmawiać przez telefon**. Enfin, seul **mówić** possède le perfectif qui est, rappelons-le, **powiedzieć**. Cela fait qu'il équivaut également à "dire".

4 malgré quelques menues difficultés qui surviennent de temps en temps.
5 Voici notre dernière histoire drôle, spécialement choisie (*réservée*) pour cette occasion.
6 Un Anglais, un Français et un Polonais parlent de leurs langues.
7 – Chez nous, dit l'Anglais, il y a des lettres que nous écrivons, mais que nous ne prononçons pas.
8 Par exemple, nous écrivons "night" et nous disons "naït".
9 – Et nous, dit le Français, nous avons beaucoup de terminaisons que l'on n'entend pas.
10 Par exemple, nous écrivons "allaient" et nous disons "alè".
11 – Ce n'est rien, dit le Polonais. Chez nous, on écrit "comment, s'il vous plaît ?" et on dit "hein?".

④ Comme vous le savez, le pronom relatif **który**, *(le)quel*, se décline. Nous l'avons ici à l'accusatif **które** (féminin pluriel) et au génitif pluriel **których** (forme commune pour tous les genres). Dans cette situation, il ne correspond plus à "qui" (leçon 97, note 4), mais à "que". Par ailleurs, selon le cas utilisé, **który** peut avoir comme équivalent d'autres pronoms relatifs : "dont", "auquel ("à qui")", "avec lequel ("avec qui")", etc.

⑤ Vous vous souvenez sans doute de l'expression qui permet de demander à quelqu'un de ses nouvelles : **co słychać?** Ce verbe, qui n'existe qu'à l'infinitif, est utilisé ici dans son sens premier et correspond à la tournure impersonnelle "on entend".

100 **Pierwsze ćwiczenie – Proszę przetłumaczyć**

❶ Opowiem ci ostatni dowcip, który słyszałem w Polsce. ❷ Niestety, musimy się pożegnać, nasza podróż już się kończy. ❸ Czy każdy język ma litery, których się nie wymawia? ❹ Wiesz, jak to się pisze po polsku? ❺ Nie słychać, co on mówi, chodźmy bliżej.

Drugie ćwiczenie – Wpisać brakujące słowa

❶ Je voudrais vous dire "au revoir", je pars demain.
. . . . się . . . . , wyjeżdżam . . . . . .

❷ Comment écrit-on ces deux lettres en français ?
Jak . . . pisze . . dwie . . . . . . po . . . . ?

❸ Je regrette beaucoup, mais cette place est réservée.
. . . . . . żałuję, . . . to . . . . jest . . . .

❹ On entend de la musique, donc ils sont sans doute déjà rentrés.
. . . . muzykę, ... chyba . . . wrócili.

❺ De quoi peuvent-ils parler si longtemps ?
. czym . . . mogą . . . . tak . . . . . ?

Corrigé du premier exercice

❶ Je vais te raconter la dernière histoire drôle que j'ai entendue en Pologne. ❷ Hélas, nous devons nous dire "au revoir", notre voyage finit déjà. ❸ Est-ce que chaque langue a des lettres que l'on ne prononce pas ? ❹ Sais-tu comment on écrit cela en polonais ? ❺ On n'entend pas ce qu'il dit, allons plus près.

Corrigé du deuxième exercice - Mots manquants

❶ Chciałbym – pożegnać – jutro ❷ – się – te – litery – francusku ❸ Bardzo – ale – miejsce – zarezerwowane ❹ Słychać – więc – już – ❺ O – oni – rozmawiać – długo

INDEX GRAMMATICAL

Cet index regroupe les principales explications grammaticales données dans les notes et les leçons de révisions. Les chiffres renvoient aux numéros des leçons, les gras indiquant les leçons de révision.

APPENDICE GRAMMATICAL

Plus complet et systématique que les explications que vous avez rencontrées au fil des leçons, cet appendice vous permettra de revoir les points essentiels de la grammaire polonaise. N'hésitez pas à vous en servir souvent !

Sommaire

Le nom

Contrairement au français, les noms polonais s'emploient sans article :

Mam pomysł.	*J'ai [une] idée.*
Bank jest zamknięty.	*[La] banque est fermée.*
Kup chleba.	*Achète [du] pain.*

• *Le genre*

Un nom peut être masculin, féminin ou neutre. Le neutre n'est pas réservé aux choses ; il désigne également les êtres jeunes (personnes et animaux) : **dziecko**, *enfant*, **cielę**, *veau*. Pour les êtres vivants, la distinction entre le masculin et le féminin correspond au sexe :

syn, *fils*	**córka**, *fille*
Polak, *Polonais*	**Polka**, *Polonaise*
kot, *chat*	**kotka**, *chatte*

Pour les noms de choses, le genre est fixé par l'usage de sorte que les noms masculins et féminins ne correspondent pas nécessairement aux noms masculins et féminins en français :
bank (masc.) : *banque* (fém.)
grupa (fém.) : *groupe* (masc.)
słońce (neutre) : *soleil* (masc.)

Au masculin singulier, on distingue deux sous-genres : les noms d'animés (personnes et animaux) et les noms d'inanimés (choses).
Au masculin pluriel, on distingue : le sous-genre personnel (les noms de personnes) et le sous-genre non personnel (animaux et choses).
En l'absence d'article, on reconnaît généralement le genre d'un nom à sa terminaison.

• **Les noms masculins** se terminent généralement par une consonne dure : **bank**, *banque*, **brat**, *frère*, **dom**, *maison*,

pan, *monsieur*. Il existe aussi quelques masculins en **-a** : **kierowca**, *chauffeur*, **kolega**, *ami*, **mężczyzna**, *homme*, **tata**, *papa*.

• **Les noms féminins** prennent en général la terminaison **-a** : **kasa**, *caisse*, **książka**, *livre*, **praca**, *travail*,
ou se terminent par une consonne :
noc, *nuit*, **rzecz**, *chose*, **sól**, *sel*, **wieś**, *campagne*.
Ils peuvent aussi, plus rarement, finir en **-i** :
pani, *madame*, **gospodyni**, *maîtresse de maison*.

• **Les noms neutres** se terminent par **-o**, **-e**, **-ę** ou **-um** : **mięso**, *viande*, **kino**, *cinéma*, **pole**, *champ*, **serce**, *cœur*, **imię**, *prénom*, **muzeum**, *musée*.

• *Le nombre*

Il y en a deux : le singulier et le pluriel. Ils se distinguent toujours par leur prononciation et par l'orthographe. À quelques exceptions près, le pluriel des noms masculins et féminins se termine en **-y** et **-i** et celui des noms neutres, en **-a**.
Contrairement au français, les noms de famille prennent en polonais la marque du pluriel :

singulier	*pluriel*
Nowak, **Wolski**	**Nowakowie**, **Wolscy**

Par ailleurs, certains noms ne s'emploient qu'au pluriel :

drzwi	*porte*	**urodziny**	*anniversaire*
imieniny	*fête*	**usta**	*bouche*
nożyczki	*ciseaux*	**wakacje**	*vacances*
okulary	*lunettes*	**Chiny**	*Chine*
plecy	*dos*	**Niemcy**	*Allemagne*
schody	*escalier*	**Węgry**	*Hongrie*
spodnie	*pantalon*	**Włochy**	*Italie*

Certains autres sont toujours au singulier :

małżeństwo	*mari et femme*
matematyka	*maths*

państwo	*M. et Mme*
żywność	*vivres*

Enfin, il existe quelques pluriels irréguliers :

dzień	*jour*	**dni**	*jours*
tydzień	*semaine*	**tygodnie**	*semaines*
rok	*an, année*	**lata**	*années*
człowiek	*homme*	**ludzie**	*hommes, gens*

• *Les cas*

Les différentes fonctions du mot dans la phrase (sujet, complément d'objet, complément circonstanciel), sont indiquées par des "cas", qui sont au nombre de 7 en polonais. La forme de base que vous trouvez dans le dictionnaire est celle du nominatif.

Nominatif : cas sujet (sans préposition)

qui ? quoi ?	**syn**, *fils*	**córka** , *fille*

Génitif : cas de provenance, de possession, après négation

de qui ? de quoi ?	**dom syna** *maison du fils*	**dom córki** *maison de la fille*
	mam dom *j'ai une maison*	**nie mam domu** *je n'ai pas de maison*

Datif : cas du complément d'objet indirect, d'attribution

à qui ? à quoi ?	**daję synowi** *je donne au fils*	**daję córce** *je donne à la fille*

Accusatif : cas du complément d'objet direct

qui ? quoi ?	**mam syna** *j'ai un fils*	**mam córkę** *j'ai une fille*

Instrumental : cas exprimant le moyen

avec (par) qui ?	**autobusem**	**ręką**
	en bus	*avec la main*

Locatif : cas indiquant l'emplacement

où ?	**w domu**	**na wsi**
	à la maison	*à la campagne*

Vocatif : cas de l'interpellation (quand on s'adresse à quelqu'un)

tato!	**mamo!**
papa !	*maman !*

Les cas se distinguent par leur terminaison, mais souvent aussi par une modification du radical, par exemple :

	nominatif singulier	**autres cas**
voyelles		
a/e	**miasto**, *ville*	**mieście** (loc. sing.)
ą/ę	**mąż**, *mari*	**męża** (gén. + acc. sing.)
ę/ą	**ręka**, *main*	**rąk** (gén. pl.)
e/-	**ojciec**, *père*	**ojca** (gén. + acc. sing.)
ó/e	**kościół**, *église*	**kościele** (loc. sing.)
ó/o	**pokój**, *chambre*	**pokoju** (gén. + instr. sing.)
consonnes		
c/cz	**ojciec**, *père*	**ojcze** (voc. sing.)
ch/sz	**ucho**, *oreille*	**uszy** (nom. pl.)
g/dz	**kolega**, *ami*	**koledze** (dat. + loc. sing.)
k/c	**matka**, *mère*	**matce** (loc. sing.)
ł/l	**stół**, *table*	**stole** (loc. sing.)
r/rz	**doktor**, *docteur*	**doktorzy** (nom. pl.)
t/c	**brat**, *frère*	**bracia** (nom. pl.)

Les cas peuvent s'employer seuls ou avec une préposition, à l'exception du nominatif (jamais précédé de préposition) et du locatif (toujours).

Plusieurs cas partagent la même forme :
• au masculin des inanimés, le nominatif = l'accusatif
• au féminin singulier, le datif = le locatif
• au pluriel (des trois genres), le vocatif = le nominatif.

Parfois, dans une même déclinaison, il peut y avoir deux terminaisons différentes, en fonction du sens du mot (animé / non animé, personnel / non personnel) ou de la terminaison du radical au nominatif singulier.

Marques de déclinaison

Singulier

Cas	Masculin animé	Masculin non animé	Neutre	Féminin
nom.	Ø	Ø	**-o**, **-e**, **-i**	**-a**, **-i**, Ø
gén.	**-a**	**-u**, **a**	**-a**	**-y**, **-i**
dat.	**-owi**, **-u**	**-owi**, **-u**	**-u**	**-e**, **-y**, **-i**
acc.	= gén.	= nom.	= nom.	**-ę**,**-ą**, Ø
instr.	**-em**	**-em**	**-em**	**-ą**
loc.	**-e**, **-u**	**-e**, **-u**	**-e**, **-u**	= dat.
voc.	= loc.	= loc.	= nom.	**-o**, **-u**,**-i**,**-y**

Pluriel

Cas	Masculin personnel	Masculin impersonnel	Neutre	Féminin
nom.	**-i**, **-e**, **-owie**	**-y**, **-e**	**-a**	**-y**, **-e**
gén.	**-ów**, **-i**, **-y**	**-ów**, **-i**, **-y**	**-a**	Ø, **-y**, **-i**
dat.	**-om**	**-om**	**-om**	**-om**
acc.	= gén.	= nom.	= nom.	= nom.
instr.	**-ami**	**-ami**	**-ami**	**-ami**
loc.	**-ach**	**-ach**	**-ach**	**-ach**
voc.	= nom.	= nom.	**-a**	= nom.

Voici quelques exemples de déclinaisons :

Noms masculins

Personnes

	singulier		pluriel	
	acteur	*monsieur*	*acteurs*	*messieurs*
nom.	**aktor**	**pan**	**aktorzy**	**panowie**
gén.	**aktora**	**pana**	**aktorów**	**panów**
dat.	**aktorowi**	**panu**	**aktorom**	**panom**
acc.	**aktora**	**pana**	**aktorów**	**panów**
instr.	**aktorem**	**panem**	**aktorami**	**panami**
loc.	**aktorze**	**panu**	**aktorach**	**panach**
voc.	**aktorze!**	**panie!**	**aktorzy!**	**panowie!**

Animaux

	singulier		pluriel	
	chat	*cheval*	*chats*	*chevaux*
nom.	**kot**	**koń**	**koty**	**konie**
gén.	**kota**	**konia**	**kotów**	**koni**
dat.	**kotu**	**koniowi**	**kotom**	**koniom**
acc.	**kota**	**konia**	**koty**	**konie**
instr.	**kotem**	**koniem**	**kotami**	**końmi**
loc.	**kocie**	**koniu**	**kotach**	**koniach**
voc.	**kocie!**	**koniu!**	**koty!**	**konie!**

Choses

	singulier		pluriel	
	déjeuner	*assiette*	*déjeuners*	*assiettes*
nom.	**obiad**	**talerz**	**obiady**	**talerze**
gén.	**obiadu**	**talerza**	**obiadów**	**talerzy**
dat.	**obiadowi**	**talerzowi**	**obiadom**	**talerzom**
acc.	**obiad**	**talerz**	**obiady**	**talerze**
instr.	**obiadem**	**talerzem**	**obiadami**	**talerzami**
loc.	**obiedzie**	**talerzu**	**obiadach**	**talerzach**
voc.	**obiedzie!**	**talerzu!**	**obiady!**	**talerze!**

Observations

1) Les terminaisons du pluriel (au nominatif et à l'accusatif) dépendent de la nature du nom :
• **-owie** et **-i** sont personnelles (**panowie**, *messieurs*, **mężczyźni**, *hommes*) ;
• **-y** est non personnel (**domy**, *maisons*) ;
• **-e** s'emploie pour les deux (**lekarze**, *médecins*, **konie**, *chevaux*) ;
• **-a** ne s'emploie que pour quelques noms de choses (**akta**, *actes*, *archives*, **lata**, *années*).

2) Le génitif singulier de tous les noms d'animés prend la terminaison **-a** (**pana**, *monsieur*, **brata**, *frère*).
Les inanimés finissent :
• soit en **-a** (parties du corps : **zęba**, *dent*, **nosa**, *nez* ; instruments, monnaies et mesures : **noża**, *couteau*, **dolara**, **grama** ; jeux et danses : **tenisa**, **pokera**, **poloneza**) ;
• soit en **-u** (noms abstraits : **pomysłu**, *idée* ; noms collectifs : **narodu**, *nation* ; certains noms empruntés à d'autres langues : **biletu**, **hotelu**, **teatru**, **telefonu**, **wagonu**).

3) Le datif singulier se termine généralement en **-owi**, sauf certains noms d'animés qui finissent en **-u** (**bratu**, *frère*, **chłopcu**, *garçon*, **kotu**, *chat*, **panu**, *monsieur*).

4) Les noms en **-anin** (qui indiquent souvent des habitants de pays ou de villes : **Rosjanin**, *Russe*, **Słowianin**, *Slave*), perdent le **-in** au pluriel dans la plupart des cas. En outre, le génitif pluriel n'a pas de terminaison (**Rosjan**, **Słowian**).

5) Les noms masculins en **-a** (**turysta**, *touriste*, **kierowca**, *chauffeur*) se déclinent au singulier comme les noms féminins correspondants, et au pluriel comme les noms masculins.

6) Les noms de famille en **-ski** et en **-cki** (**Wolski**, **Bogacki**), suivent la déclinaison des adjectifs.

7) La déclinaison de quelques noms présente des irrégularités dues à de nombreux changements de lettres du radical. Voici l'exemple de **brat**, *frère*, et **dzień**, *jour* :

	singulier		pluriel	
nom.	**dzień**	**brat**	**dnie**	**bracia**
gén.	**dnia**	**brata**	**dni**	**braci**
dat.	**dniowi**	**bratu**	**dniom**	**braciom**
acc.	**dzień**	**brata**	**dnie**	**braci**
instr.	**dniem**	**bratem**	**dniami**	**braćmi**
loc.	**dniu**	**bracie**	**dniach**	**braciach**
voc.	**dniu!**	**bracie!**	**dnie!**	**bracia!**

Noms féminins

Noms finissant par une voyelle

	singulier		pluriel	
	eau	*madame*	*eaux*	*mesdames*
nom.	**woda**	**pani**	**wody**	**panie**
gén.	**wody**	**pani**	**wód**	**pań**
dat.	**wodzie**	**pani**	**wodom**	**paniom**
acc.	**wodę**	**panią**	**wody**	**panie**
instr.	**wodą**	**panią**	**wodami**	**paniami**
loc.	**wodzie**	**pani**	**wodach**	**paniach**
voc.	**wodo!**	**pani!**	**wody!**	**panie!**

Noms finissant par une consonne

	singulier		pluriel	
	nuit	*os*	*nuits*	*os*
nom.	**noc**	**kość**	**noce**	**kości**
gén.	**nocy**	**kości**	**nocy**	**kości**
dat.	**nocy**	**kości**	**nocom**	**kościom**
acc.	**noc**	**kość**	**noce**	**kości**
instr.	**nocą**	**kością**	**nocami**	**kościami**
loc.	**nocy**	**kości**	**nocach**	**kościach**
voc.	**nocy!**	**kości!**	**noce!**	**kości!**

Observations

• Au pluriel, le nominatif et l'accusatif ont la même forme (les terminaisons **-e**, **-i -y**).

• Au génitif pluriel, certains noms en **-i** et **-a** perdent parfois la voyelle finale (**ulica**, *rue*, **ulic** ; **pani**, *madame*, **pań**). Si le radical se termine par plusieurs consonnes, on intercale un **-e-** entre les consonnes (**matka**, *mère*, **matek** ; **książka**, *livre*, **książek**).

• On trouve dans quelques mots la terminaison **-i** au génitif pluriel (**krew**, *sang*, **krwi** ; **wieś**, *campagne*, **wsi**).

Noms neutres

	singulier		pluriel	
	ville	*déjeuner*	*villes*	*déjeuners*
nom.	**miasto**	**śniadanie**	**miasta**	**śniadania**
gén.	**miasta**	**śniadania**	**miast**	**śniadań**
dat.	**miastu**	**śniadaniu**	**miastom**	**śniadaniom**
acc.	**miasto**	**śniadanie**	**miasta**	**śniadania**
instr.	**miastem**	**śniadaniem**	**miastami**	**śniadaniami**
loc.	**mieście**	**śniadaniu**	**miastach**	**śniadaniach**
voc.	**miasto!**	**śniadanie!**	**miasta!**	**śniadania!**

Observations

• Les noms en **-ę** et en **-um** (ces derniers étant invariables au singulier) se déclinent comme suit :

	singulier	pluriel	
	prénom		*musées*
nom.	**imię**	**imiona**	**muzea**
gén.	**imienia**	**imion**	**muzeów**
dat.	**imieniu**	**imionom**	**muzeom**
acc.	**imię**	**imiona**	**muzea**
instr.	**imieniem**	**imionami**	**muzeami**
loc.	**imieniu**	**imionach**	**muzeach**

• Les noms **oko**, *œil*, et **ucho**, *oreille*, ont deux formes au pluriel : **oczy**, **uszy**, *yeux*, *oreilles*) et **oka**, *mailles d'un* *filet*, **ucha**, *anses d'un récipient*. Voici leur déclinaison :

nom.	**oczy**	**oka**	**uszy**	**ucha**
gén.	**oczu**	**ok**	**uszu**	**uch**
dat.	**oczom**	**okom**	**uszom**	**uchom**
acc.	**oczy**	**oka**	**uszy**	**ucha**
instr.	**oczami**	**okami**	**uszami**	**uchami**
loc.	**oczach**	**okach**	**uszach**	**uchach**

L'adjectif

Au singulier, les adjectifs ont trois genres : le masculin (avec la terminaison **-y** et **-i**), le féminin (**-a**) et le neutre (**-e**). Au pluriel, il y a deux genres qui finissent, au masculin personnel, en **-y** et **-i** et aux autres genres, en **-e**.

• *Déclinaison*

Adjectifs en **-y** : **nowy**, *neuf*

	Masculin personnel		Masculin non personnel	
	Singulier	Pluriel	Singulier	Pluriel
nom.	**nowy**	**nowe**	**nowy**	**nowe**
gén.	**nowego**	**nowych**	**nowego**	**nowych**
dat.	**nowemu**	**nowym**	**nowemu**	**nowym**
acc.	**nowego**	**nowych**	**nowy**	**nowe**
instr.	**nowym**	**nowymi**	**nowym**	**nowymi**
loc.	**nowym**	**nowych**	**nowym**	**nowych**
voc.	**nowy!**	**nowi!**	**nowy!**	**nowe!**

	Féminin		Neutre	
	Singulier	Pluriel	Singulier	Pluriel
nom.	**nowa**	**nowe**	**nowe**	**nowe**
gén.	**nowej**	**nowych**	**nowego**	**nowych**
dat.	**nowej**	**nowym**	**nowemu**	**nowym**

acc.	**nową**	**nowe**	**nowe**	**nowe**
instr.	**nową**	**nowymi**	**nowym**	**nowymi**
loc.	**nowej**	**nowych**	**nowym**	**nowych**
voc.	**nowa!**	**nowe!**	**nowe!**	**nowe!**

Adjectifs en -**i** : **drogi**, *cher*

	Masculin personnel		Masculin non personnel	
	Singulier	Pluriel	Singulier	Pluriel
nom.	**drogi**	**drodzy**	**drogi**	**drogie**
gén.	**drogiego**	**drogich**	**drogiego**	**drogich**
dat.	**drogiemu**	**drogim**	**drogiemu**	**drogim**
acc.	**drogiego**	**drogich**	**drogi**	**drogie**
instr.	**drogim**	**drogimi**	**drogim**	**drogimi**
loc.	**drogim**	**drogich**	**drogim**	**drogich**
voc.	**drogi!**	**drodzy!**	**drogi!**	**drogie!**

	Féminin		Neutre	
	Singulier	Pluriel	Singulier	Pluriel
nom.	**droga**	**drogie**	**drogie**	**drogie**
gén.	**drogiej**	**drogich**	**drogiego**	**drogich**
dat.	**drogiej**	**drogim**	**drogiemu**	**drogim**
acc.	**drogią**	**drogie**	**drogie**	**drogie**
instr.	**drogią**	**drogimi**	**drogim**	**drogimi**
loc.	**drogiej**	**drogich**	**drogim**	**drogich**
voc.	**droga!**	**drogie!**	**drogie!**	**drogie!**

Observations

1) Certains noms se déclinent comme des adjectifs. Il s'agit surtout des catégories suivantes :

• noms de famille finissant en **-ski**, **-cki** (**Kowalski**, **Potocki**) au masculin et en **-ska**, **-cka**, **-owa** (**Kowalska**, **Potocka**, **Nowakowa**) au féminin ;
• noms de famille étrangers terminés au nominatif singulier en **-e**, **-i**, **-y**, p. ex. **Dante**, **Rossini**, **Kennedy** ;

• prénoms en **-y**, **-i**, p. ex. **Jerzy**, *Georges*, **Antoni**, *Antoine* ;
• quelques noms tirés d'adjectifs : **luty**, *février*, **krewny**, *parent*, **narzeczony**, *fiancé*, **złoty**, *zloty*.

2) C'est en suivant le modèle des adjectifs que se déclinent les participes (**piszący**, *écrivant*, **(na)pisany**, *écrit*), les pronoms (relatifs et interrogatifs **jaki**, **który**, *quel* ; possessifs **mój**, **moja**, **moje**, *mon*, *ma* ; démonstratifs **ten**, **ta**, **to**, *ce*, *cette*), et les numéraux ordinaux (**pierwszy**, **drugi**, etc., *premier*, *deuxième*, etc.).

3) Outre la forme usuelle, quelques adjectifs ont aussi une forme courte, sans terminaison : **pewien** (ou **pewny**, *sûr*), **pełen** (**pełny**, *plein*), **wesół** (**wesoły**, *gai*).

• *Comparatif et superlatif*

• Pour la majorité des adjectifs, on forme le comparatif en remplaçant la voyelle finale par **-szy**, **-sza**, **-sze**. Pour obtenir le superlatif, on précède le tout de **naj-** :

nowy	**nowszy**	**najnowszy**
neuf	*plus neuf*	*le plus neuf*
szeroki	**szerszy**	**najszerszy**
large	*plus large*	*le plus large*

• Si le radical se termine par plusieurs consonnes, on intercale l'élément **-(i)ej-** :

łatwy	**łatwiejszy**	**najłatwiejszy**
facile	*plus facile*	*le plus facile*
zimny	**zimniejszy**	**najzimniejszy**
froid	*plus froid*	*le plus froid*

• Certaines lettres (voyelles ou consonnes) alternent :

biały	*banc*	**bielszy**	*plus blanc*
wesoły	*gai*	**weselszy**	*plus gai*

długi	*long*	**dłuższy**	*plus long*
miły	*gentil*	**milszy**	*plus gentil*
mądry	*sage*	**mądrzejszy**	*plus sage*

• Tout comme en français, certains adjectifs forment leurs comparatifs de manière irrégulière :

dobry	*bon*	**lepszy**	*meilleur*
zły	*mauvais*	**gorszy**	*pire*
duży	*grand*	**większy**	*plus grand*
mały	*petit*	**mniejszy**	*plus petit*
lekki	*léger*	**lżejszy**	*plus léger*
wysoki	*haut*	**wyższy**	*plus haut*
bliski	*proche*	**bliższy**	*plus proche*

Le superlatif de ces adjectifs est obtenu régulièrement en ajoutant **naj-** aux comparatifs : **najlepszy**, *le meilleur*, **najgorszy**, *le pire*, etc.

• Pour certains adjectifs, les degrés de comparaison se forment à l'aide des adverbes **(naj)bardziej**, *(le) plus*, et **(naj)mniej**, *(le) moins* ; par exemple **(naj)bardziej zdolny**, *(le) plus doué*, **(naj)mniej doświadczony**, *(le) moins expérimenté*.

Le pronom

Il y a plusieurs sortes de pronoms : personnels, possessifs, réfléchis, relatifs/interrogatifs, démonstratifs et indéfinis. Ils possèdent généralement trois genres au singulier et deux au pluriel. Tous se déclinent. Certains ont une déclinaison propre – personnels, réfléchis, quelques relatifs / interrogatifs. D'autres – démonstratifs, possessifs, indéfinis, et la plupart des relatifs / interrogatifs – adoptent le modèle des adjectifs.

• Les pronoms :

ja	**ty**	**my**	**wy**
je, moi	*tu, toi*	*nous*	*vous*

sont généralement omis. Ils ne s'emploient que lorsqu'on veut mettre en valeur la personne.

• Le datif et l'accusatif ont deux formes : une longue (accentuée) et une courte. La première, qui permet d'insister sur le sujet, peut être utilisée au début de la phrase. La courte suit toujours le verbe.

• Les pronoms utilisés avec une préposition commencent par **n-**.

Déclinaison des pronoms personnels

1re et 2e personnes

nom.+ voc.	**ja**, *je, moi*	**ty**, *tu, toi*	**my**, *nous*	**wy**, *vous*
gén. + acc.	**mnie**	**cię, ciebie***	**nas**	**was**
dat.	**mi, mnie***	**ci, tobie***	**nam**	**wam**
instr.	**mną**	**tobą**	**nami**	**wami**
loc.	**mnie**	**tobie**	**nas**	**was**

* forme accentuée

3e personne

	singulier		pluriel	
	masculin/ neutre	**féminin**	**masculin. personnel**	**Masc. non pers. fém., neut.**
nom.+ voc.	**on/ono**, *il, lui*	**ona**, *elle*	**oni**, *ils, eux*	**one**, *elles*
gén.	**jego/go (niego)**	**jej (niej)**	**ich (nich)**	**ich (nich)**
dat.	**jemu/mu (niemu)**	**jej (niej)**	**im (nim)**	**im (nim)**
acc.	= gén.	**ją (nią)**	= gén.	**je (nie)**
instr.	**nim**	**nią**	**nimi**	**nimi**
loc.	**nim**	**niej**	**nich**	**nich**

• *Les pronoms possessifs*

Ils sont l'équivalent des adjectifs et des pronoms possessifs en français :

mój, **moja**, **moje**,	*mon (le mien), ma (la mienne),*
moi, **moje**	*mes (les mien(ne)s)*
twój, etc.	*ton*, etc.
jego, **jej**	*son (le sien), sa (la sienne)*
nasz, **nasza**, **nasze**,	*notre (le (la) nôtre),*
nasi, **nasze**	*nos (les nôtres)*
wasz, etc.	*votre*, etc.
ich	*leur(s), le (la, les) leur(s)*
swój, **swoja**, etc.	pour toutes les personnes

Les pronoms de la série : **mój**, **twój**, **nasz**, **wasz**, **swój** s'accordent avec l'objet : **mój komputer** (m.), *mon ordinateur*, **moja walizka** (f.), *ma valise.* **Jego**, **jej** s'accordent avec le possesseur : **jego komputer**, **jego walizka** (appartenant à un homme), *son ordinateur*, *sa valise* ; **jej komputer**, **jej walizka** (appartenant à une femme), *son ordinateur*, *sa valise.*

Si un pronom possessif concerne le sujet de la phrase, on utilise **swój** pour toutes les personnes.

La déclinaison des pronoms possessifs suit celle des adjectifs, à l'exception de **jego**, **jej**, **ich** qui sont invariables.
• L'accusatif présente deux formes au masculin :
– **mojego** (sing.) et **moich** (pl.) qui s'emploient pour les personnes et les êtres animés
– **mój** (**moje**) pour les choses
•Au nominatif pluriel, **moi** s'applique au masculin personnel et **moje**, au masculin non personnel.

• *Les pronoms démonstratifs*

De même que pour les possessifs, toutes les formes servent

à la fois d'adjectifs et de pronoms :

ten, **ta**, **to**	*ce (celui-ci)*, *cette (celle-ci)*
ci, **te**	*ces (ceux-ci*, *celles-ci)*
tamten, etc.	*celui-là*, etc.
taki, **taka**, **takie**	*tel*, *telle*
tacy, **takie**	*tels*, *telles*

Ils se déclinent comme les adjectifs.
À l'accusatif singulier, **tego** est utilisée pour une personne ou un animal, **ten** pour une chose.

• *Les pronoms relatifs et interrogatifs*

Les formes suivantes sont communes aux deux types :

który, **która**, **które**	*quel*, *lequel*, etc.
którzy, **które**	(porte sur l'identité)
jaki, **jaka**, **jakie**	*quel*, *lequel*, etc.
jacy, **jakie**	(porte sur la qualité)
czyj, **czyja**, **czyje**	*à qui*, *à quoi* (appartient)
czyi, **czyje**	
kto	*qui*, *que* (personnes)
co	*qui*, *que* (choses)

Les pronoms des séries **który**, **jaki** et **czyj** se déclinent comme les adjectifs.
Kto et **co** ont la déclinaison suivante :

nom.	**kto**	**co**	acc.	**kogo**	**co**
gén.	**kogo**	**czego**	instr.	**kim**	**czym**
dat.	**komu**	**czemu**	loc.	**kim**	**czym**

• *Les pronoms indéfinis*

Il s'agit des interrogatifs auxquels on ajoute le suffixe **-ś** :

coś	*quelque chose*	**ktoś**	*quelqu'un*
czyjś	*à n'importe qui*	**któryś**	*quelque*
jakiś	*un*, *quelque*		

Ce sont en outre :
nikt, *personne*, **nic**, *rien*, **każdy**, *chaque*, **pewien**, *certain*, **wszystko**, *tout*, **wszyscy**, *tous*, **żaden**, *aucun*.

• *Le pronom réfléchi*

On utilise le réfléchi **się**, *me*, *te*, *se*, *nous*, *vous*, *se* :
• avec les verbes pronominaux :
– à l'infinitif : **myć się**, *se laver*
– à toutes les personnes du singulier et du pluriel : **myję się**, *je me lave*, **myjesz się**, *tu te laves*, etc.
• pour créer une phrase impersonnelle du type :
ma się, *on a*, **mówi się**, *on dit*, **robi się**, *on fait*.

Il n'existe pas de nominatif et sa déclinaison est la suivante :

gén.	**siebie**	acc.	**siebie, się**	loc.	**sobie**
dat.	**sobie**	instr.	**sobą**		

Les numéraux

• *Les nombres cardinaux*

1	**jeden**	11	**jedenaście**
2	**dwa**	12	**dwanaście**
3	**trzy**	13	**trzynaście**
4	**cztery**	14	**czternaście**
5	**pięć**	15	**piętnaście**
6	**sześć**	16	**szesnaście**
7	**siedem**	17	**siedemnaście**
8	**osiem**	18	**osiemnaście**
9	**dziewięć**	19	**dziewiętnaście**
10	**dziesięć**	100	**sto**
20	**dwadzieścia**	200	**dwieście**
30	**trzydzieści**	300	**trzysta**
40	**czterdzieści**	400	**czterysta**
50	**pięćdziesiąt**	500	**pięćset**

60	**sześćdziesiąt**	600	**sześćset**
70	**siedemdziesiąt**	700	**siedemset**
80	**osiemdziesiąt**	800	**osiemset**
90	**dziewięćdziesiąt**	900	**dziewięćset**
1 000	**tysiąc**	1 000 000	**milion**

Emploi des nombres cardinaux

• **Jeden** et **dwa** ont les formes suivantes :

masc.	**jeden**	**dwa**
fém.	**jedna**	**dwie**
neutre	**jedno**	**dwa**

– **Jeden** se décline comme un adjectif : **jeden**, **jednego**, etc. ; **jedna**, **jednej**, etc.
– **Dwa** possède les variantes **dwóch** (+ gén.) et **dwaj**, utilisées pour les hommes, et la forme **dwoje** qui va avec le genre neutre personnel : **dwóch panów/dwaj panowie**, *deux messieurs*, **dwoje dzieci**, *deux enfants*.

Voici la déclinaison de **dwa** :

	masculin personnel		féminin non pers.	neutre
nom.	**dwaj, dwóch**	**dwa**	**dwie**	**dwa**
gén.	**dwu, dwóch**	**dwu, dwóch**	**dwu, dwóch**	**dwu dwóch**
dat.	**dwu, dwom**	**dwu, dwom**	**dwu, dwom**	**dwu, dwom**
acc.	**dwu, dwóch**	**dwa**	**dwie**	**dwa**
instr.	**dwoma**	**dwoma**	**dwoma dwiema**	**dwoma**
loc.	= gén.	= gén.	= gén.	= gén.

• Dans **trzy** et **cztery**, la distinction des genres se fait uniquement aux deux cas :
– nominatif : personnel – **trzej (czterej), trzech (czterech)** ;

non personnel – **trzy (cztery)**
– accusatif : personnel – **trzech (czterech)** ; non personnel – **trzy (cztery)**

Aux autres cas, la forme est la même pour les trois genres :

datif	instrumental	locatif
trzem, **czterem**	**trzema**, **czterema**	**trzech**, **czterech**

• Dans les numéraux de 5 à 100, on distingue **pięciu** au nominatif et à l'accusatif pour le genre personnel, et **pięć** pour le non personnel. Les autres cas ont tous la même forme **pięciu.**

• Les mots qui suivent les nombres à partir de **pięć** se mettent au génitif pluriel :

pięciu panów — *cinq messieurs*
pięć pań (listów, lat) — *cinq dames (lettres, ans)*

• *Les nombres collectifs*

Ils ont les formes suivantes :
– pour 2 et 3 : **dwoje** (ou **oboje**, *les deux*), **troje** ;
– pour les autres : **czworo**, **pięcioro**, etc.

On les emploie surtout devant les noms de personnes de sexe différent ou devant les noms neutres animés : **troje dzieci**, *trois enfants*, **czworo kurcząt**, *quatre poulets*. Ils se déclinent de la façon suivante :

nom. + acc.	**dwoje**	**czworo**
gén.	**dwojga**	**czworga**
dat. + loc. + instr.	**dwojgu**	**czworgu**

• *Les nombres ordinaux*

1er	**pierwszy**	11e	**jedenasty**
2e	**drugi**	12e	**dwunasty**

3e	**trzeci**	13e	**trzynasty**, etc.
4e	**czwarty**	20e	**dwudziesty**
5e	**piąty**	30e	**trzydziesty**
6e	**szósty**	40e	**czterdziesty**
7e	**siódmy**	50e	**pięćdziesiąty**, etc.
8e	**ósmy**	100e	**setny**
9e	**dziewiąty**	1 000e	**tysięczny**
10e	**dziesiąty**	1 000 000e	**milionowy**

• Les ordinaux ont trois genres : **pierwszy** (masc.), **pierwsza** (f.), **pierwsze** (n.) et se déclinent comme des adjectifs.

• À l'inverse du français, on utilise les ordinaux pour la date et l'heure : **piewszego** (gén.) **stycznia**, *le premier janvier*, **rok tysiąc dziewięćset sześćdziesiąty drugi**, *l'année 1962*, **o trzeciej** (loc.), *à 3 heures*.

Ajoutons enfin que les chiffres polonais correspondent aux noms suivants : 1 **jedynka**, 2 **dwójka**, 3 **trójka**, etc. Ils désignent :

– les notes scolaires (de 1 à 6) ;
– les numéros des moyens de transport ;
– les numéros des bâtiments ;
– les cartes à jouer, chaussures, pièces de monnaie, etc.

Le verbe

De même qu'en français, le verbe polonais présente :

• 2 nombres (singulier et pluriel) ;

• 3 personnes pour chacun de ces nombres : au singulier, **ja**, *je*, **ty**, *tu*, **on**, *il*, **ona**, *elle*, **ono**, *il*, *elle* ; au pluriel, **my**, *nous*, **wy**, *vous*, **oni**, *ils*, **one**, *ils*, *elles* ;

• 3 modes personnels : l'indicatif, l'impératif et le conditionnel, et 3 impersonnels : l'infinitif, le participe et le gérondif ;

• 3 voix : active, passive et pronominale.

Contrairement au français, le verbe polonais distingue :
• 2 aspects : imperfectif et perfectif ;
• 3 genres (au passé et au futur des imperfectifs) : le masculin, le féminin et le neutre ;
• 3 temps : le présent, le passé et le futur.

• *L'aspect*

Les verbes polonais possèdent la particularité de présenter l'action sous deux angles opposés, appelés “aspects”. Dans le premier (aspect “imperfectif” ou “non accompli”), l'action est considérée dans son développement et sa durée. Dans le second (aspect “perfectif” ou “accompli”), le verbe indique si l'action a atteint un résultat ou si elle est arrêtée. À quelques exceptions près, chaque verbe possède son homologue dans l'aspect opposé. Un verbe simple, c'est-à-dire sans préfixe, est généralement imperfectif. Lorsqu'on le fait précéder d'un préfixe, par exemple, **na-**, **prze-**, **s-**, **z-**, etc., on obtient un verbe perfectif, sans en changer le sens. Les deux membres du couple correspondent donc à *un seul verbe* en français :

pisać	**napisać**	*écrire*
czytać	**przeczytać**	*lire*
kończyć	**skończć**	*finir*
jeść	**zjeść**	*manger*

Formation des couples aspectuels

Outre l'addition d'un préfixe, l'aspect perfectif est créé grâce à :
– la modification ou le changement du suffixe :

perfectif	imperfectif	
dać	**dawać**	*donner*
kupić	**kupować**	*acheter*
otworzyć	**otwierać**	*ouvrir*
zamknąć	**zamykać**	*fermer*
zwiedzić	**zwiedzać**	*visiter*

– le recours à un verbe différent :

perfectif	imperfectif	
wziąć	**brać**	*prendre*
położyć	**kłaść**	*mettre*
powiedzieć	**mówić**	*dire, parler*
obejrzeć	**oglądać**	*regarder*
zobaczyć	**widzieć**	*voir*

Certains verbes imperfectifs n'ont pas de correspondant perfectif. Ce sont avant tout les verbes d'état : **być**, *être*, **mieć**, *avoir*, **umieć**, *savoir*, **wiedzieć**, *connaître*, *savoir*, mais aussi les modaux : **móc**, *pouvoir*, et **musieć**, *devoir*.

• *Le présent*

On l'obtient en conjuguant les verbes imperfectifs. La forme de l'infinitif ne suffit pas, comme en français, pour savoir à laquelle des trois conjugaisons appartient le verbe. Il faut connaître la 1re et la 2e personne du singulier et, pour certains verbes, également la 3e personne du pluriel. Voici les terminaisons des trois conjugaisons polonaises :

	1re conj.	2e conj.	3e conj.
1. **(ja)**	**-ę**	**-ę**	**-m**
2. **(ty)**	**-esz**	**-isz/-ysz**	**-sz**
3. **(on,-a,-o)**	**-e**	**-i/-y**	-Ø
1. **(my)**	**-emy**	**-imy/-ymy**	**-my**
2. **(wy)**	**-ecie**	**-icie/-ycie**	**-cie**
3. **(oni,-e)**	**-ą**	**-ą**	**-ą/-dzą**

Les terminaisons personnelles étant suffisamment différenciées pour indiquer la personne, on n'utilise généralement pas de pronoms personnels devant les verbes, en particulier aux 1re et 2e personnes (singulier et pluriel).

Exemples de conjugaisons :
1re conjugaison

pracować, *travailler*		**iść**, *aller (à pied)*	
singulier	pluriel	singulier	pluriel
1 **pracuję**	**pracujemy**	**idę**	**idziemy**
2 **pracujesz**	**pracujecie**	**idziesz**	**idziecie**
3 **pracuje**	**pracują**	**idzie**	**idą**

2e conjugaison

robić, *faire*		**słyszeć**, *voir*	
singulier	pluriel	singulier	pluriel
1 **robię**	**robimy**	**słyszę**	**słyszymy**
2 **robisz**	**robicie**	**słyszysz**	**słyszycie**
3 **robi**	**robią**	**słyszy**	**słyszą**

3e conjugaison

znać, *connaître*		**wiedzieć**, *savoir*	
singulier	pluriel	singulier	pluriel
1 **znam**	**znamy**	**wiem**	**wiemy**
2 **znasz**	**znacie**	**wiesz**	**wiecie**
3 **zna**	**znają**	**wie**	**wiedzą**

Certains verbes présentent des irrégularités, telles que des modifications de voyelles et de consonnes, ou l'ajout d'un élément. En voici quelques exemples :

Infinitif	**1re et 3e personnes du singulier**
bać się, *avoir peur*	**boję się, boi się**
brać, *prendre*	**biorę, bierze**
jechać, *aller en véhicule*	**jadę, jedzie**
móc, *pouvoir*	**mogę, może**
musieć, *devoir*	**muszę, musi**
prosić, *prier*	**proszę, prosi**

Généralement, le radical de la 1re personne du singulier est identique à celui de la 3e personne du pluriel : **biorę**, *je prends*, **biorą**, *ils / elles prennent.*

• *Le passé*

Il n'existe qu'une seule forme de passé, mais son emploi dépend de l'aspect du verbe. Il est donc très important de ne pas confondre les aspects avec les temps.
Pour les verbes imperfectifs, le passé correspond à l'imparfait et pour les verbes perfectifs, au passé composé, au passé simple ou au plus-que-parfait.
La formation du passé est la même pour tous les verbes : on remplace la terminaison de l'infinitif par **ł** ou **l**, + les terminaisons qui marquent la personne, le genre et le nombre. Autrement dit, la forme du passé varie en fonction du genre masculin ou féminin :

byłem (masc.) **byłam** (fém.), *j'ai été*

A la 3ᵉ personne, on rencontre également le genre neutre :
(on) był **(ona) była** **(ono) było**

Au pluriel, la différence se fait uniquement entre le masculin personnel et les autres genres :
(oni) byli **(one) były**

Conjugaison de **robić** (imperfectif), *faire*

singulier

masculin	féminin	neutre
1 **robiłem**	**robiłam**	-
2 **robiłeś**	**robiłaś**	-
3 **robił**	**robiła**	**robiło**

pluriel

masculin personnel	autres
1 **robiliśmy**	**robiłyśmy**
2 **robiliście**	**robiłyście**
3 **robili**	**robiły**

L'équivalent perfectif **zrobić** se conjugue de la même façon, en faisant précéder toutes les formes du préfixe **z-** : **zrobiłem**, **zrobiłam**, etc.

Observations

Parfois, certains verbes subissent des modifications dans la formation du passé :

• Les verbes en **-eć** : **chcieć**, *vouloir*, **mieć**, *avoir*, **musieć**, *devoir*, **rozumieć**, *comprendre*, **woleć**, *préférer*, prennent la lettre **a** à la place du **e** dans toutes les formes : **miałem**, **miałam**, etc., sauf au pluriel du masculin personnel : **mieliśmy**, **mieliście**, **mieli**.

• Les verbes dont l'infinitif se termine en **-c** ou en deux consonnes : **móc**, *pouvoir*, **biec**, *courir*, **usiąść**, *s'asseoir*, **kłaść**, *mettre*, **nieść**, *porter*, retrouvent – devant la terminaison du passé – la même lettre qu'à la 1re personne du singulier au présent :

móc	**mogę**, *je peux*,	**mogłem**, *j'ai pu*
biec	**biegnę**, *je cours*,	**biegłem**, *j'ai couru*
kłaść	**kładę**, *je mets*,	**kładłem**, *j'ai mis*

• Dans les verbes en **-ąć** : **wziąć**, *prendre*, **zacząć**, *commencer*, **odpocząć**, *se reposer*, seul le masculin singulier conserve la lettre **ą** : **wziąłem**, **wziąłeś**, **wziął**. Dans toutes les autres formes, on emploie **ę** : **wzięłam**, **wzięłaś**, etc.

Conjugaison de **iść** (imperfectif), *aller à pied*

singulier

masculin	féminin	neutre
1 **szedłem**	**szłam**	-
2 **szedłeś**	**szłaś**	-
3 **szedł**	**szła**	**szło**

pluriel

masculin pluriel	autres
1 **szliśmy**	**szłyśmy**
2 **szliście**	**szłyście**
3 **szli**	**szły**

Ses composés se conjuguent de la même façon :

wejść, *entrer*	**wszedłem**, **weszłam**, etc.
wyjść, *sortir*	**wyszedłem**, **wyszłam**, etc.
zejść, *descendre*	**zszedłem**, **zeszłam**, etc.

• *Le futur*

Il y a deux formes de futur : une pour chacun des aspects. Elles correspondent, suivant le contexte, au futur simple ou au futur proche en français.

• Pour les verbes perfectifs, toutes les formes conjuguées expriment le futur :

zrobię,	*je ferai (je vais faire)*
napiszę,	*j'écrirai (je vais écrire)*
przeczytam,	*je lirai (je vais lire)*
zjem,	*je mangerai (je vais manger)*

• Pour les verbes imperfectifs, le futur est une forme composée qui peut être créée de deux manières :
– en ajoutant la 3e personne du passé (singulier ou pluriel) au futur du verbe **być**, *être* :
będę robił (**robiła**), *je ferai (je vais faire)*
będziesz pisał (**pisała**), *tu écriras*, *(tu vas écrire)*, etc.
– en ajoutant l'infinitif au futur de **być** :
będę robić, **będziesz pisać**, etc.

• *L'impératif*

• Pour former l'impératif de la 2e personne du singulier des verbes des 1re et 2e conjugaisons, on supprime la terminaison de la 3e personne du singulier au présent :

Infinitif	3e personne du sing.	Impératif
dawać, *donner*	**daje**	**daj!**
pisać, *écrire*	**pisze**	**pisz!**

Pour les verbes finissant par une ou plusieurs consonnes suivies d'un **i**, on supprime le **i**. La consonne qui précède est mouillée, sauf les **p**, **b**, **f**, **l**, **w** :

iść, *aller*	**idzie**	**idź!**
wejść, *entrer*	**wejdzie**	**wejdź!**
mais		
kupić, *acheter*	**kupi**	**kup!**
mówić, *dire*	**mówi**	**mów!**

Pour certains verbes, on note l'alternance **o/ó** et **ę/ą** :

robić, *faire*	**robi**	**rób!**
stać, *être debout*	**stoi**	**stój!**
być, *être*	**będzie**	**bądź!**

Pour les verbes finissant par un groupe de consonnes, on ajoute parfois **-ij**/**-yj** :

spać, *dormir*	**śpi**	**śpij!**
zamknąć, *fermer*	**zamknie**	**zamknij!**

• Pour former l'impératif de la 2e personne du singulier des verbes de la 3e conjugaison, on supprime la terminaison **-ą** de la 3e personne du pluriel :

Infinitif	3e personne du pl.	Impératif
czytać, *lire*	**czytają**	**czytaj!**
jeść, *écrire*	**jedzą**	**jedz!**

• Les 1re et 2e personnes du pluriel se caractérisent par les terminaisons **-my** et **-cie**, ajoutées à la 2e personne du singulier :

czytaj!	**czytajmy!**	**czytajcie!**
jedz!	**jedzmy!**	**jedzcie!**

• À la 3e personne du singulier et du pluriel, on emploie le mot **niech + pan (pani, państwo)** :
Niech pan (pani) wejdzie, *Entrez, Monsieur (Madame).*
Niech państwo wejdą, *Entrez, Messieurs (Mesdames).*

• *Le conditionnel*

On le forme sur la base du passé, en intercalant l'élément **by** entre le radical et la terminaison. Aux 1re et 2e personnes du masculin singulier, on supprime la lettre **e** de la terminaison.
Voici le conditionnel de **chcieć**, *vouloir*

singulier	pluriel
masculin	
chciałbym	**chcielibyśmy**
chciałbyś	**chcielibyście**
chciałby	**chcieliby**
féminin	
chciałabym	**chciałybyśmy**
chciałabyś	**chciałybyście**
chciałaby	**chciałyby**
neutre	
chciałoby	**chciałyby**

L'élément **by**, accompagné éventuellement de sa terminaison, peut être détaché du verbe et placé après le premier mot accentué de la phrase :

Kiedy by pan(i) chciał(a) pojechać do Polski?, *Quand voudriez-vous aller en Pologne ?*

Co byś zrobił(a) na moim miejscu?, *Que ferais-tu à ma place ?*

• *Les verbes być et mieć*

Conjugaison de być, *être*

	présent		futur	
	singulier	pluriel	singulier	pluriel
1	**jestem**	**jesteśmy**	**będę**	**będziemy**
2	**jesteś**	**jesteście**	**będziesz**	**będziecie**
3	**jest**	**są**	**będzie**	**będą**

	passé				
	singulier			pluriel	
	m.	f.	n.	m. pers.	m. non pers., f. n.
1	**byłem**	**byłam**	-	**byliśmy**	**byłyśmy**
2	**byłeś**	**byłaś**	-	**byliście**	**byłyście**
3	**był**	**była**	**było**	**byli**	**były**

Conjugaison de mieć, *avoir*

	présent		futur	
	singulier	pluriel	singulier	pluriel
1	**mam**	**mamy**	**będę mieć (miał, -a)**	**będziemy mieć (mieli, miały)**
2	**masz**	**macie**	**będziesz mieć (miał, -a)**	**będziecie mieć (mieli, miały)**
3	**ma**	**mają**	**będzie mieć (miał, -a, -o)**	**będą mieć (mieli, (miały)**

	passé				
	singulier			pluriel	
	m.	f.	n.	m. pers.	m. non
1	**miałem**	**miałam**	-	**mieliśmy**	**miałyśmy**
2	**miałeś**	**miałaś**	-	**mieliście**	**miałyście**
3	**miał**	**miała**	**miało**	**mieli**	**miały**

L'adverbe

La majorité des adverbes sont formés à partir des adjectifs dont on remplace la voyelle finale par **-o** ou par **-(i)e** :

doskonały	*parfait*	**doskonale**	*parfaitement*
duży	*grand*	**dużo**	*beaucoup*
łatwy	*facile*	**łatwo**	*facilement*
ładny	*joli*	**ładnie**	*joliment*
świetny	*parfait*	**świetnie**	*parfaitement*

Quelquefois, on modifie la consonne finale du radical :

dobry	*bon*	**dobrze**	*bien*
zły	*mauvais*	**źle**	*mal*

Pour obtenir le comparatif , on ajoute la terminaison **-(e)j**. Quant au superlatif, on le forme en faisant précéder le comparatif de **naj-** :

ładnie	**ładniej**	**najładniej**
łatwo	**łatwiej**	**najłatwiej**

Il existe des irrégularités dans la formation de certains comparatifs et superlatifs :

dobrze	*bien*	**lepiej**	*mieux*	**najlepiej**	*le mieux*
źle	*mal*	**gorzej**	*pire*	**najgorzej**	*le pire*
dużo	*beaucoup*	**więcej**	*plus*	**najwięcej**	*le plus*
mało	*peu*	**mniej**	*moins*	**najmniej**	*le moins*

On trouve aussi des adverbes composés, précédés d'une préposition :

od : **od razu**, *tout de suite*
na : **na lewo**, *à gauche*, **na prawo**, *à droite*, **na stałe**, *définitivement*
po : **po prostu**, *simplement*
z : **z bliska**, *de près*, **z daleka**, *de loin*
za : **za długo**, *trop longtemps*, **za drogo**, *trop cher*

De nombreux adverbes ne sont pas issus d'adjectifs :

Temps	Quantité	Lieu
zawsze, *toujours*	**ile**, *combien*	**tu**, *ici*
nigdy, *jamais*	**tyle**, *tant*	**tam**, *là*
kiedy, *quand*	**dość**, *assez*	**gdzie**, *où*
jutro, *demain*	**mało**, *peu*	**nigdzie**, *nulle part*
już, *déjà*	**prawie**, *presque*	**wszędzie**, *partout*
jeszcze, *encore*	**zbyt**, *trop*	**skąd**, *d'où*

La préposition

Les prépositions régissent tous les cas, à l'exception du nominatif et du vocatif. Certaines introduisent un seul cas, d'autres deux et parfois trois :

gén.	dat.	acc.	instr.	loc.
do	**ku**	**na**		**na**
od	**dzięki**	**o**		**o**
u		**po**		**po**
bez		**za**	**za**	
z, ze			**z, ze**	
dla		**w, we**		**w, we**
obok, koło		**pod**	**pod**	**przy**
wśród		**przez**	**przez**	
oprócz		**nad**	**nad**	
		między	**między**	

Les correspondants français les plus fréquents sont :
bez, *sans*, **dla**, *pour*, **do**, *à*, **dzięki**, *grâce à*, **koło**, *à côté*, **między**, **wśród**, *entre*, *parmi*, **na**, *à*, *sur*, **nad**, *au-dessus*, **o**, *au sujet de*, **obok**, *à côté*, **oprócz**, *sauf*, **po**, *après*, **pod**, *sous*, **przed**, *avant*, **przez**, *à travers*, **przy**, *à côté*, **u**, *chez*, **w/we**, *dans*, **z/ze**, *avec*.

La conjonction

Voici les principales conjonctions et leurs équivalents français :

i	*et*
a	*et* (légère opposition)
jak	*comme*
jakby	*comme si*
dlatego, bo	*parce que*
jeśli, gdyby	*si*
ponieważ	*puisque*
co	*que, ce que*
wtedy, więc	*alors*
albo, lub	*ou*
że	*que*

INDEX THÉMATIQUE

Vous retrouverez grâce à cet index les principaux thèmes abordés dans les dialogues, ainsi que dans les notes grammaticales et culturelles. Les chiffres indiquent le numéro de la leçon.

LEXIQUES

Nos deux lexiques contiennent tous les mots du *Nouveau Polonais sans peine* et la traduction française correspond à celle donnée dans la méthode. Les chiffres renvoient aux numéros des leçons dans lesquelles le terme apparaît pour la première fois et, le cas échéant, sous une forme ou une traduction différente. Les noms et les adjectifs sont donnés au nominatif singulier. Dans le cas où un terme est nécessairement employé au pluriel ou au singulier, nous l'avons indiqué entre parenthèses. Pour les verbes, nous avons signalé l'aspect (I pour l'imperfectif, P pour le perfectif) et, dans le lexique polonais-français, nous vous donnons également les terminaisons des 1re et 2e personnes du singulier, suivies – pour les verbes irréguliers – de la 3e personne du pluriel.

Abréviations :

n.	nom	*adj.*	adjectif
pr.	pronom	*m.*	masculin
v.	verbe	*f.*	féminin
p.	participe	*sing.*	singulier
I	imperfectif	*pl.*	pluriel
P	perfectif		

Lexique polonais-français

A

a 1	et
ach 45, 90	ah
agencja 86	agence
agent 86	agent
akcja 92	action
akt 92	acte
aktorką 34	actrice
albo 53, 87	ou
ale 4	mais
ależ 64	mais
alkohol 97	alcool
amazoński 96	amazonien
amerykański 87	américain

angielski 13	anglais
Anglik 100	Anglais
ani 32	ni
apteka 74	pharmacie
archeolog 50	archéologue
atmosfera 58	atmosphère
autobus 61	autobus
automatyczny 90	automatique
awaria 53, 88	panne

B

babcia 20	grand-mère
bać (I boję, boisz) się 53, 96	avoir peur
bagaż 83	bagage
balkon 92	balcon
bank 4	banque
bankomat 4	distributeur de billets
bardziej 50	plus
bardzo 4, 5	très, beaucoup
basen 30	piscine
bateria 48	pile
beznadziejny 79	désespéré
bezpośredni 61	direct
biały 68	blanc
bieg 89	vitesse
biegiem 90	en courant
biegnąć (I biegnę, -niesz) 51	courir
bielizna 59	linge
bigos 2	choucroute
bilet 61, 92	billet, ticket
biografia 32	biographie
bity 16	fouetté (crème)
biuro 64	bureau
biurko 10	bureau
biurowy 86	bureau (de ~)
blankiet 26	formulaire
blisko 36	près
bluzka 33	chemisier
błąd (*pl.* błędy) 66	faute (erreur)
bo 66, 90	parce que

boczek 80	poitrine (charcuterie)
boleć (I boli, bolą) 29, 60, 93	faire mal
bolesny 71	douloureux
Boże Narodzenie 52	Noël
Bóg 81	Dieu
brać (I biorę, bierzesz) 16, 19, 41, 74	prendre
bramkarz 68	gardien de but
bramka 68	but
brat 8	frère
broda 67	barbe
brzydki 23	laid
bułka 45, 80	petit pain
budka 26	cabine
budynek 23	immeuble
budzik 15	réveil
but 76	chaussure
być 2, 3, 11, 23, 31, 38, 40	être *(v.)*

C

cały 40, 76, 93	tout
cena 17	prix
centralny 61	central
centrum 23	centre
chcieć (I chcę, -esz) 15, 30, 33, 34, 64, 78	vouloir
chętnie 32	volontiers
Chiny *(pl.)* 82	Chine
chleb 19, 80	pain
chmura 88	nuage
chodzić (I chodzę, -isz) 18, 32, 36, 40	aller à pied
choroba 29	maladie
chory 29	malade
chwast 99	mauvaise herbe
chwila 36, 38, 54, 81	moment
chwileczka 80	petit moment
chwilowo 26	momentanément
chyba 5, 25	probablement, sans doute
ciastko 12	petit gâteau

ciasto 48	gâteau
ciąg 72	suite
ciągle 22	tout le temps
ciekawy 6, 22, 34, 60	intéressant
cieszyć (I -ę, -ysz) się 44, 85	se réjouir
ciężko 79	lourdement
ciocia 25	tante
co 2	que, ce que
codziennie 37	tous les jours
coś 34	quelque chose
córka 65	fille
cudowny 78	merveilleux
cytryna 16	citron
czarny 16, 33, 62	noir
czarno 88	noir (voir les choses en ~)
czas 50	temps (durée)
czasem 85	parfois
czekać (I -am, -asz) 43	attendre
czekoladowy 16, 41	au chocolat
czereśnia 99	cerise
czerwony 41, 62	rouge
cześć 11	salut
często 69	souvent
częstować (I -uję, -ujesz) się 73	se servir
czterdzieści 96	quarante
czternasty 86	quatorzième
cztery 26	quatre
czuć (I -ję, -jesz) się 29, 38, 76	se sentir
czuły 69	affectueux
czwarty 59, 92	quatrième
czy 5, 23	est-ce que, si
czytać (I -am, -asz) 32	lire
czytanie 32	lecture
ćwiczyć (I -ę, -ysz) 37	s'exercer

D

dać (P dam, dasz, dadzą) 38, 93	donner
dalej 76	plus loin
dalszy 72	plus lointain

damski 59	pour dames
danie 46	plat (mets)
dawno 34, 38	il y a longtemps
dawniej 39	autrefois
dbać (I -am, -asz) 78	prendre soin
deka 80	décagramme
denerwować (I -uję, -ujesz) 58	énerver
dentysta 93	dentiste
deser 41	desscrt
deserowy 73	dessert (de ~)
deszcz 22	pluie
diament 87	diamant
dieta 95	régime
dla 15	pour
dlaczego 12	pourquoi
dlatego 20	parce que
długo 3	longtemps
długopis 62	stylo à bille
do 2, 9	à, chez
doba 17	24 heures
dobry 1, 12, 24	bon
dobrze 11	bien
dojechać (P -jedziesz, -dzie) 88	aller (en véhicule)
dojść (P dojdę, -dojdziesz) 18	aller (à pied)
dokąd 6	où
doktor 38	docteur
dokumentalny 87	documentaire
dolegać 38	faire souffrir
dom 22, 51	maison
domowy 59	ménager *(adj.)*
dookoła 52	autour
dopiero 43	seulement
doskonale 3	parfaitement
doskonały 15	parfait
dostać (P -nę, -niesz) 47, 66	recevoir
dosyć 18	assez
doświadczenie 71	expérience
dowcip 100	histoire drôle
do widzenia 5	au revoir
dół 69, 73	bas *(n.)*

drobny 89, 100 — menu *(adj.)*
droga 89 — chemin
drugi 20, 24, 41 — deuxième
drukarka 37, 86 — imprimante
drużyna 68 — équipe
drzewo 96 — arbre
drzwi 73 — porte
drzwiczki 69 — portière
dużo 19 — beaucoup
duży 37, 74, 94 — grand
dwa 17, 20, 80 — deux
dwadzieścia 48 — vingt
dworzec 61 — gare
dwójka 66, 87, 96 — deux (chaîne TV, note…)
dyktando 66 — dictée
dyrektor 27 — directeur
dziać się (I) 27, 88 — se passer
dział 27 — service
działać (I -am, -asz) 15, 90 — fonctionner
działka 99 — parcelle
dzieci (*sing.* dziecko) 34, 71 — enfants
dzieło 86, 94 — chef-d'œuvre
dziennie 95 — par jour
dzień (*pl.* dni) 40 — jour(née)
dzień dobry 1 — bonjour
dziesięć 43 — dix
dziewczynka 85 — petite fille
dziewiąty 30 — neuvième
dzięki 79 — grâce à
dziękować (I -uję, -ujesz) 25 — remercier
dziękuję 2 — merci
dzisiaj 11 — aujourd'hui
dzisiejszy 80 — d'aujourd'hui
dziś 22 — aujourd'hui
dziwić (I -ę, -isz) się 50 — s'étonner
dziwny 23, 27 — étrange
dzwonić (I -ę, -isz) 25, 43, 47 — appeler, téléphoner
dżinsy 92 — jean

E

egzamin 96	examen
egzaminacyjny 90	examen (d'~)
egzotyczny 94	exotique
epidemia 55	épidémie
ewentualnie 87	éventuellement

F

fakt 57	fait
faktycznie 39	de fait
fartuszek 67	tablier
fauna 87	faune
fax 26	fax
film 87	film
firma 82	entreprise
flora 87	flore
fotel 10, 36	fauteuil
francuski 13	français
Francuz 100	Français

G

galanteria 59	maroquinerie
galeria 57	galerie (peinture)
gardło 29	gorge
garnitur 92	costume
gasnąć (I -ę, -esz) 92	s'éteindre
gazeta 10, 87	journal
gdy(by) 59, 71, 79	si
gdzie 4	où
geografia 96	géographie
gimnastykować (I -uję, -ujesz) się 95	faire de la gym
gimnazjum 65	collège
gitara 37	guitare
głodny 40	affamé
głowa 29	tête
głupi 81	bête *(adj.)*
gniewać (I -am, -asz) się 64	se fâcher
godzina 22	heure
gorąco 59	chaudement

gorączka 29 — fièvre
gorzej 58 — pire
gość 43 — invité
gospodyni 73 — hôtesse
gotować (I -uję, -ujesz) 51 — cuire, cuisiner
gotowy 11, 43 — prêt
góra 31, 76 — montagne, haut
gra 32 — jeu
grać (I -am, -asz) 22, 32, 68 — jouer
granica 31, 44, 93 — étranger
gratulacje 36 — félicitations
gruby 94 — gros
grzeczny 85 — sage
grzybowy 41 — champignon (de ~)
gubić (I -ę, -isz) 62 — perdre

H

halo 5 — allô
hałas 88 — bruit
handel 44 — commerce
handlowy 23 — commercial
herbata 16 — thé
hę 100 — hein
historia 44 — histoire
historyczny 23 — historique
hobby 32 — hobby
hotel 17 — hôtel
humor 58 — humour

I

i 2 — et
ile 17 — combien
ilość 83 — nombre
ilustracja 94 — illustration
imieniny *(pl.)* 12 — fête
inaczej 88 — autrement
informacja 86 — information
inny 41, 48, 76, 87 — autre
interesować (I -ę, -esz) 31, 94 — intéresser
interesujący 82 — intéressant

internet 37	internet
iść (I idę, idziesz) 9, 11, 18, 19, 26	aller à pied

J

ja 1, 6, 9, 11, 15	je, moi
jajecznica 46	omelette
jajko 40	œuf
jak 11, 15	comme, comment
jaki 9, 12, 16	(le)quel
jakiś 22	quelconque
jakikolwiek 81	quelconque
jasny 8	clair
jechać (I jadę, jedziesz) 6, 23, 61, 82, 90	aller en véhicule
jeden 17, 24, 89	un
jednocześnie 37	en même temps
jedynka 87	un *(n.)* (chaîne de TV, etc.)
jedzenie 41, 60, 95	nourriture, manger *(n.)*
jeszcze 4	encore
jeść (I jem, jesz, jedzą) 46, 94	manger *(v.)*
jeśli 33	si
jeździć (I jeżdżę, jeździsz) 32, 71, 95	aller en véhicule
jeżeli 90	si
język 31, 94, 100	langue (parlée)
już 4	déjà
jutro 3	demain

K

kafelek 55	carreau (carrelage)
kaktus 78	cactus
kandydat 50	candidat
kantor 4	bureau de change
kapsułka 74	gélule
karta 32	carte (à jouer)
kartka 26	carte (postale)
kasa 19	caisse
kaseta 87	cassette
kaszanka 80	boudin
katar 60	rhume

kawa 16	café (à boire)
kawaler 75	célibataire
kawałek 40, 80	morceau
kawiarnia 16	café (endroit)
każdy 48, 61	chaque
kąpać (I -ę, -esz) się 60	se baigner
kąpiel 31	baignade
kąpielowy 59	de bain
kelnerka 41	serveuse
kiedy 71	quand
kieliszek 73, 97	petit verre
kiełbasa 80	saucisse
kiepsko 66	médiocrement
kierownik 54	responsable
kieszeń 62	poche
kilka 55	quelque
kilo 80	kilo
kilometr 88	kilomètre
kino 11	cinéma
kiosk 26	kiosque
klasa 65	classe (école)
klasówka 66	interrogation
klasyczny 87	classique (musique)
klient 27	client
klucz 81	clé
kłopot 27, 31	ennui
kobieta 55	femme
kochać (I -am, -asz) 50	aimer
koniec 45	fin *(n.)*
kolacja 40	dîner *(n.)*
kolega 9	ami
kolej 96	tour (*m.*)
kolejka 83	queue (faire ~)
kolejowy 61	ferroviaire
koleżanka 15	amie
kolonie *(pl.)* 60	colonie
kolor 33	couleur
kolorowy 94	de couleur
kolumna 23	colonne
koło 31	à côté

komedia 87	comédie
komfortowy 17	luxueux
komisariat 67	commissariat
komisja 90	commission
komórka 90	portable (téléphone)
komputer 37	ordinateur
koncert 30	concert
konferencja 6	conférence
kontakt 45	contact
końcówka 100	terminaison
kontrola 83	contrôle
kopiarka 86	photocopieuse
korek 88	bouchon
kostium 59	maillot (de bain)
kosztować (I -uje) 17	coûter
koszula 15	chemise
koszulka 68	maillot (de footballeur)
koszyk 19	panier
kradzież 86	vol (délit)
kraj 82	pays
krakowski 80	de Cracovie
krawat 92	cravate
krem 41	crème
krew 79	sang
kręgosłup 79	colonne vertébrale
krok 71	pas *(n.)*
król 23	roi
krótki 33	court *(adj.)*
kryształowy 73	de cristal
krytyk 87	critique *(n.)*
krzesło 36	chaise
książka 82	livre *(n. m.)*
księgarnia 94	librairie
księżyc 34	lune
kto 5	qui
który 22, 33, 47, 69	qui, (le)quel
kucharski 94	de cuisine
kuchnia 36	cuisine (pièce)
kultura 23	culture
kupić (P -ę, -isz) 15	acheter

kupować (I -uję, -ujesz) 15, 37, 61	acheter
kurtka 62	blouson
kwiat 78	fleur
kwiatek 67	petite fleur

L

lampka 41	verre
lata *(pl.)* 25, 44, 85, 92	ans
latać (I -am, -asz) 83	voler (oiseau, avion)
lato 99	été
lądować (I -uję, -ujesz) 83	atterrir
lecieć (I -ę, -isz) 50, 53, 83	voler (oiseau, avion)
lekarstwo 74	médicament
lekarz 29	médecin
lekcja 34	leçon
lepiej 19	mieux
lewo (na) 18	à gauche
leżeć (I -ę, -ysz) 71	être couché
liceum 44	lycée
liczyć (I -ę, -ysz) 55, 80	compter
linia 90	ligne
lipiec 53	juillet
list 26	lettre
listonosz 43	facteur
litera 100	lettre (alphabet)
lodówka 40	frigo
lody *(pl.)* 16	glace (crème glacée)
lokal nocny 99	boîte de nuit
lot 83	vol (avion)
lotnisko 83	aéroport
lub 61	ou
lubić (I -ę, -isz) 18, 30, 31, 32	aimer
ludzie *(pl.)* 31	gens

Ł

ładnie 37	joliment
ładny 23, 94	joli
łatwy 96	facile
łazienka 17, 55	salle de bains
łączyć (I -ę, -ysz) 54	joindre

łowić (I -ę, -isz) 60	pêcher
łóżko 37	lit
łyżeczka 73, 74	petite cuillère
łyżka 73	cuillère

M

maj 58	mai
malarstwo 57	peinture (tableau)
malarz 45	peintre
malowanie 55	peinture (action de peindre)
mało 74	peu
małpa 39	singe
mały 36, 55	petit
małżeństwo *(sing.)* 69	mari et femme
mama 8	maman
martwić (I -ę, -isz) się 58, 85	se faire du souci
marynarka 64	veston
marzenie 34	rêve
marzyć (I -ę, -ysz) 34	rêver
maska 89	capot
masło 19	beurre
matematyka *(sing.)* 66	mathématiques
materiał 96	programme
matura 44, 65	baccalauréat
mąż 24, 67, 69	mari
mebel 36	meuble
mechanik 89	mécanicien
mecz 68	match
medycyna 44	médecine
metalowy 67	métallique
męski 59	pour hommes
miasto 23	ville
mieć 2, 6, 8, …	avoir
miejsce 6, 41, 79	place
miesiąc 52	mois
mieszkać (I -am, -asz) 5, 9, 20, 53, 69	habiter
mieszkanie 53	appartement
między 78	entre, parmi

mięso 19	viande
miło 1, 13, 85	agréablement
miły 4, 78	gentil
minąć (P -ę, -esz) 44	passer
minuta 68	minute
mleko 19	lait
młodo 50	de manière jeune
młodszy 65	plus jeune
młody 8, 69	jeune
mniej 17	moins
modny 33	à la mode
moment 72	moment
morze 31	mer
może 10	peut-être
można 26	il est possible de
móc (mogę, możesz, mogą) 8, 17, 15, 26, etc.	pouvoir
mój 8, 9, 12, 32, 33, 86	mon
mówić (I -ę, -isz) 11, 13, 27, 60	parler, dire
musieć (muszę, -isz) 40, 68, 71, 72, 83	devoir
musztarda 80	moutarde
muzeum 72	musée
muzyczny 87	musical
muzyka 87	musique
my 32	nous *(pr.)*
mylić (I -ę, -isz) się 68	se tromper
myśleć (I -ę, -isz) 27, 33, 94	penser

N

na 3, 10, 22, 27	pour, sur, en, à
nacierpieć (P -ę, -esz) się 79	souffrir
nad 31, 60, 69	au-dessus, au bord de
nadzieja 6	espoir
nagrać (P -am, -asz) 87	enregistrer
najbardziej 39	le plus
najbliższy 61, 88	le plus proche
najgorzej 59	le pire
najlepiej 61	le mieux
najlepszy 12	le meilleur

najmniej 47	le moins
najmniejszy 92	le moindre
najpierw 44, 62, 100	d'abord
najważniejszy 95	le plus important
największy 46	le plus grand
nakryć (P -ję, -jesz) 73	couvrir
nalewać (I -am, -asz) 97	verser
należy 92	il convient
namówić (P -ę, -isz) 76	convaincre
napić (P -ję, -jesz) się 29, 44	boire
napisać (P -szę, -szesz) 82	écrire
napisany 92	écrit *(p. passé)*
naprawa 89	réparation
naprawdę 10	vraiment
naprzeciwko 90	en face
nareszcie 43	enfin
narobić (P -ę, -isz) 72	faire
narty 32	skis
nastawnia 90	poste d'aiguillage
następnie 18	ensuite
następny 76	suivant
nasz 43, 44, 82	notre
nauka 23	étude
nawet 37	même
nazywać (I -am, -asz) się 1	s'appeler
nic 5	rien
nie 3	non, ne pas
niebieski 67	bleu
niedawno 45	il n'y a pas longtemps
niedyskrecja 82	indiscrétion
niemożliwy 24	impossible
nieostrożny 81	imprudent
niepokoić (I -ję, -isz) się 65	s'inquiéter
nieprawda 58	pas vrai
niespodzianka 36	surprise
niestety 6	malheureusement
nieznajomy 85	inconnu
nigdy 57	jamais
nigdzie 72	nulle part
nikt 54, 71	personne *(pr.)*

niż 79	que
no 25, 31	eh bien
noga 60	jambe
normalny 50	normal
nosić (I -szę, -sisz) 33, 60	porter
notatka 96	note (annotation)
nowoczesny 57	moderne
nowy 36, 48	neuf, nouveau
nóż 73	couteau
numer 9	numéro
nudzić się 99	s'ennuyer

O

o 10, 16	oh, ah
o 30, 33, 82	à, de, sur
obaj 65, 68	les deux
obcy 94, 100	étranger *(adj.)*
obiad 43	déjeuner *(n.)*
obiecać (P -am -asz) 52	promettre
oblać (P -ję, -jesz) 96	être collé (à un examen)
obok 51	à côté
obraz 45	tableau (peinture)
obrus 41	nappe
obserwować (I -uję, -ujesz) 69	observer
obudzić (P -ę, -isz) 46	réveiller
obyczaj 82	mœurs *(pl.)*
ochota 40	envie
ocieplać (I -am, -asz) się 58	se réchauffer
oczy *(pl.)* 25, 86	yeux
oczywiście 9	bien sûr
od 34, 37, 47, 86	de, depuis, contre
oddać (P -am, -asz) 78	rendre
odkąd 37	depuis (que)
odmiana 66	changement
odpiąć (P odepnę, -niesz) 83	défaire, déboutonner
odpocząć (P -nę, -niesz) 76	se reposer
odpowiadać (I -am, -asz) 27	répondre
odpowiedzieć (P -em, -esz) 96	répondre
odpowiedni 50	convenable
odzież *(sing.)* 59	vêtements

ogórek 40	concombre
ogrodowy 99	de jardin(age)
ogromny 68	énorme
ogród 97, 100	jardin
okazja 12	occasion
okno 41	fenêtre
oko 89	œil
okolica 76	environs
około 64	environ (à peu près)
okropny 79	affreux
okulary *(pl.)* 67	lunettes
on 15	il, lui *(pr.)*
ona 13	elle *(pr.)*
opalić (P -ę, -isz) się 99	bronzer
opera 32	opéra
operowany 79	opéré
opiekować (I -uję, -ujesz) się 79	prendre soin
opisać (P -szę, -esz) 67	décrire
opowiadać (I -am, -asz) 33	raconter
opowiedzieć (P -em, -esz) 44, 60, 67	raconter
oprawka 67	monture
oryginalny 34	original *(adj.)*
osiemset 96	huit cents
osoba 17	personne
osobiście 32	personnellement
ostatecznie 94	finalement
ostatni 17, 45, 65	dernier
ostatnio 27	dernièrement
oto 17	voici
otwarty 73, 81	ouvert
otwierać (I -am, -asz) 69	ouvrir
otworzyć (P -ę, -ysz) 43, 89	ouvrir
owoc 19	fruit
owocowy 16	de fruit
owszem 72	bien entendu
ożenić (P -ę, -isz) się 75	se marier

Ó

ósemka 61	huit
ósmy 22	huitième

P

paczka 26	colis
padać 22, 58	tomber (pluie)
palący 41	fumeur
palić (I -ę, -isz) 15, 73	fumer
pałac 23	palais
pamiętać (I -am, -asz) 25, 48, 96	se souvenir
pan 1, 4, 27	monsieur
pani 1, 6, 13	madame
panna 85	mademoiselle
państwo 16, 23, 89	madame et monsieur
para 69	couple
parasolka 78	parapluie
parę 93	quelque
parter 59, 92	rez-de-chaussée
pas 83	ceinture
pasek 62	rayure
pasjonujący 44	passionnant
pastylka 74	pastille
paszport 83	passeport
patrzeć (I -ę, -ysz) 30, 62, 97	regarder
pech 88	malchance
perfumeria 59	parfumerie
personel 83	personnel *(n.)*
pewien 39, 48, 66, 79	sûr, (un) certain
pewnie 25	sûrement
pewno (na ~) 60	sûrement
pewny 72	certain (un ~)
pianista 87	pianiste
piąty 59	cinquième
pić (I piję, -esz) 46, 74, 97	boire
picie 2, 41	boisson, boire
piec 48	four
pieczywo 80	pain
pielęgniarka 79	infirmière
pieniądze 34	argent (monnaie)
pierwszy 39, 43, 59, 65	premier
pięć 25, 92	cinq
pięćset 64	cinq cents
piękny 46, 69, 94	beau

piętnastka 61	quinze (bus, tramway...)
piętro 59	étage
pilnować (I -uję, ujesz) 62	surveiller
pilny 54	urgent
piłka nożna 68	football
piórnik 62	trousse
pióro 62	stylo
pisać (I -szę, -szesz) 60	écrire
piwo 2	bière
pizza 40	pizza
plan 52	plan
plasterek 80	tranche
plecak 60	sac à dos
plus 66	plus
płacić (I -ę, -isz) 80	payer
pływać (I -am, -asz) 97	nager
po 13, 19, 32, 64	en, pour, après, par
pobiec (P -biegnę, -niesz) 90	courir
pociąg 61, 90	train
początek 44	début
poczekać (P -am, -asz) 43, 59, 83, 87, 97	attendre
poczta 26	poste *(f.)*
pocztowy 26	postal
pod 80	sous
podać (P -am, -asz) 2, 41, 80	donner, servir
podarować (P -uję, -ujesz) 94	offrir
podawać (I -ję, -jesz) 69	donner, servir
podlać (P -leję, -lejesz) 99	arroser
podlewać (I -am, -asz) 78	arroser
podmorski 87	de bord de mer
podnieść (P -niosę, -niesiesz) 71	relever
podobać (I-am, -asz) się 20, 39	plaire
podobno 50, 58	il paraît
podobny 25, 58, 78	pareil, ressemblant
podpisanie 86	signature
podróż 25	voyage
podróżować (I -uję, -ujesz) 99	voyager
podstawowy 65	élémentaire, primaire
poezja 32	poésie

pogoda 58	temps
pojechać (P pojadę, -jedziesz) 31, 59	aller en véhicule
pojęcie 72	idée
pokazać (P -żę, -żesz) 36, 93	montrer
pokój 17, 64	chambre
pokroić (P -ję, -isz) 80	trancher
polecić (P -ę, -isz) 95	recommander
polecieć (P -ę, -isz) 34	voler
polecony 26	recommandé
policzyć (P -ę, -ysz) 80	compter
polisa 86	police
polityka 87	politique
Polak 100	Polonais
Polka 20	Polonaise
Polska 20	Pologne
polski 13, 20, 66	polonais
polubić (P -ę, -isz) 82	aimer
połamany 79	cassé
połączenie 37	connexion
położyć (P -ę, -ysz) 73	mettre
południe 54, 57, 74	midi
pomagać (I -am, asz) 78	aider
pomidorowy 41, 95	de tomate
pomimo 100	malgré
pomnik 23	statue
pomóc (P -mogę, -możesz) 18, 38, 55, 73	aider
pomylić (P -ę, -isz) się 72, 80, 88	se tromper
pomyłka 5	erreur
pomysł 15	idée
pomyśleć (P -ę, -isz) 36, 75, 88, 95	penser
ponad 76	au-dessus
poniedziałek 30	lundi
ponieważ 72	car, parce que
popatrzeć (P -ę, -ysz) 75	regarder
popielniczka 73	cendrier
popijać (P -piję, -esz) 95	boire
popiół 87	cendre
popołudnie 57	après-midi

poprzedni 90	précédent
poradzić (P -ę, -isz) 15, 89	conseiller
porzeczka 99	groseille
porządek 27	ordre
posłuchać (P -am, -asz) 85	écouter
posprzątać (P -am, -asz) 10	faire le ménage
postawić (P -ę, -isz) 96	mettre
postanowić (P -ę, -isz) 55	décider
pośpieszyć (P -ę, -ysz) się 92	se dépêcher
potem 18	ensuite
potrafić (I -ę, -isz) 81	savoir
potrwać (P) 83	durer
potrzebować (I -uję, -ujesz) 37, 74	avoir besoin
poważnie 74	sérieusement
poważny 85	sérieux
powiedzieć (P -em, -esz, -edzą) 23, 46, 55, 72, 80, 93	dire
powieść 32, 94	roman
powinien 29, 33, 59, 69	il devrait
powód 75, 85	raison
powodzenia 96	bonne chance
powtórzyć (P -ę, -ysz) 96	répéter
poza 60	à part
poznać (P -am, -asz) 25, 79	connaître
pożar 53	incendie
pożegnać (P -am, -asz) się 100	se dire “au revoir”
pożyczka 64	prêt, emprunt
pożyczyć (P -ę, -ysz) 37, 78	prêter, emprunter
pójść (P pójdę, pójdziesz) 22, 29, 33, 60, 66, etc.	aller à pied
pół 54, 80	demi
północ 58	minuit
półtora 43, 80, 95	un et demi
później 54	plus tard
praca 24	travail
pracować (I -uję, -ujesz) 15, 40, 44	travailler
pracownik 86	employé
praktycznie 32	pratiquement
pranie 75	lessive
prasowanie 75	repassage

prawda 27	vérité
prawdopodobnie 89	probablement
prawdziwy 39, 55, 86	véritable
prawie 33	presque
prawo 44	droit (juridique)
prawo (w) 61	à droite
prezent 15	cadeau
problem 27	problème
profesor 96	professeur
prognoza 58	pronostic
program 87	programme
proponować (I -uję, -ujesz) 57, 100	proposer
prosić (I -szę, -isz) 2, 25	prier
prosty 24	simple
prosto 18	tout droit
prośba 55	demande
przecena 59	soldes
przecież 33, 41	pourtant, puisque
przeciwnie 95	au contraire
przed 23, 57	devant, avant
przede 95	avant
przedstawicielstwo 82	filiale
przedszkole 65	école maternelle
przedwczoraj 71	avant-hier
przegląd 89	révision
przegrać (P -am, -asz) 68	perdre
przejmować (I -uję, -ujesz) się 81, 83, 96	se faire du souci
przejrzeć (P -ę, -ysz) 96	revoir
przejść (P przejdę, -dziesz) 61	traverser
przekonany 69	persuadé
przeminąć (P -ę, -esz) 87	passer
przemoc 94	violence
przepisać (P -ę, -esz) 74, 94	recopier
przepraszać (I -am, -asz) 3	s'excuser
przesadzać (I -am, -asz) 69, 88	exagérer
przestać (P -nę, -niesz) 76	arrêter (s')
przestawić (P -ę, -isz) 90	déplacer
przeszkadzać (I -am, -asz) 12, 78	déranger
przewodnik 94	guide

przez 61, 64	par, pendant
przeziębienie 85	refroidissement
przy 19	à côté
przychodzić (P -ę, -isz) 73	venir à pied
przygodowy 32	d'aventures
przygotować (P -uję, -ujesz) 96	préparer
przyjaciel 52	ami
przyjechać (P -jadę, -jedziesz) 71	venir en véhicule
przyjazd 71	arrivée
przyjemnie 65	agréablement
przyjemność 31, 100	plaisir
przyjęcie 73	accueil
przyjrzeć (P -ę, -ysz) się 41	regarder
przyjść (P przyjdę, -dziesz) 38	venir à pied
przykład 78	exemple
przykro 26	désagréablement
przymierzalnia 51	cabine d'essayage
przymierzyć (P -ę, -ysz) 33	essayer
przymiotnik 66	adjectif
przynajmniej 74	au moins
przynieść (P -niosę, -niesiesz) 88, 97	apporter
przynosić (I -noszę, -nosisz) 69	apporter
przypadek 62, 66	cas
przypominać (I -am, -asz) 47, 79	rappeler
przysłowie 100	proverbe
przystanek 61, 72	arrêt
przyszłość 34	avenir
przyszły 30, 92	futur
przytyć (P -ję, -jesz) 95	grossir
przywieźć (P -wiozę, -wiezie) 89	amener
przyznć (P -am, -asz) 75	avouer
pusty 53	vide *(adj.)*
puszcza 96	forêt
pytać (I -am, -asz) 30	demander
pytanie 27	question

R

rachunek 80	addition
racja 22	raison
raczej 33	plutôt

rada 62, 93	conseil
radio 20	radio (diffusion)
rana 71	blessure
ranny 79	blessé
rano 74	matin
raz 20, 26, 29	fois, cas, moment
razem 19	ensemble *(adv.)*
recepta 74	ordonnance
reguła 83	règle (principe)
reklamacja 27	réclamation
remont *(sing.)* 55	travaux
reprodukcja 94	reproduction
restauracja 40	restaurant
reumatyzm *(sing.)* 38	rhumatismes
rezerwat 39	réserve (parc)
rezultat 95	résultat
ręczny 90	manuel *(adj.)*
ręka 69	main
robak 97	ver
robić (I -ę, -isz) 10, 22, 24, 32	faire
robota 78	travail
rodzaj 87	genre
rodzice *(pl.)* 25	parents (père et mère)
rodzina 3	famille
rok 25	an
rosnąć (I -ę, -esz) 78	pousser (croître)
roślina 78	plante
rower 32	vélo
rozgrywać się (I) 92	se dérouler
rozmawiać (I -am, asz) 54, 100	parler
rozmiar 15	taille (dimensions)
rozrywka 32	distraction
rozrywkowy 87	de variété
rozumieć (I -em, -esz, -eją) 5	comprendre
rozwieść (P -odę, -edziesz) się 75	divorcer
rozwód 75	divorce
róg 61	coin
różnić (I -ę, -isz) się 82	se différencier
ruch 88	mouvement
rura wydechowa 88	pot d'échappement

ruszać (I -am, -asz) się 97 — bouger
ryba 60 — poisson
rynek 61 — (place du) marché
rysować (I -uję, -ujesz) 45 — dessiner
ryzykować (I -uję, -ujesz) 71 — risquer
ryż 41 — riz
rzadko 57 — rarement
rząd 80, 92 — rang
rzecz 19 — chose
rzeczywistość 75 — réalité
rzeczywiście 29 — en effet
rzucić (P -ę, -isz) 89 — lancer

S

sadzić (I -ę, -isz) 99 — planter
sala 41 — salle
salceson 80 — fromage de tête
sam 1, 33, 37, 57, 58 — (tout) seul
samochód 69, 81 — voiture
samolot 83 — avion
sąsiad 37, 68 — voisin *(n.)*
sąsiadka 94 — voisine
sąsiedni 90 — voisin *(adj.)*
schab 2 — filet de porc
schody *(pl.)* 59 — escalier
schudnąć (P -ę, -esz) 95 — maigrir
sekretarka 47 — répondeur
seks 94 — sexe
ser 40 — fromage
serial 87 — série
sędzia 68 — arbitre
siadać (I -am, -asz) 38, 73 — s'asseoir
siedemset 76 — sept cents
siedzieć (I -ę, -isz) 22 — être assis
sierpień 53 — août
silnik 88 — moteur
silny 95 — fort *(adj.)*
siostra 25 — sœur
siódmy 92 — septième
skaner 37 — scanner *(n.)*

skarżyć (I -ę, -ysz) się 27	se plaindre
skąd 13	d'où
skierować (P -uję, -ujesz) 90	diriger
sklep 33	magasin
składać się (I) 32	se composer (de)
skomplikowany 74	compliqué
skończyć (P -ę, -ysz) 44, 64, 65, 75	finir
skorzystać (P -am, -asz) 57	profiter
skosić (P -szę, -sisz) 99	tondre
skórzany 59	en cuir
skręcić (P -ę, -isz) 61	tourner
skrzynia 89	boîte
skrzyżowanie 18	croisement
skutek 97	résultat
słabo 13	faiblement
słodycze *(pl.)* 95	sucreries
słoik 80	pot
słońce 57	soleil
słowo 93	mot
słuch 27	ouïe
słuchać (I -am, -asz) 5, 18, 58, 96	écouter
słusznie 80	justement
służbowy 82	professionnel
służyć (I -ę, -ysz) 17	servir
słychać 24	on entend
słyszeć (I -ę, -ysz) 44, 46, 50; 88	entendre
smacznego 2	bon appétit
smutny 39	triste
sobota 59	samedi
sok 95	jus
sos 41	sauce
sól 78	sel
spacer 22	promenade
spać (I śpię, śpisz) 29, 37	dormir
spanie 60	dormir (action de ~)
specjalnie 100	spécialement
specjalny 11, 12, 52	spécial
spędzać (I -am, -asz) 52	passer
spodenki *(pl.)* 68	short
spodnie *(pl.)* 33	pantalon

spodobać (P -am, -asz) się 39	plaire
spodziewać (I -am, a-sz) się 75	espérer
spokój 81	calme
sporo 94	pas mal
sport 32	sport
sposób 38	moyen *(n.)*
spotkać (P -am, -asz) 19, 72, 92	rencontrer
spotkanie 44	rencontre
spotykać (I -am, -asz) 85	rencontrer
spożywczy 80	d'alimentation
spóźniać (I -am, -asz) się 43	être en retard
sprawa 75	affaire
sprawdzać (I -am, -asz) 62, 80	vérifier
sprawdzian 66	contrôle
sprawdzić (P -ę, -isz) 47, 66, 89, 93	vérifier
spróbować (P -uję, -ujesz) 54, 95, 96	essayer
sprzedawać (I -daję, -dajesz) 45	vendre
sprzęt 59	équipement
spuszczać (I -am, -asz) 86	quitter
stacja obsługi 88	station-service
stać (I stoję, -isz) 48	être debout, à l'arrêt
stać (P) się 72	se passer
stadion 68	stade
stan 79	état
stanąć (P -ę, -esz) 83	se mettre, se placer
starać (I -am, -asz) się 78	essayer
starszy 50	plus vieux
stary 23, 36, 75	vieux
stawać (I -ję, -jesz) 90	se présenter
stawiać (I-am, -asz) 71	mettre
stąd 68	d'ici (lieu)
stolik 41	table
stopień 66, 76	note scolaire, marche
stół 10, 36	table
stracić (P -ę, -isz) 79	perdre
strajk 83	grève
straż pożarna 53	pompiers
strona 85	côté
studiować (I -uję, -ujesz) 44	étudier
stwierdzić (P -ę, -isz) 90, 97	constater

styl 94	style
sucharek 95	biscotte
sukienka 33, 51	robe
sweter 25, 64	pull
swój 57, 62	son *(pr.)*
Sylwester 51	Saint-Sylvestre
syn 9, 65	fils
sypialnia 37	chambre
syrop 74	sirop
szary 67	gris
szczególnie 32	particulièrement
szczególny 67	particulier
szczery 96	sincère
szczerze 83	sincèrement
szczęście 68	bonheur
szczęśliwy 69	heureux
szczupły 67	mince
szef 54	patron
szklanka 74	verre
szkodzić (I -ę, -isz) 5	nuire
szkolny 65	scolaire
szkoła 62	école
szminka 59	rouge à lèvres
sznycel 41	escalope
szpital 44	hôpital
sztućce *(pl.)* 73	couvert (ustensiles de table)
sztuka 86	art
szuflada 62	tiroir
szukać (I -am, -asz) 10, 50, 62	chercher
szybciej 59	plus vite
szybko 45	vite
szynka 40	jambon

Ś

ślad 88	trace
śliwka 99	prune
śmieszny 39	drôle
śmietana 16	crème fraîche
śmietanka 16	crème

śniadanie 46	petit déjeuner
śnieg 58	neige
śpieszyć (I -ę, -ysz) się 51	se presser
środa 30	mercredi
świadectwo 65	bulletin (scolaire)
światło 92	lumière
świetnie 4, 38, 55	formidablement, parfaitement
świeży 45, 80	frais *(adj.)*
święto 52	fête

T

tabletka 74	comprimé
tablica 59	panneau
tak 1, 20	oui, si
taki 8, 26, 33, 39, 76	si, tel
talerz 73	assiette
tam 4, 8, 9, 39	là
tanio 45	bon marché
tapczan 37	divan
tata 8, 25, 46, 97	papa
teatr 22	théâtre
telefon 26	téléphone
telefonicznie 90	par téléphone
telefoniczny 94	téléphonique
telewizor 17	téléviseur
temat 34	sujet
ten 3, 15, 26, 31, 33, 75	ce, celui
tenis 32	tennis
teraz 23	maintenant
teść 52	beau-père
też 1	aussi
tłok 59	cohue
tor 90	voie
torba 83	sac
towar(owy) 59	marchandise (de ~)
tradycja 52	tradition
tramwaj(owy) 61	tramway (de ~)
trawa 99	herbe
trochę 13	un peu

trójka 66	trois
trudno 23, 41	difficilement, tant pis
trudność 100	difficulté
trudny 44	difficile
trzeba 10	il faut
trzeci 59	troisième
trzy 26, 67	trois (note, chaîne TV, etc.)
trzydzieści 50	trente
trzymać (I -am, -asz) 52, 69	tenir
trzysta 47	trois cents
tu 1	ici
turysta 82	touriste
turystyczny 94	touristique
tutaj 9	ici
twój 8	ton
ty 11	tu, toi
tydzień 3, 20, 47, 87	semaine
tyle 44	tant
tylko 36	seulement
typ 86	type
tysiąc 68, 96	mille
tytuł 82	titre

U

u 3	chez
ubezpieczać (I -am, -asz) 86	assurer
ubezpieczenie 86	assurance
ubezpieczeniowy 86	d'assurance
ubierać (I -am, -asz) się 11	s'habiller
ubrać (P -biorę, -bierzesz) się 22	s'habiller
ubrany 67	habillé
uczyć (I -ę, -ysz) się 65, 71	étudier, apprendre
udać się 95	réussir
udawać (I -ję, -jesz) 81	faire semblant
udzielić (P -ę, -isz) 86	fournir
uf 59	ouf
ukraść (P -kradnę, -niesz) 81	voler (dérober)
ulga 83	soulagement
ulica 9	rue

ulubiony 32, 46	préféré
umieć (I -em, -esz) 71, 96	savoir
umowa 86	contrat
umówić (P -ę, -isz) się 86	fixer un rendez-vous
unikać (I -am, -asz) 38	éviter
uniknąć (P -ę, -esz) 88	éviter
upaść (P -padnę, -esz) 71	tomber
upodobanie 94	goût
uprawiać (I -am, -asz) 95	pratiquer
uprzedzić (P -ę, -isz) 90	prévenir
uprzejmy 27	aimable
uraz 79	traumatisme
urlop 55	congé
uroczy 85	adorable
uruchomić (P -ę, -isz) 81	démarrer
uspokoić (I -ję, -isz) 67	calmer
usta *(pl.)* 25	bouche
usterka 89	dommage
uszkodzony 90	endommagé
uśmiech 100	sourire
uśmiechnięty 85	souriant
uwaga 85	attention *(n.)*
uważać (I -am, -asz) 69, 78	trouver
uwielbiać (I -am, -asz) 30	adorer

W

w 17, 23, 27	à, dans, en
wahać (I -am, -asz) się 50	hésiter
wakacje *(pl.)* 6, 8, 31	vacances
walizka 83	valise
warto 76	ça vaut la peine
wartość 86	valeur
warunek 94	condition
warzywo 19	légume
ważny 50	important
wąsy *(pl.)* 67	moustache
wcale (nie) 27, 95	(pas) du tout
wcześnie 43	tôt
wcześniej 64	plus tôt
wczoraj 48	hier

we 30	à
wejść (P wejdę, -dziesz) 76, 78, 94	entrer
wernisaż 45	vernissage
wersalka 36	canapé-lit
wędlina 80	charcuterie
wiadomość 47	message, information
wiatr 58	vent
widać 68	on voit
widelec 73	fourchette
widocznie 47	apparemment
widok 76	vue
widzieć (I -ę, -isz) 10, 39, 51, 87, 88	voir
wieczór 5, 22	soir
wiedzieć (I -em, -esz, -edzą) 9, 47, 59, 71, 88	savoir *(v.)*
wiele 55	beaucoup
wielki 31	énorme
Wielkanoc 52	Pâques
wieś 53	campagne
wieża 76	tour *(f.)*
więc 18, 38, 96	alors, eh bien, donc
więcej 79	plus
większy 68, 88	plus grand
wigilia 52	réveillon
wilgoć 38	humidité
winda 59	ascenseur
wino 12	vin
wioska 90	village
wiosna 99	printemps
wizyta 39	visite
wkładać (I -am, -asz) 97	mettre
wkrótce 73	bientôt
własny 97	propre
właściwie 45, 94	proprement, au juste
właśnie 9	justement
włączać (I -am, -asz) 22	allumer
włączyć (P -ę, -ysz) 89	allumer, mettre
Włochy *(pl.)* 53	Italie
włos 67	cheveu

włożyć (P -ę, -ysz) 48	mettre
wniosek 97	conclusion
woda 31	eau
wodny 31	nautique
woleć (I -ę, -isz) 32, 87	préférer
wolność 39	liberté
wolny 6	libre
wódka 97	vodka
wózek 19	chariot
wpół 48	demi
wracać (I -am, -asz) 51, 57, 64	rentrer
wreszcie 50	enfin
wręcz 95	bien (tout à fait)
wrócić (P -ę, -isz) 64, 79, 90	rentrer
wschód słońca 57	lever du soleil
wspaniały 51	magnifique
wstawać (I -ję, -jesz) 46, 57, 92	se lever
wstąpić (P, -ę, -isz) 64	passer
wstyd 72	honte
wszelki 93	tout
wszędzie 58	partout
wszyscy 31	tous
wszystkie 96	toutes
wszystko 12	tout
wtorek 30	mardi
wujek 90	oncle
wy 24, 25, 39	vous
wybór 94	choix
wychodzić (I -ę, -isz) 50	sortir
wychowany 85	élevé (éduqué)
wyciąg 71	téléski
wycieczka 60	excursion
wydać (P -am, -asz) 80	rendre
wydanie 94	édition
wydarzenie 65	événement
wydawać (I) się 71	sembler
wyglądać (I -am, -asz) 29, 1, 58, 95	sembler
wygodny 76	confortable
wygrać (P -am, -asz) 68, 92	gagner
wyjazd 53	départ

wyjąć (P wyjmę, -iesz) 48	sortir
wjątkowo 99	exceptionnellement
wyjątkowy 79	exceptionnel
wyjechać (P -jadę, -jedziesz) 44, 88	partir
wyjeżdżać (I -am, -esz) 3, 53	partir
wyjście 94	solution
wykąpać (P -ę, -esz) się 38	se baigner
wykład 96	cours (université)
wyleczony 38	guéri
wymagać (I -am, -asz) 55	exiger
wymawiać (I -am, -asz) 100	prononcer
wymiana 55	échange
wymienić (P -ę, -isz) 89	échanger
wyobrażać (I -am, -asz) sobie 71, 72	s'imaginer
wypadek 71, 79	accident
wypełnić (P -ę, -isz) 26	remplir
wyrozumiały 96	compréhensif
wyrwać (P -ę, -esz) 93, 99	arracher
wysiadać (I -am, -asz) 69	descendre
wysiłek 55	effort
wysłać (P -ślę, -ślesz) 26, 86	envoyer
wysoki 67	grand
wystarczyć (P) 24, 85	suffire
wystawa 51	exposition
wystawiać (I -am, -asz) 57	exposer
wyśmienity 95	délicieux
wytłumaczyć (P -ę, -ysz) 74, 93	expliquer
wywiad 87	interview
wziąć (P wezmę, weźmiesz) 55, 64, 66, 80	prendre

Z

z 3	avec
za 31, 33, 82	derrière, trop, pour
zabawa 60	jeu
zabawka 59	jouet
zabrać (P -biorę, -bierzesz) 46	prendre
zabraknąć (P) 64	manquer
zachód słońca 57	coucher de soleil
zaciąć się (P) 89	se coincer
zaczekać (P -am, -asz) 54	attendre

zaczynać (I -am, -asz) 34, 68, 59	commencer
zadać (P -am, -asz) 96	poser
zadziwiający 78	étonnant
zadzwonić (P -ę, -isz) 26, 53, 54, 90	téléphoner
zaginąć (P -ę, -esz) 67	se perdre
zająć (P zajmę, -miesz) 89	prendre
zajęcie 60, 96	activité, cours
zajęty 30	occupé
zajmować (I -uję, -ujesz) się 55	s'occuper
zakład 86	établissement
zakupy 19	courses
zależy 26	ça dépend
załatwić (P -ę, -isz) 93	régler
założyć (P -ę, -ysz) 76	mettre
zamek 23	château
zamiar 82	intention
zamierzać (I -am, -asz) 94	avoir l'intention
zamknąć (P -ę, -esz) 81	fermer
zamknięty 4	fermé
zamrażarka 40	congélateur
zamykać (I -am, -asz) 81	fermer
zapach 46	odeur
zapalniczka 15	briquet
zapałka 74	allumette
zapiąć (P -pnę, -pniesz) 83	attacher
zapominać (I -am, -asz) 76	oublier
zapomnieć (P -ę, -isz) 46, 66, 78	oublier
zapraszać (I -am, -asz) 12	inviter
zaproponować (P -uję, -ujesz) 86	proposer
zaprosić (P -szę, -sisz) 30, 52	inviter
zaproszenie 30	invitation
zapytać (P -am, -asz) 18, 54, 72	demander
zarabiać (I -am, -asz) 34	gagner
zaraz 48	tout de suite
zarezerwowany 100	réservé (retenu)
zastanawiać (I -am, -asz) się 79	se demander
zastępować (I -uję, -ujesz) 15	remplacer
zatrzymać (P -am, -asz) się 88	s'arrêter
zaufanie 65	confiance
zauważyć (P -ę, -esz) 69	remarquer
zawiadowca 90	chef de gare

zawiedziony 52	déçu
zawód 34	profession
zawsze 43	toujours
ząb 93	dent
zbierać (I -am, -asz) 99	cueillir
zdać (P -am, -asz) 96	réussir (un examen)
zdanie 33	avis
zdarzać się (I) 83, 100	arriver, survenir
zdawać (I -ję, -jesz) 65	passer (un examen)
zdawać się (I) 79	sembler
zdążyć (P -ę, -ysz) 93	arriver à temps
zdechnąć (P -ę, -esz) 97	mourir (animaux)
zdenerwować (P -uję, -ujesz) 72	énerver
zdjęcie 8	photo
zdrowie 24	santé
zdrowy 85	en bonne santé
ze 16	avec
zebranie 54	réunion
zegar 86	pendule
zegarek 48	montre
zejść (P zejdę, zejdziesz) 76	descendre
zepsuty 26, 47	cassé
zero 68	zéro
zeszły 71, 87	passé
zgadnąć (P -ę, -esz) 72	deviner
zgłosić (P -szę, -sisz) 83	signaler
zielony 33, 68	vert
ziemniak 80	pomme de terre
zima 32	hiver
zimno 22, 58	froidement
złapać (P -ę, -esz) 60	attraper
złoty 47	zloty
zły 58	mauvais
zmęczony 25	fatigué
zmiana 36	changement
zmieniać (I -am -asz) 50	changer
zmienić (P -ę, -isz) 36, 88	changer
zmuszony 85	obligé
zmywarka 73	lave-vaisselle
znać (I -am, -asz) 9, 57, 69	connaître
znaczyć (I) 24	signifier

znak 67	signe
znakomity 38	excellent
znaleźć (P znajdę, -dziesz) 50, 62, 79	trouver
zniechęcać (I -am, -asz) się 95	se décourager
znienacka 89	à l'improviste
znosić (I -noszę, -sisz) 58	supporter
znowu 54	de nouveau
zobaczyć (P -ę, -ysz) 8, 29, 30, 41, 51, etc.	voir
zoo 39	zoo
zostać (P -stanę, -staniesz) 34, 45, 76	devenir, rester
zostawiać (I -am, -asz) 53	laisser
zostawić (P -ę, -esz) 47	laisser
zrobić (P -ę, -isz) 27, 29, 40, 53, 55, 93	faire
zrozumieć (P -em, -esz, -eją) 93	comprendre
zupa 2	soupe
zupełnie 76	complètement
zwiedzać (I -m, -asz) 99	visiter
zwiedzić (P -ę, -isz) 99	visiter
zwolnienie 55	arrêt
zwrotnica 90	aiguillage
zwrócić (P -ę, -isz) 47	rendre
zwrócić (P -ę, -isz) uwagę 85	faire une remarque
zwykle 27	d'habitude
zwykły 26, 85	ordinaire, simple
żaden 83	aucun
żałować (I -uję, -ujesz) 55	regretter
żartować (I -uję, -ujesz) 33, 95	plaisanter
że 6	que
żebro 79	côte
żeby 34, 55, 88, 88	pour que
źle 29	mal
żłobek 65	crèche
żona 13, 55, 72	femme (épouse)
żółty 68	jaune
żubr 39	bison
żyć (I -ję, -jesz) 39	vivre
życie 39, 75	vie
żyrafa 39	girafe

Lexique français-polonais

A	
à	do, u, na, w(e), o 2, 9, 17, 23, 27, 30, 33, 82
à côté	przy, koło, obok 19, 31, 51
à droite	prawo (w) 61
à gauche	lewo (na) 18
à l'improviste	znienacka 89
à la mode	modny 33
à part	poza 60
accident	wypadek 71, 79
accueil	przyjęcie 73
acheter	kupić (P), kupować (I) 15, 37, 61
acte	akt 92
acteur	aktor 34
action	akcja 92
activité	zajęcie 60
addition	rachunek 80
adjectif	przymiotnik 66
adorable	uroczy 85
adorer	uwielbiać (I) 30
aéroport	lotnisko 83
affaire	sprawa 75
affamé	głodny 40
affectueux	czuły 69
affreux	okropny 79
agence	agencja 86
agent	agent 86
agréablement	miło, przyjemnie 1, 13, 65, 85
ah	o, ach 16, 45, 90
aider	pomagać (I), pomóc (P) 78, 18, 38, 55, 73
aiguillage	zwrotnica 90
aimable	uprzejmy 27
aimer	kochać (I), lubić (I), polubić (P) 50, 18, 30, 31, 32, 82
alcool	alkohol 97
alimentation (d')	spożywczy 80

aller à pied	iść (I), chodzić (I), dojść (P) pójść (P) 9, 11, 18, 19, 22, 26, 29, 32, 33, 40, 60, 66, 72, 76, 88, 94
aller en véhicule	jechać (I), jeździć (I), dojechać (P), pojechać (P) 6, 23, 31, 32, 59, 61, 71, 82, 88, 90, 95
allô	halo 5
allumer	włączać (I), włączyć (P) 22, 89
allumette	zapałka 74
alors	więc 18
amazonien	amazoński 96
amener	przywieźć (P) 89
américain	amerykański 87
ami	kolega, przyjaciel 9, 52
amie	koleżanka 15
an(s)	rok, lata *(pl.)* 25, 44, 85, 92
anglais	angielski 13
Anglais	Anglik 100
août	sierpień 53
apparemment	widocznie 47
appartement	mieszkanie 53
appeler	dzwonić (I) 25, 43, 47
appeler (s')	nazywać (I) się 1
apporter	przynosić (I), przynieść (P) 69, 88, 97
apprendre	uczyć (I) się 71
après	po 32
après-midi	popołudnie 57
arbitre	sędzia 68
arbre	drzewo 96
archéologue	archeolog 50
argent	pieniądze 34
arracher	wyrwać (P) 93, 99
arrêt	zwolnienie, przystanek 55, 61, 72
arrêter (s')	przestać (P), zatrzymać (P) się 76, 88
arrivée	przyjazd 71
arriver	zdarzać się (I) 83, 100
arriver à temps	zdążyć (P) 93
arroser	podlewać (I), podlać (P) 78, 99
art	sztuka 86
ascenseur	winda 59

asseoir (s’)	siadać (I) 38, 73
assez	dosyć 18
assiette	talerz 73
assurance	ubezpieczenie 86
assurance (d’)	ubezpieczeniowy 86
assurer	ubezpieczać (I) 86
atmosphère	atmosfera 58
attacher	zapiąć (P) 83
attendre	czekać (I), poczekać (P), zaczekać (P) 43, 54, 59, 83, 87, 97
attention	uwaga 85
atterrir	lądować (I) 83
attraper	złapać (P) 60
au bord de	nad 31, 60, 69
au contraire	przeciwnie 95
au juste	właściwie 94
au moins	przynajmniej 74
au revoir	do widzenia 5
aucun	żaden 83
au-dessus	nad, ponad 31, 60, 69, 76
aujourd’hui	dzisiaj, dziś 11, 22
aussi	też 1
autobus	autobus 61
automatique	automatyczny 90
autour	dookoła 52
autre	inny 41, 48, 76, 87
autrefois	dawniej 39
autrement	inaczej 88
avant	przed, przede 57, 95
avant-hier	przedwczoraj 71
avec	z, ze 3, 16
avenir	przyszłość 34
aventures (d’)	przygodowy 32
avion	samolot 83
avis	zdanie 33
avoir	mieć 2, 6, 8, 10, 24, 25, 39, 68, 76, 79
avoir besoin	potrzebować (I) 37, 74
avoir l’intention	zamierzać (I) 94
avoir peur	bać (I) się 53, 96
avouer	przyznć (P) 75

B

baccalauréat	matura 44, 65
bagage	bagaż 83
baignade	kąpiel 31
baigner (se)	kąpać (I) się, wykąpać (P) się 38, 60
bain (de)	kąpielowy 59
balcon	balkon 92
banque	bank 4
barbe	broda 67
bas	dół 69, 73
beau	piękny 46, 69, 94
beaucoup	bardzo, dużo, wiele 5, 19, 55
beau-père	teść 52
bête	głupi 81
beurre	masło 19
bien	dobrze, wręcz 11, 95
bien entendu	owszem 72
bien sûr	oczywiście 9
bientôt	wkrótce 73
bière	piwo 2
billet	bilet 61, 92
biographie	biografia 32
biscotte	sucharek 95
bison	żubr 39
blanc	biały 68
blessé	ranny 79
blessure	rana 71
bleu	niebieski 67
blouson	kurtka 62
boire	pić (I), napić (P) się, popijać (P), picie 29, 44, 46, 74, 95, 97
boisson	picie 2, 41
boîte	skrzynia 89
boite de nuit	lokal nocny 99
bon	dobry 1, 12, 24
bon appétit	smacznego 2
bon marché	tanio 45
bonheur	szczęście 68
bonjour	dzień dobry 1
bonne chance	powodzenia 96

bord de mer (de)	podmorski 87
bouche	usta *(pl.)* 25
bouchon	korek 88
boudin	kaszanka 80
bouger	ruszać (I) się 97
briquet	zapalniczka 15
bronzer	opalić (P) się 99
bruit	hałas 88
bulletin	świadectwo 65
bureau	biurko, biuro 10, 64
bureau (de)	biurowy 86
bureau de change	kantor 4
but	bramka 68

C

ça dépend	zależy 26
ça vaut la peine	warto 76
cabine	budka 26
cabine d'essayage	przymierzalnia 51
cactus	kaktus 78
cadeau	prezent 15
café	kawa, kawiarnia 16
caisse	kasa 19
calme	spokój 81
calmer	uspokoić (I) 67
campagne	wieś 53
canapé-lit	wersalka 36
candidat	kandydat 50
capot	maska 89
car	ponieważ 72
carreau	kafelek 55
carte	kartka, karta 26, 32
cas	raz, przypadek 26, 62, 66
cassé	zepsuty, połamany 26, 47, 79
cassette	kaseta 87
ce	ten 3, 15, 26, 31, 33, 75
ceinture	pas 83
célibataire	kawaler 75
celui	ten 3, 15, 26, 31, 33, 75
cendre	popiół 87

cendrier	popielniczka 73
central	centralny 61
centre	centrum 23
cerise	czereśnia 99
certain	pewien 79
certain (un)	pewny 72
chaise	krzesło 36
chambre	pokój, sypialnia 17, 37, 64
champignon (de)	grzybowy 41
changement	zmiana, odmiana 36, 66
changer	zmieniać (I), zmienić (P) 36, 50, 88
chaque	każdy 48, 61
charcuterie	wędlina 80
chariot	wózek 19
château	zamek 23
chaudement	gorąco 59
chaussure	but 76
chef d'œuvre	dzieło 86, 94
chef de gare	zawiadowca 90
chemin	droga 89
chemise	koszula 15
chemisier	bluzka 33
chercher	szukać (I) 10, 50, 62
cheveu	włos 67
chez	u 3
Chine	Chiny 82
chocolat (au)	czekoladowy 16, 41
choix	wybór 94
chose	rzecz 19
choucroute	bigos 2
cinéma	kino 11
cinq	pięć 25, 92
cinq cents	pięćset 64
cinquième	piąty 59
citron	cytryna 16
clair	jasny 8
classe	klasa 65
classique	klasyczny 87
clé	klucz 81
client	klient 27

cohue	tłok 59
coin	róg 61
coincer (se)	zaciąć się (P) 89
colis	paczka 26
collège	gimnazjum 65
colonie	kolonie (*pl*) 60
colonne	kolumna 23
colonne vertébrale	kręgosłup 79
combien	ile 17
comédie	komedia 87
comme	jak 11
commencer	zaczynać (I) 34, 68, 59
comment	jak 15
commerce	handel 44
commercial	handlowy 23
commissariat	komisariat 67
commission	komisja 90
complètement	zupełnie 76
compliqué	skomplikowany 74
composer (se)	składać (I) się 32
compréhensif	wyrozumiały 96
comprendre	rozumieć (I), zrozumieć (P) 5, 93
comprimé	tabletka 74
compter	liczyć (I), policzyć (P) 55, 80
concert	koncert 30
conclusion	wniosek 97
concombre	ogórek 40
condition	warunek 94
conférence	konferencja 6
confiance	zaufanie 65
confortable	wygodny 76
congé	urlop 55
congélateur	zamrażarka 40
connaître	znać (I), poznać (P) 9, 25, 57, 69, 79
connexion	połączenie 37
conseil	rada 62, 93
conseiller	poradzić (P) 15, 89
constater	stwierdzić (P) 90, 97
contact	kontakt 45
contrat	umowa 86

contre	od 86
contrôle	sprawdzian, kontrola 66, 83
convaincre	namówić (P) 76
convenable	odpowiedni 50
costume	garnitur 92
côte	żebro 79
côté	strona 85
coucher de soleil	zachód słońca 57
couleur	kolor 33
couleur (de)	kolorowy 94
couple	para 69
courir	biegnąć (I), pobiec (P) 51, 90
cours	zajęcie, wykład 96
courses	zakupy 19
court	krótki 33
couteau	nóż 73
coûter	kosztować (I) 17
couvert	sztućce *(pl.)* 73
couvrir	nakryć (P) 73
Cracovie (de)	krakowski 80
cravate	krawat 92
crèche	żłobek 65
crème	śmietanka, krem 16, 41
crème fraîche	śmietana 16
cristal (de)	kryształowy 73
critique	krytyk 87
croisement	skrzyżowanie 18
cueillir	zbierać (I) 99
cuillère	łyżka 73
cuir (en)	skórzany 59
cuire	gotować (I) 51
cuisine	kuchnia 36
cuisine (de)	kucharski 94
cuisiner	gotować (I) 51
culture	kultura 23

D

d'aujourd'hui	dzisiejszy 80
d'habitude	zwykle 27
d'ici	stąd 68

d'abord	najpierw 44, 62, 100
dans	w 23
de	o, od 33, 37, 47
de fait	faktycznie 39
de nouveau	znowu 54
déboutonner	odpiąć (P) 83
début	początek 44
décagramme	deka 80
décider	postanowić (P) 55
décourager (se)	zniechęcać (I) się 95
décrire	opisać (P) 67
déçu	zawiedzony 52
défaire	odpiąć (P) 83
déjà	już 4
déjeuner	obiad 43
délicieux	wyśmienity 95
demain	jutro 3
demande	prośba 55
demander	pytać (I), zapytać (P) 18, 30, 54, 72
demander (se)	zastanawiać (I) się 79
démarrer	uruchomić (P) 81
demi	wpół, pół 48, 54, 80
dent	ząb 93
dentiste	dentysta 93
départ	wyjazd 53
dépêcher (se)	pośpieszyć (P) się 92
déplacer	przestawić (P) 90
depuis	od 34
depuis (que)	odkąd 37
déranger	przeszkadzać (I) 12, 78
dernier	ostatni 17, 45, 65
dernièrement	ostatnio 27
dérouler (se)	rozgrywać się (I) 92
derrière	za 31
désagréablement	przykro 26
descendre	wysiadać (I), zejść (P) 69, 76
désespéré	beznadziejny 79
dessert	deser 41
dessert (de)	deserowe 73
dessiner	rysować (I) 45

deux	dwa, dwójka 17, 20, 66, 80
deux (les)	obaj 65, 68
deuxième	drugi 20, 24, 41
devant	przed 23
devenir	zostać (P) 34, 45
deviner	zgadnąć (P) 72
devoir	musieć (I) 40, 68, 71, 72, 83
diamant	diament 87
dictée	dyktando 66
Dieu	Bóg 81
différencier (se)	różnić (I) się 82
difficile	trudny 44
difficilement	trudno 23
difficulté	trudność 100
dîner	kolacja 40
dire	powiedzieć (P) 23, 46, 55, 72, 80, 93
dire "au revoir" (se)	pożegnać (P) się 100
dire, parler	mówić (I) powiedzieć (P) 11, 13, 23, 27, 46, 55, 60
direct	bezpośredni 61
directeur	dyrektor 27
diriger	skierować (P) 90
distraction	rozrywka 32
distributeur de billets	bankomat 4
divan	tapczan 37
divorce	rozwód 75
divorcer	rozwieść (P) się 75
dix	dziesięć 43
docteur	doktor 38
documentaire	dokumentalny 87
dommage	usterka 89
donc	więc 96
donner	podać (P), dać (P) podawać (I) 38, 41, 69, 80
dormir	spać (I), spanie 29, 37, 60
d'où	skąd 13
douloureux	bolesny 71
droit (le)	prawo 44
drôle	śmieszny 39
durer	potrwać (P) 83

E

eau	woda 31
échange	wymiana 55
échanger	wymienić (P) 89
école	szkoła 62
école maternelle	przedszkole 65
écouter	słuchać (I), posłuchać (P) 5, 18, 58, 85, 96
écrire	pisać (I), napisać (P) 60, 82
écrit	napisany 92
édition	wydanie 94
effort	wysiłek 55
eh bien	no, więc 25, 31, 38
élémentaire	podstawowy 65
élevé	wychowany 85
elle	ona 13
employé	pracownik 86
emprunt	pożyczka 64
emprunter	pożyczyć (P) 78
en	po, w, na 13, 22, 27
en courant	biegiem 90
en effet	rzeczywiście 29
en face	naprzeciwko 90
en même temps	jednocześnie 37
en parlant	mówiąc 32
encore	jeszcze 4
endommagé	uszkodzony 90
énerver	denerwować (I), zdenerwować (P) 58, 72
enfants	dzieci 34, 71
enfin	nareszcie, wreszcie 43, 50
ennui	kłopot 27, 31
ennuyer (s')	nudzić się 99
énorme	wielki, ogromny 31, 68
enregistrer	nagrać (P) 87
ensemble	razem 19
ensuite	następnie, potem 18
entendre	słyszeć (I) 44, 46, 50 88
entre	między 78
entreprise	firma 82

entrer	wejść (P) 76, 78, 94
envie	ochota 40
environ	około 64
environs (les)	okolica 76
envoyer	wysłać (P -ślę, -ślesz) 26, 86
épidémie	epidemia 55
équipe	drużyna 68
équipement	sprzęt 59
erreur	pomyłka 5
escalier	schody *(pl.)* 59
escalope	sznycel 41
espérer	spodziewać (I) się 75
espoir	nadzieja 6
essayer	przymierzyć (P), spróbować (P), starać (I) się 33, 54, 78, 95, 96
est-ce que	czy 5
et	a, i 1, 2
établissement	zakład 86
étage	piętro 59
état	stan 79
été	lato 99
éteindre (s')	gasnąć (I) 92
étonnant	zadziwiający 78
étonner (s')	dziwić (I) się 50
étrange	dziwny 23, 27
étranger	obcy 94, 100
étranger (l')	granica 31, 44, 93
être	być 2, 3, 11, 23, 31, 38, 40
être arrêté	stać (I) 48
être assis	siedzieć (I) 22
être collé (à un examen)	oblać (P) 9
être couché	leżeć (I) 71
être en retard	spóźniać (I) się 43
étude	nauka 23
étudier	studiować (I), uczyć (I) się 44, 65
événement	wydarzenie 65
éventuellement	ewentualnie 87
éviter	unikać (I), uniknąć (P) 38, 88
exagérer	przesadzać (I) 69, 88
examen	egzamin 96

examen (d')	egzaminacyjny 90
excellent	znakomity 38
exceptionnel	wyjątkowy 79
exceptionnellement	wjątkowo 99
excursion	wycieczka 60
excuser (s')	przepraszać (I) 3
exemple	przykład 78
exercer (s')	ćwiczyć (I) 37
exiger	wymagać (I) 55
exotique	egzotyczny 94
expérience	doświadczenie 71
expliquer	wytłumaczyć (P) 74, 93
exposer	wystawiać (I) 57
exposition	wystawa 51

F

fâcher (se)	gniewać (I) się 64
facile	łatwy 96
facteur	listonosz 43
faiblement	słabo 13
faire	robić (I), zrobić (P), narobić (P -ę, -isz) 10, 22, 24, 27, 29, 32, 40, 53, 55, 72, 93
faire de la gym	gimnastykować (I) się 95
faire du souci (se)	przejmować (I) się, martwić (I)
się	81, 58, 83, 85, 96
faire le ménage	posprzątać (P) 10
faire mal	boleć (I) 29, 60, 93
faire semblant	udawać (I) 81
faire souffrir	dolegać 38
faire une remarque	zwrócić (P) uwagę 85
fait	fakt 57
famille	rodzina 3
fatigué	zmęczony 25
faune	fauna 87
faute	błąd (*pl.* błędy) 66
fauteuil	fotel 10, 36
fax	fax 26
félicitations	gratulacje 36
femme	żona, kobieta 13, 55, 72
fenêtre	okno 41

fermé	zamknięty 4
fermer	zamykać (I), zamknąć (P) 81
ferroviaire	kolejowy 61
fête	imieniny *(pl.)*, święto 12, 52
fièvre	gorączka 29
filet de porc	schab 2
filiale	przedstawicielstwo 82
fille	córka 65
film	film 87
fils	syn 9, 65
fin	koniec 45
finalement	ostatecznie 94
finir	skończyć (P) 44, 64, 65, 75
fixer un rendez-vous	umówić (P) się 86
fleur	kwiat 78
flore	flora 87
fois	raz 20
fonctionner	działać (I) 15, 90
football	piłka nożna 68
forêt	puszcza 96
formidablement	świetnie 4
formulaire	blankiet 26
fort	silny 95
fouetté	bity 16
four	piec 48
fourchette	widelec 73
fournir	udzielić (P) 86
frais	świeży 45, 80
français	francuski 13
Français	Francuz 100
frère	brat 8
frigo	lodówka 40
froidement	zimno 22, 58
fromage	ser 40
fromage de tête	salceson 80
fruit	owoc 19
fruit (de)	owocowy 16
fumer	palić (I) 15, 73
fumeur	palący 41
futur	przyszły 30, 92

G

gagner	zarabiać (I), wygrać (P) 34, 68, 92
galerie	galeria 57
gardien de but	bramkarz 68
gare	dworzec 61
gâteau	ciasto 48
gélule	kapsułka 74
genre	rodzaj 87
gens	ludzie *(pl.)* 31
gentil	miły 4, 78
géographie	geografia 96
girafe	żyrafa 39
glace	lody *(pl.)* 16
gorge	gardło 29
goût	upodobanie 94
grâce à	dzięki 79
grand	duży, wysoki 37, 67, 74, 94
grand (le plus)	największy 46
grand-mère	babcia 20
grève	strajk 83
gris	szary 67
gros	gruby 94
groseille	porzeczka 99
grossir	przytyć (P) 95
guéri	wyleczony 38
guide	przewodnik 94
guitare	gitara 37

H

habillé	ubrany 67
habiller (s')	ubierać (I), ubrać (P), się 11, 22
habiter	mieszkać (I) 5, 9, 20, 53, 69
haut (le)	góra 76
hein	hę 100
herbe	trawa 99
hésiter	wahać (I) się 50
heure	godzina 22
heureux	szczęśliwy 69
hier	wczoraj 48
histoire	historia 44

histoire drôle	dowcip 100
historique	historyczny 23
hiver	zima 32
hobby	hobby 32
honte	wstyd 72
hôpital	szpital 44
hôtel	hotel 17
hôtessc	gospodyni 73
huit (bus, tramway...)	ósemka 61
huit cents	osiemset 96
huitième	ósmy 22
humidité	wilgoć 38
humour	humor 58

I

ici	tu, tutaj 1, 9
idée	pomysł, pojęcie 15, 72
il	on 15
il convient	należy 92
il devrait	powinien 29, 33, 59, 69
il faut	trzeba 10
il paraît	podobno 50, 58
illustration	ilustracja 94
imaginer (s')	wyobrażać (I) sobie 71, 72
immeuble	budynek 23
important	ważny 50
important (le plus)	najważniejszy 95
impossible	niemożliwy 24
imprimante	drukarka 37, 86
imprudent	nieostrożny 81
incendie	pożar 53
inconnu	nieznajomy 85
indiscrétion	niedyskrecja 82
infirmière	pielęgniarka 79
information	informacja 86
intention	zamiar 82
intéressant	ciekawy, interesujący 6, 22, 34, 60, 82
intéresser	interesować (I) 31, 94
internet	internet 37
interrogation	klasówka 66

interview	wywiad 87
invitation	zaproszenie 30
invité	gość 43
inviter	zapraszać (I), zaprosić (P) 12, 30, 52
Italie	Włochy *(pl.)* 53

J

jamais	nigdy 57
jambe	noga 60
jambon	szynka 40
jardin	ogród 97, 100
jardin (de)	ogrodowy 99
jaune	żółty 68
je	ja 1, 6, 9, 11, 15
jean	dżinsy 92
jeu	gra, zabawa 32, 60
jeune (de manière)	młodo 50
joindre	łączyć (I) 54
joli	ładny 23, 94
joliment	ładnie 37
jouer	grać (I) 22, 32, 68
jouet	zabawka 59
jour(née)	dzień (*pl.* dni) 40
journal	gazeta 10, 87
juillet	lipiec 53
jus	sok 95
justement	właśnie, słusznie 9, 80

K

kilo	kilo 80
kilomètre	kilometr 88
kiosque	kiosk 26

L

là	tam 4, 8, 9, 39
laid	brzydki 23
laisser	zostawiać (I), zostawić (P) 47, 53
lait	mleko 19
lancer	rzucić (P) 89
langue	język 31, 94, 100

lave-vaisselle	zmywarka 73
leçon	lekcja 34
lecture	czytanie 32
légume	warzywo 19
(le) quel	jaki, który 9, 12, 16, 22, 33, 47, 69
lessive	pranie 75
lettre	list, litera 26, 100
lever (se)	wstawać (I) 46, 57, 92
lever du soleil	wschód słońca 57
liberté	wolność 39
librairie	księgarnia 94
libre	wolny 6
ligne	linia 90
linge	bielizna 59
lire	czytać (I) 32
lit	łóżko 37
livre	książka 82
longtemps	długo 3
longtemps (il n'y a pas)	niedawno 45
longtemps (il y a)	dawno 34, 38
lourdement	ciężko 79
lumière	światło 92
lundi	poniedziałek 30
lune	księżyc 34
lunettes	okulary *(pl.)* 67
luxueux	komfortowy 17
lycée	liceum 44

M

madame	pani 1, 6, 13
madame et monsieur	państwo 16, 23, 89
mademoiselle	panna 85
magasin	sklep 33
magnifique	wspaniały 51
mai	maj 58
maigrir	schudnąć (P) 95
maillot	kostium 59
maillot	koszulka 68
main	ręka 69
maintenant	teraz 23

mais	ale, ależ 4, 64
maison	dom 22, 51
mal	źle 29
malade	chory 29
maladie	choroba 29
malchance	pech 88
malgré	pomimo 100
malheureusement	niestety 6
maman	mama 8
manger	jeść (I) 46, 94
manquer	zabraknąć (P) 64
manuel *(adj.)*	ręczny 90
marchandise (de)	towarowy 59
marche	stopień 76
marché (place du)	rynek 61
mardi	wtorek 30
mari	mąż 24, 67, 69
mari et femme	małżeństwo *(sing.)* 69
marier (se)	ożenić (P) się 75
maroquinerie	galanteria 59
match	mecz 68
mathématiques	matematyka *(sing.)* 66
matin	rano 74
mauvais	zły 58
mauvaise herbe	chwast 99
mécanicien	mechanik 89
médecin	lekarz 29
médecine	medycyna 44
médicament	lekarstwo 74
médiocrement	kiepsko 66
meilleur (le)	najlepszy 12
même	nawet 37
ménager	domowy 59
menu *(adj.)*	drobny 89, 100
mer	morze 31
merci	dziękuję 2
mercredi	środa 30
merveilleux	cudowny 78
message	wiadomość 47
métallique	metalowy 67

mettre	włożyć (P), położyć (P), stawiać (I), wkładać (I), włączyć (P), postawić (P), założyć (P) 48, 71, 73, 76, 89, 96, 97
mettre (se)	stanąć (P) 83
meuble	mebel 36
midi	południe 54, 57, 74
mieux	lepiej 19
mieux (le)	najlepiej 61
mille	tysiąc 68, 96
mince	szczupły 67
minuit	północ 58
minute	minuta 68
moderne	nowoczesny 57
mœurs *(pl.)*	obyczaj 82
moindre (le)	najmniejszy 92
moins	mniej 17
moins (le)	najmniej 47
mois	miesiąc 52
moment	raz, chwila, moment 29, 36, 38, 54, 72, 81
momentanément	chwilowo 26
mon	mój 8, 9, 12, 32, 33, 86
monsieur	pan 1, 4, 27
montagne	góra 31
montre	zegarek 48
montrer	pokazać (P) 36, 93
monture	oprawka 67
morceau	kawałek 40, 80
mot	słowo 93
moteur	silnik 88
mourir (animaux)	zdechnąć (P) 97
moustache	wąsy *(pl.)* 67
moutarde	musztarda 80
mouvement	ruch 88
moyen	sposób 38
musée	muzeum 72
musical	muzyczny 87
musique	muzyka 87

N

nager	pływać (I) 97
nappe	obrus 41
nautique	wodny 31
ne pas	nie 3
neige	śnieg 58
neuf *(adj.)*	nowy 36
neuvième	dziewiąty 30
ni	ani 32
Noël	Boże Narodzenie 52
noir	czarny 16, 33, 62
noir (en)	czarno 88
nombre	ilość 83
non	nie 3
normal	normalny 50
note	stopień, notatka 66, 96
notre	nasz 43, 44, 82
nourriture	jedzenie 41, 60, 95
nous	my 32
nouveau	nowy 48
nuage	chmura 88
nuire	szkodzić (I) 5
nulle part	nigdzie 72
numéro	numer 9

O

obligé	zmuszony 85
observer	obserwować (I) 69
occasion	okazja 12
occupé	zajęty 30
occuper (s')	zajmować (I) się 55
odeur	zapach 46
œil	oko 89
œuf	jajko 40
offrir	podarować (P) 94
oh	o 10
omelette	jajecznica 46
on entend	słychać 24
on peut	można 26
on voit	widać 68

oncle	wujek 90
opéra	opera 32
opéré	operowany 79
ordinaire	zwykły 26
ordinateur	komputer 37
ordonnance	recepta 74
ordre	porządek 27
original *(adj.)*	oryginalny 34
ou	albo, lub 53, 61
où	gdzie, dokąd 4, 6
oublier	zapominać (I), zapomnieć (P) 46, 66, 77, 68
ouf	uf 59
oui	tak 1
ouïe	słuch 27
ouvert	otwarty 73, 81
ouvrir	otwierać (I), otworzyć (P) 43, 69, 89

P

pain	chleb, pieczywo 19, 80
palais	pałac 23
panier	koszyk 19
panne	awaria 53, 88
panneau	tablica 59
pantalon	spodnie *(pl.)* 33
papa	tata 8, 25, 46, 97
Pâques	Wielkanoc 52
par	przez, po 61, 64
par jour	dziennie 95
par téléphone	telefonicznie 90
parapluie	parasolka 78
parce que	dlatego, bo, ponieważ 20, 66, 72, 90
parcelle	działka 99
pareil	podobny 58
parents	rodzice *(pl.)* 25
parfait	doskonały 15
parfaitement	doskonale, świetnie 3, 38, 55
parfois	czasem 85
parfumerie	perfumeria 59
parler	rozmawiać (I) 54, 100

parler, dire	mówić (I) powiedzieć (P) 11, 13, 27, 60, 72, 80, 93
parmi	między 78
particulier	szczególny 67
particulièrement	szczególnie 32
partir	wyjeżdżać (I), wyjechać (P) 3, 44, 53, 88
partout	wszędzie 58
pas	krok 71
(pas) du tout	wcale (nie) 27, 95
pas mal	sporo 94
pas vrai	nieprawda 58
passé	zeszły 71, 87
passeport (de)	paszportowy 83
passer	minąć (P), spędzać (I), przeminąć (P) 44, 52, 87
passer (se)	dziać się (I), stać (P) się 27, 72, 88
passer (un examen)	zdawać (I) 65
passionnant	pasjonujący 44
pastille	pastylka 74
patron	szef 54
payer	płacić (I) 80
pays	kraj 82
pêcher	łowić (I) 60
peintre	malarz 45
peinture	malowanie, malarstwo 55, 57
pendant	przez 64
pendule	zegar 86
penser	myśleć (I), pomyśleć (P) 27, 33, 36, 75, 88, 94, 95
perdre	gubić (I), przegrać (P), stracić (P) 62, 68, 79
perdre (se)	zaginąć (P) 67
personne	osoba, nikt 17, 54, 71
personnel	personel 83
personnellement	osobiście 32
persuadé	przekonany 69
petit	mały 36, 55
petit déjeuner	śniadanie 46
petit gâteau	ciastko 12

petit moment	chwileczka 80
petit pain	bułka 45, 80
petit verre	kieliszek 73, 97
petite cuillère	łyżeczka 73, 74
petite fille	dziewczynka 85
petite fleur	kwiatek 67
peu	mało 74
peut-être	może 10
pharmacie	apteka 74
photo	zdjęcie 8
photocopieuse	kopiarka 86
pianiste	pianista 87
pile	bateria 48
pire	gorzej 58
pire (le)	najgorzej 59
piscine	basen 30
pizza	pizza 40
place	miejsce 6, 41, 79
plaindre (se)	skarżyć (I) się 27
plaire	podobać (I) się, spodobać (P) się 20, 39
plaisanter	żartować (I) 33, 95
plaisir	przyjemność 31, 100
plan	plan 52
plante	roślina 78
planter	sadzić (I) 99
plat	danie 46
pluie	deszcz 22
plus	bardziej, plus, więcej 50, 66, 79
plus (le)	najbardziej 39
plus grand	większy 68, 88
plus jeune	młodszy 65
plus loin	dalej 76
plus lointain	dalszy 72
plus tard	później 54
plus tôt	wcześniej 64
plus vieux	starszy 50
plus vite	szybciej 59
plutôt	raczej 33
poche	kieszeń 62

poésie	poezja 32
poisson	ryba 60
poitrine	boczek 80
police	polisa 86
politique (la)	polityka 87
Pologne	Polska 20
Polonais	Polak 100
polonais	polski 13, 20, 66
Polonaise	Polka 20
pomme de terre	ziemniak 80
pompiers	straż pożarna 53
portable (tél.)	komórka 90
porte	drzwi 73
porter	nosić (I) 33, 60
portière	drzwiczki 69
poser	zadać (P) 96
postal	pocztowy 26
poste (la)	poczta 26
poste d'aiguillage	nastawnia 90
pot	słoik 80
pot d'échappement	rura wydechowa 88
pour	na, dla, po, za 3, 15, 19, 82
pour dames	damski 59
pour hommes	męski 59
pour que	żeby 34, 55, 88, 88
pourquoi	dlaczego 12
pourtant	przecież 33
pousser	rosnąć (I) 78
pouvoir	móc 8, 17, 15, 26, 51, 74, 89
pratiquement	praktycznie 32
pratiquer	uprawiać () 95
précédent	poprzedni 90
préféré	ulubiony 32, 46
préférer	woleć (I) 32, 87
premier	pierwszy 39, 43, 59, 65
prendre	brać (I), wziąć (P), zabrać (P),
zająć	(P) 16, 19, 41, 46, 55, 64, 66, 74, 80
prendre soin	dbać (I), opiekować (I) się 78, 79
préparer	przygotować (P) 96
près	blisko 36

présenter (se)	stawać (I) 90
presque	prawie 33
presser (se)	śpieszyć (I) się 51
prêt	gotowy, pożyczka 11, 43, 64
prêter	pożyczyć (P) 37
prévenir	uprzedzić (P) 90
prier	prosić (I) 2, 25
primaire	podstawowy 65
printemps	wiosna 99
prix	cena 17
probablement	chyba, prawdopodobnie 5, 89
problème	problem 27
proche (le plus)	najbliższy 61, 88
professeur	profesor 96
profession	zawód 34
professionnel	służbowy 82
profiter	skorzystać (P) 57
programme	program, materiał 87, 96
promenade	spacer 22
promettre	obiecać (P) 52
prononcer	wymawiać (I) 100
pronostic	prognoza 58
proposer	proponować (I), zaproponować (P) 57, 86, 100
propre	własny 97
proprement	właściwie 45
proverbe	przysłowie 100
prune	śliwka 99
puisque	przecież 41
pull	sweter 25, 64

Q

quand	kiedy 71
quarante	czterdzieści 96
quatorzième	czternasty 86
quatre	cztery 26
quatrième	czwarty 59, 92
que	co, że, niż 2, 6, 79
quelconque	jaki, jakikolwiek 22, 81
quelque	kilka, parę 55, 93

quelque chose	coś 34
question	pytanie 27
queue	kolejka 83
qui	kto, który 5, 22, 33, 47, 69
quinze	piętnastka 61
quitter	spuszczać (I) 86

R

raconter	opowiadać (I), opowiedzieć (P) 33, 44, 60, 67
radio	radio 20
raison	racja, powód 22, 75, 85
rang	rząd 80, 92
rappeler	przypominać (I) 47, 79
rarement	rzadko 57
rayure	pasek 62
réalité	rzeczywistość 75
recevoir	dostać (P) 47, 66
réchauffer (se)	ocieplać (I) się 58
réclamation	reklamacja 27
recommandé	polecony 26
recommander	polecić (P) 95
recopier	przepisać (P) 74, 94
refroidissement	przeziębienie 85
regarder	patrzeć (I), przyjrzeć (P) się, popatrzeć (P) 30, 41, 62, 75, 97
régime	dieta 95
règle	reguła 83
régler	załatwić (P) 93
regretter	żałować (I) 55
réjouir (se)	cieszyć (I) się 44, 85
relever	podnieść (P) 71
remarquer	zauważyć (P) 69
remercier	dziękować (I) 25
remplacer	zastępować (I) 15
remplir	wypełnić (P) 26
rencontre	spotkanie 44
rencontrer	spotykać (I), spotkać (P) 19, 72, 85, 92
rendre	zwrócić (P), oddać (P), wydać (P) 47, 78, 80

rentrer	wracać (I), wrócić (P) 51, 57, 64, 79, 64, 90
réparation	naprawa 89
repassage	prasowanie 75
répéter	powtórzyć (P) 96
répondeur	sekretarka 47
répondre	odpowiadać (I), odpowiedzieć (P) 27, 96
reposer (se)	odpocząć (P) 76
reproduction	reprodukcja 94
réserve	rezerwat 39
réservé	zarezerwowany 100
responsable	kierownik 54
ressemblant	podobny 25
restaurant	restauracja 40
rester	zostać (P) 76
résultat	rezultat, skutek 95, 97
réunion	zebranie 54
réussir	udać się 95
réussir (un examen)	zdać (P) 96
rêve	marzenie 34
réveil	budzik 15
réveiller	obudzić (P) 46
réveillon	wigilia 52
rêver	marzyć (I) 34
révision	przegląd 89
revoir	przejrzeć (P) 96
rez-de-chaussée	parter 59, 92
rhumatismes	reumatyzm *(sing.)* 38
rhume	katar 60
rien	nic 5
risquer	ryzykować (I) 71
riz	ryż 41
robe	sukienka 33, 51
roi	król 23
roman	powieść 32, 94
rouge	czerwony 41, 62
rouge à lèvres	szminka 59
rue	ulica 9

S

sac	torba 83
sac à dos	plecak 60
sage *(adj.)*	grzeczny 85
Saint-Sylvestre	Sylwester 51
salle	sala 41
salle de bains	łazienka 17, 55
salut	cześć 11
samedi	sobota 59
sang	krew 79
sans doute	chyba 25
santé	zdrowie 24
santé (en bonne)	zdrowy 85
sauce	sos 41
saucisse	kiełbasa 80
savoir *(v.)*	wiedzieć (I), umieć (I), potrafić (I) 9, 47, 59, 71, 81, 88, 96
scanner *(n.)*	skaner 37
scolaire	szkolny 65
sel	sól 78
semaine	tydzień 3, 20, 47, 87
sembler	wyglądać (I), wydawać się (I), zdawać się (I) 1, 29, 58, 71, 79, 95
sentir (se)	czuć (I) się 29, 38, 76
sept cents	siedemset 76
septième	siódmy 92
série	serial 87
sérieusement	poważnie 74
sérieux	poważny 85
serveuse	kelnerka 41
service	dział 27
servir	podać (P), służyć (I) 2, 17
servir (se)	częstować (I) się 73
seulement	tylko, dopiero 36, 43
sexe	seks 94
short	spodenki *(pl.)* 68
si	tak, czy 20, 23
si *(adv.)*	taki 8, 39, 76
si *(cond.)*	jeśli, gdy(by), jeżeli 33, 59, 71, 79, 90
signaler	zgłosić (P) 83

signature	podpisanie 86
signe	znak 67
signifier	znaczyć (I) 24
simple	prosty, zwykły 24, 85
sincère	szczery 96
sincèrement	szczerze 83
singe	małpa 39
s'inquiéter	niepokoić (I) się 65
sirop	syrop 74
skis	narty 32
sœur	siostra 25
soir	wieczór 5, 22
soldes *(pl.)*	przecena 59
soleil	słońce 57
solution	wyjście 94
son	swój 57, 62
sortir	wyjąć (P), wychodzić (I) 48, 50
souffrir	nacierpieć (P) się 79
soulagement	ulga 83
soupe	zupa 2
souriant	uśmiechnięty 85
sourire	uśmiech 100
sous	pod 80
souvenir (se)	pamiętać (I) 25, 48, 96
souvent	często 69
spécial	specjalny 11, 12, 52
spécialement	specjalnie 100
sport	sport 32
stade	stadion 68
station-service	stacja obsługi 88
statue	pomnik 23
style	styl 94
stylo	pióro 62
stylo à bille	długopis 62
sucreries	słodycze *(pl.)* 95
suffire	wystarczyć (P) 24, 85
suite	ciąg 72
suivant	następny 76
sujet	temat 34
supporter	znosić (I) 58

sur	na, o 10, 82
sûr	pewien 39, 48, 66
sûrement	pewnie, pewno (na) 25, 60
surprise	niespodzianka 36
surveiller	pilnować (I) 62
survenir	zdarzać się (I) 83, 100

T

table	stół, stolik 10, 36, 41
tableau	obraz 45
tablier	fartuszek 67
taille	rozmiar 15
tant	tyle 44
tant pis	trudno 41
tante	ciocia 25
tel	taki 26, 33
téléphone	telefon 26
téléphoner	dzwonić (I), zadzwonić (P) 25, 26, 43, 47, 53, 54, 90
téléphonique	telefoniczny 94
téléski	wyciąg 71
téléviseur	telewizor 17
temps	czas, pogoda 50, 58
tenir	trzymać (I) 52, 69
tennis	tenis 32
terminaison	końcówka 100
tête	głowa 29
thé	herbata 16
théâtre	teatr 22
ticket	bilet 61, 92
tiroir	szuflada 62
titre	tytuł 82
tomate (de)	pomidorowy 41, 95
tomber	upaść (P) 71
tomber (pluie)	padać 22, 58
ton	twój 8
tondre	skosić (P) 99
tôt	wcześnie 43
toujours	zawsze 43
tour	wieża, kolej 76, 96

touriste	turysta 82
touristique	turystyczny 94
tourner	skręcić (P) 61
tous	wszyscy 31
tous les jours	codziennie 37
tout *(adj.)*	cały, wszelki 40, 76, 93
tout *(pro*	wszystko 12
tout de suite	zaraz 48
tout droit	prosto 18
tout le temps	ciągle 22
(tout) seul	sam 1, 33, 37, 57, 58, 75, 90
toutes	wszystkie 96
trace	ślad 88
tradition	tradycja 52
train	pociąg 61, 90
tramway	tramwaj 61
tramway (de)	tramwajowy 61
tranche	plasterek 80
trancher	pokroić (P) 80
traumatisme	uraz 79
travail	praca, robota 24, 78
travailler	pracować (I) 15, 40, 44
travaux	remont *(sing.)* 55
traverser	przejść (P) 61
trente	trzydzieści 50
très	bardzo 4
triste	smutny 39
trois	trzy, trójka 26, 66, 67
trois cents	trzysta 47
troisième	trzeci 59
tromper (se)	mylić (I) się pomylić (P) się 68, 72, 80, 88
trop	za 33
trousse	piórnik 62
trouver	znaleźć (P) 50, 62, 79
trouver (opinion)	uważać (I) 69, 78
tu	ty 11
type	typ 86

U

un	jeden, jedynka 17, 24, 87, 89
un et demi	półtora 43, 80, 95
un peu	trochę 13
urgent	pilny 54

V

vacances	wakacje *(pl.)* 6, 8, 31
valeur	wartość 86
valise	walizka 83
variété (de)	rozrywkowy 87
vélo	rower 32
vendre	sprzedawać (I) 45
venir à pied	przyjść (P), przychodzić (I) 38, 73
venir en véhicule	przyjechać (P) 71
vent	wiatr 58
ver	robak 97
vérifier	sprawdzić (P), sprawdzać (I) 47, 66, 62, 80, 89, 93
véritable	prawdziwy 39, 55, 86
vérité	prawda 27
vernissage	wernisaż 45
verre	lampka, szklanka 41, 74
verser	nalewać (I) 97
vert	zielony 33, 68
veston	marynarka 64
vêtements	odzież *(sing.)* 59
viande	mięso 19
vide	pusty 53
vie	życie 39, 75
vieux	stary 23, 36, 75
village	wioska 90
ville	miasto 23
vin	wino 12
vingt	dwadzieścia 48
vingt-quatre heures	doba 17
violence	przemoc 94
visite	wizyta 39
visiter	zwiedzać (I), zwiedzić (P) 99
vite	szybko 45

vitesse	bieg 89
vivre	żyć (I -ję, -jesz) 39
vodka	wódka 97
voici	oto 17
voie	tor 90
voir	widzieć (I), zobaczyć (P) 8, 10, 29, 30, 39, 41, 51, 78, 87, 88, 89, 90, 92, 94
voisin	sąsiad, sąsiedni 37, 68, 90
voisine	sąsiadka 94
voiture	samochód 69, 81
vol	lot, kradzież 83, 86
voler (dans l'air)	polecieć (P), lecieć (I), latać (I) 34, 50, 53, 83
voler	ukraść (P) 81
volontiers	chętnie 32
vouloir	chcieć (I) 15, 30, 33, 34, 64, 78
vous	wy 24, 25, 39
voyage	podróż 25
voyager	podróżować (I) 99
vraiment	naprawdę 10
vue	widok 76

Y

yeux	oczy *(pl.)* 25, 86

Z

zéro	zero 68
zloty	złoty 47
zoo	zoo 39

Achevé d'imprimer en octobre 2007
N° d'édition 2602 / N° d'impression P 71442
Dépôt légal, mars 2006
Imprimé en France